U0919348

教育部人文社会科学研究青年基金项目
“面向‘三农’的传播服务研究”（09YJC860016）资助

Rural Communication: An Empirical Analysis and Strategy Discussion Based on The Audience

对农传播

基于受众的实证分析与对策探讨

郑欣 等著

ZHEJIANG UNIVERSITY PRESS
浙江大学出版社

CONTENTS 目 录

导论　对农传播抑或为农传播：基于受众本位论的分析

自新中国成立尤其是改革开放以来，我国的农业建设、农村发展与农民致富等取得了举世瞩目的成就。但是，中国的农业、农村和农民问题即“三农”问题仍未彻底解决。“三农”问题的长期存在和不断变化所引发的农村政治稳定与社会发展问题，一直以来都引起了决策层和学术界对农村问题的重视。

从目前研究现状来看，学界主要从经济学、社会学和政治学等学科的角度来探讨“三农”问题。遗憾的是从传播学的视角来对“三农”问题进行专业的研究则相对凤毛麟角。而且“三农”问题不但没有引起传播学界足够的关注，人们对于传播学能够为我国解决“三农”问题提供什么帮助也认识不够。实际上，“三农”问题的解决过程是一个复杂的系统工程，“三农”问题也是一个涉及政治、经济、文化等诸多方面的综合性问题，需要人们以开阔的视野进行多学科的审视。①

发端于20世纪50年代并借助于发展理论和现代化理论而兴起的发展传播学，就已对运用现代的和传统的传播技术，以促进和加强社会经济、政治和文化变革的过程的理论进行了多方位的研究和探讨。其早期代表人物美国社会学家丹尼尔·勒纳在1958年出版的《传统社会的消逝——中东的现代化》一书中特别强调了传播形态对社会经济发展的作用和传媒对人的现代化的作用，并将大众传播媒介称为社会发展过程中的“奇妙的放大器”。20世纪60年代，美国传播学者们也纷纷发表类似观点。如施拉姆提出了第三世界国家利用大众传播媒介促进国家发展的设想，他认为“有效的信息传播可以对经济社会发展作出贡献，可以加速社会变革的进程，也可以减缓变革中的困难和痛苦”②。

由于所处时代的局限，发展传播学理论在不同历史阶段所提出的一些具体观点或许已经不一定适合当代的传播实践，但从发展传播学的历史发展过程来看，发展传播学理论所关注的中心问题，即“传播与国家发展问题”却仍然是包括中国在内的发展中国家制定传播政策时必须考虑的核心问题。③ 就我国目前而言，不发

---

① 罗翔宇：《信息传播：解决城乡二元结构矛盾的重要视角》，《湖北民族学院学报》（哲学社会科学版）2005年第3期。

② 张隆栋：《大众传播学总论》，中国人民大学出版社1993年版，第296页。

③ 夏文蓉：《发展传播学视野中的媒介理论变迁》，《扬州大学学报》2007年第3期。

达、不均衡、城乡二元对立等依然是多数农村地区的真实写照与发展困境。其中，信息的闭塞与传播的不畅，是制约农村社会经济发展的重要因素之一。由于我国农业、农村和农民均处在从传统向现代转型时期，信息的有效传播与利用对“三农”问题的解决起着不可估量的作用。由此可见，从传播学的角度思考农业发展、农村建设与农民“解放”等“三农”问题，并改革和完善我国对农传播政策与方式，或许正是运用西方发展传播学理论工具解决我国农村现实问题的本土化实践。

当前我国“三农”传播的研究在不同的研究视角下，已对不少“三农”传播的基本问题进行了初步研究，从中发现和总结的观点和提出的相关对策也具有重要的理论和实践意义。不过，值得注意的是，在以往的研究中往往把立足点放在“传播”上，却相对忽视了“服务”，即绝大多数“三农”传播研究是“对农”传播研究，仍然是以传者为本位、用“自上而下”的研究视角来考量“三农”传播服务现状，而以农民为本位的视角却较为缺乏。而在对服务对象的分析中，也较为忽视了对农民内部分化的利益群体、多元的身份属性、不同的社会需求进行有效区隔和细致探究。因此可以认为，在新形势下改革和完善面向“三农”的传播服务，只有从农村、农业的现实发展需要和农民自身的实际需求出发，也就是基于并重视农民受众视角的探讨与分析，才能真正有效地整合多种传播形式，优化乡村传播资源配置，重视受众需求调查与传播效果评估，推动三农传播服务体系的建设，进而推进我国农村社会发展，构建城乡一体化的新格局。

一、“缺席与缺位”：从受众本位论看农村居民的受众地位

从历史发展的角度看，中国近代社会不乏面向农村、农业和农民的传播痕迹与成功经验。从民国时期的大西北开发运动、农民运动讲习所、政府提倡的新生活运动、乡村教育运动到1949年之后的土地改革、农业合作化运动、农村社会主义教育运动、知识青年上山下乡和农业学大寨运动等等，这些社会运动或是由政府提倡，由知识分子和当地官员相互配合，或是知识分子在乡村进行的单纯的改造运动。从乡村传播的视角来看，其目的都是以改造乡村社会以及乡村社会中村民的诸种素质为基本出发点，其采用的模式多是自上而下、由外及内的模式，其背后的理念都在于希望以知识为工具，促进中国乡村社会的整体发展。① 而事实也表明，这些乡村传播运动在我国农村发展史上均或多或少取得了一定的传播效果。

有学者总结，新中国成立以来，我国“自上而下”的面向农村的信息传播体系主要有四类②：一是以大众传播媒介为信息源的服务体系；二是由政府组织机构特别是农业、科技、水利等涉农政府职能部门为信息源的服务体系；三是以面向农村市

① 李红艳：《乡村传播与城乡一体化》，社会科学文献出版社2009年版，第19页。

② 谭英：《中国乡村传播实证研究》，社会科学文献出版社2007年版，第2页。

场、介入乡村社会的工商企业、盈利组织、公益机构等涉农非政府组织为信息源的传播体系；四是以民间人际传播尤其是村干部、村能人、外出返乡人员等为信息源的传播体系。从理论上讲，以上四类面向农村的信息传播体系都应属于对农传播范畴。所谓"对农传播"就是组织或个人，以促进乡村建设、乡村治理与乡村发展为目的，通过一定的信息渠道、传播工具或推广活动，内容涉及农村、农业、农民等"三农"领域，并将农村居民包括外出流动人口作为主要受众或传播对象的信息传播活动。

我国现有主要的对农传播的模式是"党和政府推出有关三农问题的举措，媒体设置相关议程对之进行专题报道"。这些报道中农民始终是报道对象，农民之外的群体才是受众，农民被排斥在受众群体之外。① 由此导致的一个结果是，对农传播多是一种关于农业政策措施的新闻报道以及针对农村的扶贫报道、农业典型报道等，而非对农实用信息的有效传播。此时的政府在对农传播过程中一直扮演着被报道的角色，而较少起到真正的主导作用。② 尽管多数时候，政府部门及有关传播人员主导着对农传播的信息生产，但是农民仍然是一个被动的接收者，因此也很难达到传播者所希望的效果。

对此，人们纷纷把对批判对农传播效果不佳和乡村传播生态失衡的靶子，对准了过于商业化、娱乐化和城市化的"无良"媒体，并认为无论是传媒资源的配置，还是传播视角的偏差、传媒歧视的再三发生，"缺位"的媒体应该承担责无旁贷的社会责任，同时指出政府部门在对农信息传播中的调控缺位也是不可忽略的。在此基础上，不少研究分别从宏观视野和微观角度对当前对农传播的现状与困境进行了描述与分析，并侧重于从操作层面对如何发挥政府主导作用、加大农村传播基础设施建设、改善对农传媒资源配置和信息服务、强调媒体从业人员社会责任感、体现对于弱势群体人文关怀、实施农村居民媒介素养教育等方面提出了促进农村地区信息有效传播的对策措施。然而现有大多数研究中的问题呈现与相关建议，仍然是一种基于"传者"本位的语境分析，还是习惯性地把农民作为对农传播的纯客体或单向传播对象对待，往往忽视了一个最根本问题的探讨，即对农村居民主体地位的认识和反思，也就是农村居民能否以及如何成为"受众"的角色认可与权利赋予的思考。

其实在传播学研究领域中，对受众角色的认知与定位，以及从"传者"本位向"受众"本位转移的探讨已经不是什么新鲜话题。受众本位，就是指传播者在信息传播活动中，应以最大限度地维护受众利益为出发点，以满足受众获取多方面需要为己任，以帮助受众提高各方面素质为目标，全心全意为受众服务。③ 与受众本位

① 陈力丹：《论传媒在"新农村建设"中的作用》，《当代传播》2006 年第 3 期。

② 张发扬：《政府为主导的对农传播模式探索》，《当代传播》2007 年第 6 期。

③ 陈崇山：《受众本位论》，社会科学文献出版社 2008 年版，第 3—4 页。

对应的是传者本位。“传者本位”论的内涵指的是在信息传播活动中以传者为中心和出发点，根据传播者的需要和利益来决定传播的内容、方式和目的。并无视受众的个性和需求，一味地追求传者的主观意志，把模式化、概念化、肤浅化化的宣传和灌输作为主要的传播方式。①

尽管，西方传播学早在20世纪60年代就由传者中心逐渐转向受众中心，受众成为传播过程的重要主体之一。而在我国，直到20世纪80年代开始，受众在传播过程中的地位和作用才在一定程度上慢慢被认识和重视起来。随着我国经济的发展、信息社会的来临、文化传播事业的繁荣以及媒介产业化进程的日益深入，与过去相比，传播者和受众之间的关系发生了很大的改变，不再是“魔弹论”、“有限效果论”等理论假定下的传播者与受传者之间是影响与被影响、决定与被决定的关系。受众在众多的媒介类型和信息内容面前拥有了比以往更多的主动权、选择权、知情权和平等权。而且越来越多的媒介和传播者意识到，只有尊重受众权利并研究受众心理，满足受众的兴趣和需要，才能够实现预期的传播目的和保证一定的传播效果。于是，很长一段时间被我国媒介和传播者所习惯甚至理所当然的“传者本位论”逐渐被“受众本位论”所消解和替代，“受众本位”的传播时代已经来临，且“受众是上帝”的观念也一度影响甚广。

近年来，越来越多的媒介与传播者以受众为本位，开始重视受众的相关权利出发，强调传播者要主动调查了解受众的需求，善于听取和尊重受众的意见，突出受众在各项信息传播活动中的主体地位。特别是在城市，基于发达的媒介资源水平、广阔的市场利润前景，并在市场经济的商业逻辑影响下，受众变成了消费者，就大众媒介而言，受众的选择与消费决策成为众多媒体的评判者与仲裁者。大众媒介一切以满足受众的兴趣和需要为准绳，争夺受众、献媚受众的情形也不再陌生，媒介与受众间的传播关系进入前所未有的蜜月期。

然而，与城市受众形成鲜明对比的是，农村居民在信息传播领域却依然处于明显的弱势地位，城乡二元结构矛盾与信息鸿沟的存在是我国对农传播所面临的结构性困境。农村居民的受众地位也由此可见一斑。这种城乡差距与弱势地位具体表现为②，农村受众在媒介资源的享受和利用、信息接收工具的拥有量、享受媒介消费的时间、接受信息和自我表达声音的能力等方面，均不如城市受众。除此而外，作为弱势群体的农村受众还面临着媒介话语权被漠视；知情权、参与权及表达权的相对剥夺；公民权、隐私权及平等权的被侵犯等种种权利的保障缺乏。

与此同时，从目前的对农传播实践来看，传播者在对乡村进行信息传播时也很少真正考虑农村受众的信息需求，在传播诉求上并没有真正站在农民的角度，传播

---

① 刘艳婧、高炜：《论“传者本位”与“受众本位”的内在张力》，《内蒙古大学学报》（哲学社会科学版）2009年第4期。

② 陈崇山：《谁为农民说话：农村受众地位分析》，《现代传播》2003年第3期。

动机及目标与农民需求之间也存在较大差异。[①] 可以说,农民受众在当前信息传播过程中被有意无意地遗忘和忽视,越来越居于边缘化的地位,成为乡村信息传播体系中的"失语者"和"缺席者"。而如何承认并保证弱势群体权益则是一个理想社会实现社会公正、公平的前提。此时我国对农传播中农村居民受众角色缺席的背后,实际上是媒体责任和政府义务的双重缺位。

二、"能否成为受众":基于公民权与公共物品选择权的探讨

在乡村信息传播体系中,"农民是不是一个受众"或者说"农民能否成为一个受众",在西方传播学理论发展及中国受众研究愈加成熟的今天,似乎是一个无需回答但又很难回答的现实问题。

应该说,当代中国农民的根本问题是权利问题。[②] 农民在政治、经济、文化、社会、家庭等领域享有与其他阶级、阶层同等的权利,其特殊利益应该受到保障的原则,是需要国家维护和保障的基本人权的一个重要组成部分。在我国,农民权益问题有着深刻的历史性及复杂的政治、社会和文化背景。受城乡二元社会结构的影响,对广大农村居民来说,户籍管制带来的城乡差异与地域差异,造成了城乡居民在国民待遇与实际地位等方面的不平等现象,并突出表现在农民的经济文化权益的不平等。由此可见,当前中国农民的根本问题已经凸显为以"平等权"为核心的权利问题。

"能否成为受众"则是农村居民的基本"受众权利"是否平等的问题。所谓受众权利就是指宪法和法律赋予公民或自然人的、在自由意志支配下、以实现某种利益为目的的受法律保护的行为自由,具体表现为受众在新闻传播活动中享有的平等获取新闻信息权、新闻信息知情权、媒体表达权、选择媒体权、使用媒体权、救济与获得补偿权等权利,是受众所享有的新闻权利与消费者权利的统一体。[③] 受众的权利与义务是建立在受众的主体性之上的,其本质就是受众作为权利主体的公民权与公共物品选择权。

所谓公民权是指一国公民在法律上所具有的一种能力或资格,是国家规定的本国公民在国家和社会中所处地位的法律表现。它是公民依法享有的人身、政治、经济、文化等方面的权利。而受众的公民权,则是指受众作为一般的公民所享有的各项合法权利。显然与一般受众的公民权利相比,农民受众的公民权长期处于被忽视、被侵犯甚至被剥夺的境况。信息资源的分配不公与平等话语权的相对剥夺,使得"人口强势、地位弱势"的农民很难享有真正的"公民"权利。

---

① 罗翔宇:《农村信息传播:解决城乡二元结构矛盾的重要视角》,《湖北民族学院学报》2005 年第 3 期。

② 肖泽晟:《宪法学:关于人权保障与权力控制的学说》,科学出版社 2003 年版,第 215 页。

③ 张振亮:《论受众权利及其司法保障》,《南京邮电学院学报》(社会科学版)2005 年第 2 期。

在传播场域中，一旦信息中的绝大多数流向了传播场域中少数占据有利位置的强势阶层，而数量庞大的弱势群体却处于信息饥渴的状态，犹如我们的社会结构一样，这样的生态分布必然会影响到传播场域的健康发展，并最终危及至社会稳定与经济发展。① 更何况，要求享受平等的传播权利，是现代文明社会的第一标志。如此看来，农村居民"能否成为受众"不仅仅是个一般意义上的"受众权利"探讨的专业问题，而是一个涉及现实中"人权"与"公民权"能否实现和如何保证的重大社会问题。实际上，受众研究本身的任务之一就是揭示受众作为"人"的权利的实现水平以及可能被侵犯的事实，并为寻求法律的、政治的权利救济开拓理论的方向。② 对农传播中的农村受众的研究更该如此。

除了上述受众"公民权"的分析，受众的"公共物品选择权"则是在探讨农村居民作为纳税人"能否成为受众"的一种公共经济学视野下的进一步考量与追问。所谓公共经济学，是专门研究公共部门经济行为的一门经济学分支学科。该学科主要论述有关政府部门和公共组织存在的意义与方式，强调公共经济活动之所以存在是由于市场失灵和公共需求的存在，并要求政府部门或公共组织来组织公共物品的生产与提供以满足人们的公共需求。当前我国统筹城乡经济发展最重要内容之一就是为农村社会提供基本而有保障的公共物品。而农村居民公共需求的满足很大程度上是与农村公共物品生产与供给制度联系在一起的。

在此需要探讨和明确的是对农传播服务特别是以大众传播媒介为信息源的涉农服务体系是否属于公共物品的范畴。"公共物品"一般是和"私人物品"相对而言的。按照萨缪尔森的观点，所谓公共物品就是所有成员集体享用的集体消费品，社会全体成员可以同时享用该产品；而每个人对该产品的消费都不会减少其他社会成员对该产品的消费。公共物品具有两大特征：一是消费的非排他性，即产品一旦被提供出来，就不可能排除任何人对它的不付代价的消费；另一是消费的非竞争性，也就是增加一个人的消费不会减少其他任何消费者的受益。③

照此标准，大众传播媒介则具有作为公共领域或公共物品的先天因素。以电视为例，从总体上看，所有的电视媒介都应属于公共物品的范畴。因为电视媒介是社会信息和自然信息的符号载体，一旦社会事实和自然事实进入电视屏幕，并在受众群体中传播开来，就具有了公共物品和服务的非竞争性和非排他性。④ 再加上新闻本身也是一种公共物品。由于新闻信息满足的是全社会成员的公共消费需要，人们对新闻信息"公共消费"的消费特点和其对公共利益具有重大的"效用方面的外在性"，使得新闻自诞生伊始就注定了它是每个人都有权利接近，并对每个人

① 朱清河：《场域理论视野下弱势群体媒介弱势的形成及其救助》，《新闻大学》2010 年第 1 期。

② 臧海群、张晨阳：《受众学说：多维学科视野的关照与启迪》，复旦大学出版社 2007 年版，第 114 页。

③ 黄恒学：《公共经济学》，北京大学出版社 2009 年版，第 92—93 页。

④ 李升科、叶凤英：《公共经济学视野下对农电视传播的公共性特征分析》，《现代传播》2007 年第 5 期。

也对全社会都有重大收益的公共物品。[①] 不过由于政府与市场的完全重叠，我国计划经济时代具有政府产权性质的新闻传播事业才有着无可置疑的纯公共物品性质。而改革开放以来的媒介变革使得我国的大众传播媒介由计划经济时代的纯公共物品转型为市场经济时代事实上的准公共物品。

其实不仅电视，其他对农传播方式、内容或渠道在我国也都是一种比较特殊的准公共物品，属于能够满足农村公共需要，具有传播“三农”信息、服务“三农”及保障弱势群体权益等方面作用的农村公共物品。而农村公共物品的非排他性、非竞争性和外溢效应明显的特点，决定了政府应在农村公共物品供给中发挥重要性。然而，在市场经济体制下，无论是政府还是市场，都是以各自的方式参与国民经济的运行，但它们的行为方式和目的却不一样。但市场所追求的是利润最大化和社会资源的垄断化占有，因此完全依靠市场的自发运动并不足以提供服务于“三农”的农村公共物品，甚至会削弱或扭曲对农传播等公共物品的生产与供给，这就是经济学所谓的“市场失灵”。

当前对农传播的式微暴露出的则是我国农村公共物品或公共服务供给的严重不足，是一种典型的市场失灵或市场失败。为了弥补市场失灵，必然要求政府进行及时地“补位”和干预，以明确以政府为主的公共部门在提供和改善对农传播公共服务时需要做什么以及应该怎么做。也正是由于上述市场失灵，才成为公共部门（政府）介入对农传播活动的理由与行动逻辑。政府在加强对农传播公共物品供给的同时，实际上是在保障农民的公共物品选择权，又或者说是在切实解决农村居民的受众身份与地位的合法化的问题。

而在厘清公共部门（政府）、对农传播媒介主体责任分工的前提下，需要进一步思考和讨论的则是市场经济体制中企业化运作的媒介与农民“受众”之间发生的供求关系。媒介的公共性要求其首先履行社会权力的功能，即新闻媒介应该成为人民实现政治民主权利的重要手段，也是社会公众对公共权力进行监督的有效工具。换言之，在大众传播时代，在媒介本身成为准公共物品的情况下，公民的知情、表达和舆论监督权还主要通过新闻媒介来实现，此时新闻媒介的供给行为主要是一种公共服务行为，而不是传受之间简单的交易和买卖行为。因此受众首先是作为公民而存在的。[②] 可见，还农村居民以“国民”待遇与“公民”权利，让农民成为真正意义上的“受众”是可能的，也是必需的。

---

① 马峰：《新闻“公共物品”论——一种经济学视野下的考察》，《青年记者》2006 年第 17 期。

② 马峰：《“受众本位”幌子下的“传者本位”：社会转型期“受众即消费者”观念本质论》，《新闻与传播研究》2006 年第 1 期。

三、"如何成为受众"：多中心治理模式下的协商与参与

应该说这么多年来，国家对于解决当前"三农"问题、推进新农村建设、保障农民合法权益等方面的力度和决心都有目共睹。具体到对农传播服务方面，一系列改革措施和相关对农传播政策的出台，在中央一号文件中更是明确规定了积极推进农业信息化建设，充分利用和整合涉农信息资源，强化面向农村的广播电视电信等信息服务，重视农业综合信息服务平台建设。在政府扶持、传媒参与、各方支持的环境背景下，对农传播的公共性、必要性与紧迫性真可谓前所未有地引起了社会的广泛关注。

曾经一段时间，对农传播专业化媒体的纷纷设立、涉农报道或为农服务的版面与节目内容的增多、大众传媒特别是电视媒体在多数农村地区的覆盖率、到达率、接触率等的改善与提高，不得不承认大众传媒在推动农村经济发展、繁荣农村文化、促进和影响农村政治民主发展所发挥的功能，其在新农村建设中的作用也慢慢体现。

然而，尽管如此，一边是政府的重视、传媒的努力与社会的监督，而另一边却是农村地区信息水平落后和传媒歧视现象的存在。应该说，在现实的传播活动中，传播资源分配的城乡差距依然明显、对农传播效果依然有限，传媒也还远未发挥应有的推动农村发展与社会进步。随着大众传播媒介的普及，农民作为弱势群体与其他社会群体在拥有媒介本身上的差别正在缩小，虽然作为弱势群体也能够相对平等地拥有传播媒介如电视、广播甚至网络、手机等，但也未必能够平等地拥有媒介所提供的服务。媒体上到处充斥着满足强势群体需求的信息与服务，而农村受众的基本信息需求却难以满足，更不要说其他的愿望、要求与呼声。不仅如此，农民在利用媒体所进行的话语权的有限表达以及有关他们报道的客观边缘化，使得农村受众在媒体上的整体缺席和群体偏见，与之前探讨的农村居民应有的合法权利保障形成了鲜明的对比甚至是一种讽刺。

此时，尊重农村居民受众权利、提高对农传播效果等难免成为一纸空文。"让农民成为受众"的呼吁也很难落到实处，即使曾经落实也难以可持续，更多的时候只是变成了一句空洞的口号。而一味从责任出发强调政府该如何提供公共物品、媒介又该承担社会责任的批判与建议，包括任何单方面的努力都并不能够真正解决问题。究其原因，是因为我们缺少了对于"对农传播"本质及其相关主体行动逻辑的分析与探讨，或许这才是"农民能不能以及如何成为受众"问题的背后更加需要回答的问题。

从本质上看，对农传播的过程就是国家对于乡村社会的治理过程。而在现代社会中，国家对于农村的治理过程其实也就是国家与社会之间的上下互动传播的过程。因此，我们有必要从治理的视角对"对农传播"有个新的认识。所谓"治理"

指的是“统治者或管理者通过公共权力的配置和运作,管理公共事务,以支配、影响和调控社会”①。而乡村治理概念的提出反映了西方治理理论在中国的本土化应用,回答了中国乡村社会“谁在治理,何以可能”的问题。乡村治理主要是指运用公共权威对乡村社区进行组织、管理和调控,构建乡村秩序,推动乡村发展。乡村治理是实现农村公共物品合理配置和有效供给的前提,而有效的农村公共物品供给又成为实现乡村治理的有效途径和手段。或许这也是国家近年来一直重视对农传播的本意之所在。

中国乡村治理结构历经传统社会的“县政绅治”模式、新中国成立初的“乡(村)政权”模式、人民公社时期的“政社合一”模式和改革开放后的“乡政村治”模式等阶段的历史变迁。当前新农村建设时期,中国乡村治理结构将迎来一次全新的嬗变,由“单中心治理”模式走向“多中心治理”模式,以实现乡村社会的“善治”。② 而西方治理理论的核心问题就是由权力唯一中心向权力的多中心转移,由此引发主体多元化、结构网络化、过程互动化和方式协调化的诉求,这样在治理的语境下既频繁出现以往政治领域的民主、参与、自主、自治等概念,也大量出现市场领域中耳熟能详的契约、合同、谈判、交换、协商等话语,尤其是“参与”、“谈判”和“协商”。③

由此看来,从治理的逻辑来看,对农传播问题的解决不可能把责任全部推给政府,也不可能指望政府能够解决对农传播过程中各个环节所出现的问题。对于政府这一主体来说,在对农传播方面所能进行的公共政策干预,只是可能的一种解决方式。由于乡村治理的主体可以是多元的,因此对农传播这一公共服务的提供应该是包括各种形式的公共组织(政府的或民间的)和村民个人共同参与来达成乡村传播治理目标、满足乡村公共需求特别是信息化需求,调和相关领域的利益冲突并采取联合行动的过程,并强调村民、政府和各组织之间的互动。

考虑到中国传统的乡村治理结构是以政策制定者为核心的体系,不同主体的互动关系不是以农民为中心,而是以忽视农民利益为代价的对上负责的互动体系。如此治理结构实际上违背了“顾客导向”、“以穷人为核心”的世界治理变革趋势。要改变当前的这种治理结构,首先需要在观念上确立农民在乡村治理结构中的中心地位,并在制度上予以保证,给农民赋予更多的权利。也就是说,需要以“为农民提供公共服务”为制度再设计的根本原则,保障各个主体的相对独立性,最终形成决策者(政府)、服务供给者、民众之间平等协商、自由选择的互动模式,④也就是一种“多中心治理”模式。多中心,并不意味着无中心,政府要在多中心治理中发挥主导作用。“多中心治理”模式的实现,需要一个长期的过程。总体上看,我国的对农

① 徐勇:《Governance:治理的阐释》,《政治学研究》1997 年第 1 期。

② 吕云涛:《中国乡村治理结构的历史变迁与未来走向》,《山东省农业管理干部学院学报》2010 年第 2 期。

③ 龙献忠、杨柱:《治理理论:起因、学术渊源与内涵分析》,《云南师范大学学报》(哲社版)2007 年第 4 期。

④ 邢传:《我国社会治理的主题:为农民提供公共服务》,《广东行政学院学报》2003 年第 3 期。

传播要逐步形成一个多中心协同治理的格局，政府、市场和社会三种力量协同带动乡村传播与乡村社会的发展。农民、政府、非政府组织、企业、新闻媒体等都是乡村治理的主体和参与者。① 只是，在对农传播过程中，不同的主体有着不同的功能和角色定位。

尽管治理理论强调解决对农传播问题的责任不仅仅在国家，政府正在把原先由它独立承担的许多公共责任转移给私营部门和第三部门。而且在这些多元化的治理主体间还存在着广泛的权力依赖关系和合作伙伴关系。然而我们不得不面临的现实是：改革开放后的“乡政村治”模式，部分公共权力从国家向社会回归，乡村治理带有了去国家化的色彩，国家对于农村的直接干预也变得越来越少。再加上农村税费改革和免税以后，我国的乡村治理环境发生了巨大的变化，国家涉农政策也发生了根本性的转变。在乡村组织传播效率低下、村干部与村民之间人际传播受阻、非盈利建构发展不成熟的情况下，后税费时代的对农传播工作的历史重任责无旁贷地落在了大众传媒身上，对大众传媒的依赖愈加明显。大众传播也正在深刻地影响着国家权力在农村的传播，也改变着农村社会的治理模式。

四、“面向现实的受众”：媒介商业逻辑下的“抛弃”与成长

当前中国农村的发展是以农村产业结构调整、农民自身的分化及进步、城市化等为基础的农村社会整体的发展完善。大众传媒构成了农村发展所需的信息环境主体，同时通过议程设置等功能影响农村发展的政策传播效果，为农村发展、农业现代化营造健康的媒介环境是大众传媒不可忽视的社会责任。因此，大众传媒与农村构成了协同互进的关系，而政府作为公共物品的提供者、宏观经济的调控者，其主导作用也是不可忽视。大众传媒、农村发展与政府之间的理想状态是三者互相促进形成良性循环，这也是对农传播最高目标的实现。但这种治理逻辑下的理想状态，可能只能是计划经济时代下传媒管理体制的产物。随着我国媒介产业属性的确立、市场竞争环境的完善与成熟及传媒产业化的飞速发展，有着“社会公器”、“准公共物品”之称的传媒自身的公共属性及社会责任的承担便不可避免地遭遇各种挑战和批判。

如前文所述，之所以越来越多的媒体“抛弃”了农村居民，以及专门针对“三农”传播定位的部分媒体或栏目生存困难和举步维艰，很大程度上是源于经济利益的驱动。事实上，随着市场经济的发展和新闻改革的深入，我国媒介的市场化管理与运作逐渐成为一种趋势和潮流。我国的媒介管理体制和运行机制开始逐渐摆脱计划经济时代源于简单政治逻辑的政治话语主宰媒介话语的旧格局。② 而且传媒的

---

① 吕云涛：《中国乡村治理结构的历史变迁与未来走向》，《山东省农业管理干部学院学报》2010 年第 2 期。

② 汪奇兵：《我国对农传播弱势的原因解析》，《延边党校学报》2009 年第 5 期。

产业化运作客观上要求媒介对自己所拥有的各类资源及其之间的联系有较为清楚的认识与把握，以通过对资源的整合与利用实现传媒产业的利润最大化。受众资源是传媒从事传播活动的重要社会资源之一，是传媒可资开发增值的资源，对它的开发利用关系到传媒的竞争力与影响力。① 于是，在竞争日趋白热化的今天，媒介的分层与定位是其必然选择，也是其应对媒介发展日益同质化，寻求差异化与错位发展的一种非常有效的策略。媒介定位的核心是市场定位，而媒介市场定位的核心是受众定位。因此对于任何一家媒介而言，当务之急是选择并锁定自己的目标受众。

从表面上看，媒介这样做非常有利于不同阶层受众的多元需求得到相应的满足。然而，现实的情形却是，媒介都几乎不约而同地把目光投向了相似的受众群体：社会上有较强消费能力或一定政治权力的精英阶层、强势群体或主流人群。②无论是迫于生存的压力还是出于利益追逐的动力，使得媒介不得不选择放弃或漠视消费能力或消费欲望较弱的以农民为代表的弱势群体。其中暗含的假设是目标受众其实才是媒介的主要产品以及用来同广告商进行交换的商品。而受众的交换价值则构成了媒介产业产生利润的可能性，媒介的广告经营的本质也在于此。可以说，没有广告经营就没有媒介的产业化经营。由此看来，媒介自身所具有的实现产业化的条件，并不在于媒介所从事的信息产品的生产与传播的过程和行为之中，而在于其大众传播形态及其所造成的巨大受众市场。而广告对媒介的全面渗透和介入，既是对媒介作为信息组织其信息传播功能的拓展，又是媒介产业化最直接的市场动因。③ 这是一种典型的商业逻辑。在此逻辑影响下，必须接受的一个事实是：受众此时更多的是作为消费者（甚至是商品）而不只是作为公民而存在的。

一直以来，人们对媒体嫌贫爱富、歧视弱势群体的批判声不绝于耳，也纷纷对媒介的产业化与市场化提出了质疑，唯收视率、发行量、点击率、广告额高低为媒介经营成功与否的标准更是引起广泛争议，甚至将媒介的娱乐化、低俗化统统归结于媒介经营的过度商业化。其在对农传播过程中的不作为或难作为，则被认为是过分追求商业利益而违背专业主义原则与理念、损害社会效益和媒介自身公信力的现象，更是将媒介产业化中专业主义与商业主义的制衡与争论的问题再一次凸显出来。

实事求是讲，对农传播过程中媒介的整体失位与责任缺失是不争的事实，同时在政府政策支持与干预下部分媒介改革效果有限甚至难以进展也是无法回避的，然而我国媒介产业化和市场化的潮流却是不可逆转的。我们迫切需要反思的不是媒介该不该市场化的问题，而是应该如何按照市场的规则去重新审视、赋予和开发

① 张天莉、李强：《媒介受众资源的认知、调整与增值》，《新闻大学》2006 年第 2 期。

② 汪奇兵：《对农传播式微的多维透析》，《开发研究》2009 年第 4 期。

③ 冉华：《论媒介的本质属性及其产业化发展》，《中国广播电视学刊》1999 年第 7 期。

农民的受众价值的问题。要改革和创新农村公共服务供给机制，就需要引导市场和社会力量支持和参与乡村建设与发展，实现农村公共物品与公共服务的多元化供给。也就是说，除了政府直接调控或强制参与对农传播的少数主流媒体之外，更需要动员和开发的则是占大多数的商业性、社会性媒介资源，并将农村市场与农民受众资源尽可能地纳入媒介的商业逻辑视野中进行运作。唯有此，才能够最大限度地保证农村居民"受众"地位的获得和作为消费者的权益的保障。

虽然在商业逻辑的影响下，农民等弱势群体遭遇到大众媒介的抛弃。但"解铃还须系铃人"，在一定条件和背景下，媒介的商业逻辑也就是市场这只看不见的手将会是农民受众地位获得的可能路径。这里所说的重要条件和背景，也就是对于农村(广告)市场价值与潜力的重新认识和可持续开发。

众多人刻板印象中的农村市场，地域广大，人口相对不集中，缺乏商业氛围，农民消费意识淡漠、消费能力低、消费习惯保守，是众多商家和大众媒体眼中的鸡肋。殊不知，中国的农村在变，中国的农民在变，这就是最大的事实。特别是社会主义新农村的建设给农村市场的形成与开发带来不可错失的机遇。新农村建设的标志是农村市场的启动，并强调农民消费对经济的拉动作用。从某种意义上说农村市场早已不仅仅是地域意义上传统落后的地域市场，随着农村经济的发展和农民收入的增加、支付能力的增强，以及政府取消农业税、增加农产品补贴、加大对农村产品市场的扶持等宏观调控措施的落实，未来一段时间内，我国农村市场所形成的消费力和消费市场的成长空间是不可估量的。而且随着一二级市场的日趋饱和，农村市场的重要性与不可或缺性越发凸显出来，农村作为一个有着无限消费潜力的庞大市场日益受到各方重视。

面对农村市场这片广阔的蓝海，面对巨大的增量空间，面对农民消费不断升级换代，有人认为未来中国最大的媒介市场必将是农村市场。就目前来看，我国农村市场正是媒介市场激烈竞争的空隙，农村消费市场的拓展与增长必然也会促进农村广告业的繁荣与农村受众资源价值的重新发掘与增值，农村传媒市场也会逐步由潜在市场转变为容量巨大的现实市场。届时，农村受众地位的确立与农民受众权利的真正实现，或许将不再完全依赖政府的政策干预、媒介的公益行动或勉强为之，媒介的商业逻辑会得到一定的尊重和应有的回报，乡村社会的治理也会进入"善治"的良性循环。而这一天的到来不会太久。

第一章　政策下乡：体制内外的渠道选择与本土化实践

改革开放以来的农村改革实践证明，中国的农村小康社会的建设“一靠政策，二靠科技”。在中国农业人口基数大，国土面积广的基本国情下，正是各项国家政策将位于国家治理两极的政府和农民联系起来。由此可以看出国家政策对于农业、农村的发展和农民的生存状况有着至关重要的作用。“政策作为国家、政党或政治集团为实现一定目标和任务而制定的活动计划和行为准则，只是随着现代国家的建构，特别是‘政策下乡’才进入农村社会生活中，成为影响农民日常生活和命运的因素。中国共产党正是依靠政策将亿万分散而又散漫的农民组织到政党和国家体系中来。”①通过政策下乡的方式，原本自由散漫的农民被集中统一于一个权力中心周围。同时，政策对农村社会的影响越来越大，两者构成了一个循环互动系统。

国家的各项政策从宏观上决定了农村社会的生活方式，但是政策要真正起到作用还必须依靠切实有效的传播和落实。“政治合法性是政治认同的产物，而信息传播是政治认同产生的必要条件。”②因此，对有关农村政策传播进行研究可以使有关涉农政策的信息得到更加有效的传播，从而为政策的落实和新农村的建设奠定基础。

涉农政策传播关系到各项对农政策的有效落实及新农村建设进程。但是长久以来，这个领域却未进入到学界的视野当中。有关农村政策传播的研究是近几年才得到学界关注的，总的来说已有的研究成果包括以下几个方向：一是不同类型的涉农政策信息传播渠道的传播效果③；二是国家涉农政策传播过程中存在的问题

---

① 徐勇：《“政策下乡”及对乡土社会的政策整合》，《当代世界与社会主义》2008 年第 1 期。

② 唐玉环：《论构建促进农民政治认同的信息传播机制》，《湖南师范大学社会科学学报》2006 年第 6 期。

③ 代表性成果如：谭英、蒋建科、陈洪：《不同信息传播渠道传播农业政策的效果及农户接受程度分析》，《农业经济问题》2005 年第 9 期；宋健：《关于家电下乡政策传播策略的实证研究——机遇对山东省青州市 5 个行政村的调查分析》，《广告研究》2009 年第 11 期。

及改进的方法①；三是乡村治理中信息传播的影响、作用和模式的变迁②。

在已有的研究中，具有代表性的观点是“国家农村政策传播过程中信息存在缺失”，造成这一现象的原因是“农村受众的流动，意见领袖的缺位，媒体功能的缺席以及政府的科层性”，为此必须建立以农民为核心的受众群的传播机制，以及完善的信息反馈、调节机制③。对于信息传播与乡村治理之间的联系，有学者指出，“在‘乡政村治’治理体系建构过程中，会议系统已经在乡村的政治传播中失去效用，取而代之的是逐步发展起来的现代大众传播媒介，主要是广播和电视”。因此，“电视下乡已经成为现今乡村治理中不可忽视的一个因素”，同时值得注意的是，电视“对于乡村基础的治理并不一定是正面作用”。④

对于目前处在现代化进程中的农村，以电视为代表的大众传播、以政府科层体制为基础的组织传播和以“半熟人社会”为背景的人际传播构成了农民了解国家涉农政策信息的媒介环境。那么，这三种传播方式对农民的接近性如何？哪种传播途径在与城市信息环境大不相同的农村更为有效？三个传播链条在政策上通下达的过程中是怎样交织在一起相互作用并形成农村复杂的政策传播环境的？农民对国家涉农政策信息认知状况与态度又是怎样的？有着什么样的需求？为了准确了解和准备把握上述问题，我们于 2009 年 9 月——2010 年 3 月在江苏省 J 市进行了国家涉农政策的传播现状与传播渠道的实证研究。

J 市位于江苏省中部，早在五六千年以前的新石器晚期，就有人类从事各项农业生产活动。1994 年 7 月，J 市撤县建市，是为县级市，境内地势平坦，河湖交织，通扬运河横穿东西，京杭大运河纵贯南北，328 国道，宁通一级公路，京沪高速和宁启铁路在境内交汇，水陆空交通均较为发达，素有“江淮孔道”、“苏北门户”之称。在经济实力方面，J 市连续八届被评为全国县域经济基本竞争力百强县（市），入选“全国中小城市综合实力百强”。

如果将 J 市所处的苏中地区置于江苏省的整体情况来看，则它恰好处于苏南（苏、锡、常）地区和苏北地区的中间层次。以社会转型的进程而言，苏南地区的农村已经实现了工业化，走上了基本富裕的道路，农村的脱胎换骨也已经平稳地得到

---

① 代表性研究成果如：邱新有、肖荣春、熊芳芳：《国家农村政策传播过程中信息缺失现象的探析》，《江西社会科学》2005 年第 10 期；刘燕：《试析对农政策传播的障碍因素及对策》，南昌大学硕士毕业论文，2007 年；鲁子问：《自下而上政策话语模式分析》，《当代世界与社会主义》2008 年第 6 期。

② 代表性研究成果如：车英、袁松、张月盈：《试论新闻传播在乡村治理中的反作用》，《武汉大学学报》（人文社会科学版）2008 年第 1 期；李广：《中国乡村治理中的政治传播与控制》，华中师范大学硕士毕业论文，2007 年；张世勇：《干群交流的困境——从电视下乡后农村政策传播过程的角度谈》，《华中科技大学学校》（社会科学版）2008 年第 1 期。

③ 邱新有、肖荣春、熊芳芳：《国家农村政策传播过程中信息缺失现象的探析》，《江西社会科学》2005 年第 10 期。

④ 车英、袁松、张月盈：《试论新闻传播在乡村治理中的反作用》，《武汉大学学报》（人文科学版）2008 年第 1 期。

实现。而苏北地区农村则仍然受传统文化的影响较深,虽然最近几年也在赶超式的发展之中。但苏中地区的农村,则恰好符合普遍意义上的转型期的农村型态。一方面,农村因为工业化和土地置换问题正隐藏着或引发了一系列社会矛盾,农村社会秩序处于失范或重构之中。另一方面,政治上的乡村治理能力并未得到相应的提高,村民自治选举和农民的政治参与出现了反向效果,亦即行动上的"形式化"和社会心理上的失望。因此,以J市农村地区为对象的涉农政策传播效果调查结果具有一定的代表性。

此次调查采取问卷调查和深度访谈相结合的方式。主题为"对农政策传播现状与需求"的调查问卷的设计包括六个部分:基础信息,主要涉及被调查对象的年龄、性别、文化程度、职业、收入等基本问题;当地农民的媒介使用情况以及农民对新闻媒体的看法和态度;农民了解涉农政策传播的主要途径;以村民自治政策中的村民选举为个案进行研究;以新型农村社会养老保险政策为个案进行研究;当地的基层干群关系等。问卷调查采取配额抽样的方法,依照J市的人口统计数据,在J市12个乡镇中抽取了D镇、P镇、Y镇、H镇、S镇、G镇、Z镇、F镇、X镇、W镇共计10个乡镇进行了调查。期间共发放问卷250份,回收有效问卷221份,有效问卷回收率为88.4%。问卷数据统计是经编码后采用SPSS13.0统计分析软件进行数据分析得出。

调查统计结果显示,在有效的221份问卷中,被调查对象中男性比例稍稍高于女性的比例,但是总体上来说男女比例比较均衡,分别为57%和43%,这比较符合此次以政策传播为主题的问卷调查男性更有兴趣填答的现实。但是被调查对象的年龄分布不均,主要集中在36~65岁之间,而其中又以56~65岁之间的样本比例最高,为22.2%,36~45岁的次之,为20.8%,两个年龄段的样本比例高达43%。这也符合当今农村社会的打工潮景观。大量青年劳动力外出务工,留守在农村的大部分都是老年人。

打工潮的兴起促使越来越多的农民流向城市,打工也成了很多农民的职业。在此次调查中,被调查者的职业为"打工"的比例居所有职业之首,为37.1%,其次是"个体经营",为22.6%,而纯务农人口只有15.4%,这与当地农村的经济格局类同,绝大部分的农民已经不靠土地吃饭了,57%的农民有过外出打工经历。由于当地的乡镇企业发展比较迅速,因此,很多农民选择了就近务工。但是,"打工者"仍然是所有职业比例中最高的。这一现象对农村社会的影响日益明显,越来越多的人外出打工,他们有机会接触到外面的世界,有机会接触到更多新鲜事物和新的理念,这必然会对农村社会的治理以及政策的传播效果产生影响。

被调查对象的文化程度主要集中在初中及小学,分别为41.2%和31.7%,高中和大专的极少,两者加起来的比例也不过27.2%。在进村访谈的时候,留守村民文化程度偏低也是调查员的一个明显感受,由于中青年劳动大都外出打工,留守在农村家中的主要是妇女、儿童和老人。在访谈过程中，很多访谈无法深入下去就是因为被访对象的文化程度太低，即使他们很热情。不仅是调查员有这个感受，在对村干部或者村能人进行访谈的过程中，他们也提到了这个问题。当然，由于国家在农村大力普及九年义务教育，现如今农民的文化程度已经较以前有了一个很大的提高，但与城市人口相比，还是处于偏低的状态。

在进行问卷调查的同时，我们采用了田野调查的方法，以J市的10个乡镇为调查地点，通过参与式观察与深度访谈的资料收集方法，主要对上述乡镇中的部分村干部、村能人及普通村民进行了访谈。研究内容涉及村民对于国家对农政策的接触途径；村民对政策的认知、解读、态度；乡村社会政策传播过程中不同渠道的传播效果与存在问题等。这些访谈为我们更好地把握农村政策传播的现状提供了翔实的材料。

一、农民对于政策信息的接触渠道、态度及需求

对农民日常的政策信息接触行为进行了解是准确把握涉农政策传播过程的基础，因此，我们首先对当地农民的政策信息接触行为和渠道、对现有主要政策信息的认知和评价，以及对现有传播手段的态度进行了调查，以期能够从中发现涉农政策信息传播过程中不同传播方式及行为的影响与互动关系。

在了解农民接受政策信息渠道之前，我们有必要先对农民的日常媒介接触情况进行一番调查。农民的媒介接触情况直接决定着他们的政策信息接收渠道。由于J市农村的经济发展水平要高于全国农村的平均水平，因此，这里的农户家庭绝大部分都安装了有线电视(95.9%)，有些村民还安装了数字电视，他们对电视媒介的接触程度比较高，81%的村民都是经常看电视，18.1%的村民是偶尔会看，只有0.9%的人选择了基本不看电视。

而曾经在20世纪80年代以前发挥过重要作用的村喇叭在如今农村已经基本看不到踪影了，只有10.9%的村民指出他们所在的村还有村喇叭。通过深度访谈我们了解到，村广播之所以退出了村民生活原因主要是设备维护经费的欠缺问题。不仅有线广播在农村生活中发挥的作用越来越小，无线广播亦是如此，调查结果显示，现在家里还有收音机的农民只有24.9%。

经常看报纸和经常看书的农民比例分别为35.3%和29%，对比经常看电视的农民的比例，可以窥见出电视媒介的出现对农民的生活有着怎样的影响与改变。而网络这一新媒体对于当地村民还是比较陌生的，64.3%的人从来没有接触过网络，而在少数的上网群体中，通过网络来了解政策信息的只有27.8%，他们上网的目的主要是休闲娱乐(87.3%)、浏览新闻(75.9%)以及与他人联系(57%)，这样看来，网络对于当地农民更多的是扮演一种娱乐工具的角色。另一种新媒体——手机在村民中的普及率较高，使用手机的村民占到了77.8%，大部分使用手机的目

的都是接打电话、收发短信。除此之外,使用手机进行休闲娱乐的也占了一定比例。

总之,电视在农村的普及决定了电视媒介是农民获取各种信息的主要渠道。当然农民们的日常媒介接触情况并不能够代表其政策信息接收渠道,除了大众传媒之外,我们还需要考虑组织传播、人际传播等渠道。

如表1-1的调查统计数据显示,与上述农民日常媒介接触习惯一致,广播电视等传统大众传媒成为农民了解国家政策最主要的渠道。其中超过一半的人(65.2%)认为他们是通过广播电视知晓国家的对农政策的。其次是报纸杂志,比例为21.3%。亲朋友邻也是农民了解政策信息的重要渠道,比例为19.9%。同时,作为新兴媒体的互联网在农民接触政策信息的过程中也起了一定的作用,所占比例为13.1%。而传统的政策传播渠道,如村委会和村干部、宣传栏和公告、标语口号、宣传单等只占了很小的比例,分别为6.8%,1.4%,2.3%和3.2%,甚至远远低于后起的互联网。

表1-1　关于农民接触到的国家涉农政策信息传播渠道的统计　(单位:%)

渠道＼使用情况	很　多	有一些	很　少	没　有
广播、电视	65.2	23.1	9.5	2.3
报纸、杂志	21.3	16.7	18.1	43.9
村委会、村干部	6.8	19.5	27.6	46.2
公告、宣传栏	1.4	25.8	21.3	51.6
标语、口号、横幅	2.3	26.7	25.8	45.2
宣传单/册、图书	3.2	23.5	19.9	53.4
亲朋友邻	19.9	42.5	20.8	16.7
互联网等新媒体	13.1	10.4	5.4	71

由此我们可以看出,以广播电视、报纸杂志为代表的大众传播手段在涉农政策信息传播过程中发挥了很好的效用,新兴的网络媒体在农村市场中的份额也不可小觑。而传统的政策信息传播方式,如村委会和村干部、宣传栏和公告、标语口号、宣传单等发挥的作用则日渐萎缩。

另外,通过表1-1所显示的数据我们可以清楚地看到,村民将作为基层组织代表的基层干部当做自己了解信息渠道的比例很低,只有6.8%。因此,调查数据显示出的大部分村民认为基层干部在政策传播过程中几乎无为的状态也不足为奇了。对于基层干部传播政策信息过程中可能使用到的各种方式,在农民的认知体系中所占的比例微乎其微。

正如表1-2统计数据所示,由于受到经济和技术条件的限制,大部分农民没有接触到基层组织通过互联网和镇广播电视站来传播政策信息的状况是可以理解，两者的比例分别达88.7%和79.2%。但是诸如会议、入户讲解、宣传单、村务公开栏以及宣传栏、标语口号等在农民日常生活中随处可见的传播方式也很少发挥其应有的效用。如37.6%的人认为村里没有通过开会传播过政策信息，53.4%的人认为没有接触到基层干部上门入户进行信息的讲解和动员，52.5%的人没有接触过政策信息的宣传单。同时，作为村务公开重要手段的村务公开栏也有45.7%的人选择了没有。造成这一状况的原因，除了大众媒介的强势崛起所带来的影响之外，税费改革之后，基层组织权威性的衰落以及J市当地村村合并的过程也加剧了农村生活状况的原子化，而以集体性为特点的组织传播方式无可避免地日趋式微了。自然而然地，基层组织对国家涉农政策信息的传播是无法满足村民在这方面的需求。

表1-2　关于村民所接触的基层组织宣传国家涉农政策渠道的统计

接触频度 宣传方式	很　多	有一些	很　少	没　有
村里开会	7.7%	23.1%	31.7%	37.6%
上门入户讲解、动员	1.4%	18.1%	27.1%	53.4%
发放宣传单/册、图书	2.3%	26.7%	18.6%	52.5%
村务公开栏	8.1%	28.1%	18.1%	45.7%
镇广播电视站	2.3%	11.3%	7.2%	79.2%
宣传栏、黑板报等	3.2%	30.3%	16.8%	49.8%
标语、口号、横幅等	4.5%	33.5%	28.5%	33.5%
互联网	0.9%	2.7%	7.7%	88.7%

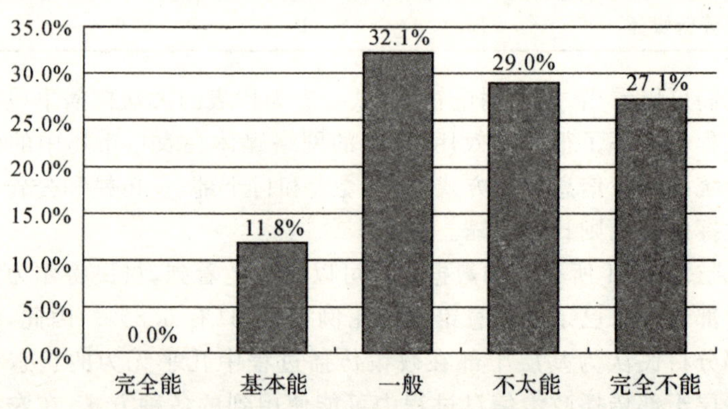

图1-1　有关基层组织对国家涉农政策的宣传能否满足村民需求的统计

如图 1-1 所示,村民认为单纯依靠基层组织的传播便可以完全满足自己对政策信息需要的比例为零,11.8%的人认为基本可以满足,32.1%的人认为一般,持中立态度。其余的 53.1%的人即超过一半的被调查村民则认为他们在政策信息方面的需求得不到满足,这种状况与我们前文的分析是一致的,即基层组织的政策传播是不能满足农民在这方面的信息需求的,这也是基层组织权威性衰落的一个有力证据。

由以上数据显示的结果来看,很多农民对基层干部在对农政策传播方面的工作是不太认可的。正如图 1-2 统计数据所显示,当问及农民对于当地基层干部的对农政策传播工作的评价时,只有 0.5%的人认为“很好”,11.8%的人认为“比较好”,从各个选项的比例来看,认为“一般”的比例最高,为 34.8%,认为基层干部在这方面做得“不太好”和“很不好”的比例分别为 19%和 33.9%,但是选择这两项的比例总和达到了 52.9%,也就是说,有超过一半的农民对基层干部的对农政策传播工作是不满意的。结合图 1-1 的数据来看,基层组织在政策信息传播方面不能满足大部分村民的需求,这也必将导致村民对基层组织涉农政策信息传播工作的不满。

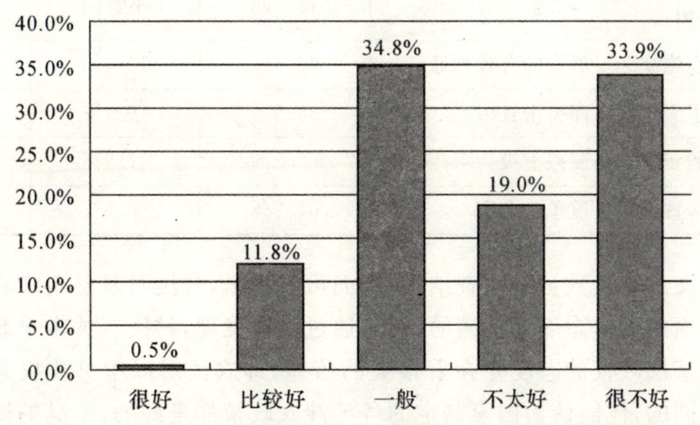

图 1-2　关于村民对基层组织涉农政策信息传播工作的评价统计

虽然农民对基层干部在政策传播方面工作的评价不高,我们也应该看到农民自身的局限性,如寻求信息的主动性不足,表现在信息的传播与收集方面便是不能充分利用不同种类的媒介收集到自己需要的信息。

同时,虽然村务公开的工作存在形式主义的问题,但是通过访谈我们了解到,农民很少会主动到村委会了解村务公开栏上的信息。根据我们调查过程中走访乡村的体验,墙体标语口号、横幅等也是很常见的。在问卷调查的时候,很多被访人员第一次被问及是否看到过相关的标语、口号、横幅时,他们的第一反应就是没有,但是经调查员提醒,很多人才回想起来。这可能与农民的日常生活习惯有关。通过访谈我们了解到,很多农民表示,觉得这些标语口号之类的跟自己没有关系,看到的时候也没有仔细思考，看过之后就忘记了。以致很多农民(41.6%)认为他们没有了解相关政策信息的相关渠道，虽然持反对观点的比例稍高(44.3%)，其余则选择了说不清(14.1%)，这也说明了农民的媒介使用习惯，尤其是主动寻求信息的能力亟需得到培养。

通过调查我们发现，基层政策信息传播过程的不顺畅是由多方面的原因造成的。如表1-3的统计数据显示，农民对政策信息传播过程中存在的意见主要是：渠道比较单一(64.7%)、基层干部在实施政策的时候总是不考虑实际情况照搬上级要求的方式(65.2%)、政策的实施过程中缺乏与群众的有效沟通(79.6%)、为了应付检查而突击宣传搞形式主义(68.8%)。可见，J市的政策信息传播过程中存在的问题主要是：一方面，不能结合当地的实际情况灵活有效地进行政策信息传播的工作；另一方面，缺乏与村民的有效交流和沟通，对村民的切实需求不够了解，从而导致在采取村民喜闻乐见的方式建立多样化、全方位的立体传播网络方面的不作为。

表1-3　有关村民对政策信息传播的意见统计

原因＼态度	赞同	不赞同	说不清
政策的实施缺乏与群众的有效沟通	79.6%	10.4%	10.0%
为了应付检查而突击宣传	68.8%	10.4%	20.8%
政策的实施总是照搬上级要求	65.2%	7.2%	27.6%
政策宣传的渠道单一老套	64.7%	8.6%	26.7%

综合前文的统计数据与调查结果，我们可以看出，村民对基层组织在国家涉农政策传播方面的总体态度是不满的，但是通过访谈发现，村民有关中央政权的态度与他们有关基层政权的态度存在着很大的落差，即农民对以中央政权为表征的国家是十分认同的，他们认为国家制定的各项涉农政策都是好的，不满的则是政策信息的传播及实施过程。

图1-3的调查统计数据则能够显示出，在农民的认知体系中，对国家政策的认同感是十分强烈的。绝大多数农民(88.2%)倾向于认为国家制定的各项政策都是好的，问题存在于政策的传播与实施过程。从表面上来看，村民的这种意见针对的是基层组织对国家政策的实施不到位的问题，但更深层的原因应该归结为村民对基层政权的不信任。中国政府组织采用的科层制一方面可以凭借政治权威保证高层信息的下达，但由于从中央政权到基层政权之间有不同级别的政府组织，信息在传达的过程中难免会发生变异。最明显的一个例证便是不同层级的组织根据其自身利益对中央政策的“变通”，符合自身利益的便全面传达贯彻，将有悖于自身利益的政策信息予以淡化处理，甚至隐瞒。而当今大众媒介的全面覆盖使得农民可以

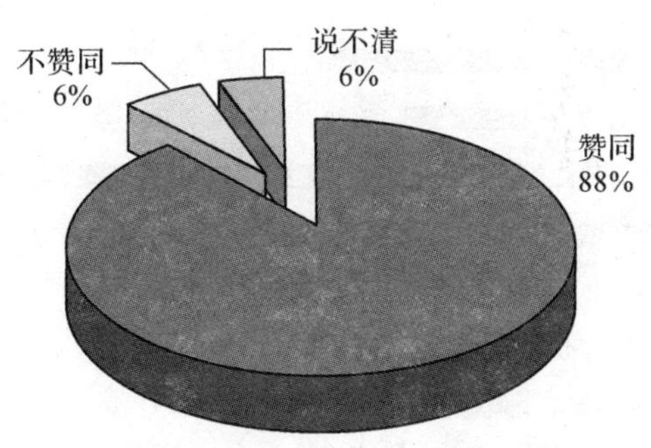

图 1-3　关于村民是否赞同“国家的政策都是好的，就是实施过程中出现了问题”说法的统计

及时地了解国家的相关政策。一旦基层组织对政策的传达与农村从大众媒介上了解的有出入,便会激起农民对基层组织的不满和怨恨,继而加剧对基层组织的不信任感。同时,这也从另一个侧面说明了政策信息的有效传播对于政策实施的效果是至关重要的。

总之,通过对农民的政策信息接触渠道、行为及态度的调查,我们了解到广播电视、报纸杂志和互联网成为农民了解国家政策最主要的三种渠道,而作为连接国家宏观政策与政策直接受众的基层干部,在政策信息传播方面的工作还很不到位,致使农民对基层干部的工作表现出一定的不满情绪。同时,农民由于自身文化素质与经济条件的局限性,J 市也应当加强培养农民有效的媒介使用习惯,使他们成为主动的受众,提高政策信息的传播与实施效果。

另外,裹挟于现代化进程中的农民对农村发展情况是最有发言权的,他们的需求是国家制定各项涉农政策最重要的依据。因此,重视农民在政策方面的切实需求是有效顺畅政策信息并有效实施政策的基点。根据图 1-4 的调查统计数据显示,社会保障问题是农民目前最关心的问题(85.1%),且远远高于其他方面的需求,其次分别为增产增收问题(51.6%),就业与收入问题(33.5%)、村务公开和民主监督问题(32.1%)、农村文化娱乐问题(27.6%)、村委会选举问题(21.3%)、农村义务教育问题(19.5%)、农村的社会治安问题(17.6%)、农村的法治教育问题(17.2%)、其他问题(6.3%)。可见,处于城市化进程中的农民最为关切的问题是他们的社会保障问题、收入问题与基层自治的问题。因此,出台相关方面的惠农政策,增加农民收入、解决农民的后顾之忧、完善基层村民自治是解决“三农”问题、建设社会主义新农村的燃眉之急。

而政策是国家建构政治认同的重要方式,而中国共产党执政以来,正是通过各种各样的政策将原本松散的人们组织起来的。新中国成立以来,为了提高农民生活水平,政府出台的政策可谓数不胜数。要详细了解每一项涉农政策传播的情况是不现实的,为此,我们在对农民政策信息接触的渠道、行为及态度有了一个综合

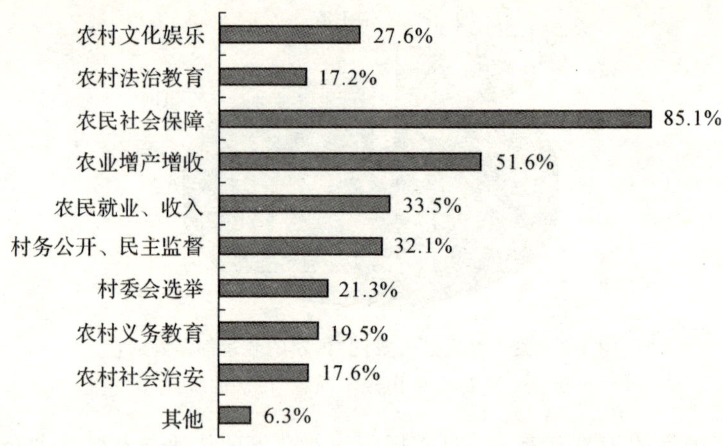

图 1-4　关于村民认为政府应当针对哪些农村问题出台惠农政策的统计

了解的基础之上，意欲通过选取当前我国农村具有代表性的村民自治、新型农村社会养老保险等两个分别关系到农民政治利益与经济利益的涉农政策进行专门的个案调查分析，以期能够窥见国家政策信息在农村社会传播的全貌。

二、村民自治政策的乡村传播与民主实践

村民自治是指广大农民通过自治组织依法办理与村民利益相关的村内公共事务和公益事业，从而实现村民的自我管理、自我教育和自我服务。村民自治程度是基层民主建设的重要标志。从 1980 年初村委会出现至今，村民自治在我国已经进行了 30 余年，这项政策是我国基层政权建设的一项重要内容，其在调动亿万农民建设社会主义新农村的积极性，发展社会主义民主政治，促进农村经济发展，维护农村社会稳定等方面所起的作用十分显著。

村民自治的日常事务主要由村委会处理。因此，村委会在村民自治实际运作中居于十分重要的地位。村民的自治权除了通过村民会议或者村民代表大会直接决定村内重大事务外，主要体现为选举村委会，通过村委会处理村民自治事务。因此，村委会的民主选举是村民自治的起点和关键。村委会是否通过民主选举产生，是检验村民自治是否实现或者实现程度的重要标尺。因此，在此次调查中，我们的研究重点主要集中在村民自治政策中的民主选举即村民选举。在税费改革、大众媒体市场化以及“熟人社会”逐渐转变为“半熟人社会”的传播生态环境中，这项政策在 30 余年的时间里不断完善，也不断暴露出新的问题。因此，选取这项制度作为研究个案具有一定代表性及现实意义。

1. 农民对村民选举制度的认知

信息传播理论认为，信息传播过程是一个由相互影响的两个部分构成的循环

系统，这两个相互影响的部分分别为信息由传播者到受众的过程，以及信息经过受众的内化再反馈给传播者的过程。而信息传播的目的是使得信息到达受众并为受众所内化，农民对一项政策的有效认知是接受该政策的前提条件。同时，对政策的初步认知能够帮助农民更好地接收并接受相关政策信息，不论是对于村民自治政策还是村民选举制度而言都是如此。

图 1-5 的数据显示，农民对村民自治政策的具体内容关注比较多的是村民的选举权利(33.8%)、村务财务公开(23.4%)以及村委会的选举程序(20.9%)等操作性内容，经常关注村民选举制度的比例最高。而对诸如村委会组织法的修订(5.5%)、村民自治章程(8.5%)等状况则很少关注，对于村民如何参与村务管理的关注度仅为 10.9%。这与政策与农民的接近性有关，对于绝大部分村民来讲，村民自治具体到实际行动便是村民选举、财务公开等。因为这些内容是明显与他们自身利益相关的，而村委会组织法的修订由于政策理论性较强，与村民日常生活离得较远，因此村民关注得就比较少。

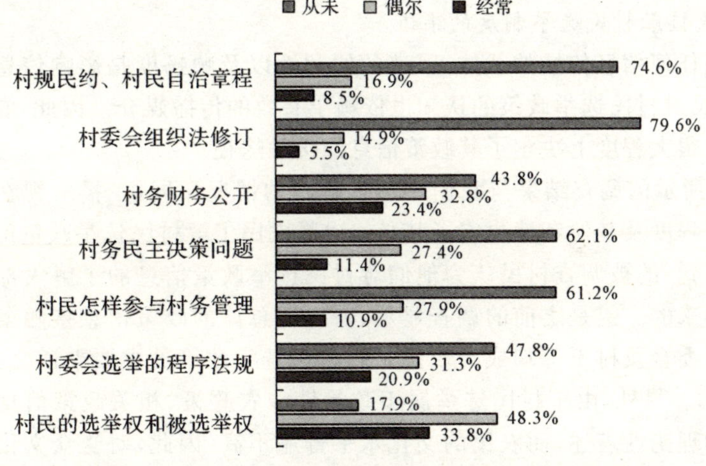

图 1-5　关于村民关注村民自治政策中哪些内容的统计

具体到村民选举制度来说，图 1-6 的调查统计数据显示，村民认为自己非常及比较了解这项制度的比例为 38.5%，一般了解的比例为 27.1%，这说明有 65.6% 的农民认为自己对村民选举政策是了解的。完全不了解的比例只有 9%，其余 25.3%认为自己不太了解这项政策。这说明通过 30 余年持续不断的政策宣传与实施，农民对村民选举政策的认知程度达到了较高的认知水平。但是，绝大部分村民对于这项制度的了解仅仅停留在表层认知上，很多人只是听说过这项制度，而对于这项制度的具体内容的关注很少。

总体说来，在村民自治政策中，村民对村民选举制度的关注度是最高的，而对于政策性稍强的村委会组织法等的相关情况则很少关注。具体到村民选举制度而

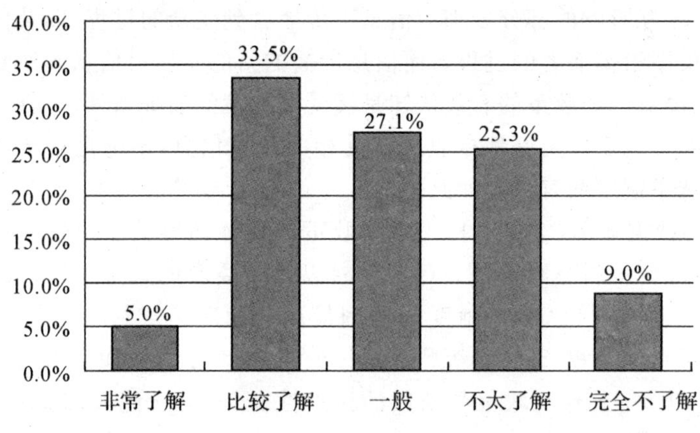

图 1-6　关于村民对村民选举制度了解程度的统计

言，大部分被调查到的村民对该制度有一定的了解，只是了解的程度有差异，完全不了解和非常了解的比例都不高，大部分人都是有一定认知。

2. 村民接触村民选举制度的渠道

渠道是任何信息传播的载体，渠道的便利性以及顺畅度是影响信息有效流动的关键，农民对村民选举政策的认知也依赖于有效的传播媒介。因此，农民的媒介接触情况在很大程度上决定了其政策信息的接触途径。

表 1-4 所示的调查结果与我们之前了解到的情况相同，广播电视在当地农村较高的普及程度及其便利性决定了其必然也是农民了解村民选举政策的渠道。调查发现，29.4％的被调查村民认为他们对村民选举政策信息的了解大部分是通过广播电视得来的。但是之前的调查显示，在农民总体的政策信息接触渠道方面远远落后的村委会及村干部却成为农民了解村民选举政策的主要渠道之一，所占比例为 14.9％。另外，由于村民选举属于政治性涉农政策，相关政策信息中牵涉到很多具体的理论性表述，而农民的文化水平普遍不高，因此，对受众文化水平有一定要求的报纸杂志不能承担起这方面的作用，比例为 10.9％，远低于之前的 31.3％(参见表 1-1)。

表 1-4　关于村民了解村民选举制度的渠道统计

渠道＼程度	很　多	有一些	很　少	没　有
广播电视	29.4％	34.8％	17.4％	18.4％
报纸杂志	10.9％	18.9％	21.9％	48.3％
互联网、手机	8.5％	7.5％	11.9％	72.1％
村委会、村干部	14.9％	26.4％	31.8％	26.9％

续表

渠道＼程度	很　多	有一些	很　少	没　有
上级政府、干部	2.0%	7.5%	14.9%	75.6%
标语口号、横幅等	3.0%	27.9%	25.9%	43.3%
宣传单、图书等	2.5%	22.4%	22.9%	55.2%
参加会议	5.5%	19.9%	30.8%	43.8%
与亲朋友邻交流	12.4%	37.3%	31.8%	18.4%

调查还发现,亲朋友邻依然是农民了解村民选举政策的主要渠道之一,比例为12.4%,这说明且不论现在的农村社会是"熟人社会"还是"半熟人社会",以乡土人情为依托的邻里之间的交流在农民的政策信息接触中无处不在。而以前曾经作为普通农民政治生活主要组成部分的村民会议却未能发挥其应有的作用(5.5%)。这与当地已经完成的村村合并有关。为了精简基层干部群体,当地开始了村村合并的工程,将若干个村庄合并为一个行政村,保留一套工作班子。这个措施在精简了冗余的基层干部群体的同时,也造成了现有的行政村范围的大幅度扩大,以至于新合并后的行政村的村民之间相互不认识的情况经常发生。在访谈的时候很多村民也反映,他们甚至不知道现在的村主任和村支书是谁。由于行政村管辖面积的扩大,将全体村民召集起来开会变成了不现实的事情。

另外,在了解一般性国家涉农政策信息时,村委会的作用并不突出。但是村民自治及村民选举与村委会有着密不可分的联系,村委会是村民自治的主要机构,也是村民选举的对象。因此,在一般性国家涉农政策信息传播过程中式微的村委会此时的作用很突出,所占比例有此前的第五位上升到了第二位(参见表1-1和表1-4)。

但是,尽管村委会在村民了解村民选举政策的渠道中位列第二,但其作为传播渠道的效用并未完全发挥。

图1-7的调查统计数据显示,当问及村委会换届选举时有没有组织进行宣传时,只有54.7%的被访对象选择了"有"。令人惊讶的是认为没有组织宣传的比例达到了31.8%,这意味着有近三分之一的农民没有接触到村委会换届选举时的任何宣传。作为一项宣传执行了30余年,且与村民生活息息相关的政策,至少三分之一的农民群体处于村委会宣传工作中的盲区。

在针对接触过村委会在换届选举时的组织宣传的村民的调查中发现,村委会组织在对村民选举进行宣传的时候采取的主要方式有开会(56.4%)、村干部上门通知(53.6%)、张贴公告(46.4%)、标语横幅和宣传栏(39.1%)、村务公开栏(34.5%)、宣传单(24.5%)、镇广播电视站(8.2%)。在村委会采用的传播方式中,开会和村干部入户通知成为最主要的两个渠道。这是因为根据村民自治的相关条

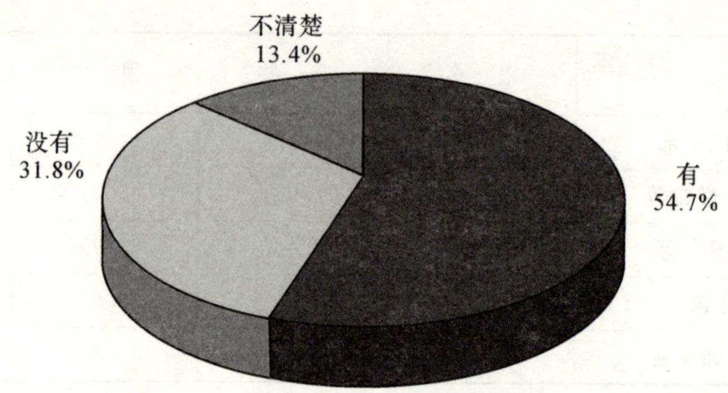

图 1-7　关于当地农民是否接触到村委会在换届选举时的相关宣传的统计

例规定，村委会在选举时要召开村民选举大会，这条硬性规定使得村民会议的召开必不可少，大部分村民是因为被通知到要去开会了才知道要进行村民选举了。因此，此处的会议传播与表 1-4 中的参加会议的内涵不同。

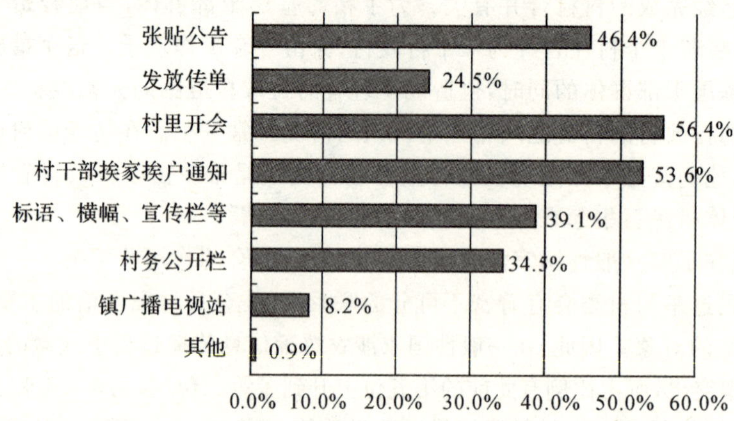

图 1-8　关于村民接触到的村里宣传村委会选举的渠道统计

综合上述统计数据可以看出，村民接触村民选举制度的渠道与村民接触国家涉农信息的渠道呈现出类似的状况，广播电视在这方面发挥着不可替代的领军作用。可见相关部门应该重视发挥大众媒介在信息传播过程中的效用。值得注意的是，在农民整体的政策信息接触渠道方面远远落后的村委会以及村干部却成为村民了解村民自治政策的第二重要的渠道。尽管如此，调查发现，村委会和村干部作为村民自治政策传播渠道的效用并未得到有效发挥。村民将其列为第二重要的渠道恐怕也是实属一种无奈之举，其中既是希望，也是不满。

3. 农民对村民选举制度传播活动的评价

农民是国家制定各项涉农政策的对象，也是各项政策的直接受益人，他们对于某项国家涉农政策或制度的评价是该政策是否顺利贯彻实施，以及是否符合农民利益的最直接的反馈。

在农村进行调查时总能发现这样一个吊诡之处,即农民对远离自己的中央政府组织有着很强的认同感,但是对于经常与自己打交道的基层政府,却不怎么买账。例如前文已经提及过的,大部分村民倾向于认为国家政策都是好的,到了下面却变了味儿。图1-9和图1-10的数据显示,对于国家制定的村民选举制度表示非常满意和比较满意的比例达到59.2%,持否定态度的两项比例之和为12%。但是对于该政策的传播活动却不甚满意,选择非常不满意和不太满意的比例高达54.3%,只有15.9%的被调查村民对村民选举制度的宣传表示满意。数据的对比也印证了调查者的印象,即农民对中央政权的高度认同与对基层政权的不满。前文已经提及过,中央政权与基层政权在农民心目中地位的落差主要是由村民对基层政权的不信任造成的。

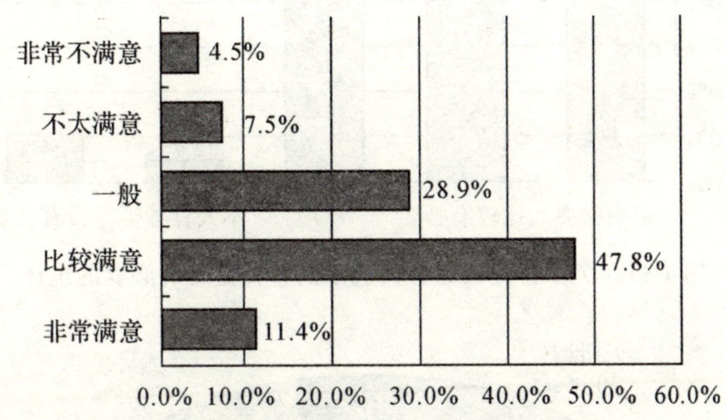

图1-9　关于村民是否满意国家制定的村民选举制度的统计

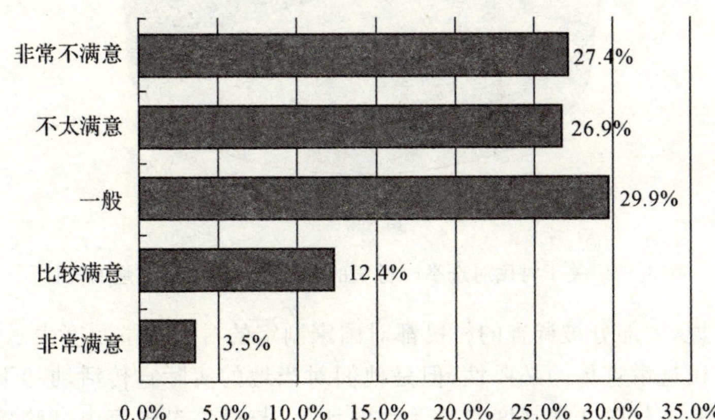

图1-10　关于村民是否满意对村民选举政策宣传的统计

除了宏观的对政策的态度以外,农民对有关村民选举政策在基层是否应该宣传以及对当地基层组织宣传工作的态度的对比再次印证了这一状况。

通过对比图 1-11 和图 1-12 的数据我们可以发现，绝大部分的人认为开展有关村委选举的宣传活动是有必要的(70%)，觉得不太有必要和没有必要的比例为 8.2%，其余的 21.8%持中立态度。但是对现有的这种宣传活动感兴趣的人却只有 34.5%。这说明农民意识到了村民选举对他们生活的重要性，但对于基层在这方面的宣传工作不甚满意，现实的基层信息传播工作做得远远不够。农民对政策信息传播的美好愿景与现实之间的断裂再次凸显出来。

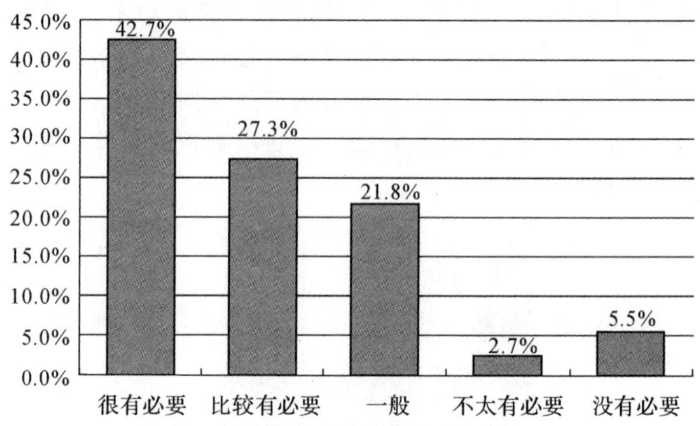

图 1-11　关于村民认为有关选举的宣传是否有必要的统计

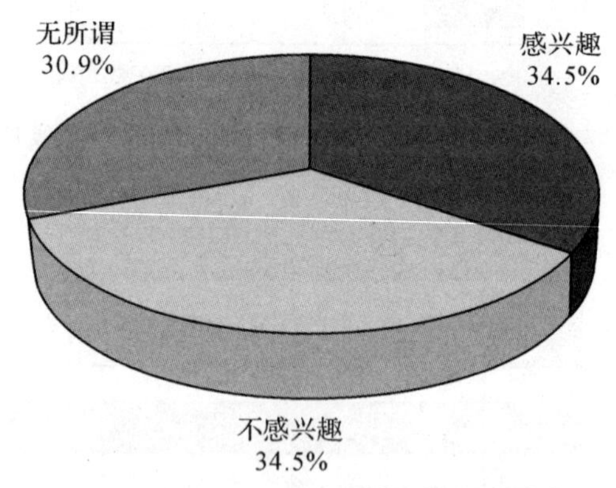

图 1-12　关于村民对选举时村里的宣传活动是否感兴趣的统计

总体来说，大部分被调查的村民都对国家制定的村民选举制度表示满意，也意识到有关村民选举宣传的必要性，但是他们对当地的实际宣传活动却不怎么感兴趣。农民对有关村民选举制度传播活动的评价，与村民对国家中央政权和基层政权的心理落差，是造成这种状况的重要原因。

4. 信息公开与基层民主政治建设

村民自治政策既是基层民主政治建设的一项重要的宏观决策，同时在执行方面又高度依赖作为自治主体的农民。因此，农民参与村民自治的积极性与主动性是这项政策发挥效用的基础条件。

图 1-13 的统计数据显示,74.6%的人认为村民拥有投票的权利是重要的。这说明了凭借着长期大量的宣传工作,经过多年的基层民主自治实践的熏陶,农民对于村民选举权的重要性有了普遍的认同,民主意识普遍增强。但是村民们实际参与村民自治的积极性与主动性却没有被调动起来,主要原因在于有些地方在村民自治政策执行过程中的形式主义与信息的不公开阻碍了农民参与的热情。反过来说,一项以农民为主体的政策缺少了农民的真正参与,又助长了形式主义的作风。

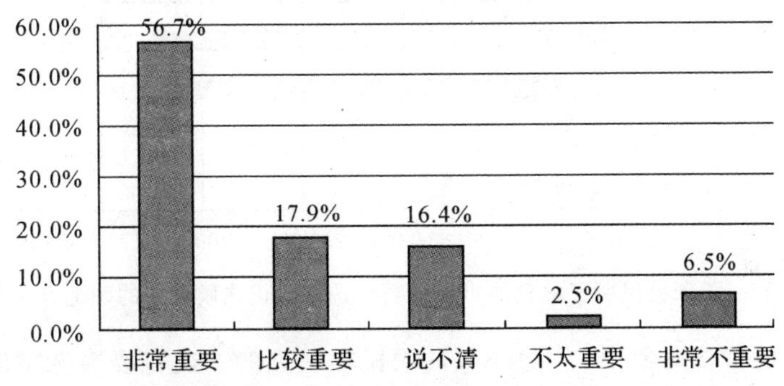

图 1-13　关于村民对拥有投票权利重要性的统计

按照村民自治政策的相关条例规定,村委会换届选举时,村民委员会主任、副主任、委员候选人由本村有选举权的村民直接提名。提名时,全体有选举权的村民可以集中提名;也可以以村民小组为单位,组织有选举权的村民提名。通过图 1-14 的统计数据可以看到,对于自己的这项基本权利,大部分村民都是很清楚地意识到的。其中高达 78.6%的被访对象认为应该由全体村民投票来确定候选人。

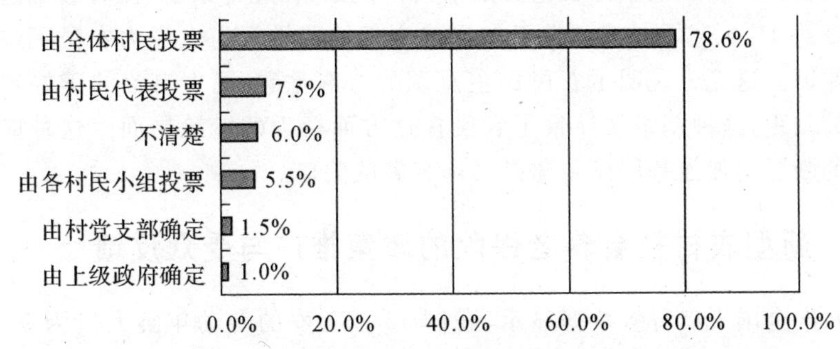

图 1-14　关于村民认为的村委会选举的正式候选人的确定方法的统计

值得注意的是,图 1-15 的调查结果显示了当问及被调查村民所在村的选举候选人是如何确定的时候,认为是由全体村民投票的比例下降到了 27.4%,而这一比例与其他选项如“不清楚”(23.9%)、由村党支部确定(22.4%)、由上级政策确定(21.4%)所占比例几乎不分上下。其中选择“不清楚”的比例高达 23.9%,排在第二位，这说明了村委会选举时，候选人是如何确定的这一行为是不透明的，同时也显示了作为落实信息透明原则重要方式的村务公开未能取得其应有的效果。2008年5月1日起，《中华人民共和国政府信息公开条例》施行，“公开是原则，不公开是例外”已经成为民众的常识。而村务公开更是基层民主自治的重要环节，但是J市农村的村务公开的具体实施情况却不容乐观。

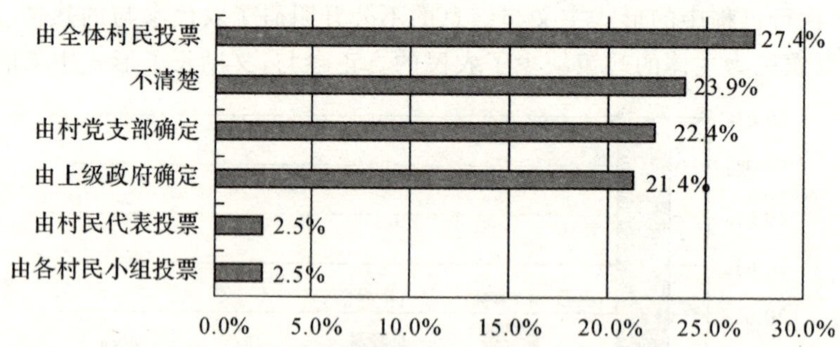

图1-15　关于村民所了解到的当地村委会选举时正式候选人的确定方法统计

在所有的被访对象中，有41.8%的农民在最近的一次村委会选举时没有参加投票。没有参加投票的原因主要集中在以下几个方面：没有人通知(34.5%)；选举的时候不在家(35.7%)；选举只是形式、表面功夫(29.8%)；选举毫无用处(19%)；村干部选举都是老面孔，没意思(15.5%)；选举与我无关(11.9%)。除了选举时不在家以为，其余各项原因都与选举时的信息不够公开以及形式主义的工作作风相关。

总体看来，绝大多数的农民已开始具有初步的民主意识，他们普遍认为村民拥有投票的权利并参加投票是很重要的事情。但是，在此背景下，没有参加选举的比例依然高达41.8%，而信息不公开与形式主义的选举行为也成为农民不参加选举的主要原因。这充分说明了农民民主意识的普遍觉醒，民主自治的美好愿景与现实情况的差距，这种差距又导致了农民在这方面行为的尴尬局面。这种应然与实然之间的断层是加强基层民主建设必须突破的关口。

三、新型农村社会养老保险的政策推广与受众反馈

第六次全国人口普查数据显示，我国15—59岁的劳动年龄人口为9.4亿人，占70.14%；60岁及以上人口为1.8亿人，占13.26%。同2000年第五次全国人口普查相比，15—59岁人口的比重上升3.36个百分点，60岁及以上人口的比重上升2.93个百分点。随着农村老龄人口比重和数量的不断增加，老龄人口负担系数也就相应提高，这就不可避免地向我国农村传统的养老模式提出挑战，同时也为全面建立健全我国农村社会养老保险制度带来了机遇。新型农村社会养老保险便是我国政府针对这一问题做出的有益尝试。

新型农村社会养老保险，简称“新农保”，是继取消农业税、农业直补、新型农村合作医疗等政策之后的又一项重大惠农政策。采取个人缴费、集体补助和政府补贴相结合，其中中央财政将对地方进行补助，并且会直接补贴到农民头上。第六次全国人口普查数据显示，江苏省目前约有1300万，占户籍人口总数的17％，年增长率约为0.3％，而江苏的人口自然增长率则为0.25％，老龄化问题十分严重。截止到我们调查时的2010年底，新农保是一项在J市还未全面推广的新政策，详细了解农民对这一保障措施的认知、态度、行为变化等因素，可以在传播链条方面为此项政策的全面铺开提供切实可行的建议，这也是我们选取新农保政策作为另一项个案研究的主要原因。

养儿防老是中国人生育文化中一个重要的传统观念，在农村尤其明显。图1-16的调查统计数据显示，在如何安排个人养老的问题上，43.9％的被调查村民打算依靠儿女赡养。同时，打算参加养老保险的被调查村民的比例为43％，与依靠儿女赡养的传统养老方式相近，这说明农民的保险意识已逐步增强。排在第三位的是依靠银行储蓄，比例为29.4％。其他的选择分别依次为没必要过早考虑(8.6％)、其他(6.3％)，排在最末位的是选择去敬老院的比例(2.3％)。造成这种选择状况的原因是当地的经济发展状况和传统观念有关。通过调查，我们可以看出，在传统意识浓厚的乡村社会，养儿防老依然是很多农民持有的观念。但是，因为当地的计划生育政策的严格执行，绝大部分都是独生子女家庭。而两个独生子女家庭结合以后，子女就需要赡养至少4个老人，这是一个很沉重的负担。也许正因为此，很多人倾向于买养老保险，或者趁自己年轻的时候多存点钱，这样一来不仅自己的晚年生活有保障，也减轻了子女的负担。

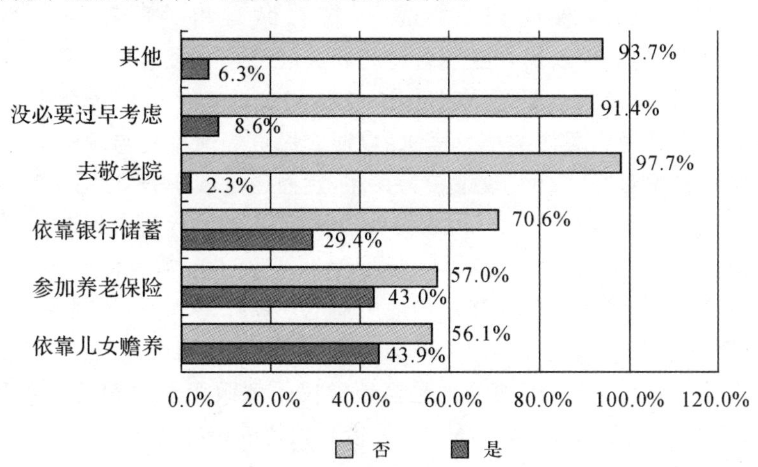

图1-16 关于村民如何安排个人/家庭养老的统计

1. 农民对新农保政策的认知及接触渠道

如前文所述，农村的社会保障问题是村民们目前最为关切的问题。因此，与其他政策信息不同，村民对这项紧密关系他们养老问题的政策信息应该会是主动寻求的。

如图 1-17 的统计数据显示，67.4%的被调查到的村民表示知道国家准备大力推行的新农保政策。虽然新农保政策在当地并未全面推开，但由于这是国家新农村建设中的一项重要任务，国家通过各种方式已经做了大量的前期宣传舆论工作，再加上农民会主动寻求与自身利益密切相关的信息，因此这项政策在当地农民中的知晓度还是比较高的。

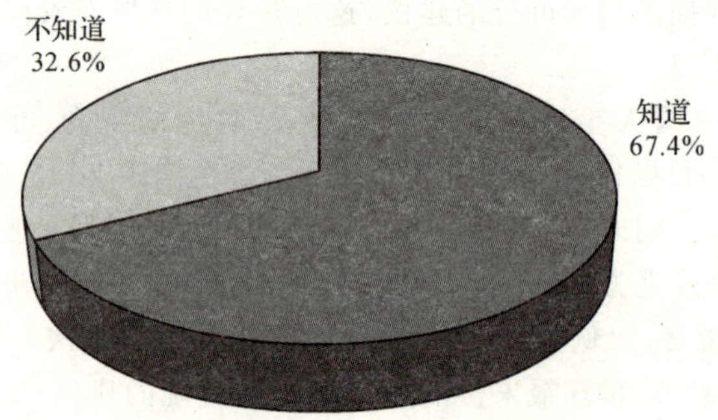

图 1-17　关于村民是否知道国家推行新农保政策的统计

农民之所以关注“新农保”政策，是因为这与他们的养老问题有着直接现实的关联。图 1-18 调查结果显示出他们关注的这项政策的信息主要包括以下几个方面：参保对农民有什么好处（77.9%）；参保的基本条件和手续（65.1%）；养老保险金的领取（56.1%）；60 岁老人享受的政策待遇（55.7%）；政府和集体补贴的份额（52.3%）；农民工的参保问题（37.6%）；新农保与相关险种的衔接与转换（17.4%）。可见，凡是与农民切身利益密切相关的都是农民迫切想要了解的内容。因此，在“新农保”政策的全面推广过程中，应该增加此类信息的传播密度与强度，并尽量满足村民们最为关注的信息需求，以便农民更好地接受与理解。

尽管当地村民对“新农保”政策较为关注，然而通过图 1-18 与图 1-19 的数据比较，我们不难发现，也仅有 67.4%的农民知道国家正在推行新农保政策，知道 J 市也在推行这一政策的则更少，只占 44.3%。这说明以 J 市为主体的有关新农保政策的宣传力度还不够，还应该加强对当地广播电视媒体的利用，增强农民对基层政府的认同感。

根据之前的调查发现，广播电视是当地农民了解政策信息最主要的渠道。同样，在新政策的舆论宣传方面，广播电视凭借其独特的传播优势能够将有关信息大范围、高密度地传递给其所覆盖地区的受众。

图 1-20 的统计数据显示，74.5%的被调查村民是通过广播电视知晓新农保政策的。其他几种渠道分别为：亲朋友邻（51.7%）、报纸杂志（28.2%）、村镇干部（16.8%）、互联网和手机（12.8%）。以上渠道接触行为与我们之前的调查结果呈

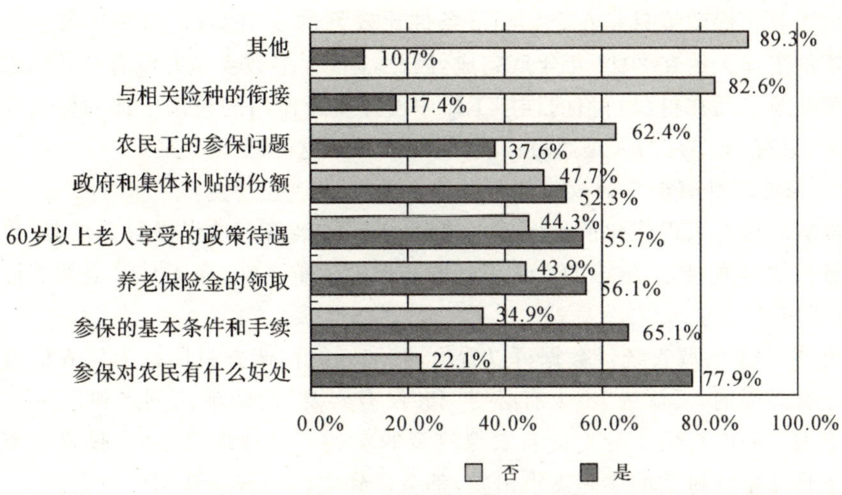

图 1-18 关于村民所关注的新农保政策不同具体内容的关注程度的统计

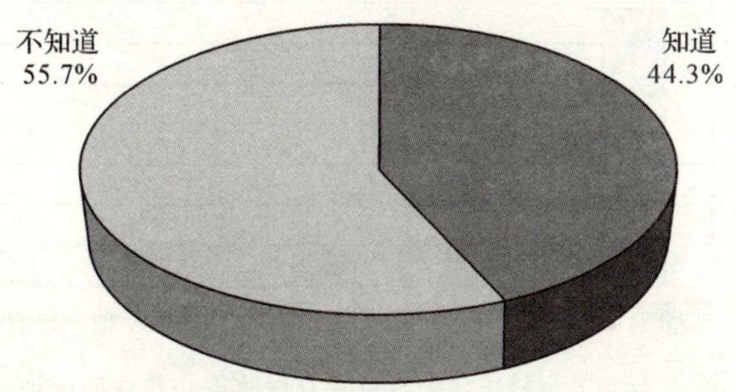

图 1-19 关于村民是否知道 J 市正在实施新农保政策的统计

现出趋同的态势,都是以广播电视的大范围覆盖为主、辅以亲朋友邻之间的交流。与村民选举制度不同的是,亲朋友邻取代了镇、村干部成为村民了解新农保政策的第二重要的渠道。这说明要针对不同政策的性质,在不同的传播方式上有所侧重才能取得良好的传播效果。

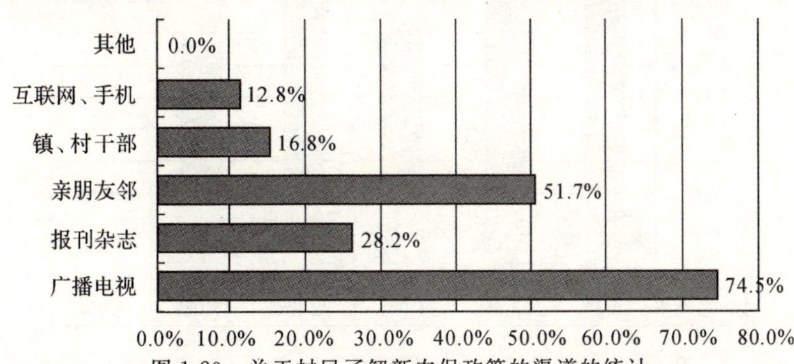

图 1-20 关于村民了解新农保政策的渠道的统计

由于新农保政策只是在个别经济条件比较好的乡镇实行了，在J市全市范围内推广的工作大约在2011年年底完成，因此，J市大多数乡镇并没有开始向农民宣传这项政策。而在村民自治的推广工作中发挥重要作用的村镇干部的作用不能凸显出来，只有16.8%的人是通过镇、村干部来了解这一政策的。

2. 经济理性驱动下的政策评价与信息需求

随着农村卷入现代化的程度越来越深，农民的经济理性慢慢得到培养，再加上风险意识的增强，越来越多的人认识到养老保险的重要性，而不是将全部赌注都押在"养儿防老"上。

由图1-21的调查统计数据可以看出，89.6%的被调查村民认为新农保政策的推行是有必要的，而认为"不太有必要"和"没有必要"的两项比例之和仅为2.3%。可见绝大部分的村民十分支持新农保政策的实施。这种现象说明，只要国家出台的政策是真正从村民的实际需求出发，都会得到农民的普遍认同。

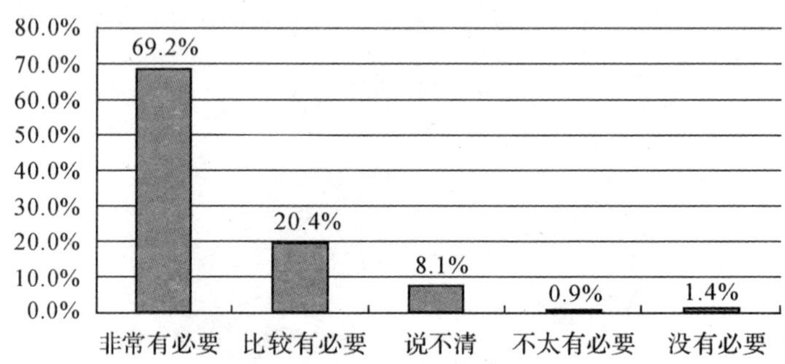

图1-21 关于村民认为推行新农保政策必要性的统计

通过图1-22显示的调查数据我们还可以看出，这项政策受到农民欢迎的具体

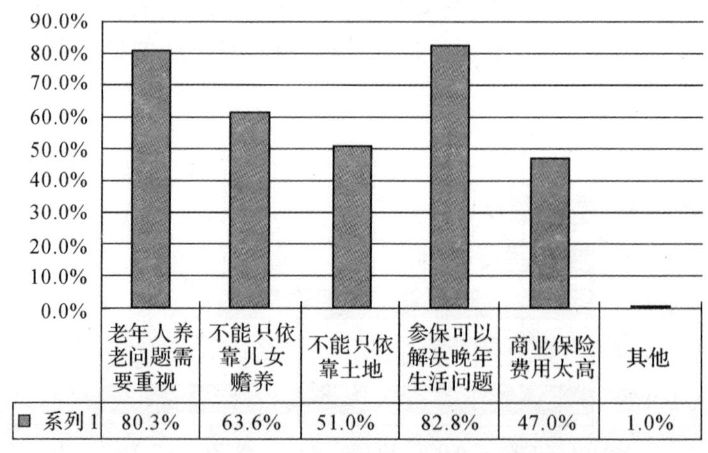

	老年人养老问题需要重视	不能只依靠儿女赡养	不能只依靠土地	参保可以解决晚年生活问题	商业保险费用太高	其他
系列1	80.3%	63.6%	51.0%	82.8%	47.0%	1.0%

图1-22 关于村民认为有必要推行新农保政策的原因统计

原因主要有:参保有助于解决晚年的生活问题(82.8%)、老年人的养老问题需要重视(80.3%)、只依靠儿女赡养不能解决后顾之忧(63.6%)、只依靠土地不能解决后顾之忧(51%)、普通农民缴不起商业保险的费用(47%)。这些原因反映出农民对养老问题的重视,同时由于普通农民收入低,无力负担相对较为昂贵的商业保险的费用,所以绝大多数农民对新农保政策都持欢迎的态度。

虽然新农保政策在当地还未全面推行,但是通过图1-23的统计数据可以看出,69.7%的被调查村民都希望能够了解到具体的新农保政策的信息,因此,该政策的全面推广是有着坚实的群众基础和需求的。

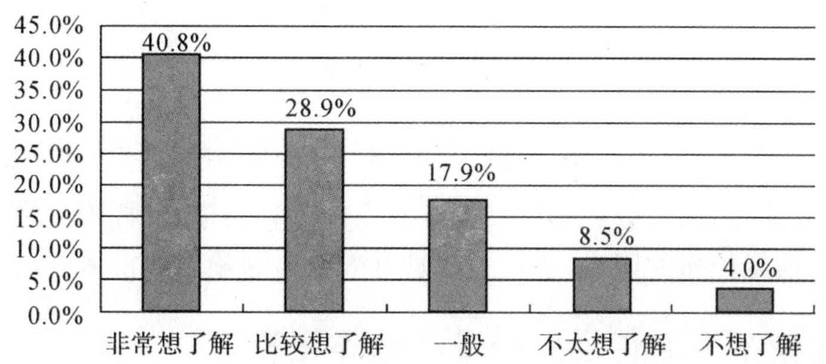

图1-23　关于村民是否想了解J市新农保政策的具体内容的统计

不过,由于此次调查实施时,J市本地还没有全面推广新农保政策,只是少数几个镇有所尝试,因此,问卷中农民对新农保政策的态度主要体现在需求上。

根据前文的调查结果可以发现,新农保政策在当地农民群体中的知晓度较高,大部分被调查村民都知道国家正在推行新农保政策,但是知道J市是新农保的试点的人却寥寥无几。这说明,虽然广播电视凭借其广大的覆盖范围成为新政策宣传的主力军,但是农民通过电视等大众传媒得到的相关政策信息都是表层甚至不完整的,而具体的信息需要基层政府部门充分利用当地的组织传播甚至人际传播渠道,通过农民喜闻乐见的方式传递给他们。

图1-24调查统计数据显示,在所有的信息传播渠道中,除了广播电视(83%)以外,农民还希望可以通过村里开会(55.7%)、宣传单/册和图书(55.1%)、张贴公告(43.2%)、亲朋友邻(37.5%)、市/镇劳保部门(26.7%)、报纸杂志(26.1%)、互联网和手机媒体(15.9%)等各种渠道接触到他们需要的与新农保有关的政策信息。

从农民对上述各种渠道的实际需求程度来看,新农保政策信息的传播应该重视村民会议的形式。这样既有利于传达有关文件信息,也方便农民群众集中在一起相互交流讨论。同时还能够把握农民对该政策的具体需要和相关反馈意见。其次,不少农民也希望将其想要了解的新农保的信息印刷成宣传单发放到农民手中,便于他们保存信息。另外,村里张贴公告等方式对于新农保政策的传播也是一个

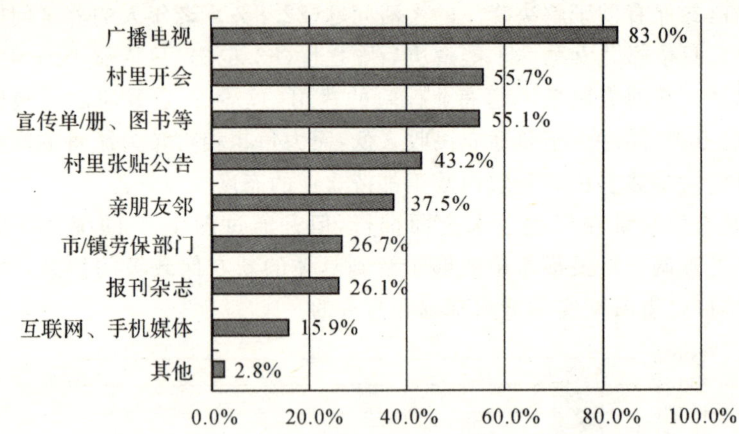

图 1-24 关于村民希望通过哪些渠道了解新农保政策的统计

有效的传播方式。总之，有关部门要充分利用好各种渠道，发挥不同渠道的独特优势，形成一个信息传播的网络，将相关信息有效地传递给农民群体。

四、政策下乡的传播路径及其运作逻辑

新中国建立以来，我国实行的是统一社会政策分级决策体制，一项国家政策的传达，是由中央政府自上而下逐级传递的过程，带有浓厚的科层化色彩，农民获取政策信息的渠道主要是依靠组织传播的渠道。随着广播电视在农村的发展普及以及农村基层政权的改革，大众媒介逐步取代组织渠道成为农民获取政策信息的主要渠道。不管是大众传媒的勃兴，抑或是组织传播的式微，在中国这样一个乡土社会中，人情、面子一直是人们生活中的重要元素，因此，在政策信息的传播过程中，人际传播自始至终也发挥着不可替代的作用。

然而，有研究表明，信息的极度缺失是目前农村的普遍现状。“一方面大众媒介提供了大量的信息，但是这些信息中又严重缺乏受众所需要的有价值的、对自己有用的信息……在政策传播的过程中，信息在不同层次传播环节中缺失了，许多有利农民的政策并没有落到实处。”①并把政策在不同层次的传播环节中，传播信息的失真、流失、截流等现象称之为政策信息的缺失。而且认为正是我国农村社会自身存在的弱点、政府科层体制造成的组织传播渠道的不畅以及大众传播对农民需求的不准确定位等造成了涉农政策传播的缺失与低效。

1. 大众传播：农民与国家的“零距离”接触

在广播电视等大众媒介还没有进入农村之前，农村对信息的接收主要是依赖

① 邱新有、肖荣春、熊芳芳：《国家农村政策传播过程中信息缺失现象探析》，《江西社会科学》2005 年第 10 期。

于党政体系以及人际传播的方式。安德森曾经提出了“想象共同体”的概念①,研究了大众媒介对于民族意识、身份意识建构的重要意义,我们从这个角度出发,可以发现和理解当时乡村的“国家想象”所具有的悖论性,一方面是由于缺乏大众媒介的直接介入,导致乡村与国家的“距离”很远;另一方面是基于体制性的组织传播模式促使了“国家意志”在农村的有效实践,当然这是以“国家与社会”关系为基础的。

在改革开放之后,国家主导政策的变化促使了“乡村”政治含义的逐渐衰退,国家意志从“乡村”进行了部分的撤离,“乡村”开始越来越具有自治的形态。这个时期,组织传播的效果也就开始淡化,以广播、尤其是电视为代表的大众媒介在农村的普及,成为村庄了解国家政策的重要渠道。1990 年以前,广播是农村的主要传播渠道,不论是有线广播还是无线广播都在当时的对农政策传播中发挥了重要作用。虽然无线广播的发展一直比较平稳,但是电视的出现和普及,对整个广播事业的冲击很大。可以说,自 1990 年以后,电视已经逐步取代广播成为农村政策传播的主要渠道。

大众媒介对政策的传播具有直接性,它不像组织传播那样具有严格的层级制,因此大众媒介的政策传播更具有信息接收“平等”的味道。乡村能够通过收听广播收看电视的方式,最直接地了解国家政策,实现与国家政策的“零距离接触”。以这种方式,它建构了一种新的村民与国家权威之间的想象性关系,这种关系还会对村民与乡村干部的关系、村民对政策的接受和实践等都产生不容忽视的影响。

现如今,以 J 市为例,农村基本普及了有线电视,有些乡镇甚至开始有了数字电视,电视这一传统大众媒体成为当地农民及时了解国家政策信息的最主要的渠道。通过问卷调查的数据分析我们可以看到,电视成为绝大多数农民了解国家涉农政策信息最重要的渠道。另一方面,在对村干部的访谈中,大部分村干部认为,农民通过电视新闻或者网络等媒体能够及时了解到相关的信息。

> “现在的农民对国家有什么惠农政策出台,都懂。外面的世界怎么样,他们都晓得。有些事情我们还不知道的时候,他们反而事先就知道了。”②

调查还发现,现在村民对某项政策的认识和了解往往是从电视媒体开始,然后向村干部询问具体政策细节。

---

① 本尼迪克特·安德森:《想象的共同体:民族主义的起源与散布》,上海人民出版社 2005 年版。

② 摘自于访谈资料:2009 年 8 月 13 日,J 市 W 镇 H 村,受访者为村委会财务会计。

"一般地，电视上的中央新闻一般每天都要看的，看过了以后，比如说，最近我们扬州市搞了一个新农保，农民到老了以后每个月可以拿多少钱的，那现在我们江都市特别是我们樊川镇还没有启动，我们不好瞎宣传对不对？反正我们也是本村人，比如说村里有人看到我们了，说，书记啊，人家那里不是搞了什么，退休好拿钱啊什么的，我们这什么时候开始啊。我说你先别着急，我们这里一开始，我们首先就跟你们宣传。"①

于是，我们不难发现，"在当下的中国农村，政策信息的传递模式就从以前组织传播模式的'层层过滤推进'变成了大众传播式的从中央到农民的'直达'"②。农民与国家的这种"零距离"接触虽然在一定程度上有利于基层民主建设和信息公开，但同时这种"直达"式的政策信息传播模式反过来又对基层组织的工作带来了很多负面作用。考虑到文本形态的国家政策在进入基层成为实践形态的政策之时，会按照某种特定的逻辑开始运转，最终的政策结果往往并不取决于当初政策制定时的理论预设和良好的愿望，而在于这种逻辑在实践过程中对政策的修正程度，在于实践本身。③ 因此，"变通和扭曲政策在干部理解起来并不是违反政策精神的行动，在一定意义上还是应当鼓励的行为，只要没有产生不可原谅的极为严重的后果"④。但是，当农民可以通过大众传媒直接接收到中央政策时，他们便会从自己的切身利益出发对政策进行理解，而不会考虑当地的具体情况。这样一来，一旦农民通过村干部了解到的政策信息与他们通过大众媒介了解到的政策有出入的话，便会造成他们对基层干部的抵触与不信任，对农村干群交流造成障碍。通过访谈我们了解到，在J市当地，这方面最明显的例子便是拆迁补偿时，村民总会拿北京、上海等地的补偿标准作为讨价还价的筹码。

"比如说，像那个低保户，每个地方即使再富裕它也有贫穷的人，我们村里也有低保户，他就说电视上也登了，人家城市里每人每月都是200多、300多，我们只有这么一点点啊。"⑤

因此，虽然大众传播在由于其强大的覆盖范围与可接近性成为农民了解国家政策的主要途径，但正如已有研究指出的那样，大众传媒对乡村治理所起到的作用

---

① 摘自于访谈资料：2010年1月21日，J市F镇Z村，受访者为村支书。

② 车英、袁松、张月盈：《试论新闻传播在乡村治理中的反作用》，《武汉大学学报》（人文科学版），2008年第1期。

③ 刘岳、宋棠：《国家政策在农村实践过程的理解社会学》，云南出版集团公司2006年版，第129页。

④ 刘岳、宋棠：《国家政策在农村实践过程的理解社会学》，云南出版集团公司2006年版，第129页。

⑤ 摘自于访谈资料：2010年1月21日，J市F镇Z村，受访者为村支书。

并不一定都是正面的。由于我国幅员辽阔,东中西部地区差异较大,对于某一项国家政策来说,不可能符合每一个地区的实际情况,但是作为宏观调控的一种手段,要中央政府详细地针对不同地方制定不同的涉农政策也是不现实的。这就造成了国家政策的宏观性与地区差异的微观性之间的冲突。农民通过大众媒介了解国家政策增加了政策信息的透明度,同时也给乡村治理工作带来了困境。当政策的传播过程由“层层推进”变为“直达”时,“国家政策在实践过程中因地制宜的创造性变通就要受到相当程度的抑制。农民通过媒体的政策报道可以直接了解到各级政府的政策文本,却无从知晓政策实践的整个过程,无法知道有多少复杂的因素需要综合考虑”。[①] 因此,如果农民发现基层干部对国家政策的执行与国家政策规定有出入的时候,他们对基层干部的信任程度便会降低,在执行政策的时候有抵触情绪。长而以往,基层干群关系日益恶化,不利于乡村地区的治理和稳定。

另一方面,虽然以电视为代表的大众媒介是农民了解国家涉农政策的主要渠道,但是,大众媒介对农村受众的关注却十分有限。农民人口占中国人口的绝大多数,而现在的大众传媒的目标受众却大部分为都市群体,大众媒介所传播的信息无论是在内容上还是在形式上都与农村受众的现实需求有着明显的错位。再加上大众传播媒介为了自身的生存与发展,势必会把更多的精力放在经济更加发达的城市。而农村地区由于收入水平、消费水平都远远赶不上城市,以农民为目标受众群体的传播不但不能给大众传播媒介带来很丰厚的收入,甚至很多的对农传播的节目一直处于亏损的状态,成为各大媒介淘汰的对象。于是,农村受众在大众传播过程中有着明显的缺位。

另外,由于农民知识文化水平相对较低,大众媒体在国家农村政策信息的传播过程中并没有一套话语转化机制将信息转化为农民可接受的表达方式,这就使得农民受众和传播内容之间存在“知识沟”。造成这一现状很重要的原因之一就是农民作为传播受众的话语缺失。国家出台各项涉农政策的目的都是促进农村经济发展,提高农民生活水平,改善农民生活状态。但是,不管是在政策的制定出台,还是政策的传达过程中,抑或是对政策的评价态度,农民作为政策的受惠者却很少发出过自己的声音。长期以来,在自上而下的政策传播以及执行体制中,农民一般是被当作“被传播”和“被实践”的对象,一些有利于农民的政策之制定也往往是基于政府和学界对农民利益的想象,本应该作为政策受益主体的农民却常常处于“失语”的状态。

由于大众传媒在农村的影响巨大,因此大众媒体更应该采取适合农民的有效传播方式,积极满足村民对于信息传播的需求。但从目前的实际情况来看,这一点

---

① 车英、袁松、张月盈:《试论新闻传播在乡村治理中的反作用》,《武汉大学学报》(人文科学版)2008年第1期。

并不理想，存在着很多的缺陷。这些缺陷造成了大众媒介在国家政策的乡村传播中所具有的矛盾性作用，即一方面随着电视、广播等大众媒介在乡村的普及，大众媒介已经深刻地改变了乡村信息的来源，成为村民接触信息的最主要渠道，这在我们的调查中也得到了证实。但另一方面，大众媒介却难以满足村民对国家政策之类信息的真正需求，村民把对政策的深入了解更寄托在其他的传播方式上。

2. 组织传播：自上而下的路径依赖及其退化

组织传播一直在政策传播中扮演着重要的角色，尤其是在革命年代以及新中国成立后的前30年间，严密的党政组织架构为组织传播的有效性奠定了基础。组织传播依赖于层级制的组织方式以及组织内部对组织的忠诚。层级制的组织方式是党政政策自上而下传播的渠道，它以“文件”的方式，传达着上级组织的权威话语，这种权威和组织传播能够相互促进，一方面“权威”是政策能够得以被传播和接受的基础；另一方面“红头文件”的话语表达方式也促进了权威的自我生产。正是这种严密的组织方式以及组织的权威象征促使了组织传播在政党的各种政策传播和被接受的过程中发挥着重要意义。

其中最有力的体现就是政府文件的传达。一般来说，在组织传播体系内，重要的农村政策都是通过文件层层过滤推进的。作为最基层的村级组织，村支部和村委会在宣传政策上依据的则是上级的文本。以新农保政策为例，由于J市当地还没有全面推行这项政策，有些村民在电视上看到有关消息后会向村干部咨询，村干部的解释往往是由于上级政府具体的文件还没有下达，因此他们也不能直接向农民表态。

> “我们没有接到任何这方面的文件，所以我们也不敢瞎宣传，我们只能说等到这个工作一开始，我们就立即和你们讲。”①

而在村组织层面上，国家政策的宣传仍然延续着相似的路径：从村支部到党员，从村委会到村民小组长，再到普通村民。比如，某村支书提到：

> “每年都有那个中央一号文件，我们就是把它翻印成那种粉红色的纸张，每家每户发放。召开不同层面的会议，村组大会，党员大会，然后是村民代表大会。先召开不同层面的大会，然后就是让村组干部把每年的惠农政策翻印成宣传单，然后就发放到户。”②

---

① 摘自于访谈资料：2010年1月21日，J市F镇Z村，受访者为村支书。

② 摘自于访谈资料：2010年1月21日，J市F镇Z村，受访者为村支书。

类似的,在X镇F村对该村村委会主任进行访谈时,她也提到相似的过程:

> “村里呢开始就是先开党员扩大会议,党员要起先锋模范作用啊,然后村组干部会,再到小组会议,做到家喻户晓。还有,我们现在宣传都是有公示栏的,这个一般集镇上的人都能看见。另外呢,就是说,每个组都有小组长,小组长宣传。像今年那个全面小康建设标准,家家发的有那个卡片。我们村委会的干部,每个人,必须要到各个组,了解他们的热点、难点、焦点问题,然后想办法怎么解决问题。再一个就是电话咨询,问他有没有搞清楚,对小康村的标准有没有掌握。再一个就是我们会抽查,现在通讯也方便嘛。”①

然而,“文本形态的国家政策在进入基层成为实践形态的政策之时,会按照某种特定的逻辑开始运转,最终的政策结果往往并不取决于当初政策制定时的理论预设和良好的愿望,而在于这种逻辑在实践过程中对政策的修正程度,在于实践本身”②。换言之,国家政策的文本范式与实践模式并不一定是一致的,往往是存在出入的。进而言之,农民对政策的评价,依据的并不是政策文本的表达,而是政策文本与实践结果之间的“距离”。这个距离越小,则满意度越高,反之则越低。

另外,组织传播系统在传播政策的过程中,也在对政策进行自己的学习和理解,以及对政策进行阐释。各级地方组织既是政策的接受者也是传播者和阐释者。在这样的组织传播机制中,不同的群体享有不同的接收信息权力,不论是接收信息时间的先后还是信息的多少,都反映了这种自上而下的传播背后蕴含的信息权力本质。各级组织在接收政策并对政策进行了学习和理解之后,组织内部的传播模式就开始发挥着重要意义。它以“座谈会”、大会、文件学习活动、学习总结等方式将政策传达到基层组织中的成员中。

除了文件下达与政策学习等间接渠道之外,村民会议则是农民可以直接接触到的最主要的组织传播方式。但是,随着基层组织政权的改革,村村合并,使得原来传统意义上的“熟人社会”不复存在。现在的J市农村大多数都经历了村村合并,每个村的面积和人口都大幅度增加,村民之间、村民与村干部之间互不认识的情况也越来越多,以前农村各家各户串门的热闹情形已经很少见了。由于现在每个行政村的面积都很大,村委会所在地的村民对村干部可能会更熟悉,但是距离村委会较远的村民有些甚至都不知道村委会在哪里,不知道现任的村干部是谁,因此,把村民集中起来召开村民大会的做法已经没有现实条件了。村民对这种情况

---

① 摘自于访谈资料:2010年1月22日,J市X镇F村,受访者为村委会主任。

② 刘岳、宋棠:《国家政策在农村实践过程的理解社会学》,云南出版集团公司2006年版,第129页。

的不满情绪也比较普遍，在D镇和G镇对当地村民进行访谈时，村民们都提到了这个问题：

“以前没有合并的时候，村干部还集中开会。现在都没了，哪个来开会啊？认不得哪个是书记，哪个是主任。以前的村部就在附近，找起来方便，办事也好商量。现在搬到另外一个村去了，没事不去找他们。”①

“现在村与村并，乡与乡并，大的并小的。干部变少了，减轻农民负担，但是现在跟干部也没什么来往了。干部也不跟群众开会了。村干部现在就搞搞卫生啊，迎接检查啊，就做这些。”②

尽管组织传播依然在组织自身的传播中发挥着重要作用，但由于“政治”从“社会领域”的逐渐撤退，它在“社会”领域的传播中作用开始衰退。首先是大众传播媒介的崛起，这改变了村庄政策信息的接受方式。当电视几乎走进了每个村民家庭的时候，它的深刻意义在于对农民“日常生活政治”的影响，比如对政策的接收方式和解读，对“国家权威”的想象等等。另外，乡村社会，不管是费孝通所说的“熟人社会”，还是贺雪峰所说的“半熟人社会”，人际传播的方式都会在政策的接收以及解读、认同中发挥着重要作用。这些因素都客观上削弱了组织传播的效果。

如前文所述，组织传播在我们的体制中曾扮演着重要的角色，属于正式的国家政策传播渠道，是政策自上而下传播以及贯彻落实的主要渠道。组织的科层制特点以及严密性都为政策的传播、普及、深入以及最后被实践提供了保障。但随着社会的发展，大众传媒开始崛起，电视、报纸、广播以及新兴的互联网等都成为政策传播的重要渠道，尤其是对于发达的地区而言。与此同时，传统的组织传播并没有“与时俱进”，而是延续了传统的路径，忽视了新的传播条件下各种对组织传播的影响因素。目前的组织传播依然是刻板的、“枯燥”的，对于不同级别之间的传播是以文件的方式，对于组织内部的传播则是以会议的方式。这导致组织传播难以发挥应有的传播效果，某种程度上处于缺失的状态。仅有的党员会议、村民会议，也往往是村干部作为传播的主体对村民进行“单向度”的传播，没有发挥组织传播应有的功能。

另外，村庄自身也有一些传播的方式，比如村委会门前的村务公开栏，以及宣传栏、标语等方式。但由于村委会自身权威的衰落以及对信息公开的不重视甚至不作为，导致了村务公开栏也形同虚设，宣传栏、标语、横幅等方式所发挥的作用也十分有限。

---

① 摘自于访谈资料：2009年8月8日，J市D镇Y村，受访者为新塘组村民。

② 摘自于访谈资料：2009年7月25日，J市G镇D村，受访者为中桥组村民。

3. 人际传播:乡土人情运作中的政策动员

在涉农政策信息的传播过程中,人际传播的作用不可小觑。以“乡土人情”为主要特征的乡村社会,村庄的居住格局、村民之间的“串门”“闲谈”生活,都使得人际传播的活动非常丰富,成为获取和交流各种信息的主要渠道。事实上,尽管广播电视传媒使得村民能够最直接地接触到国家政策,实现与国家政策的零距离接触,但从村民的文化水平来看,多数人对于国家政策的认知也只能一知半解,即使通过大众传媒接触了有关政策,也不一定能够理解。实际上,真正主动依靠广播电视和报纸杂志获取并能理解政策信息的人群主要是村干部以及一些村能人。对于普通村民来讲,与干部能人、亲朋友邻的交流才是他们获取并进一步理解信息的主要渠道。

人际传播的意义不仅如此。基于村庄文化所形成的村庄舆论格局,人际传播对于村民能够在多大程度上接受政策、是否会积极地实践政策等都具有大众传播、组织传播所不能达到的传播效果,甚至能够起到其他传播形态所不具有的政治动员功能。此前关于乡村社会政策传播的研究成果更多地是集中在大众传播和组织传播上,但却忽视了“地方知识”对于国家政策传播和实施中的影响。

现代化进程在深刻改变城市生态的同时,也在逐渐改写着农村文化与农民日常生活。但从目前农村的现代化进程来看,传统文化部分开始瓦解,但也有一部分仍在发挥着维系农村社会的作用,比如人情面子的运作。因此在乡村传播中,人际传播往往发挥着比其在城市中更为重要的作用,它是村民对于国家政策信任、支持、解读的非体制渠道。比如乡邻的闲谈、抱怨、相互诉苦等都会影响到村民对国家政策的认知。尤其是一些乡村舆论领袖、乡村知识精英,其依靠人际传播的方式对政策的传达具有重要的意义。比如,一般来说,一项政策信息很难同时传达给所有的农村受众,往往是农村社会中比较活跃的一部分人先得到某项信息,然后再传递给其他村民。这部分人在农村社会中有一定的地位和威信,即当地的意见领袖。他们不仅对于政策信息到达每一个村民起着重要作用,而且对村民关于各项政策的解读和理解发挥着舆论引导的功能。

通过访谈,我们也了解到,在农村这样一个传播环境中,要想让农民积极响应国家的某项政策,单单依靠组织传播的渠道是远远不够的,尤其是在农民对政策有抵触情绪的初始阶段,通过人际关系来动员群众是干部工作的主要方式。

国家的各项政策从宏观上决定了农村社会的生活方式,但是政策要真正起到作用还必须依靠切实有效的传播和落实。“政治合法性是政治认同的产物,而信息传播是政治认同产生的必要条件。”①所谓“上面千条线,下面一根针”,不管国家出

① 唐玉环:《论构建促进农民政治认同的信息传播机制》,《湖南师范大学社会科学学报》2006年第6期。

台了多少惠农政策，要真正让农民得到实惠还必须要通过村干部——基层政权代理人来贯彻落实。除此之外，农村里的乡村精英对普通农民受众关于政策的解读也有着重要的影响，他们在国家政策传播中扮演着类似于舆论领袖的作用，他们对国家政策的认知也会影响到国家政策的传播效果。

亚历山大·乔治认为："政策的合法性由规范—道德结构和认知基础组成，前者确立了政策的可取性，后者确立了政策的可行性。"①所以，要取得民众的高度认同，或要得到更为符合民意的合法性，政权首先要在政策的制定和目标上反映出政权或国家的价值观；其次要使得政府和民众在具体的政策上达成共识，这主要取决于政策输出是否能够提供更好的福利、更为安全的秩序以及更加健全的权利体系；最后还需要平衡好这些措施之内和之间的各种冲突，以获得一个良好的综合评价。然而，在农民"倒金字塔"式的政策信任路径依赖下，当前农村政策在基层的传播并未能轻易取得农民的认同。

在谈到关于现在农村政策执行难的问题时，某村支书坦白地告诉我们说：

"现在农村工作不好做，农民对干部要做的事情抱有敌意，他们总以为是干部在瞎折腾，或者就是在搞贪污腐败。比如我们两年前要投资搞河道整治，但是农民觉得这个没必要，以为干部又在谋划贪污；还有我们前不久搞土地征用，那个时候刚好有上海征地补偿的新闻，农民从电视上看到以后，觉得农村土地补偿标准太低。他们就拿大城市的标准来跟干部讨价还价。他们现在只相信媒体，不相信干部……当然，我也是从小在农村长大的，我能够理解为什么现在农民对干部会有这样的敌意。我觉得，我们现在遭遇的这些，都是在为上个世纪 90 年代以来，到税费改革为止，干部在执行农村计划生育政策和税费政策的时候做下的事情还债。那个时候干部对农民不好，都是强制要求的。"②

由此，我们必须回到关于政策传播与执行的历史记忆的语境中。事实上，合法性的规则、法律和民意基础，都高度依赖于对共同体和民众的社会记忆。从某种意义上而言，社会记忆是规则的真正主人，是法律的强大幕僚，是民意的潜在监护者。"记忆是对现在之所谓先前在场的引证"，也就是对习得知识的重复和对过去知识的创造性认识活动，具有保存经验并持续地注入实践的特殊功能③。农村作为一个地域、文化和心理上的社区，其中农民对地方以及国家的认同的形塑过程其实也就是传播的运作过程。"人们从社区中吸收和攫取文化特质以形成集体共识，就是

① 王海洲：《合法性的争夺：政治记忆的多重刻写》，江苏人民出版社 2008 年版，第 16—17 页。

② 摘自于访谈资料：2010 年 1 月 15 号，J 市 X 镇 J 村，受访者为村支书。

③ 王海洲：《合法性的争夺：政治记忆的多重刻写》，江苏人民出版社 2008 年版，第 20 页。

透过传播的机制,借由符号的传递与互动而渐次形成。而每一个成员的活动,也经由转换成各类象征符号,传递和储存在社区的集体记忆之中,并形成新的认同。"①传播所形成的集体记忆与认同,是生活于社区中的人们的意义与价值的来源。因此,我们也就可以理解,为何在农民看来,基层干部传播的国家政策及其政策行为,都可能是要损害农民的利益的。我们可以将这个视为农民对于基层干部执行的过往的农村政策的一种"反抗性的社会记忆"。"在斯科特关于弱者的反抗形式中,就包括反抗性记忆,它通过刻意地保留或者修改对历史的回忆,直接服务于表达对现在生活状态的不满,从而否定导致此种生活状态的社会秩序和经济模式。确切地说,反抗性记忆是一种批判性记忆,它隐含的否定结构意味着其中存在着明晰的对手。"②

也就是说,国家政策文本被援引以佐证普通农民的"政治正确",而基层干部的过失则成为农民可以攻击的"历史罪证"。当然,这种对于基层农村政策传播的"反抗性记忆"或"反抗式解读",只是在话语的层面上表达着"隐藏的文本",它更像是一种社会情绪的宣泄,一种"想象的报复",并未形成实际规模的集体行动。

五、结　语

自20世纪90年代以来,中国加速了经济改革的进程,随着市场经济的发展,整个中国的社会结构和制度结构也在发生着重大的变革,这是我们时代的"前所未有之大变局"。这一过程被敏锐的社会学家们称为"社会转型"时期。在社会转型中,政治体制、经济体制以及文化观念都在发生了深刻的变化,其中最具有根本性的便是国家与社会关系的变迁。

国家与社会关系的变迁决定着国家权力与社会权力的种种博弈形态。在转型期间,社会空间不断地从国家的控制中释放出来,商业组织、非政府组织、公民群体等都已经成为我们社会空间中的重要力量,参与到社会重建和国家改革的进程中去。但与此同时,国家已经拥有对社会力量的强有力的控制,通过法律、行政、组织等各种奖惩制度实现对社会的控制,一些重要的社会力量也在积极地试图借助于国家权力而获得自身的利益,由此而形成了国家与社会之间互相博弈又互相借助的复杂关系局面。

国家政策的传播和实施是国家权力的一部分,因此我们认为我们可以从正式运作与非正式运作中来理解国家政策在农村的传播。就我们所研究的国家政策传播而言,在我们的调查中也能够证明国家政策传播中正式渠道与非正式渠道的共

① 林福岳:《族群认同下的社区传播——以美浓反水库运动的论述为研究脉络》,国立政治大学博士论文,2002年。

② 王海洲:《合法性的争夺:政治记忆的多重刻写》,江苏人民出版社2008年版,第201页。

同作用，以及在国家政策实施中正式权力运作与非正式权力运作的影响。国家与农村中国家权力的正式运作与非正式运作是我们理解国家政策传播的基本框架和理论视角，我们认为这一视角符合中国本土性的经验。

国家政策的传播首先是依赖于大众传播和组织传播，由于中国党管媒体的体制，大众传媒也应该看作是正式传播的一种方式，负责通过具有体制性的传播渠道传播国家政策。在现代社会，大众传媒的力量已经今非昔比，电视在农村的普及更增加了大众传媒在国家政策传播中的效果。我们的调查结果显示，在J市农村地区，以电视为代表的大众媒介已经成为了农民接触国家政策性信息的最主要的渠道。大众媒介对政策的传播具有直接性，它不像组织传播那样具有严格的层级制，因此大众媒介的政策传播更具有信息接收“平等”的味道。乡村能够通过收听广播收看电视的方式，最直接地了解国家政策，实现与国家政策的“零距离接触”。

同时，组织传播也是一种重要的国家政策传播方式。组织传播依靠严格的组织层级建构，具有政策传播的权威性和体制性特征。对于国家政策在农村的传播而言，首先是乡村干部依赖于组织传播的方式了解国家政策；其次便是农村党委、村委会等组织机构对国家政策的传播。我们的调查发现组织之间的层级制架构、上级组织的权威性、组织内部的传播方式等共同促使了组织传播的有效性，它能够起到大规模的动员作用，“组织传播的核心内容在于如何利用传播来产生组织动力、提高组织工作绩效并维持组织精神。组织传播在组织的自身系统进行，传播动力往往来自于组织本身的强制力，如命令、指挥等传播方式，对成员产生强制性作用”①。新中国建立初期，组织传播的方式在农村生产建设方面发挥了重要作用。但是，改革开放以后，尤其是农村基层政权的改革以及农村税费改革后，组织传播的弊病越来越突出。

除了大众传播和组织传播这两种正式的具有体制性的传播渠道之外，农村地方的人际关系、舆论领袖、乡村权威、乡村特殊的权力实施方式、乡村公共空间等都是作为与体制性的传播方式互补的非正式传播方式而在国家政策传播中发挥着积极的作用。中国农村没有哈贝马斯意义上的“公共领域”，但却基于本土的人际纽带而形成了一些乡村公共空间，这些公共空间可以存在于街头巷尾，也可以存在于麻将桌等公共场所，这些空间也是村民进行日常讨论的场所，村庄里的闲话、闲谈等就成为村民交往的主要方式。此外，处于国家与乡村夹缝中的村干部，也是国家政策传播的一个环节，这一群体是上情下达与下情上达的结合点，也是国家政策在农村变通运作和传播的关键因素。

概而言之，国家政策在农村的传播有体制性渠道和非体制性渠道两种类型，这两种渠道具有不同的形态和特征，体制性渠道具有一种普遍性的特征，即它是面向

---

① 朱知：《组织传播活动中的仪式》，《华中师范大学研究生学报》2009年第1期。

整体的,没有考虑到各个乡村的特殊性。非体制渠道在农村传播中具有重要的作用,长期以来被学界和政府忽视。同时,村干部作为农村基层干部群体代表国家政权在农村的执行,这一群体又属于国家政策传播的体制性渠道。由此我们可以看出,在国家与农村的关系这一结构中,正式的体制性传播渠道与非正式传播渠道是相互交织的。

然而我国农村社会自身存在的弱点(自组织能力差、农民情绪表达渠道单一与意见表达成本过高、缺乏意见领袖)、政府的科层体系以及大众传播媒介对农传播的忽视与偏见分别切断了农村社会情绪的人际传播链、组织传播链和大众传播链。这造成了国家政策在农村传播的效果并不如想象中那么理想,最后导致本来是为了村民利益的国家政策却得不到村民有效地实施。而且在某些特殊情况下,国家政策的本意与村民对国家政策的理解发生了偏差。种种问题都要求我们必须改善当前国家政策在农村传播中的方式,进而增强传播效果以及村民对国家政策的认可度和实施效果。

为了更好地推进国家政策在农村的传播,除了依靠体制性的传播渠道之外,还必须重视各种非体制的、非正式的传播渠道,让两种类型的渠道实现互补。在国家涉农政策信息的传播过程中,不能仅仅依靠某种单一的渠道,而是应该将大众传播、组织传播和人际传播渠道结合起来,优势互补,使得各种渠道的传播优势都得到最大的发挥。

具体而言,要改善当前我国农村政策传播的效果,可以尝试从以下几个方面入手。

首先,大众传播媒介要重视农村受众的需求,创造出一套适合农民文化水平、有利于加深其对政策理解程度的话语转换机制。大众传播媒介要加大对农村社会、农民问题的重视程度,增加对农报道的比重。虽然大众媒介是农民了解信息的主要渠道,但是大众媒介对农村的关注与农村在中国社会的地位是不相符的。大众媒介要针对农民切实需要的信息进行传播活动。而且大众传播媒介要考虑农民受众的接受程度,以通俗易懂的话语解释机制将国家涉农政策传达给一个个的原子化的农民受众。由于农民知识文化水平相对较低,大众媒介在国家农村政策信息的传播过程中并没有一套话语转化机制将信息转化为农民可接受的表达方式,这就使得农民受众和传播内容之间存在“知识沟”。大众传媒在传播国家涉农政策的时候,要用老百姓喜闻乐见的方式将晦涩的文件语言清楚准确地表达出来,这样才能提高农民受众对各类涉农政策信息的接受和理解程度。

其次,继续发挥组织传播渠道在政策解读权威性方面的优势,提高基层干部对信息传播重要性的认识。一方面要提高基层干部的传播素养。对基层干部进行有关信息传播方面的培训,使其了解组织传播渠道在整个政策信息传播过程中的重要性以及他们可以发挥的作用。这样可以增强基层政府干部对政策信息传播的重视程度和责任心。在国家涉农政策出台以后，基层干部便可以及时做出反应，并结合当地的实际情况，制定有效的传播策略，取得良好的传播效果。另一方面要提高信息传播的时效性，并不断强化政策信息的宣传。大众传媒在扩大政策的知晓度方面有着不可替代的作用，那么组织渠道的传达培训和人际传播渠道的交流探讨应该是其强化政策传播效果的主要手段之一。组织传播越迅速、强化程度越高，农民对政策信息的理解与接受程度则越高。

最后，重视人际传播在乡村社会中的渗透作用。农村中党员、退休老干部、教师等优秀农村人才通常是国家农村政策传播的中坚力量，他们具备一定的知识，具有较好的群众基础，在群众中有一定的威信，这都构成了他们传播国家农村政策的良好条件。他们是国家政策农村传播的"意见领袖"，一项政策传达到他们之后，他们会把政策信息传达给村民，此间，他们会和村民们一起讨论政策，发表自己的观点。"意见领袖"对政策的观点和态度直接影响到其他村民对政策的理解和接受。因此，国家农村政策传播要取得良好的效果，应重视类似"意见领袖"及优秀农村人才在国家农村政策传播中作用。① 另外，还应该不断改进村干部的工作方式，充分发挥其体制人的权威性以加强其在人际传播链条中的效果。农民对基层干部普遍的不信任是人际传播难以畅通的重要原因。其实村干部作为国家政权在基层的代理人，具有一定的权威性，这种权威性能够保证信息的有效传递和被接受。因此，基层干部在涉农政策信息传播过程中应该加强与当地农民的有效沟通，了解农民的真实需求，并及时收集农民对该项政策信息的反馈意见，这样才能更有针对性地向农民进行政策信息的传播，更有利于有关政策的落实与执行。同时，基层干部还应该结合本地实际情况，通过农民喜闻乐见的方式将有关信息传达给他们。这种"本土化"的传播只能依据当地不同政策及不同村民自身的情况而决定采取何种传播方式与策略，而不能依据上级政府或历史传统等"他者的经验"。

总之，各种不同的政策传播方式并不是相互孤立的，正如前文所述，大众传播、组织传播与人际传播实际上是处于一种相互交织的状态，三者相互作用共同构成了当今农村的传播生态环境。因此，在理顺各个传播链条基础之上，要注意不同传播方式的特点，扬长避短，相互补充，建立一个快速高效的政策信息传播网络，全方位地满足农民对政策信息的需求，为国家政策的顺利实施奠定基础。

---

① 邱新有、肖春荣、熊芳芳：《国家农村政策信息传播过程中信息缺失现象的探析》，《江西社会科学》，2005年第10期。

第二章　对农文化传播：乡村治理视角下的农村文化建设

文化建设对于新农村的建设有着至关重要的作用。农村文化建设不仅能促进农村经济的发展，而且对于农村社会发展的其他方面也具有重要的作用和功能。它不仅可以传递乡村优秀的文化传统，满足农民群众的精神文化需求，还可以为新农村社会和谐创造良好的文化氛围，为农村社会成员提供正确的行动蓝图，培养与新农村建设相适应的新型农民。所以，农村文化的重建已成为当前新农村建设的迫切要求。

然而与快速发展的经济和日益提高的物质生活水平相比，农村文化建设还较为滞后，无论从农村的基础文化设施还是从目前的农村文化发展现状来看，农村的文化建设状况都与城市存在着较大差距。在城市化进程等各方面因素的影响之下，农村原有的传统文化体系正在瓦解，而新的适应当前农民需求的文化系统尚未完全建立起来。

从目前的农村文化研究现状来看，关于农村文化建设的研究已经取得了一些进展。研究视角主要是集中在社会学、政治学、文化学等领域，传播学的研究视角还相对较少。从现有研究成果来看，主要集中在我国农村文化建设的意义探讨与对策建议。其中对于农村文化建设的重要意义，许多学者都作了较为详尽的论述，归纳总结起来大致可以分为几个方面：

其一，从农村文化建设在新农村建设中地位的角度，论述新农村文化建设既是新农村建设的一项主要内容也是新农村建设的重要智力支持和精神动力。社会主义新农村建设是一个系统工程，包括农村经济、政治、社会、文化等各方面的综合建设，农村文化建设本身就是新农村建设的题中之意。有学者认为“没有新农村的文化建设，也就没有新农村建设的成功”①。有学者还从更为宏大的视野将农村文化建设放置在中国整体文化繁荣、发展之中，论述它的战略意义。

其二，从农村文化本身发展的角度，强调农村文化建设在保护、传承农村优秀民间文化方面的重要作用。例如，有学者指出，当前农村民间文化正在大面积淡

---

① 卓瑛：《略论新农村文化建设》，《农业考古》2006年第3期。

化、遗忘或变异，甚至沦为商业化的工具。① 农村民间文化大量流失的背后有着诸如民间组织的解体、农村精英的外流、民间文化政策的失误等多方面的政治社会原因，其结果则是进一步导致了农民社区生活的离散性和农民文化认同感的弱化。因而主张，新农村建设中民间文化保护工作的着力点既在农村之内，也在农村之外，需要一个切实有力的社会支持的大系统。

其三，从农村社会发展及现代化的角度，论述了农村文化建设对于振兴农村的重要价值。例如，有学者认为，建设有中国特色的社会主义农村新文化，不仅是市场经济条件下农村文化自身发展的必然，而且是加速中国农村现代化历史进程的客观需要，具有重要的理论和实践意义。② 还有学者从乡村变革的角度探讨了新农村文化建设在文化整合、和谐社会构建中所具有的独特价值。认为农村的经济改革使传统性的农村文化、价值规范发生急剧裂变，从文化层面反映了农村社会走向现代化得变迁过程，为现阶段农村政治稳定与发展提供了良好的文化心理条件，但同时又产生出一系列新矛盾和新问题。③ 同时有学者观察到，乡村精英身份地位的变迁也在一定程度上导致了乡村文化的断裂与缺失，对于我国农村建设产生了深刻的消极影响。④

从传播学角度对农村文化加以研究的，目前只能说是刚刚起步，并且几乎仅仅关注大众传媒。即现有研究主要集中于大众传播在农村文化建设中的功能与地位以及存在的不足，对大众传播在农村文化建设中的"社会责任"的探讨，缺乏对受众本位的关注。另外，对于农村文化建设中的组织传播、群体传播、人际传播与自我传播也缺乏足够的研究。甚至传播与农村文化建设的关系存在被置换为"大众传媒报道与农村文化建设的关系"的嫌疑。实际上，当前农村文化建设遭遇的种种问题，如果从传播学的视角加以观照，其实就是一种传播与接受的"断裂"问题。它既包括农村文化传播社会网络的断层，也包括文化传播语境的断裂，以及传播内容与文化需求之间的断裂。因此，当前农村文化的重建，就是文化传播的社会网络、传播语境以及内容与需求之间的重构。这就必须系统地看待中国农村文化传播的现状及其变迁，看到其背后的政治、社会、经济的结构与受众心理与行为的变化及其产生的影响。

本研究主要通过实证调查的方式从农民的视角来解读农村的文化建设及传播。作为农村文化建设和服务对象的广大农民，目前的文化生活状况是本调查研究的基础。农民对农村公共文化设施建设的评价如何，他们对这些设施的使用情况和需求。对"送文化下乡"活动的知晓度、参与度和满意度的相关情况，农民自办

---

① 何兰萍：《新农村文化建设中民间文化的传承与保护》，《开发研究》2008 年第 2 期。

② 刘宝庭：《论中国农村文化建设问题》，《光明日报》1997-8-22。

③ 韩兆柱：《影响我国农村稳定的文化因素分析》，《中州学刊》2004 年第 1 期。

④ 刘博：《精英历史变迁与乡村文化断裂》，《青年研究》2008 年第 4 期。

文化和集体文化活动目前的发展状况等，这些都是本书的研究重点。在此基础上，还进一步调查了农民接触文化活动相关信息的渠道，分析影响农民参与文化活动的因素，了解农民对目前农村文化活动的评价，在此基础上结合政治、社会、经济等宏观背景来分析农村文化发展深层的关联因素，从而真正从农民的视角来解读农村文化发展，透视目前农村文化建设中存在的各种问题，为下一步改善农村文化服务提供借鉴。

基于此，我们于 2009 年 7 月始至 2010 年 4 月，对江苏省 J 市农村进行了有关农村文化建设与传播状况的参与式观察和入户深入访谈。期间，我们还于 2010 年 1 月对 J 市的农村进行了主题为“农村文化传播现状与需求”的问卷调查。具体调查在 J 市 12 个乡镇中抽取了 D 镇、P 镇、X 镇、S 镇、G 镇、Z 镇、F 镇、Y 镇等 8 个乡镇展开，调查对象为长期生活在农村的、拥有农业户口的普通农民。问卷调查内容涉及被调查者的基本信息（性别、年龄、职业、家庭收入等），传播媒介的接触和使用情况，每天用于娱乐休闲的时间，平时主要的娱乐休闲活动，娱乐休闲的场所，对农村文化生活的认识和态度，以及对目前自己文化生活现状的评价等。问卷发放按照各镇的农业人口比例进行抽样，共发放问卷 250 份，实际回收有效问卷 220 份，有效回收率为 88%。调查结束后将问卷数据进行编码录入，使用 SPSS13.0 统计分析软件进行相关的分析。①

一、农村公共文化服务设施建设与使用现状

文化设施就是能够用于文化服务的、在软硬件方面满足对象需要的基础设施，即在服务功能、服务对象等方面以向公众提供无偿或有偿文化服务，以及满足不同层次人们文化生活需要为目的的社会公众活动场所和活动设备等。农村公共文化设施在农村文化建设中具有重要的地位和作用。它是农村文化建设的主要依托，是提供丰富文化产品和文化服务的基本载体，是满足农民群众的基本文化需求，保障农民群众文化权益的前提条件。

1. 农村文化生活概况

近年来，J 市政府对农村文化建设重视程度不断加深，也不断增加相关投入，开展多种举措促进农村文化的发展。在当前农村文化建设中，J 市已经取得了一

---

① 对农文化传播专题问卷调查的样本中，男女比例大致相同，男性偏多占 56,4%。从年龄的分布上来看，青年人所占比例较少，其中 16—35 岁得青年人口占 19.6%，36—55 岁得中年人占 42%，而老年人口则达到了 38.4%的比例。所调查样本的文化水平偏低，其中小学及以下学历的人有 41.6%，中学教育水平的人口占 50.4%，大专及以上学历的农民只有 7.2%。从经济状况来看，此次调查的地区较为富裕，家庭年收入低于一万元的只有 13.6%，年收入在一万至两万元之间的家庭有 27.6%，39.6%的家庭年收入处于两万至五万元之间。其中，家庭年收入超过五万元的家庭也达到了 16%的比例。其收入来源主要来自三个方面：打工收入是最主要的收入来源，高达 50%的比例，其次是农副产品收入，占 28.8%，收入来源于固定工资的农民也占到了 15.6%。

定的成绩，但仍然存在着一些问题，如农村文化建设尚未引起基层领导的充分重视，财政投入机制尚不健全，建设经费不足等。农村公共资源的资源总量不足且分布不均，供需矛盾突出。农村公共文化服务的内容不多，活动不够活跃，覆盖面不广等。这些问题的解决还需要一段很长时间的努力和发展。

从本次调查结果来看，目前当地农民的文化生活还比较单调和匮乏。如图 2-1、2-2 所示，农民最主要的文化娱乐活动是看电视（90.5%）、上街逛逛（45%）、打麻将玩牌（30.5%），进行文化娱乐的场所也主要局限在自己和亲朋友邻的家里。在图中我们可以看到，选择“看电视”作为自己平时文化活动内容的农民占压倒性的绝大多数，比例高达 90.5%，而参加集体性/公共文化活动的农民数量极少，只有 1.4%的农民参加了各类文化协会活动，参加业余表演活动的农民也只有 1.8%。还有不少农民选择了“上街逛逛”、“打麻将玩牌”、“体育活动”，这类活动也有参与人数少、范围小的特点，也就是说农民当前的文化生活基本还停留在“自娱自乐”的简单层面，公共文化活动和集体性的文化活动还相对匮乏。

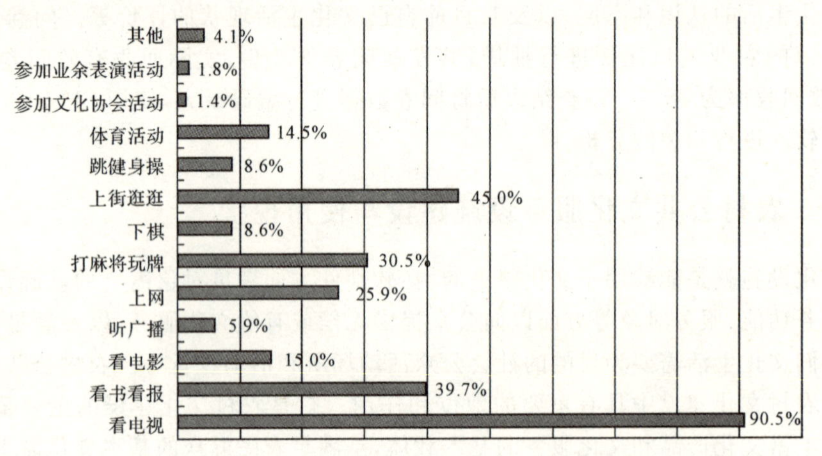

图 2-1 关于农民平时的主要文化娱乐活动的统计

农民们每天用于娱乐休闲的时间相对充裕，23.6%的人每天用于娱乐休闲的时间不足一小时，而每天超过 3 小时以上的人占到了 31.8%。通过比较不难发现，农民充裕的娱乐休闲时间与相对匮乏的娱乐休闲选择之间存在着明显的矛盾。如图 2-3 所示，在对农民目前文化娱乐活动现状的调查中，48.6%的农民感到“闲下来的时候比较无聊，找不到事情做”，选择“平时想娱乐休闲的时候，找不到文化活动场所”的人也占到了 60%。高达 82.8%的农民认为农村文化生活比较“单调、枯燥”。

对于这种文化现状，大多数农民表示无奈：“在农村，除了看看电视、打打麻将，几乎没有其他什么文化娱乐了”，很多时候这种无奈会转变成一种文化冷漠，即满

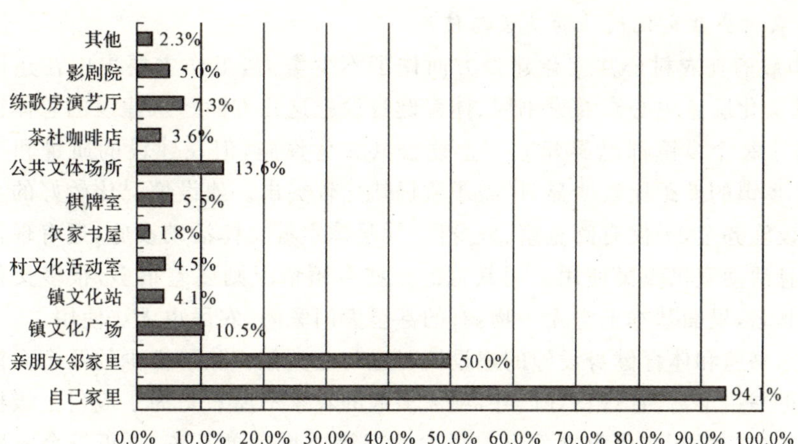

图 2-2　关于农民平时主要的文化娱乐场所的统计

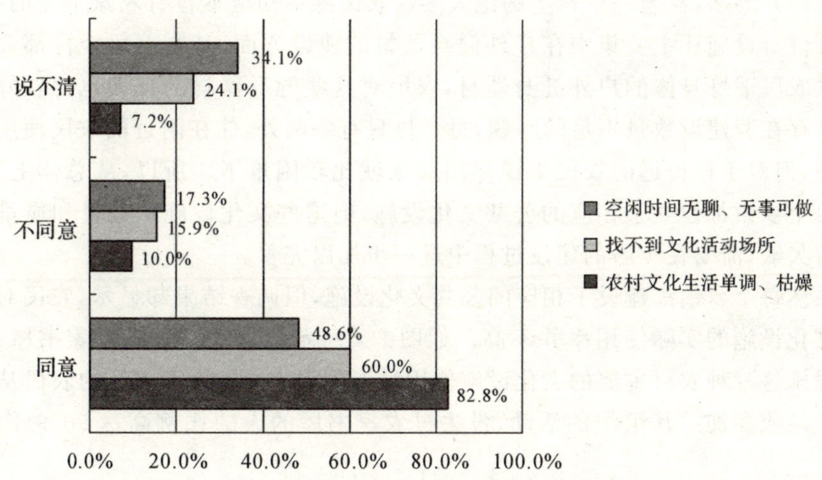

图 2-3　关于农民对农村文化现状评价的统计

足于自己的自娱自乐，对文化娱乐生活变得漠不关心：有 77.8％的农民觉得挣钱才是生活中最重要的事情，而选择“建设新农村文化主要是政府的事情，和我没多大关系”的人的比例也高达 55.5％。

总体来看，尽管 J 市政府在公共文化建设和服务方面已经做出了很多有益的尝试和努力，这在一定程度上促进了农村文化的进步和发展。但由于现代化与城市化进程对农村社会的深刻影响，农村原本自给自足的传统文化体系在多种复杂因素的作用下正在逐渐瓦解，而现代化的文化系统尚没有在农村社会建立，这在一定程度上导致了农村文化的虚化和无根状态，农村文化建设面临着种种困难。这就是目前农村文化建设所必须面对的现实。

2. 农村公共文化设施的建设与使用

J市政府在农村公共文化建设方面作了不少努力，工作主要集中在建设文化站（乡镇文化服务中心）、农家书屋、体育健身设施这几方面。从建设的总体情况来看，基本上每个乡镇都已经建立了上述公共文化设施，但在建设的质量和数量方面，各个乡镇的差距比较明显，供需矛盾仍然比较突出。建设情况比较好的乡镇文化站里设施齐全，不仅有阅览室、健身房、乒乓球室等文体活动设施，还有现代化的网络信息活动室供农民使用。而其他的一些乡镇情况则要差很多，很多文化站只是徒有其名，里面基本上空无一物，有的甚至大门紧闭，农民也无法使用。

农家书屋和体育健身设施的建设情况也与之类似。除了极少的几个乡镇的农家书屋里书籍丰富、管理良好以外，绝大多数的农家书屋只是为了应付上级检查而设立的一个"空壳"文化设施而已。里面的书籍质量良莠不齐，真正符合农民阅读兴趣、对农民有帮助的书籍少之又少。加之缺乏良好的管理和维护，来农家书屋看书的农民并不多，甚至一个村里的绝大多数农民都不知道本村有农家书屋的存在。而体育健身设施还主要集中在户外健身器材的建设方面，基本上每个村都会有一两处供农民锻炼身体的户外健身器材，农民对这些健身器材的反馈也比较好。只是仍然存在着建设数量不足的问题，每个村只有一两处，住在附近的农民使用还比较方便，但对于住得远的农民来说使用起来就比较困难了。所以，从总体上来看，虽然每个乡镇都设立了相应的公共文化设施，但这些文化设施从数量和质量上来看尚有欠缺，需要在今后的建设过程中进一步加以完善。

虽然每个乡镇都建设了相应的公共文化设施，但调查结果却显示，农民对这些公共文化设施的实际使用率并不高。如图 2-4 所示，在对文化站、农家书屋、体育健身设施这三种农村主要的文化设施使用情况的调查中，有 79.1%的农民从未去过文化站或参加过其组织的活动，没去过农家书屋的人的比例高达 90.9%，而经

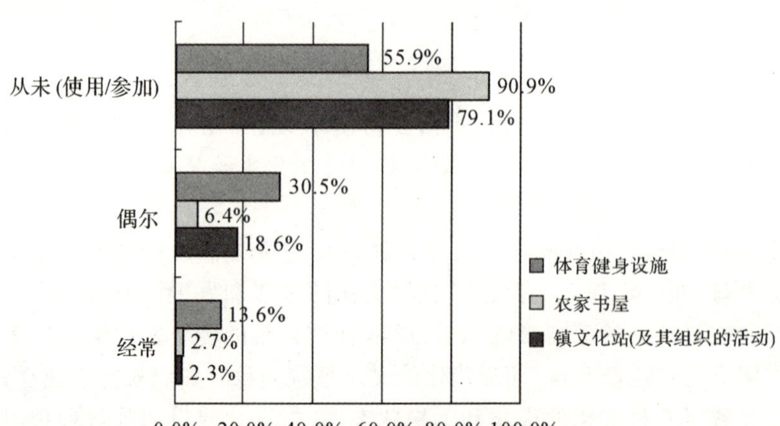

图 2-4　关于农民对公共文化设施实际使用情况的统计

常使用体育健身设施进行锻炼的农民也只有13.6%,从未使用过体育健身设施的农民占55.9%。从调查结果可以明显地看出,从未使用过公共文化设施的农民占到了绝大多数,只有较少的一部分人偶尔使用过这些设施,而且在他们使用过后,并没有经常性地重复使用,所以经常使用的农民人数比例极小,可以推断农村公共文化设施的实际使用情况不太理想。

制约农民对公共文化设施使用的首要因素是农村公共文化设施的分布问题。目前农村的公共文化设施的分布很不均匀。具体来说,这种分布不均又分为两类:第一类是不同的地区之间、乡镇之间,乃至同一乡镇的各行政村之间存在的公共文化设施资源的分布不均,即横向的分布不均。第二种分布不均是指在乡镇内部,公共文化设施过多地分布于乡镇中心所在地,而基层最靠近农民的行政村和自然村的文化基础设施则很匮乏,即纵向的分布不均。这两种分布不均在现实中广泛存在。

由于农村地区人口密度较低,乡镇地域范围普遍较大,从而使很多农民群众很少有机会或有心思去较远的乡镇求知求乐,从而导致乡镇级公共文化设施利用率不高。调查中发现,几乎每个乡镇都有镇文化站,有不少文化站的配套设施十分齐全,涵盖了农家书屋、网络信息中心、健身房等设施,但深入到具体的行政村或自然村,情况却大不一样。村里的文化设施还十分匮乏,甚至有些村里根本没有什么文化设施。同样,基本上每个乡镇中心都有农家书屋,但设有农家书屋的村却寥寥可数。公共文化设施的分布不均,给很多农民造成了接触和使用上的壁垒,如图2-5所示,在没有去过文化站或参加其举办活动的农民中,19.5%的人是因为"文化站离家太远"。而在没有去过农家书屋的农民中,有高达76%的农民根本就没听说自己所在的村有农家书屋,同样,这也是造成44.7%的农民没有使用过体育健身设施的原因。

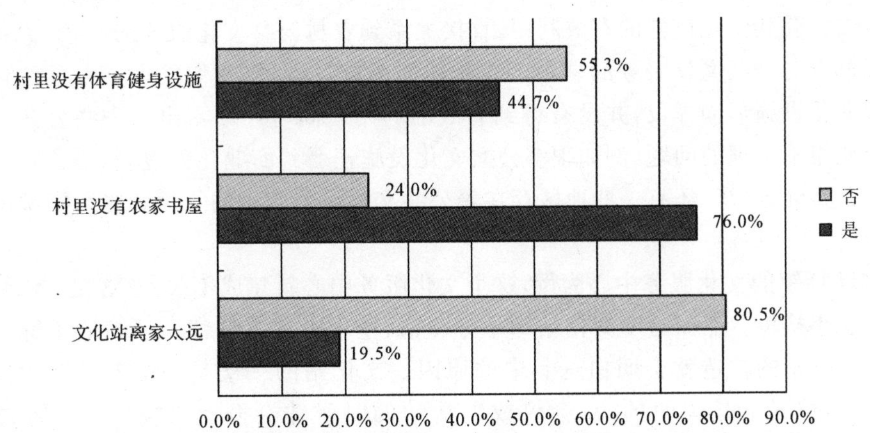

图2-5 关于公共文化设施的地点分布对农民使用影响的统计

相对于离家较远的公共文化设施，农民们更倾向于选择自己身边的公共文化设施进行文化娱乐活动。例如，在调查“您最需要哪些文化服务设施”时，27.7%的农民选择了村文化活动室，而选择镇文化站的只有18.6%。在访谈中，一位农民说道：

“村里没有什么文化设施啊，镇上虽然有文化站什么的，但是太远啦！没事的话谁天天坐车跑到镇上去玩呢？每天干活都累死了，闲下来就想在家门口转转，如果村里也有个地儿给大伙儿玩玩就好啦！又都是认识的人，肯定挺有意思的。就是没有呐！”“村里根本就没什么地方给我们玩啊，平时无聊只能去亲戚、邻居家串串门、聊聊天。镇上倒是有些给群众活动的地方，有时候路过看到文化中心里面有图书室、健身房什么的，但我自己从来也没进去过。一般去镇上都是为了办个事啊，买买东西什么的，办完事都不早了就急着往家赶，哪有时间去玩啊。再说了，在那里面谁也不认识，一个人进去玩多怪啊！要是我们自己村里有这样的一个地方我肯定会去转转的，就在家门口，方便。但村里还没这种条件呀！”①

可见，这种公共文化设施在乡镇内部分布不均的现状一方面导致了相当多的农民群众无法获得充分的公共文化产品和服务，使得许多农民群众的文化需求无法得到充分且有效的满足，这实际上是对大多数农民群众基本文化权益的漠视和损害。另一方面，也导致了资源的闲置和浪费。不少处于乡镇中心的文化站的使用效率很低下，很多设备和书籍上都落满了灰尘。文化基础设施和资源的纵向分布不均，事实上意味着某些公共文化产品和服务同时存在着过剩和稀缺的现象，意味着公共财政资源使用效益的低下。

农村公共文化设施的有效利用，直接关系到农村公共文化服务的质量，关系到农民群众对公共文化服务的享用。在具体的调查过程中，我们发现一大批已建的公共文化设施形同虚设，并没有得到有效的利用。同时还暴露出了一些公共文化设施使用不合理的问题，例如很多公共文化设施正受到商业化的侵袭，日益背离原先的公益性定位。还有一些地区存在着公共文化设施建设的规模膨胀与资源闲置的矛盾。

以D镇的文化服务中心为例，这个文化服务中心新建成不久，坐落在一栋崭新的三层小楼里。然而这个文化站却十分冷清，基本上无人问津。仔细地了解一下这个文化站的构造就会明白这其中的原因。文化站的一楼是一个多功能的报告厅，一般情况下是关闭的，有会议或者活动的时候才会开。二楼一半是夜总会

---

① 摘自于访谈资料：2010年1月21日，J市D镇X村，受访者为40多岁的农民妇女王某。

(KTV 和舞厅)，另一半是网吧。三楼则是一个儿童乐器培训中心。通过这个镇级的文化站的构造我们可以发现，一些地方的公共文化设施已经严重地偏离了公益性的定位，成为一个商业化的场所。其主要目的是营利，而不是为农民提供公共文化服务，这直接影响了农民对其的使用。

同样，在调查中我们还发现很多乡镇设有体育活动室，但由于不是免费开放，实际去健身的农民极少，不少健身房干脆把门锁了起来，崭新的健身器材上落满了厚厚的灰尘，这不能不说是对公共文化资源一种极大的浪费。

访谈中，有农民告诉我们：

> “文化站我们不去玩，那都是要花钱的。里面有歌舞厅，都不是正经人去的地方。还有健身房什么的，都是要赚钱。如果不要钱的话，我们还会去锻炼锻炼，要钱的话肯定不会去了。都是过日子的人，玩不起。”
>
> “文化站就是娱乐场所，进去玩都要花钱。要花钱谁去啊？平时能把日子过过好就不错了，这些东西我们消费不起。再说了，歌舞厅什么的都是小年轻们玩的地方，我们哪会去呀！一来不感兴趣，二来被人看见了也笑话！”①

由于上级拨款有限，自身“造血”功能又不足，这些公共文化设施为了养家糊口不得不硬起头皮做起了“生意”。只要能赚钱，利用这些公益性设施办什么都可以。但是在赢得利润的同时，原本应该给农民文化服务的公益性原则也逐渐丧失。而且，由于大多数农民的思想相对比较保守，在文化站里设置夜总会、舞厅等娱乐场所的做法也值得商榷。访谈中许多农民就表示文化站里有跳舞厅、KTV，所以“不是正经人去的地方”。这种结果恐怕是和原先文化站的建设初衷完全背道而驰的。由此可见，要想提高农民对农村公共文化设施的使用效率，不仅要更多地强调这些文化设施的公益性质，无偿地让农民真正享用，而且还要配合农民的思想价值观，配备相应的文化设施。否则，农村公共文化设施只能是让农民难以企及或不愿涉足的“空壳”，不可能发挥它应有的功能和作用。

农村公共文化设施没有得到合理利用还体现为文化设施建设过程中规模的盲目膨胀与大量资源闲置之间的矛盾，这同样也影响了农民对公共文化设施的使用。例如，在调查中，认为“文化站经常关闭不开放，很多文化设施没有得到有效利用”的农民有 58.7%，对农家书屋有同样评价的农民也占到了 40%。从这里，农村公共文化设施的利用情况可见一斑。

另外，所考察的几个乡镇，几乎都将本来属于公共空间的文化服务中心建在政

---

① 摘自于访谈资料：2010 年 1 月 21 日，J 市 D 镇 X 村，受访者为 40 多岁的男性农民袁某。

府办公场所的专有空间，无形中设置了进入该空间的壁垒，提高了进入该空间的成本。这实际上是政治权力将公共空间私有化的一种体现。这种状况在许多基层地区尤为严重，很多乡镇的文化站或被占用，或处于闲置状态，给基层的文化工作造成了严重的影响。

一方面，基层政府每年都投入不少资金建设公共文化设施，但由于投资规模小，重复建设严重，服务功能低下，社会效益较差；另一方面，由于文化设施长期闲置，有限的文化资源得不到充分的利用，农民的文化需求得不到满足。这种矛盾目前有加剧的趋势，如果得不到合理的解决，农村公共文化设施难以发挥实效。只有让农民真正参与使用，文化设施才体现出自身的价值，而不应成为一种摆设，一种书写地方官员政绩的工具。

3. 农民心目中的公共文化设施及其实际需求

目前农村公共文化设施没有得到有效利用的另一个重要原因是这些设施的建设没有或较少地从农民的实际需要出发，没有在充分了解和尊重本地农民群众的文化需求和偏好的基础上进行建设。从而导致了不少文化设施或文化资源质量较差、新颖性不够或不合农民群众口味，难以激发起农民群众体验和利用这些文化设施或资源的兴趣。

例如，在所调查的地区，公共文化设施基本上只有文化站、农家书屋和简单的户外健身设施，而对网络信息服务室这类比较先进的公共文化设施却很少涉及。这种粗线条的分类很难在现实中满足不同农民丰富多彩的文化需求，进而制约他们对这些文化设施的使用。

其实，在农民进行文化娱乐活动的过程中，他们是有着特定需求的主体，通过选择相应的文化设施和文化活动来满足自己的文化需求，当现有的文化设施和资源不能满足他们的需求的时候，他们会拒绝使用，转向寻找合适的替代品。例如，24.1%的农民认为文化站里没有什么意思，所以从不去文化站。同样，有18.7%的人觉得村里的体育健身设施过于单一，没有兴趣使用。虽然在现实中不可能满足和兼顾所有农民的需求，但至少可以通过前期调研和分析等方法了解农民的基本的文化需求，使公共文化设施的建设更加有针对性，以提高文化设施建成后的使用率。

调查中发现，目前农村公共文化设施背离农民实际需求主要体现在两个方面：公共文化设施的地点分布和形式内容。在所调查的乡镇，公共文化设施一般都建于政府办公场所附近，这实际上是与农民的需求和期望相背离的。

访谈中一位农民说：

> “这些设施都建在村委会里头，我们有事要找干部才会去村委会，平时没事的时候谁往那里跑啊?”还有农民告诉我们：“这些活动设施建在村

委会里头,都是干部他们自己玩,普通农民很少去玩的,去那儿总觉得不自在。"①

如图 2-6 所示,47.8%的农民认为"文化站建在政府办公场所,去那里活动不方便,不适合进行公共文化活动"。45%的农民同意"农家书屋常常设在村委会里,去那里看书感觉不方便"。更有高达 91.8%的农民觉得村里现有的体育健身设施太少,地点集中在村委会附近,希望每隔不远的距离就可以建一处可供农民活动健身的场所。通过这些数据的分析可以看出,农民理想中公共文化设施的地点应该是远离行政中心,分散而贴近生活的。由于现实中这些公共文化设施都建在政府办公场所的专有空间,无形中设置了进入该空间的壁垒,提高了进入该空间的机会成本,这也是导致公共文化设施使用效率不高的一个重要因素。

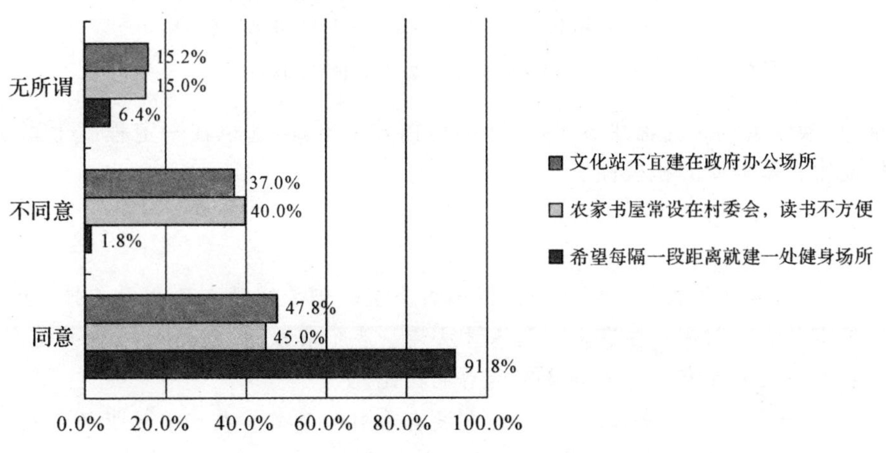

图 2-6 农民对公共文化设施场所设置的看法

再者,目前农村公共文化设施的形式和内容也离农民的需求有一定差距。如图 2-7 所示,以农家书屋为例,同意"农家书屋不实用,想要看的书找不到"的农民占 55%,65%的农民认为农家书屋书的种类较为单调不够丰富,另外有 55%的农民觉得农家书屋的书过于陈旧,没有什么新书。实际上,很多乡镇的农家书屋只注重形式,只追求在硬件条件上达到上级的要求,对书屋是否真正有用并不关心。

我们在调查中发现,一些农家书屋的图书并没有突出以农民为主要阅读对象的特点,书架上大量罗列着西方思想史、哲学之类的书籍。我们并不是否认这类书籍对农民群众的价值,只是觉得在现阶段这可能与农民的实际需求尚有差距。还有一些农村文化工作人员反映,农业科技类图书的借阅率往往不高,其主要原因是这类图书普遍注重一般现象和文字叙述,农民需要查找自己需要的现实问题比较

① 摘自于访谈资料:2010 年 1 月 22 日,J 市 X 镇 X 村,受访者为 30 多岁的男性农民李某。

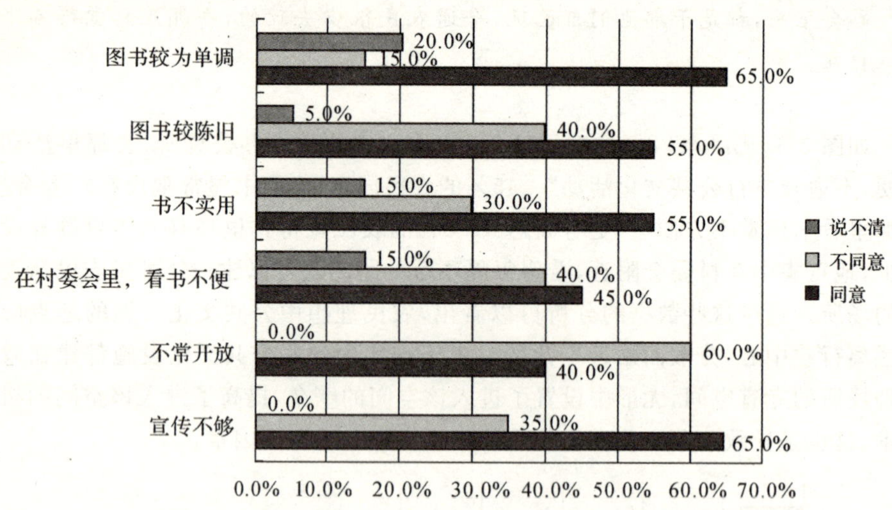

图 2-7　关于农民对农家书屋评价的统计

困难，且操作实践的直观性不强，实际的传播效果不好，这也在一定程度上影响了农民使用农家书屋的积极性。

一些农民在访谈中告诉我们：

> "农家书屋我们一般不去。里面好多书我们普通的农民都看不懂，也不感兴趣。都是一些有文化的人才去看。我们喜欢看、想看的一些书呢，农家书屋又没有。还不如在家看看电视呢。"
>
> "我们农民没什么文化，平时也没有看书的习惯。农家书屋里的书我们也不太看得懂，去过几次就不想再去了。"①

对于文化站和户外健身设施，情况也相类似。这就提醒我们，公共文化设施要想发挥实效，能使农民从中受益，就必须以恰当的形式提供符合农民文化需求的文化产品，这样农民才会保持对这些公共文化设施的长效利用，提高这些文化设施的使用效率。

实际上，农民群众是农村公共文化服务的接受主体，是农村公共文化设施的使用对象，所以在农村公共文化设施的建设的过程中，必须要以农民的根本利益为出发点。但在调查中，我们发现目前的农村公共文化建设在很大程度上忽视了农民的利益，进行文化建设的时候更多地从经济利益角度、彰显地方政府政绩角度出发，或是缺乏实际调研想当然地作建设规划。这种建设目的上的偏差必然会影响农村公共文化设施的建设和使用实效。

---

① 摘自于访谈资料：2010 年 1 月 23 日，J 市 P 镇 X 村，受访者为 50 多岁的女性农民冯某。

调查发现,一些乡镇建设农村公共文化设施并没有充分尊重和了解本地农民群众的文化需求和偏好,而是盲目地或想当然地添置公共文化资源和设施。由于不少文化设施或资源不合农民口味且质量较差,不能激起农民的使用兴趣,使用率自然也就偏低。我们将所调查乡镇的几种公共文化设施综合起来让农民排序,让他们选择自己所在村镇里有的公共文化设施和他们最需要的文化设施。从调查的结果来看,现有农村公共文化设施的配置与农民的实际需求之间还存在不小的偏差。例如,如图 2-8 所示,所调查乡镇公共文化设施从多到少的排序为:户外健身设施 75%、镇文化站 74.5%、网吧 39.1%、村文化活动室 38.6%、体育活动室(健身房)27.3%、农家书屋 25.9%。

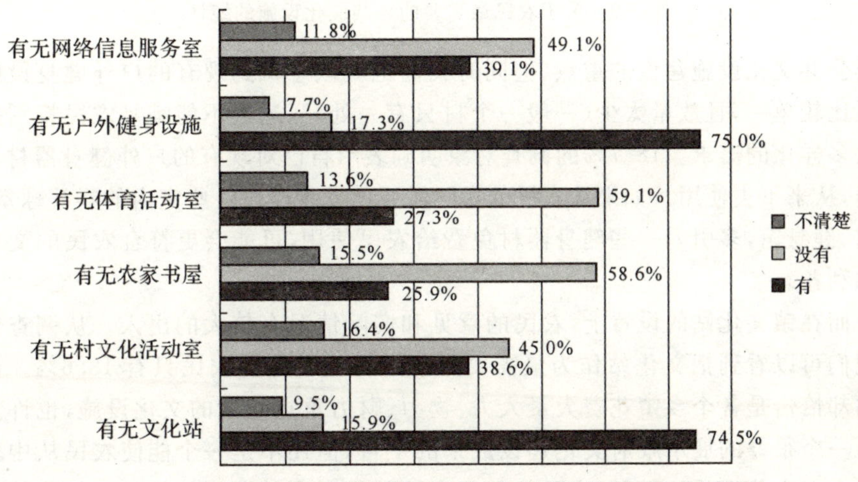

图 2-8　关于农村公共文化设施建设情况的统计

农民对这些公共文化设施的实际需要程度却和现状存在较大的差距,如图 2-9 所示,农民对公共文化设施的需求程度依次为:户外健身设施 48.6%、体育活动室(健身房)45.5%、村文化活动室 27.7%、农家书屋 25%、镇文化站 18.6%,网吧 14.1%。另外,值得注意的是有 28.2%的农民选择了对这些文化设施都无所谓,这在一定程度上能够说明这部分人的文化需求从上述几种文化设施中都不能获得满足。

把上述两组数据相对照可以发现,农民目前最需要的公共文化设施为体育健身类设施,这类设施中户外健身器材较为普及。但室内的体育活动室(健身房)还比较少,尚不能满足农民的需要。随着生活水平的提高,农民越来越重视身体健康,体育健身的意识也不断加强,所以对这类公共文化设施的需求量也相应增加。调查中发现 96.8%的农民觉得锻炼身体很有必要,认为近几年村民对锻炼身体越来越重视的农民也占到了 79.5%。户外健身器材由于其成本低,开放性强成为体

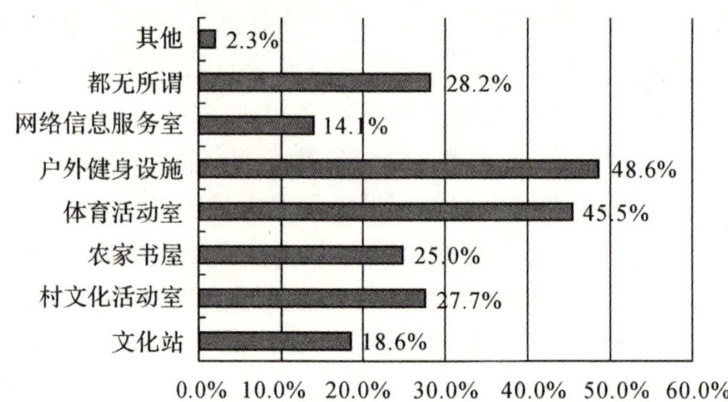

图 2-9 关于农民最需要的公共文化设施的统计

育类公共文化设施建设的重点，但同时我们也应该意识到现有的户外健身设施种类还比较单一，且数量太少（一般一个村只有一处）还远远不能满足农民特别是青年人多样化的需求。18.7%的调查对象明确表示自己对现有的户外健身器材不感兴趣，从来不去使用。如果从农民的实际需要出发多建设一些室内的乒乓球室、篮球馆、健身馆，多引入一些健身器材免费给农民使用，可能会更符合农民的文化需求和利益。

而在镇文化站的设置上，农民的意见和实际情况有较大的出入。从调查数据中我们可以看到把文化站作为最需要的公共文化设施的农民只有 18.6%。而文化站却恰恰是各个乡镇花费大量人力、物力、财力重点建设的文化设施，也许文化站是一个很好的展示政府文化建设成果的平台，但还不是一个能使农民从中获得实实在在文化享受的场所，这显然是与农民的实际利益所不相符的。相比较于镇级的文化站，更多的农民更愿意选择村级的文化活动室。原因可能有多种，但大多数农民都认为镇上太远，去玩不方便。加上在村里的活动室可以跟熟人一起活动，也比去镇上有意思。农民关注的更多的是在他们身边的、触手可及的、实实在在的利益，在规划安排农村公共文化设施建设的同时，应当把这些因素考虑在内，因为农民才是这些公共文化设施的最终使用者，是文化建设的服务对象，他们的利益是一切工作的根本出发点，他们的意见至关重要。

综上所述，农村公共文化设施作为发展农村文化的物质基础，越来越受到国家和地方政府的重视，各地都投入了相应人力、物力、财力进行大规模的公共文化设施建设。从建设的成效上来看，也已经取得了一定的成就。在所调查的 J 市农村，各个镇都已经配备了文化站、体育健身设施和农家书屋等基本的文化设施。但同时我们也应当意识到，当前的农村公共文化设施建设依然存在着很多不足，还有很多问题。

首先，这些文化设施一般都分布在镇上，真正落实到行政村的文化设施依然很少，文化设施分布的不合理制约了农民的使用。大多数农民由于距离远、没时间等原因并不会到镇上去使用这些公共文化设施,所以这些文化设施在事实上并没有给广大农民带来益处。

另外,各地的公共文化设施种类比较单一,一般就是设立一个文化站,建一些阅览室,再加上几处简易的体育健身设施,非常的单调,农民对这些设施的使用兴趣并不高。在提供公共文化设施的时候,没有考虑到农民的文化需求,造成了这样一种尴尬的现状:一方面农民抱怨农村文化设施严重不足,农村文化生活单调枯燥;另一方面政府投资建设的公共文化设施却无人问津,闲置浪费。还有一些地区,把本该无偿提供给农民的公益性的文化设施承包出租给营利性的组织,用于经营,扭曲了公共文化设施公益性的性质。

可以看出,虽然各级政府都在农村公共文化设施建设上倾注大量人力、物力、财力,但实际的成效并不明显。农民对这些设施的使用率很低,这不得不让我们反思,到底应该提供什么样的文化设施,怎样提供,才能使这些农村公共文化设施发挥作用呢?其实,最根本的方法就是突出农民的主体地位,从农民的切实需要和利益出发进行公共文化设施建设,而不是一味地追求建设的规模、数字上的成就,这样才能发挥其最大效益。同时还需要丰富公共文化设施的种类,提供多样的、有趣味的、符合农民喜好的文化设施吸引农民使用。另外,在公共文化设施地点的安排上也应考虑到农民接触的便利性,同时提供配套的完善服务,加强对公共文化设施的维护,让农民通过这些设施来满足自己的文化需求,真正发挥农村公共文化设施在农村文化建设中的作用。

二、“送文化下乡”:来自农民的参与与反馈

送文化下乡活动是农村文化建设工作中重要的一个环节。通过送文化下乡活动给农民送去优秀的文化产品,丰富农民的业余文化生活,促进农村文化的发展。在J市,目前农村的送文化下乡活动还主要集中于“送电影下乡、送扬剧下乡和送文艺演出下乡”三个部分。总体来看,基本上每个乡镇都会有送文化下乡的活动,但农民的反馈显示这些活动的数量比较少、频次比较低,形式还比较单一。另外,不同的地区由于经济发展水平的差异或领导重视程度的不同,送文化下乡活动开展的情况也各不相同。相应地,农民对于“送文化下乡”活动的参与、需求及反馈评价等也存在一定的差异和问题。

1. 农民获知送文化下乡活动的信息渠道

如表2-1所示,从送文化下乡活动信息的获知渠道来看,村民们获知送文化下乡的相关信息主要是通过人际间的传播,活动在宣传告知方面成效不明显。例如,在问及农民是通过什么渠道获知送电影下乡活动时,排名第一的选择是“通过亲朋友邻转告的”,占到了70.2%;处于第二位的是“自己路过的时候正好看到的”,占63.7%;其次是“村委会、村干部通知的”19.4%。而通过传播媒介得知送文化下乡

活动的比例非常少，如“在户外宣传栏、标语、横幅上看到”的农民有 9.7%，通过村喇叭得知相关信息的农民有 8.9%。送扬剧下乡活动的情况也与之相似，通过亲朋友邻转告得知相关信息的农民有 68.1%，自己路过看到的人占 43.1%，而通过宣传栏等渠道获知信息的农民只有 12.5%。另外，送文艺演出下乡也与前面两项活动的调查结果相一致。

表 2-1　关于送文化下乡信息获知渠道的统计

获知信息的渠道 / 送文化下乡的类型	村委会、村干部通知	村务公开栏公布	宣传栏、标语、横幅等	路过看到	亲朋友邻转告	宣传单、宣传册	村喇叭通知	其他
送电影下乡	19.4%	0.8%	9.7%	63.7%	70.2%	8.1%	8.9%	6.5%
送扬剧下乡	31.9%	2.8%	12.5%	43.1%	68.1%	12.5%	12.5%	6.9%
送文艺演出下乡	31.9%	2.8%	12.5%	43.1%	68.1%	12.5%	12.5%	6.9%

通过对农民获知送文化下乡活动的信息渠道分析，我们可以得出两个结论：一是人际传播在乡村传播机制中仍然占有极其重要的作用，这点在农村文化建设的过程中可以加以利用。二是对送文化下乡活动的宣传工作仍然做得不够，没有整合多种传播渠道和资源，这可能会影响到农民对送文化下乡活动的知晓度、理解度进而影响其参与程度，直到影响到送文化下乡的效果。

之所以如此，首先是因为农村社会是一个“半熟人社会”，农民平时接触媒介机会相对较少，信息来源比较单一，很多消息都是通过身边的熟人，如邻居、亲朋好友们的转告而得知。加之农民的文化程度目前还是偏低，对信息的有效解读尚有一定的困难，许多信息需要通过他人的解释才能理解，所以人际传播仍然是乡村信息传播中最重要的手段。在送文化下乡活动的宣传方面，如果可以好好地利用乡村人际传播的优势，把有关送文化活动的相关信息及时、有效地传达给村民，通过解释活动内容等方式吸引更多的农民参与其中，有利于扩大送文化下乡活动的传播效果，使其体现出更大的价值。

另外，在访谈中我们还发现，不少村民参加送文化活动的动机也与乡村生活中的人际交往有关。随着社会的发展和城市化进程的加速，农村的人口结构发生了深刻的变化，大量的年轻人外出求学或是务工，留在农村的多是老人和儿童，他们拥有大量的闲暇时间。当以电视为代表的大众传播媒介在农村普及以后，大多数的农民都依靠看电视、打麻将等活动来消磨时间，而不是像以往一样大家聚在一起聊天，或是开展一些娱乐活动。面对这种改变，很多农民表示很怀念以前的那种人际交往密切的生活方式，希望能和大家一起娱乐休闲，送文化下乡活动恰恰给农民们提供了一个这样的机会。

很多农民表示，自己去参加送文化下乡活动的主要目的就是和大家聚在一起玩玩，凑凑热闹。

“现在家家都有电视，谁还稀罕送电影啊？主要是能和大家凑在一起玩玩。”一位村民说道，“有时候我也不太想去参加这些活动，老实说这些活动也没什么意思，还不如在家看电视呢！但大家都去，我也去呗，就当找个机会跟大伙儿玩玩，反正闲着也是闲着。”①

另外，参与送文化活动还可以让农民获得日后的谈资，可能在以后的好几天，农民们都会围绕一起观看的送文化活动聊天，给平淡无奇的乡村生活增添了一抹亮色。从这个角度出发，更应当好好利用乡村中的人际关系、人际传播渠道来提高送文化下乡活动的宣传效果，吸引更多的农民参与。

除了需要利用好人际传播渠道来进行送文化下乡活动的宣传以外，还应当整合利用其他传播媒介提升对送文化下乡活动的宣传效果。例如，在活动举办之前通过发放宣传单、宣传册等方式将一年内的送文化下乡活动的计划提前告知农民，将活动的安排常规化。这样既可以使送文化活动成为农村文化的固定组成部分，又可以让农民更好地把握活动的时间，安排自己的事务，保证活动开展的时候有空余时间参加。如图 2-10 的调查统计数据所示，大部分农民都希望政府采取这种做法，赞成提前每年公开送电影下乡计划的农民有 66.8%，提前公开送扬剧时间安排的人占 70%，提前公开送文艺演出下乡活动安排的人更是高达 85.5%。

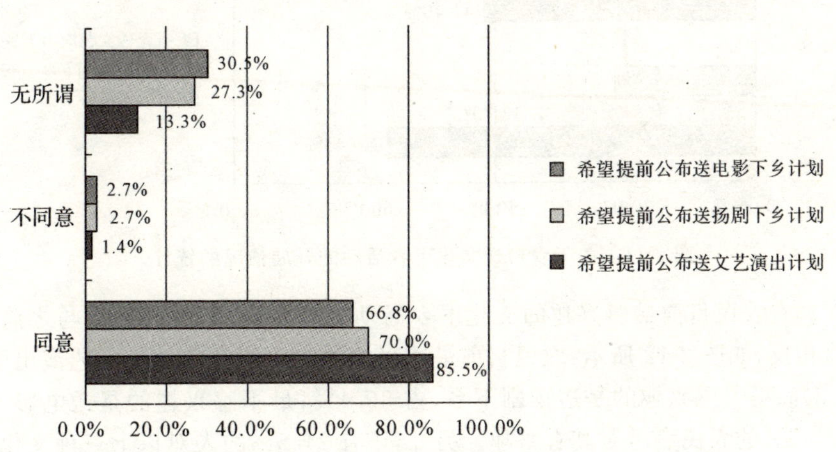

图 2-10　关于农民是否希望提前公布送文化下乡活动安排的统计

可见，大多数农民都认为提前告知送文化下乡活动安排的做法为他们参加这些活动提供了便利，更加方便他们参与，这无疑可以提高送文化下乡活动的实际效果。除了利用宣传单、宣传册来提前公布一年内的活动安排之外，还可以综合利用现有的多种方式进行送文化活动的宣传。例如，在村务公开栏里公布一个季度内

① 摘自于访谈资料：2010 年 1 月 26 日，J 市 P 镇 X 村，受访者为 40 多岁的女性农民马某。

的送文化下乡活动计划，活动前夕还可以利用户外宣传栏、标语、横幅等方式向村民提供明显的告知。最后再安排村委会、村干部挨家挨户的通知，做到全方位、不遗漏，确保每一个村民都知道活动举办的时间、地点，了解活动的具体内容和流程，吸引他们参与，方便他们更好的观看，真正提高传播的效果。

2. 农民对各类送文化下乡活动的实际需求

虽然各地的送文化下乡活动的内容和形式基本相似，无外乎集中于送电影下乡、送扬剧下乡和送文艺演出下乡几类，但由于农民的年龄、兴趣、偏好等方面的差异，对这几种活动的具体需求情况也是有区别的。

我们对所调查地区现有的送文化活动进行了排序，如图 2-11 所示，发现最常举办的送文化下乡活动是送电影下乡，占 56.4％；排名第二的活动是送扬剧下乡，占 32.7％；最后是送文艺演出下乡，只有 21.8％的比例。

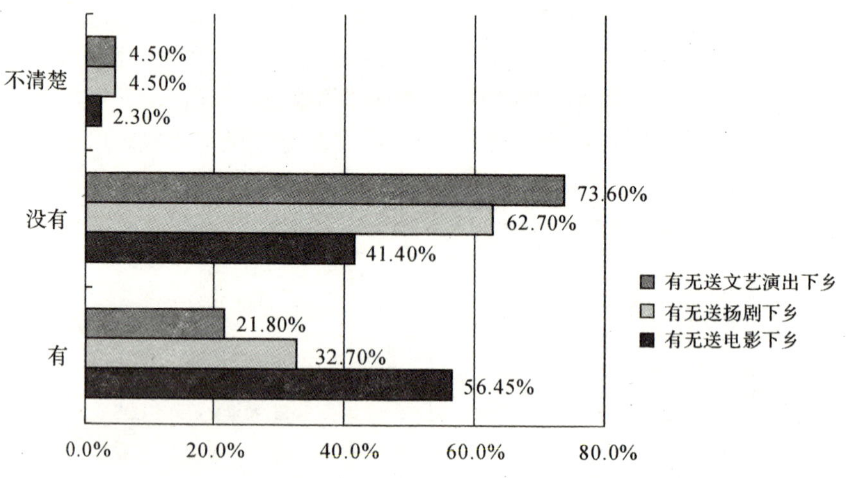

图 2-11　关于农村送文化下乡活动的开展情况的统计

在调查农民目前最感兴趣的文化下乡活动的时候，我们发现结果与之前的数据恰恰相反，如图 2-12 所示：农民目前最感兴趣的文化下乡活动是文艺演出下乡，占 52.3％；第二感兴趣的是送扬剧下乡，占 36.4％；最不感兴趣的是送电影下乡，只有 32.7％的农民表示对其有兴趣。另外，还有 24.5％的人对以上三种文化下乡活动都不感兴趣。

通过以上两组数据的对比，可以发现，相关部门在组织安排送文化下乡活动的时候或许没有真正考虑农民的文化需求和偏好。这种“供”与“需”的差异矛盾必然会影响文化下乡活动的实效。也许，这样的活动安排比例是符合以往农民的需求标准的，但这种标准已经在多因素的作用及时代变迁之下发生了变化。

以电影为例，需要送电影下乡的人数最少，原因可能集中于如下两方面：首先，电视已经在农村普及，大多数家庭已经安装了有线电视。电视台丰富的节目资源

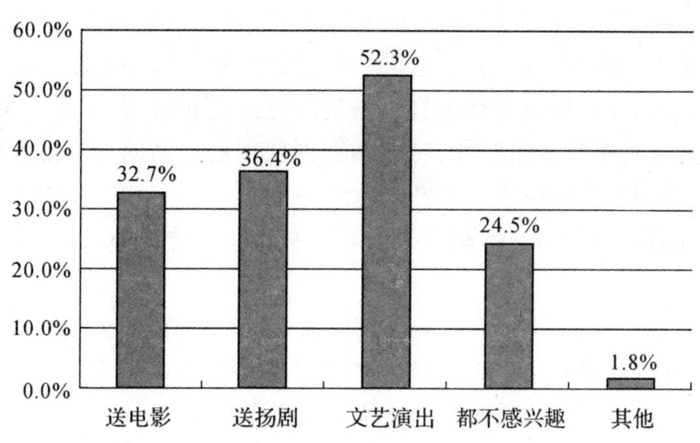

图 2-12　关于农民最感兴趣的送文化下乡活动的统计

给农民提供了极大的选择范围，农民可以按照自己的兴趣和喜好自由安排电视节目的观看。而在以往，没有电视的时候，能看上一场电影就能让许多农民感到满足，不过这样的日子已经一去不复返了。现在，农民可以在任何时间、任意选择需要的电视节目观看。还有一些农民掌握了电脑的操作，可以在互联网上找到自己感兴趣的影片观看，对送电影下乡的需求自然就下降了。一位农民告诉我们：

> "以前没有电视，大家能聚在一起看一场电影别提多高兴了。现在家家户户都有电视了，一开电视想看什么节目都有，所以现在送不送电影对我们来说也无所谓了。"①

其次，所送电影的内容比较老旧，不能吸引农民，特别是青年农民的兴趣。在访谈中我们了解到，现在送下乡的电影题材都很老，或是带有很强的意识形态色彩，宣教的意味很浓，没有什么可看性，当然引不起农民的兴趣，有的地方甚至还在播放《地道战》之类的影片。"现在送下来的都是一些老片子，没有意思，谁愿意去看啊？要是放《阿凡达》还差不多！"②一位农民说道。可见，也许我们真的低估了现代农民的文化需求和文化鉴赏力，电视、报纸、广播和互联网，包括手机等传播媒介已经把世界变成了一个"地球村"，无论身处繁华的都市还是偏僻的乡村，每天我们都在接受大量的、同样的媒介信息。在信息获取方面，城市和农村的界限已经慢慢变得模糊，这种趋势所造成的结果必然是农民和城市居民的文化需求越来越相似，文化选择也会慢慢趋于一致。在了解了这点的基础上就不难理解为什么越来越少的农民对送电影下乡感兴趣了。

① 摘自于访谈资料：2010 年 1 月 26 日，J 市 X 镇 X 村，受访者为 50 多岁的女性农民崔某。

② 摘自于访谈资料：2010 年 1 月 26 日，J 市 X 镇 X 村，受访者为 50 多岁的女性农民崔某。

除了送电影下乡，调查还显示不少农民对送扬剧下乡感兴趣，这可能与当地的地域文化有着密切联系。扬剧，又名“淮扬戏”、“扬州戏”，是江苏省的主要地方剧种之一，流行于江苏省扬州、镇江地区、安徽部分地区和南京、上海一带，由扬州花鼓戏和苏北香火戏吸收扬州清曲、民歌小调发展而成。扬剧在J市农村有着深厚的群众基础，特别是年纪较大的农民，都有听扬剧的喜好。由于年轻人大量外出求学、务工，现在留在农村的基本都是老人和小孩，这部分人群对扬剧还是有着较大需求的。

还有很多农民表示，虽然自己对扬剧并没有特别的喜好，但还是希望政府多送扬剧下乡。“虽然我们自己不听，但村里有那么多老年人嘛！老年人都爱听。再说扬剧也算我们这一带的特色文化了，应该发扬光大！”

送扬剧下乡活动不仅满足了一部分中老年农民的文化需求，在保护民间传统文化方面也起到了积极的作用。扬剧作为传统文化的代表，在现代文化工业的冲击之下受到了很大的影响，越来越多的年轻人倾向于选择流行文化，传统文化正面临着“后继无人”的发展困境。如果不对传统文化进行及时有效的保护，可以预见在不久的将来很多优秀的传统文化都会消失殆尽。送扬剧下乡活动是保护民间传统文化的一次有益尝试，虽说听扬剧的主要群体是老年人，但通过经常性的演出，扬剧可以在青年群体中培养一批听众，为其可持续的发展培养受众基础，这对扬剧未来的发展是至关重要的。

与电影、扬剧相比，近年来，农民对文艺演出的需求越来越大，这也是和社会的发展进步分不开的。自从电视在农村普及了以后，农民们在电视上看到了更加丰富多彩的文艺表演形式，如歌舞、小品等等。特别是各类晚会及文艺巡演，以其丰富的节目类型，热烈的舞台气氛给农民们提供了一场场视觉盛宴。相比于农村以往的节目表演形式，文艺巡演的吸引力无疑是巨大的。而且歌唱、舞蹈、小品等节目形式本身在农村就拥有众多的爱好者，文艺演出把这些节目形式综合为一体就吸引了庞大的受众群体。但和送电影、送扬剧相比，文艺演出的成本较高，如果要经常送文艺演出下乡就需要寻找更多的资金支持，这也是送文化下乡活动所必须面对的一个现实问题。

然而在调查中，有近四分之一的农民表示自己对以上三种送文化下乡活动都不感兴趣，对此也不关心。分析造成这种现象的原因，大概有以下几类。一部分农民是因为对以上三种文化活动形式本身就不感兴趣，他们既不喜欢看电影，也不喜欢听扬剧和看文艺演出，他们的兴趣爱好在目前的送文化下乡活动中还没有被涉及，现有的送文化活动还不能满足他们的文化需求。可见要吸引这部分农民参与到送文化下乡的活动中来，就必须拓宽节目类型，提供更加多样的选择。可以在充分了解这部分农民文化需求的基础上为其量身定制一些文化活动，不仅可以惠及更多的受众，还可以扩大送文化下乡活动的影响面，使其覆盖面更广，影响力更大。

也有一部分农民,特别是农村中的青年人,他们文化水平相对较高,掌握一定的电脑与网络操作技术,已经不满足于被动地接受"送"下乡来的文化,他们更愿意主动地去寻找自己感兴趣的、需要的文化。互联网上丰富的资源给他们提供了这样的一个平台,所以他们认为自己没有必要去参加"送文化"下乡的活动。

还有一部分农民因为经济的因素无暇顾及文化休闲活动。现在的农民越来越趋于经济化、理性化,在调查当中,有77.7%的农民明确表示对他们来说,挣钱才是生活中最重要的事情,他们往往从经济的角度出发来思考问题。

在调查中,有农民告诉我们:"现在在农村务农收入很少啊,根本不够生活。日子都过不下去哪有心思去娱乐呢?都忙着去挣钱了吧,生活是好了,但又忙得没有时间去玩了。但还是挣钱重要啊,总不能为了娱乐不过日子了吧?哈哈!"现实情况也是如此,许多农民忙于打工挣钱,每天并没有什么闲暇时间来进行文化休闲活动。在访谈中还有农民表示,"只有生活富裕了,日子好过了,才能有心思搞文化娱乐活动,整天为生活发愁、奔波,哪里还有心思去参加文化活动?"这确实也是农村文化建设中不得不面对的一个问题。①

3. 农民对送文化下乡活动的参与评价

调查中我们发现,农民对送文化下乡活动的实际参与程度呈现出这样的特征:经常参加的人数比例很少,偶尔参加的人的比例与从未参加过的人的比例基本持平。而不同的送文化下乡活动农民参与其中的程度也有明显的差异。如表2-2所示,经常参加送电影下乡的农民有28.2%,偶尔参加的人有38.7%,从未参加过的人占33.1%;参与送扬剧下乡活动的人数情况是:经常参加的人占18.1%,偶尔参加的40.3%,从未参加的农民有41.7%;送文艺演出下乡的数据的对比更加明显:经常参与其中的农民只有8.3%,偶尔参加和从未参加过该活动的农民各占45.8%。

表2-2 关于农民对送文化下乡活动的参与情况的统计

活动类型 \ 参加频度	经常	偶尔	从未
送电影下乡	28.2%	38.7%	33.1%
送扬剧下乡	18.1%	40.3%	41.7%
送文艺演出下乡	8.3%	45.8%	45.8%

通过以上数据统计分析,我们可以发现农民在送电影下乡活动中参与程度最高,其次是扬剧,而对送文艺演出下乡的参与程度是最低的。影响农民对送文化下乡活动的参与度主要有三方面的因素:活动的频度、节目本身对农民的吸引程度、

① 摘自于访谈资料:2010年1月26日,J市J镇X村,受访者为40多岁的男性农民季某、张某。

客观存在的一些外在制约因素(如:农民是否有时间,观看节目的便利性等)。对送电影、送扬剧、送文艺演出三种活动形式来说,根据之前的调查,我们知道农民最感兴趣、最需要的依次是文艺演出、扬剧和电影,对这几种活动的参与程度理应也是相同的顺序,而排序的结果却恰恰相反。由于对相同的农民群体来说,客观存在的外在制约因素大致相同,那么造成这种结果的只有一种可能——就是这三种活动举办的频度影响了农民对其实际的参与程度,这也是和之前调查的农村现有的送文化活动的多少排序相符合的。这就可以解释为什么经常参与送文化下乡活动的农民比例很少,是因为给农民所提供的送文化活动本身数量不足,影响了农民对送文化下乡活动的参与。

另外,在调查中发现,在同一个村庄一部分农民参加过送文化下乡活动,而另一部分农民却表示自己从未听说过有这样的活动,所以也没有参加过。这就说明,在大量的从未参与过送文化下乡的农民当中,有很大一部分人是因为不知道相关信息错过了接受公共文化服务的机会。可见在此过程中,对活动信息的宣传告知存在着很大的缺陷。除了宣传告知工作的不到位,根据调查结果我们发现,影响农民参与送文化下乡活动的因素,还有以下几个方面:

第一,农民群众的闲余时间较少,影响了他们对送文化活动的需求和参与。农民群众是农村文化建设成果的享受者,也是农村文化建设的主要参与主体,在农村文化建设的方方面面、各个环节都离不开他们的支持与参与。作为送文化下乡活动的接受对象,农民对活动的参与对活动效果的影响是决定性的。闲暇时间是社会成员全面发展自我的基本时间保障,农民群众的闲暇时间状况关乎送文化下乡活动开展的广度、深度和力度,是农民群众参与送文化下乡活动的极为基本的一个前提。那么,农民群众的实际闲暇时间状况怎样呢?如图 2-13 所示,调查中绝大多数农民都表示自己每天的工作、生活事务繁忙,空闲时间较少。在制约农民参与送文化下乡活动的外在因素中,"没有时间"排名第一:有 48.8%的农民因为没有时间而不去参加送电影下乡的活动,同样这也是 40%的农民不去看扬剧表演的原

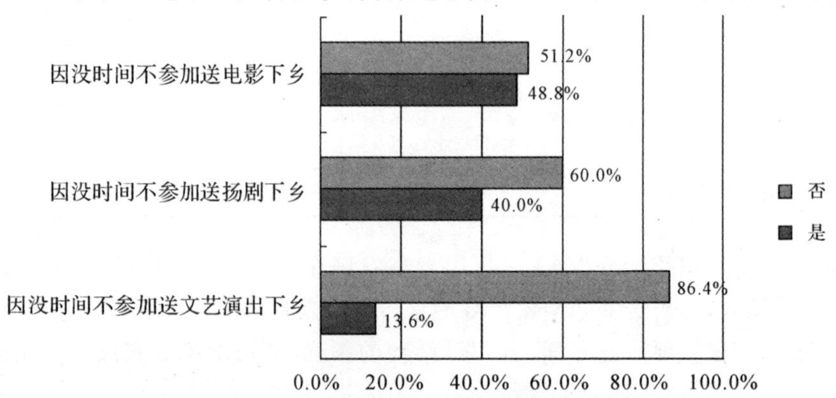

图 2-13　关于因没有时间而不参加送文化下乡活动的统计

因，而因“没有时间”放弃观看文艺演出的村民也达到了13.6％。由此可见，农民的空闲时间对他们接受公共文化服务的影响之大。

农民群众闲余时间有限，这在相当程度上制约了他们对送文化下乡活动的参与。即使文化活动符合他们的兴趣和需要，许多农民也在文化下乡活动中缺席。访谈中农民们反映：“我们也喜欢看看文艺表演、听听戏什么的，但每天都要忙着干活挣钱啊，哪有时间去看这些活动？一般回家看看电视就睡觉了。”

特别是农村中的一些妇女，白天不仅要外出打工，晚上回家还要做家务，闲余时间更加有限。“没有时间啊！整天忙得很，又要种田又要忙家务，没工夫去参加什么文艺活动。”①如此一来，送文化下乡活动就少了相当大一部分的青壮年受众群体，只有一部分老年人才能从中获益，影响力大打折扣。

第二，送文化下乡活动徒有形式，不重视实效，农民的满意度较低。送文化下乡活动的接受主体是农民，目的在于满足农民群众的文化需求，所以应当以农民的满意程度作为活动实际效果的衡量标准。在调查中，我们发现送文化下乡活动很多时候只是一个形式，并没有关注它的实际效果，因此，农民对其的满意程度也比较低，对其参与程度自然也会随之降低。如表2-3所示，对送电影下乡活动感到非常满意的农民只有9.6％，比较满意的占27.7％，大多数农民感觉一般或是不太满意。送扬剧和送文艺演出的情况稍微好一些，有16.7％的人对送扬剧下乡活动非常满意，比较满意的有59.5％，感觉一般或不太满意的占23.9％；对送文艺演出下乡活动非常满意的农民有23.1％，比较满意的50％，感觉一般或不太满意的一共占26.9％。

表2-3　关于农民对送文化下乡活动满意程度的统计

满意程度 / 活动类型	非常满意	比较满意	一　般	不太满意	非常不满意
送电影下乡	9.6％	27.7％	33.7％	26.5％	2.4％
送扬剧下乡	16.7％	59.5％	16.7％	4.8％	2.4％
送文艺演出下乡	23.1％	50％	23.1％	3.8％	0％

通过比较可以看出，农民对三种送文化活动的满意程度最高的是送文艺演出下乡，其次是送扬剧下乡，满意程度最低的是送电影下乡。排除农民对这三种节目形式的喜好程度、需求程度的差异，在调查中我们发现还有一些因素导致了农民对送文化活动满意度较低。如图2-14所示，以送电影下乡活动为例，对该活动不满意的原因有以下几个：排名第一的不满因素是电影的放映次数太少，占86.7％，第二大不满因素是播放的电影陈旧，没有吸引力；另外有74.7％的农民觉得送电影

① 摘自于访谈资料：2010年1月26日，J市D镇X村，受访者为30多岁的女性农民贾某。

一般露天放映，观看环境不好；还有71.1%的农民认为送电影下乡活动没有进行很好的宣传，常常无人通知或通知不及时。

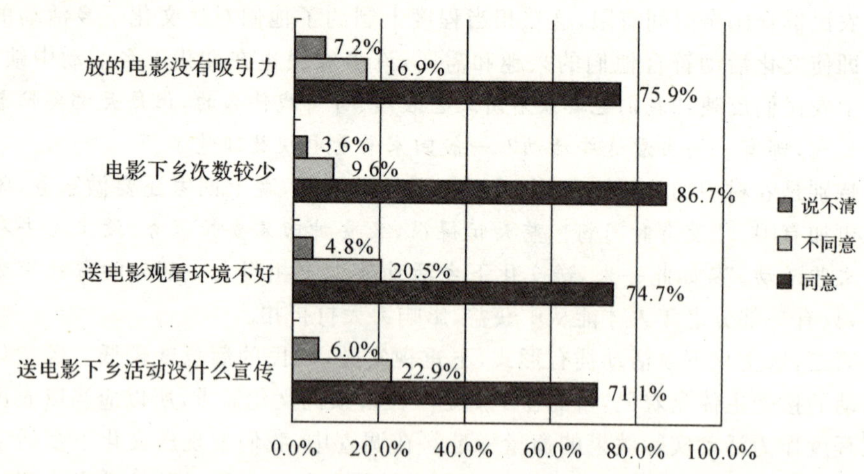

图2-14　关于农民对送电影下乡活动不满意原因的统计

送文化下乡活动要想吸引农民参与，发挥实效，提升活动的质量是根本。如果送下乡的电影都是一些老旧题材，宣教意味很浓的影片，毫无趣味，怎么能吸引农民群众参与其中呢？加上现在农民已经有了更加丰富的媒介选择，完全没有必要依赖于政府的“送文化”，他们可以自己选择其他的文化娱乐方式达到满足自己文化需求的目的。调查中，有高达36.6%的农民不去参加送电影下乡活动，原因是“有其他文化娱乐方式，没有必要去露天观看电影”。农民已经以一种“积极的受众”的姿态出现在我们面前，他们会自己根据自己的需要来对媒介或是政府提供的活动进行选择，对这些媒介或是活动的使用情况又会作用于他们对该媒介或是活动的判断和评价，从而影响到他们下一次对这些媒介/活动的接触使用。要想吸引农民参与其中，只有使提供的内容符合农民的需求，真正关心农民的需要，通过提供他们感兴趣的内容吸引农民积极参加到活动中来。我们也就农民对于送文化下乡活动的期望做了调查，有很大一部分农民希望可以定期举办送文化下乡活动，使送电影、送扬剧、送文艺演出这些活动常规化，给他们提供固定的公共文化服务。

另外，大多数农民还提议应该在节假日多开展送文化的活动。因为很多外出打工的人节假日都会回家和家人团聚，由于农村文化活动匮乏，大家见面了也就一起打打麻将，或是在家里看看电视，很没有意思。在这个时候举办送文化下乡的活动，不仅可以增添节日的喜庆气氛，还可以把村民们聚在一起，大家一起看节目、看表演，增进了彼此的交流机会，有利于村民们联系感情。农民们普遍希望节目的形式更加生动活泼，内容更有趣味，但是在节目内容是否要贴近乡村生活的问题上，很多农民都表示无所谓。他们不仅喜欢农村题材的电影、戏剧、文艺表演，对一些城市里流行的，更加现代化的文艺形式也有着浓厚的兴趣。随着城市化的进程和农民视野的不断开阔,农民的文化需求也更加丰富多样,他们希望接触到更加多元化的文化娱乐方式。另外,农民已经不再满足于被动的观看,更希望在节目中多增加一些互动环节,提供一些让农民自己参与的机会。如果自己身边的人参与了表演,一定会吸引更多农民的兴趣,提升其对送文化下乡活动的关注程度。

从根本上来说,目前农民对送文化下乡活动满意度较低的原因就是在于这些活动并不关注传播的效果,只是徒有形式。送文化下乡活动虽说应由上级政府以公共文化服务的名义提供,但到了村一级,却全部变成了单向的自上而下的强行推动。镇级文化站下乡活动,都以镇政府的红头文件下发的形式要求村委全力配合。如此一来,送文化就成了政府自上而下的硬性摊派和强令宣传,自然收不到什么传播效果。这样的文化下乡根本就没有进入乡村社会的机理,接触不到农民的真正需求,也就根本无法提高农民对国家文化动员的认同。

第三,送文化下乡活动没有突出农民的主体地位,提供的服务与农民需求的切合度不高。送文化下乡活动所提供的文化产品,并没有很好地贴合农民群众的价值观和审美情趣,导致农民对送文化下乡活动的内容不感兴趣。在送文化下乡的活动中,站在农民群众的立场上,提供更多符合农民群众审美情趣的文化产品,同时还要选择合乎他们需求的艺术形式和语言。例如,同样是送戏下乡,在J市农村地区,扬剧往往比越剧、黄梅戏更受农民群众的欢迎,其原因就在于前者比后者更符合当地农民的审美情趣。

同时,在整个农村公共文化建设过程中,应尽可能地让农民参与进来,并发挥他们的主体作用。具体在公共文化产品的生产和供给这一环节,可以将许多公共文化产品和服务的选择决定权交给他们,由农民自己根据自身的利益需要和兴趣爱好而选择确定政府应该为他们提供的公共文化产品的数量、质量和种类。例如,政府为农民送戏、送电影,可以由农民群众点单(即选择他们喜爱的节目和电影),尽可能地使送文化下乡活动中文化产品的供给与农民群众的需求爱好对接吻合。在送文化下乡的过程中,农民群众的民主参与不仅是必要的,其具体途径与形式也是广泛的。只要他们的利益需要和兴趣爱好是健康无害的,都应该尽量满足。

总体来说,目前送文化下乡活动整体效益不高,农民满意度较低,尚不能满足农民的文化需求。如图2-15所示,认为送文化活动满足了自己文化需求的农民仅有0.9%,认为基本能满足的人占12.7%,明确表示送文化下乡活动不能满足自己需求的农民比例高达77.7%。

如此的现状给我们提出了警示,只有立足于农民的需要,积极探索改进送文化下乡活动,提高实效,才能真正使农民从中受益。农村文化建设成效不明显根本原因,在于文化建设缺乏内在动力。无论是从政府的角度还是从农民自身的角度,都没有对农村文化建设给予应有的重视,导致农村文化发展处于困境之中。

由于文化建设不能带来可观的财政收入和增加老百姓的经济收入,政府在农

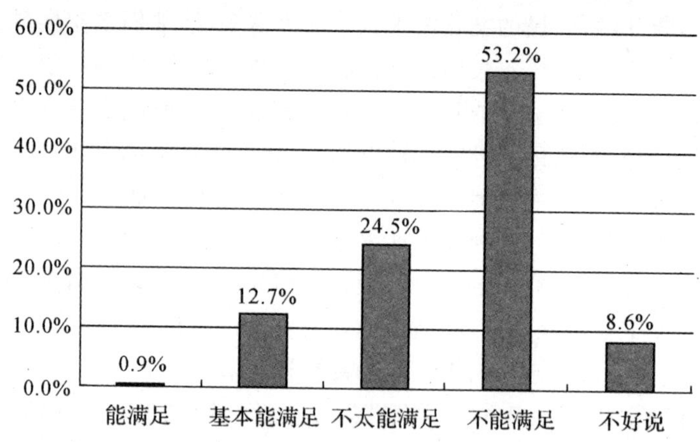

图 2-15 关于目前的送文化活动能否满足农民文化需求的统计

村文化建设方面缺乏积极性。当前的新农村建设，基层政府考虑的还是公路交通、房屋建设、招商等内容，如何活跃农民的精神文化活动很少被顾及。在访谈中，一些村干部告诉我们村委会的中心工作还是经济建设，“没有经济基础，文化建设怎么上得去？这些东西只能靠经济来带动，只要有足够的资金，就好办事”。很显然，在村干部的话语系统里，国家的经济意识形态无疑是首要的。而对于农民而言，文化建设的积极性同样受到了影响。不仅投入没有经济效益，而且参与文化活动，还要影响正常的劳动收入。在市场经济浪潮的冲击之下，农民更加具有经济理性，想问题办事情更多地从经济利益的角度出发。由于参与文化活动需要时间、精力上的投入，又没有相应的经济回报且公共文化服务质量不高，提供给农民的送文化下乡活动如“蜻蜓点水”一般，来去匆匆，农民并没有从中满足自己的文化需求，获得文化方面的受益。所以从农民的角度来看，进行农村文化建设也缺乏动力。解决这个问题的方法之一，就是在农村文化建设中突出农民的主体地位，从“送”文化给农民，让农民被动地接受，到在农村“种”下文化的种子，让农民成为文化建设的主体，激发他们的热情和动力，这才是农村文化发展的长效动力机制。

三、农村集体文化活动：重构农村乡土文化的关键因素

除了政府推行的送文化下乡活动之外，农村的文化活动还包括集体性的文化娱乐活动，这些活动一般由村里的文化协会或是由村民自发组织，以农民自娱自乐为目的，是构成农村文化生活的重要组成部分，也是形成农村乡土文化的重要因素。乡土文化主要体现为农村内部共享的核心价值观、文化认同、公共舆论、公共规则等无形的、内化于农民心中的公共文化。

1. 农村集体文化活动的衰落

农村的集体文化活动在丰富农民文化生活，推动农村文化建设，塑造乡村文化

认同方面有着重要的作用。在本次调查中，我们发现现在农村的集体文化活动现状令人担忧：缺乏相应的文化组织，举办的活动很少且农民对此的认可程度也不高，基本上处于消亡的边缘。

第一，现在村里举办的集体活动已经非常之少，种类也比较单一。

如图 2-16 所示，调查问及的农民当中，57.5%的农民说自己所在的村子现在根本就没有集体活动了，29.2%的农民认为现在农村的集体活动已经非常少了，12.3%的农民觉得现在农村的集体活动数量一般，只有在过年过节的时候才会举办一些，平时基本上是没有的，仅有 0.9%的人认为现在村里的集体活动还很多。

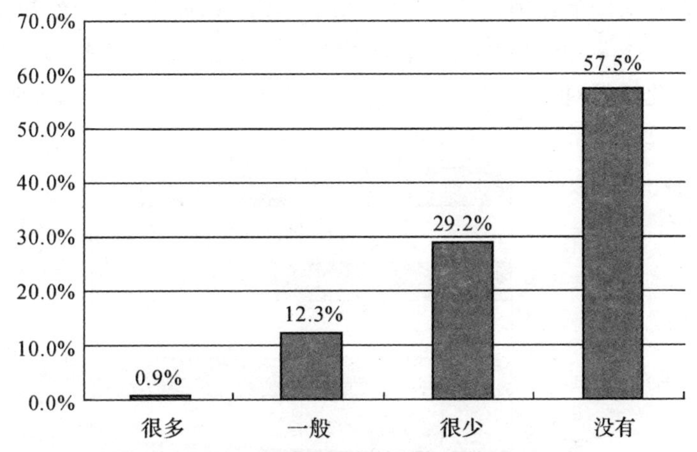

图 2-16　关于农村集体文化活动发展情况的统计

数量上的不足直接导致了农民平时的文化生活比较单调枯燥，生活变得很冷清，许多农民在访谈时都表示自己很怀念以前大家一起参加集体文娱活动的热闹时光。

> “以前没事的时候，村里的文化队经常组织一些活动、文艺表演什么的，大伙儿都参加，可热闹了。现在基本上就没有什么集体活动了，一是没有人组织，二是现在大家都各忙各的，好多活动也办不起来。闲下来就自己看看电视，玩玩呗，没有以前有意思啦！”①

除了活动数量少，农村现有的集体文化活动的形式也比较单一。目前主要集中在传统文化活动的表演、健身及体育运动，音乐舞蹈、戏曲和棋牌这几类。而且以室内简单文化活动较多，室外氛围浓厚的集体文化活动明显偏少。由于室内文化活动举办起来比较简单，所以是最常采用的形式，如乒乓球比赛、各类书画棋牌

① 摘自于访谈资料：2010 年 1 月 27 日，J 市 P 镇 X 村，受访者为 60 多岁的女性农民李某。

比赛等等。不过举办一定数量的室外集体文化活动也是十分重要的，它有助于形成浓郁的农村文化氛围，增进农民之间的交流，融洽邻里关系，培养村民对所在社区的认同感，因而不可忽视。

在我们力倡社区关爱、邻里互动交流以解决工业文明、城市文明带来的人情淡薄、邻里疏离等现代文明症的时候，更应注意在农村避免上演同样的“悲剧”，由一个充满人情的熟人社会演变成一个人情淡薄的陌生人社会。通过力所能及地开展集体文化娱乐活动可以在一定程度上避免这种情况的出现。我们对农民去参加集体文化娱乐活动的原因的调查，很好地印证了这一点：如图 2-17 所示，大部分农民去参加集体文化活动的原因，并不在于喜欢活动本身，而是为了“能和亲朋友邻一起玩玩”，占 59.6%；“和他人多交流，增进感情”，53.2%；“凑凑热闹”，34%。这足以看出集体文化活动对农民增强人际交往，巩固乡村共同体意识的重要作用。

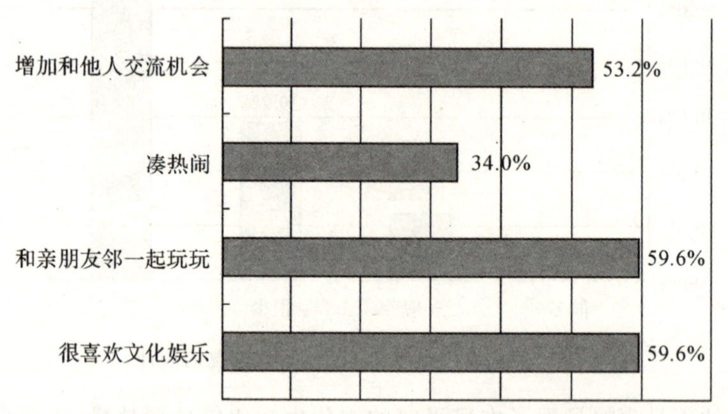

图 2-17 关于农民参加集体文化活动原因的统计

第二，农村缺乏民间的文化组织，难以开展集体文化活动。

要想在农村开展集体性的文化活动，必须要有一些文化组织（如文艺表演队，各类文化协会等）来提供人才和技术方面的保障，把村民组织起来开展各类活动。但是，从目前的情况来看，农村的民间自发形成的文化组织十分缺乏，大部分文化组织只是满足于内部成员的自娱自乐，并没有担当起带领村民们开展集体文化活动的职责，农民对其认知度较低。例如，在所调查的农民当中，村民所在村有业余文艺表演队的占 25%，有文化协会的仅占 15.9%，只有 30.9%的农民经常参加业余文艺表演队组织的活动，而从未参加过农村文化协会组织的文化活动的村民高达 62.9%。

不过，农民对民间文化组织举办的文化活动的评价还是较高的，如图 2-18、2-19所示，对业余文艺表演队组织的文化活动感到满意的农民有 78.8%，19.2%的人满意度一般，只有 1.9%的人对此不太满意。对农村文化协会组织的活动满意的村民有 53.9%,满意度一般的农民有 38.5%,对其不满意的人数只有 7.7%。

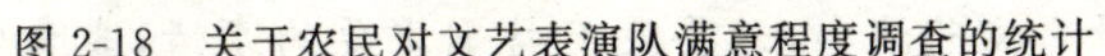

图 2-18　关于农民对文艺表演队满意程度调查的统计

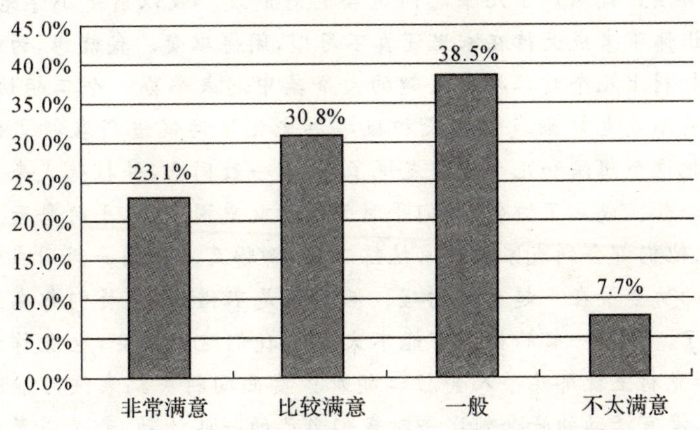

图 2-19　关于农民对农村文化协会组织活动的满意程度调查的统计

从以上调查统计数据可以看出,尽管农村的民间文化组织较少,组织的文化活动也不多,但农民对其好评度较高,可见农民还是相当喜爱集体文化活动的。他们关注的并不是这些文化组织提供的具体活动,而是这种文化娱乐的形式本身,因为这种集体性的文化娱乐活动符合了农民文化偏好的特点。

在访谈中一位农民说:

"我们农民喜欢热闹。电视里的节目是好看,但离我们太远,感觉不太亲切。当然还是我们农民自己组织搞一些文化活动有意思啦!不管节目好不好看,大伙儿能聚在一起玩玩就很好。我们对自己办的节目不挑剐的。”①

在问到村里有没有什么文化组织的时候，大多数农民都表示没有或是不清楚。农村民间文化组织在农民当中认知度较低，原因主要在于这些组织没有向村民们做什么宣传，也没有公开向广大村民招募会员，只是局限于村里的几个文艺能人内部的自娱自乐。以所调查地区一个村的二胡协会为例，该协会的成员就是村里几个会拉二胡、对二胡感兴趣的老大爷。他们每天下午聚在一起演奏切磋。

我们向协会的负责人张大爷询问该协会的创办过程和平时活动的情况，张大爷告诉我们：

“创办这个协会完全是因为兴趣。以前年轻的时候就喜欢各种各样的文艺活动，歌舞、戏曲什么的都很感兴趣，最喜欢的就是二胡这种乐器。每逢镇上有什么文艺演出，只要没有特别重要的事情，我肯定会去看的。经常去听演出就结识了几个志同道合的好朋友。我以前是小学老师，前几年刚退休下来成天待在家里还真不习惯，闲得难受。我就想，为什么我们不能把村上几个对二胡感兴趣的大爷集中起来举办一个二胡协会呢？现在政府不是也鼓励我们农民积极举办文化活动促进新农村文化发展吗？我把这个想法和几个好朋友说了，大家一致同意，并推选我来当这个协会的会长。成立了协会，我们平时的活动就更固定了，平时每天下午只要没事，他们都会到我家来大家练练二胡，聊聊天。每隔一两周我们还会和邻村的协会聚在一起交流切磋。活动还是不错的，会员们都感到生活充实多了。但是一般的村民可能不太了解我们这个协会，也没作过什么宣传，毕竟村里就那几个人会拉二胡嘛！要面向村民搞表演可能就不太现实了，没有活动的资金啊！平时我们自己的一些活动，都是成员们自己掏腰包的，但要是花费太多了我们也不太能承担得起。我们也想给村民们表演表演，但需要的场地、经费什么的没办法落实，所以也都没办了。”②

由于没有向村民做什么宣传，也没有吸纳更多的成员加入，所以在农民群众中的影响比较有限，很多人都不知道有村里有这样的一个二胡协会。再加上组织管理能力不足，这类民间文化协会很难发挥它带动农村文化发展的作用。由于缺乏搞活动的资金，大多数农村民间文化组织尚未将文化活动定期化，形成常规化的活

---

① 摘自于访谈资料：2010 年 1 月 27 日，J 市 P 镇 X 村，受访者为 40 多岁的女性农民彭某。

② 摘自于访谈资料：2010 年 1 月 27 日，J 市 P 镇 X 村，受访者为 60 多岁的小学退休教师张某，他是本村二胡协会的负责人。

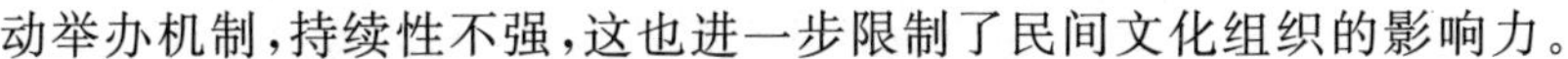

动举办机制，持续性不强，这也进一步限制了民间文化组织的影响力。

第三，农村传统文化几近衰退，处于“消亡”的边缘。

改革开放后，农村的生产、生活方式的深刻变化带来了农民思想观念和审美趣味的转变，外来文化的进入和电视、计算机网络等现代传媒手段的发展，对传统民间文化产生巨大冲击。由于忽略了本土文化对精神生活的影响和对经济发展的作用，忽略了传统民间文化所承载的知识和情感等深层价值内涵，丰富的传统本土文化和民间文化遭到冷遇、走向衰落，甚至处于消亡的边缘。在我们所调查的地区，民间传统文化的境遇也不容乐观。如图 2-20 所示，只有 3.6%的农民认为自己所在村镇的传统文化活动（如庙会、舞龙舞狮等）还非常活跃，认为比较活跃的占 27.3%，高达 69.1%的人认为农村的传统文化活动已经不太活跃或不活跃了，在有的地区甚至已经没有这些传统的文化活动，或是传统文化活动的性质发生改变，成为一种为经济服务的形式。

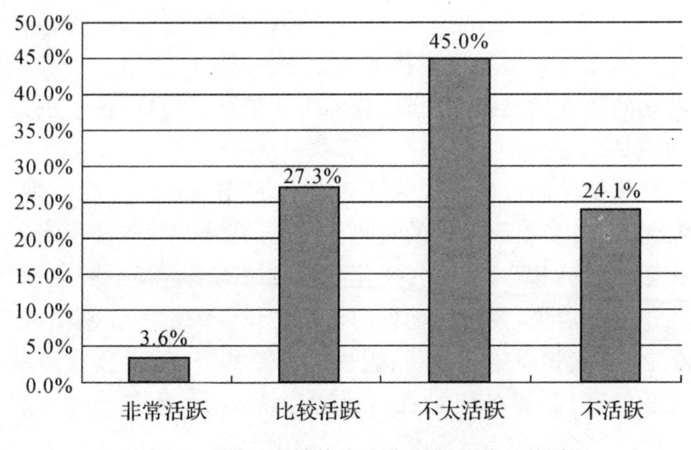

图 2-20　关于农村传统文化发展现状的统计

以庙会为例，在调查中我们了解到，除了极个别传统文化保护较好的乡镇，很多地区现在已经没有庙会了，还有很多地方的庙会已经异化为一种“物资交流会”，单纯就是一个提供买卖的市场，在庙会上再也看不到热闹的、充满民俗风情的表演，取而代之的是各种小商品的买卖。

“以前的庙会有很多表演，唱戏啊什么的，吹吹打打可热闹了！现在的庙会都变了味儿啦，就是卖卖东西，没有什么好看的表演了。”“现在庙会搞不起来啦！政府也不支持。你看这些花花草草，都是政府出钱种的。要是庙会搞起来，吹吹打打，几次不就把这些绿化全弄坏了？所以政府也不支持这些活动。现在庙会上出来卖东西的人，都是交了摊位费的。这样政府再出钱打扫卫生，重做绿化也乐意。”不过，很多农民都表示，现在农村的生活越来越没有意思了，冷冷清清没有以前热闹，希望政府出面把这些民间的传统文化保护起来，“不然到若干年后，我们的子孙都不知道有这些活动了。”①

相比于城市的现代文化活动，大多数农民还是更倾向于选择农村传统的民间文化活动，这种土生土长的文化形式更加符合农民的审美趣味和文化需求。民间传统文化在乡村文化生活中的独特作用，与它独特的草根性、生活仪式性和狂欢化效果是密切相关的。与现代单纯静观式的文艺不同，传统民间文艺的参与性和狂欢化效果是它更受农民群众欢迎的重要原因。现代文化形式，如电视，观众只能单向地观看，与演出主体很难有互动和交流。事实上，观众在观看的过程中不仅需要欣赏，而且还需要交流，甚至需要狂欢。民间传统文化正适应了农民群众的这些需要。值得注意的是，旧时的演戏等还是一种虔诚的仪式性活动，即演戏往往是和敬神、祭祀、结婚、葬礼等重大生活事件相关，举行者非常虔诚。这种宗教性的仪式活动更使传统的民间文化套上了许多神圣的光环。民间的生活习俗和生存需要促进了民间传统文化的高度发达，为乡村群众的生活带来了快乐，使乡民们在活动当中获得了极大的满足。

传统民间文化是民间世世代代传承的文化，已与农民的文化心理、欣赏习惯融为一体，这些文化最容易引起他们的共鸣。因此，充分发挥传统民间文化在乡村文化建设中的作用，是我们新时期农村文化建设应该高度重视的问题。目前，大量优秀的传统文化正逐渐消失，使我们庞大的传统文化资源宝库面临枯竭。因此，必须建立有效的机制、设立相应的保护机构、投入必要的资金，通过宣传教育来提高保护民间传统文化的意识，积极保护优秀民间传统文化，促进农村本土文化的繁荣复兴。

而且，由于大众传播媒介的普及，农民可以通过大众传媒接触到更多的大众流行文化，受这些外来异质文化的影响，农村中越来越多的年轻人“抛弃了”农村内生的乡土文化，转而投向更加现代的城市文化。加上缺乏重视和保护意识，目前的农村乡土文化日渐式微，不仅传统民间文化面临消失的危险，集体性质的文化娱乐活动也越来越少，大部分农民都认为“农村没有文化”。乡土文化的衰退不可避免地造成了乡村文化认同的危机，农民丧失了共享的核心价值观，公共理念逐渐消退，这给农村文化建设甚至乡村治理都造成了消极的负面影响。

另外，农民私性文化活动的发展对乡土文化造成了冲击。所谓私性文化活动是指以个人或家庭为单位而进行的文化活动，如看电视、上网、家庭娱乐活动等，其目的是为了满足个人的文化需求，而不能满足其他群体的文化需求。改革开放以

---

① 摘自于访谈资料：2010年1月28日，J市S镇X村，受访者为50多岁的男性农民杨某。

来，随着经济的高速发展，农民的物质生活水平得到了显著的提高，农民已经具备相应的经济能力购买私人文化设施和资源（如电视机、DVD、电脑等传播媒介），具备了进行个体式私性文化活动的物质条件。

在所调查的地区，绝大部分农民家里都有了有线电视，很多人家里还配有电脑。现代传媒的发展极大地提高了农民的个体文化水平，把看电视作为平时主要娱乐休闲方式的农民比例高达 90.5%。然而，私性文化的发展，正是导致农村公共文化衰退，乡土文化瓦解的重要原因。例如，现在农民最主要的娱乐休闲方式就是看电视、打麻将，活动的地点也主要局限于自己家里和亲朋友邻的家里，村民之间的互动交流程度大不如前。如果有一些文化方面的兴趣爱好，大部分农民也是以个体的形式自娱自乐，例如，有 63.3%的农民选择“关注电视、报纸等媒体上的相关信息”来满足自己的业余爱好，另外还有 58.1%的农民选择“和有共同兴趣爱好的亲朋友邻一起玩玩”，而不是去参加或是组织这方面的集体活动。

此外，大众传媒所提供的媒介内容也在一定程度上加剧了乡村文化的自卑与解体。大众传播媒介的传播活动并不是以农村为本位和归依，而是以城市受众为主体进行媒介内容的提供。它们所传播的现代的生活方式、思想价值倾向都对农村的受众产生了巨大的冲击。农民接触到这些异质的价值观念以后，往往会产生这样一种错觉，即认为城市的文化才是先进的文化，才是好的，而农村的乡土文化则是愚昧和落后的代名词，从而加剧了文化自卑感，这种现象在青年农民身上尤为明显。产生这种对农村乡土文化的误解和偏见的后果是严重的，不仅会导致乡土文化的消解，还会导致农民共享的核心价值观的丧失，农村公共理念的消退，加大乡村治理的难度。

2. 农民自办文化的现实与憧憬

农民自办文化是指农民个体或群体依靠其拥有的各类文化资源，而进行的以满足自身或群体的精神文化需求或物质利益需要为目的的各类文化实践活动。由于农民自办文化是以农民为主体，满足农民物质文化需求，具有自发性、群众性、民俗性等特点，因此在当前的新农村文化建设方面具有重要的意义。

从所调查地区的实际情况来看，农民自办文化当前在农村的发展的境遇并不很乐观，从外部条件来看缺乏一些必备的支持和保障，而自身内部又存在着发展动力不足的问题。各地区之间农民自办文化的发展程度存在较大差异，有的地区有着浓厚的农民自办文化传统，且当地政府相关部门对其重视程度较高，为其提供了一系列发展的有利条件，民间自办文化发展态势良好。相反，另外一些地区，文化氛围比较薄弱，加之缺乏外界的刺激因素，民间自办文化基本上没有发展的空间，甚至根本没有任何形式的自办文化存在。总结起来，当前农村民间自办文化的现状，大致呈现出以下几个特点：

第一，农村现有的民间文化组织和各种民间团体数量较少，缺乏开展民间自办文化活动的队伍。民间文化组织举办的文化活动较少，对普通村民的开放程度较低。开展民间自办文化活动，首先需要有具备活动组织能力民间组织或是个人，这是前提条件。目前农村中的农民，有一部分人有一些文化方面的爱好和特长，但是他们并不具有把大家有机整合组织起来，开办具有一定规模和影响力的文化活动的能力。由于没有把这些文艺方面的能人联合起来，导致农村文艺人才像一盘散沙一般，能力只局限于小范围的自娱自乐，很难发挥他们在农村文化建设中的作用。

另外，有些地区虽然已经建立了一些诸如农村业余文艺表演队、农村文化协会之类的组织，但是并没有向广大农民进行广泛宣传，农民对他们的知晓率很低。这些民间文化组织的成员通常是村里有相同兴趣爱好的几个文艺能人，他们组织起来自己在内部开展一些活动，公开向农民群众进行文化表演，开展文化活动的很少。所以，绝大多数村民对这些组织并不了解，不知道他们有什么活动。这也不利于扩大民间文化组织的影响，限制了其进一步的发展壮大。如果村里的民间文化组织能够经常安排一些节目向农民群众表演，或是把大家组织起来一起参加一些文艺活动，不仅可以丰富农村的文化活动，还可以发展培育新的组织成员，使民间文化组织的力量不断壮大，更好地服务于农村文化建设。

第二，村民对农民自办文化活动十分憧憬。在调查中，很多农民反映现在农村的生活很没意思，每天除了干活就是在家看看电视或是跟亲戚邻居打打麻将，十分的枯燥无聊。他们十分希望村里能有一些村民自己组织的文化活动，让大家聚在一起玩玩。如图 2-21 所示，明确表示非常希望村里多些农民自办文化活动的村民有 46.8%，比较希望的占 33.6%，对此表示无所谓的人有 17.7%，不希望的人仅有 1.9%。

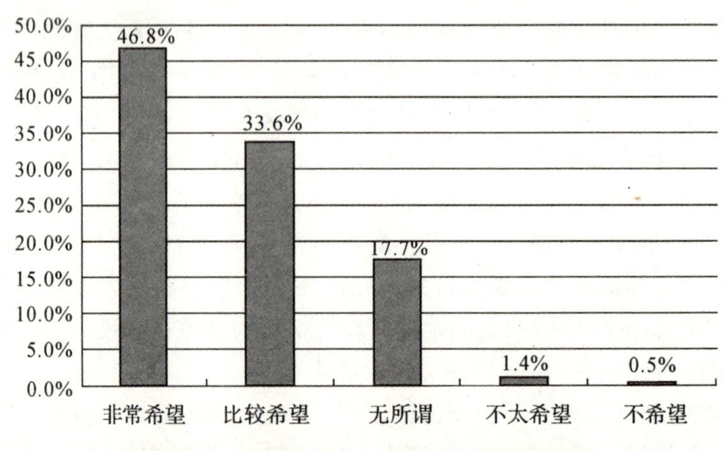

图 2-21　关于村民对自办文化需求状况的统计

同时，村民们还普遍希望村子里有人能出头，主动为大家组织一些文化活动。

但问到被调查者自己会不会主动为村民组织文化活动的时候,86.8%的农民表示"不会",选择"会"的农民只占13.2%。追其原因,如图2-22所示,52.9%的人觉得"自己不擅长组织文化活动",39.6%的农民认为"这是文艺能人的事",同时36.6%的人认为组织文化活动"是有钱人才有能力去做的事",他们迫切地希望村里有钱的、有文艺才能的、有组织文化活动能力的人站出来,把大家组织起来开展一些文化活动。

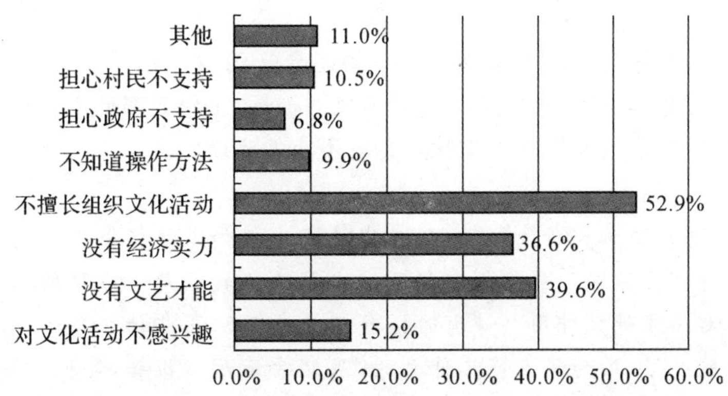

图2-22　关于农民不愿自己组织自办文化活动原因的统计

作为乡村文化精英,带领村民搞文化活动也面临着许多困难和压力。例如,在访谈中我们认识了在X镇带领妇女们跳广场健身舞的C女士。

C女士在镇文化站工作,平时掌管镇上大大小小的文艺活动。她告诉我们,带领大家跳健身舞有快乐的一方面,也有许多难处,有时压力很大。首先,作为文艺能人,有一种被他人信赖、尊重的成就感:

> "她们都很信任我,很多人因为我的付出而感到快乐,和我说一些心里话,我也感觉很快乐。""因为组织这个健身舞的活动,我感觉认识我的人越来越多,走在路上,他们会和我打招呼,虽然她们不认识我,但他们会说,是那个教舞蹈的老师。这个时候,我体会到了一种成就感,感觉自己的努力是有价值的。"但有的时候,自己做的工作得不到大家的理解,反而受到很多责备:"在我们基层,你整天坐在办公室里什么都不做,随大流,没人会说你,反正大家都习惯了;但你要是真的想要为大家做点什么事情的时候,就会变成焦点,做得好与不好都可能会被指责。"①
>
> "开始的时候,我的亲戚们都不支持我,她们思想不是很开放,觉得一个女人在广场上教人跳舞,还带动镇上的人来看或参加进来,不是什么好

① 摘自于访谈资料:2010年1月28日,J市X镇X村,受访者为30多岁的镇文化站工作人员C女士。

事；我的老公觉得我在瞎折腾，干吗非把自己搞得这么累，都是些出力不讨好的事情；领导对这些群众性的活动其实也不怎么关心，这也不算什么指标……我有时想想也挺郁闷的，感觉压力很大，但我自己对这个真的很有兴趣，反正我觉得在镇上跳跳舞对大家肯定是件好事，我们这里文化生活太单调了，于是就这么坚持下来了；我老公看我挺执著的，慢慢就支持我了。”

另外，C女士认为带领大家搞文化活动还会受到“科层制”的束缚——必须要层层“请示—汇报”，创新机制不活，传播信息的损耗，工作效率低下。可见，在目前的文化体制之下，发展农民自办文化还是有不小的难度的。

“很多想法都夭折了”，“我想文化服务中心如果这样做肯定更好，可是能有什么办法呢？那些领导们不这么认为。我只是个办事的，我的意见根本起不了什么作用”。“有时候我想为舞蹈队买些什么东西，我宁愿自己掏腰包了，因为买点花儿什么的，跟领导请示打报告，等他们商量好了，我的事情早就办完了。”①

不过，由于这种文化活动是真正来自于民间的，活动更加符合农民的口味和审美需求，因此在农民中往往更加容易获得认同感。农民自办文化活动还能为农民群众带来更强的满足感和成就感。与政府有关部门组织的送文化下乡活动等农村公共文化服务不同的是，在农民自办文化中，农民群众往往要亲自当演员、管理者、组织者，而不是单向接受的观众与看客，这也就意味着，农民自办文化能为农民群众带来更强的满足感和成就感。这主要是因为，在农民自办文化过程中，农民群众往往更能体会到因为自己的技艺、智慧、和能力带来的可喜结果，这将使他们更具满足感和成就感。

第三，农民自办文化发展不平衡，存在着较大的地区差异。目前农村农民自办文化的发展情况，各地区的差别较大。有的地区由于传统上文化氛围浓厚，有众多的民间文艺爱好者，民间文化组织较多，农民自办文化发展的较好。而有的地区文化资源比较贫瘠，农民自办文化要想发展存在的困难较大。排除这些“先天”缺陷，造成民间自办文化发展差异的最主要原因就是当地政府对民间文化的重视程度和支持力度。例如，有的地方政府对农民自办文化的发展十分重视，对民间文化协会给予了很多帮助和指导，帮助发展各类文化协会，从政策和经济上都对其给予一定的支持，当地的农民自办文化发展的就十分红火，撑起了农民群众文化生活的半壁

① 摘自于访谈资料：2010年1月28日，J市X镇X村，受访者为30多岁的镇文化站工作人员C女士。

江山。

以D镇的“老孟扬剧票友俱乐部”为例，D镇孟凡高老人自幼喜爱家乡戏扬剧，能操胡吹笛，如今衣食住行无忧无虑，生活富裕，便想带领老年朋友在业余文化生活中充实自己，度过幸福的晚年，产生了把喜爱扬剧演唱演奏的中老年朋友组织起来的念头，但苦于没有活动场所。镇政府知情后，立即要求宣传科、文化站设法帮助解决，不久场所就得到落实，镇财政还拨款3000元作为成立D镇老孟扬剧票友俱乐部的启动资金，于是这个扎根于民间的俱乐部就顺利地办起来了。政府的大力支持为农民自办文化的发展提供了良好的土壤，是农民自办文化繁荣的保障。

也许D镇的“老孟扬剧票友俱乐部”十个特例，实际上农民自办文化在乡村中的发展，面临着不少困难。由于农村文艺能人和民间文化组织的缺乏，农民自办文化缺乏发展的动力，加上开办集体性的文化活动需要资金和政策上的支持，基层政府目前对这一块工作的重视程度还不高，导致了农民自办文化目前基本上处于一种自发的状态。而且，农民们对自办文化在农村的发展前途普遍抱有悲观情绪，如图2-23所示，有33.6％的农民认为在自己所在村，不大可能由农民自己来组织和参与文化活动，更有33.2％的农民认为这是完全没有可能的。只有22.7％的农民对此持乐观态度。

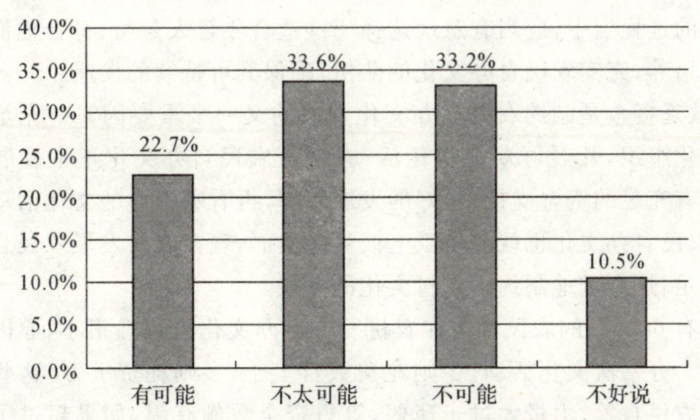

图2-23　关于对本村村民自己组织文化活动可能性调查的统计

其实，农民自办文化活动要想做大、做强，发挥其在农村文化建设中的积极作用，还有很多困难需要克服。

首先，农村文艺能人和民间文化组织数量不足，农村青年对农民自办文化的参与也很少。乡村中的文艺能人是带动广大农民群众开展文化活动的主力军，是农民自办文化的领导者，对民间文化组织的成立和农民自办文化活动的发展起着极为重要的作用。然而，目前农村的文艺能人数量明显不足，其中的青年人尤其缺乏，严重制约了农民自办文化的发展。

在调查中，有65.5％的农民把农村里农民自办文化活动搞不起来的原因归结为“缺乏热心的、有能力的组织者”，而认为“村里年轻人对民办文化活动参与少”作为造成其发展困境原因的人也达到了60.9%。在城市化的进程当中，农村越来越多的年轻人走出农村，到城市里去求学或是打工，农村人口特别是青年人口大量外流。就留在农村的年轻人来说，他们对农民自办文化的兴趣和参与程度也不高。这一方面可能是由于现有的民间文化活动的内容或形式偏离了青年农民的实际需求。另一方面则由于大众传播媒介的普及，农村中的青年人有了更加丰富的媒介选择和娱乐休闲的方式。很多青年人已经把看电视、上网、打电子游戏作为自己最主要的娱乐方式。通过大众传播媒介，他们了解到更加丰富的生活方式、价值观念和思想意识形态，他们对文化活动的需求已经更加倾向于大众流行文化。面对农民自办文化，他们通常不感兴趣，有些人甚至认为那是落后和愚昧的代名词。在这种大环境之下，农民自办文化的种类又比较单一，不能给青年农民提供丰富的文化选择，导致了青年对农民自办文化的参与度较低，影响了民间文化的传承，最终使农民自办文化陷入后继无人的发展困境。

调查中还发现，农民自办文化中具有较久历史和民俗特征的活动是各地最常开展的农民自办文化活动类型，如传统的舞龙舞狮、各种戏曲协会等等。这类农民自办文化活动的参与者主要以中老年人为主，年轻人参与的很少。所以，在发展农民自办文化的过程当中，应当有意地选择一些适合年轻人参与、符合他们兴趣的活动类型重点培养，充实农民自办文化的队伍，确保其可持续的发展。

其次，缺乏资金是制约农民自办文化发展的又一个重要因素。充足的资金是成立民间文化组织，开展群众性文化活动，保证农民自办文化正常发展的物质基础。如果没有充足的资金支持，再好的发展规划，再有吸引力的文化活动都不可能开展，发展农民自办文化也就成了纸上谈兵。然而，现在农村发展农民自办文化的资金仍然不足，这严重地制约了农村文化的发展。

调查中有64.5%的农民认为在农村发展自办文化可行性很小，原因就是缺乏活动的资金。办一次文化活动，少则花费数百上千，多则耗资上万，这些资金由谁来出？依靠农民自筹，力量太过于薄弱，筹得资金数额有限，如果超过了农民的承受能力必然会影响到他们参与活动的积极性。而依靠当地基层领导在很多情况下往往也行不通。由于各地的经济发展水平不同，农村基层政府的财力也有较大差别，经济发达的地区还好，在有的落后地区要让领导干部从原本就很紧张的财政预算中拨出一定的金额用来发展民办文化是不现实的。况且，目前的农村建设还是以经济建设为主导，衡量各地发展的指标依然是经济指标，文化发展并没有得到相应的重视。基层领导的工作重点仍然在招商引资、发展当地经济上，根本无暇顾及农民自办文化的发展。

在这种情况下，把解决民办文化发展所需资金的希望寄托在依靠基层政府之上是不切实际的。只有想方设法扩宽融资渠道，吸引社会力量的参与，才能从根本上解决发展资金不足的问题。

第三,政府对农民自办文化的支持力度仍然不够。调查中,有59.5%的农民认为政府对农民自办文化的指导、帮助不够,导致农民自办文化难以发展。他们希望政府能够通过一系列的举措帮助农民自办文化的发展。例如,希望政府能够多请一些老师到农村培养文艺能人,多指导、帮助农民组织开展文化娱乐活动等等。毕竟,农民自办文化并不是主流文化,它的影响力还比较有限,由于农民的组织管理能力有限,如果任其自生自灭的发展,很难发展壮大。

此时,政府的指导和帮助就具有很大的意义。政府可以站在一个宏观的层面,对各类民间文化组织进行管理和安排,让他们组成一个有机的农民自办文化体系,使他们分门别类,互通有无,促进资源的有效整合,避免发展的重复无序,使其实际效益发展到最大。在遇到发展困难的时候,政府还可以给这些组织提供强有力的支持和保障,帮助民间文化组织渡过难关。当然,在调查中我们也了解到少数基层干部对农民自办文化的认识存在着很大的偏差,他们不仅没有认识到农民自办文化对农村文化建设和乡村治理方面的积极作用,反而误认为农民聚在一起搞文化活动是给社会添乱,并对其百般刁难打压其发展。这种现象应该引起我们的警惕,需要加强领导干部们的教育,充分解放思想,从根本上重视农村文化建设,从行动上对农民自办文化给予帮助和支持,为农民自办文化的发展提供坚强后盾。

总体来看,目前农村的集体文化活动非常缺乏,处于衰退的边缘。农民们更多的进行私性文化的消费,如看看电视,自娱自乐的发展自己的兴趣爱好等等,而不是像以往一样大家聚在一起组织一些集体性的文化娱乐活动。这种现状导致的直接后果是乡土文化的日渐式微,乡村文化出现认同危机,这最终会撼动乡村社会保持稳定的文化根基。

农民普遍反映现在农村的文化生活十分枯燥和冷清。农村的集体活动很少,有些地区根本没有集体性的文化活动。大多数农民在闲暇时只能看看电视,和亲朋友邻打打麻将、聊聊天。一些农村传统文化也处于消失的边缘,像舞龙舞狮、庙会之类农民喜闻乐见的农村传统民间文化形式只有在过年过节的时候才能看到,很多地方连过年过节也难以看到这类活动了,农民们对农村传统文化的发展表示深深的担忧。而关于农民自办文化,情况也不容乐观。农村也有一些文艺能人自己组织起来办的文化协会,但这些协会一般规模都很小,仅限于协会内部成员的自娱自乐,对普通的村民影响十分有限,难以起到带动农村集体文化发展的作用。对于农民自办文化,大多数农民都有很大的憧憬,他们迫切地希望有人可以把大家组织起来开展一些集体性的文化娱乐活动,一方面可以是业余生活更加丰富多彩;另一方面可以加强村民之间的相互联系。许多农民表示现在农村人与人的交流越来越少,人情味越来越淡,他们期望多一些把大家聚在一起,开展有意思的集体活动的机会来增进彼此间的沟通和交流。

而且，目前农村发展农民自办文化还存在许多实际的困难。首先，文艺能人和民间文化组织不足，缺乏带头组织民间文化活动的人才。农民虽然有参加自己举办的文艺活动的愿望，但现实中缺乏有才能力的人或组织为他们提供这样一个机会，这样的愿望很难实现。其次，举办农民自办文化的资金来源不足。农民自办文化所需的资金一般都由成员内部自己解决，资金来源的不足直接限制活动的规模和频次，使农民自己举办的活动难以做大做强。另外，由于政府相关部门对农民自办文化的支持力度不够，农民自办文化的发展和生存还十分艰难。

四、文化传播与农村文化治理的问题及路径

在中国农村文化史上，1949 年是一个分水岭。在此之前，中国的农村在家族和乡绅的治理下，农村文化以血缘和地域单位为组织载体，显现出乡村自组织状况，自上而下的政权干预非常有限，基本上能够按照农村文化的内在机制运行。1949 年新中国建立以后，在建设社会主义新社会的宏观背景下，农村文化被纳入到国家的规划、改造和重塑之中，农村文化被当作可以且必须占领的"阵地"，以服务国家的政治目标。在此一时期，农村文化传播嵌置于基层政权组织传播的层层结构之中。

改革开放后，在"发展就是硬道理"的政策指针下，农村文化建设又被置于经济建设的从属地位，农村文化发展中的问题被系统性地遮蔽。在此一时期内，农村文化建设开始被简化为文化产品和娱乐活动，政府推动文化建设的努力几乎都集中在为农村提供诸如广播、电影、电视、图书和文艺节目等文化设施和文化产品上①，典型者如"村村通"工程。

行政主导或政治控制的文化传播活动，在某些特殊时期能够迅速高效地动员整个乡村社会，但常常无法实现常态化发展。这种自上而下的"送文化"只是缓解了农村社会精神生活状态的暂时空虚而已，并且借着拯救者的姿态使农村的内生文化被压抑和遮蔽。结果，国家所大力推动、主导的农村文化建设，往往都无法落地生根深入人心。一旦国家力量从乡村社会撤退，其所倡导的文化样式难以持续，各种公共文化组织、文化设施也都无以为继。同时，以往被国家话语界定为所谓的愚昧落后、封建迷信的农村文化活动陆续复生。而这种混沌的状态也给农村文化带来了失范的危险。我们的调查发现，因老年人赡养问题引发的伦理纠纷在 J 市农村已成为村委会日常协调处理中的主要"琐事"之一。在一些村庄，随着沿江开发而带来流动人口的增加，一些灰色的色情表演更是在公开场合上演，呈现出一种感官化、低俗化的趋向。更为普遍的是，乡村基督教的传播处在快速扩散的阶段。这也许是近年来国家再次大规模主动介入农村文化建设的原因之一。但是，农村

① 吴淼：《论农村文化建设的模式选择》，《华中科技大学学报》（社会科学版）2007 年第 6 期。

文化建设作为一项政策，其执行并未脱离压力型体制的“路径依赖”。

1. 压力型体制下的乡村文化传播

所谓压力型体制，指的是一级政治组织为了实现经济赶超，完成上级下达的各项指标而采取的数量化任务分解的管理方式和物质化的评价体系①，但这并不仅仅局限于经济领域。所谓“上有政策，下有对策”，文本形态的国家政策在进入基层成为实践形态的政策之时，会按照某种特定的逻辑开始运转，最终的政策结果往往并不取决于当初政策制定时的理论预设和良好的愿望，而在于这种逻辑在实践过程中对政策的修正程度，在于实践本身。②

在J市农村，当地政府推动的“建设村级综合文化室”（包括农家书屋、体育活动室、计划生育服务站等）、“送图书、送电影、送文艺”等“送文化”下乡活动，具体到农村要么次数很少，要么群众反响冷淡，要么沦为一种形式。村干部之所以在年度的工作计划中增加公共文化服务条目，大多是因为上级政府要求的政绩考核，而并非基于对当地农民的调查。政绩考核的任务和指标的完成情况，是上级政府考核、评价和衡量下级政府“政绩”的主要标准，考核结果直接关系到被考核对象的切身利益。从这一点来看，基层干部对农村文化建设的“热心”不过是浮于表面，内里却并不看好这种“一哄而上”的某种历史的重演的行动。③ 对此可以有两种解释。其一，农村文化建设相对于经济建设和财政增收职能来说，难以获得“看得见”的政绩，往往被认为无关紧要，也就是一种“选择性治理”④。比如，有村干部认为，“中央提的一些政策，有时候是超前的。没有经济基础，文化建设怎么上得去？这些东西只能靠经济来带动，只要有足够的资金，就好办事。”其二，由于上级政府的经常性检查和考核，村干部的主动性能够发挥的余地很小，村委会在各种“迎检”活动中自顾不暇，也就无法使文化建设真正沉到乡村社会情境里去。在对J市村干部的访谈中，几乎所有受访对象都向我们大倒苦水，说村干部平时琐事多，一碰到什么事情还里外不是人。“你看我们办公室墙上挂满了这些制度，平时的工作就已经排得很满了，根本没时间真正做好。我跟你说，都是为了应付上面的检查，很被动。就拿我们去年评上的这个××先行村的称号来说，说实在，我自己都觉得汗颜。总之，搞这些都是形式。”

重数量，轻质量；重建设，轻管理；重上级考核，轻农民参与……这些都是当前农村文化建设中存在的弊端。在自上而下的压力型体制和数字化的政绩考核模式

---

① 荣敬本、崔之元：《从压力型体制向民主合作体制的转变》，中央编译出版社 1998 年版，第 28 页。

② 刘岳等：《国家政策在农村实践过程的理解社会学》，云南出版集团公司 2006 年版，第 129 页。

③ 事实上，诸如“乡乡有文化站”、“村村有文化室”、“文化中心户”等活动评比，在 20 世纪 90 年代就曾盛行一时，然而在上级政府关注的重心发生转移以后都难以为继，当时兴建的乡镇文化站如今大都成为废弃场所。

④ 吴理财等：《新农村建设中的文化建设研究述评》，《社会主义研究》2009 年第 3 期。

下，村干部在文化建设中履行的角色是一个既非“经纪型”亦非“保护型”的代理人，他们工作的重点并非“取悦”农民，而只需以数字化约的工作报告“向上负责”。换言之，农村文化建设主要的是村干部，以及基层政权的一项“政治任务”，而并未被他们从内心深处所认同。文化研究的巨擘雷蒙·威廉斯在论及传播的代理者时曾指出，“如果要他传送的东西是他自己都不能接受的东西，而他只是被说服，认为要他传送的东西适合其他人传送，而且认为他的任务只是使要传送的东西到达其他人手中，他就是个贬义代理人”。这是因为“任何对信念与传播之间的关系的实际否定，对经验与表达之间的关系的实际否定，无论对个人或是对共同的语言，在道德上都是有害的”①。

在压力型体制下，农村文化建设的资源分配依据并非农民使用的满意度，而是介于上级检查和下级迎检之间切合的程度。所以，公共文化设施的建设是一回事，而其使用则是另一回事。不少村干部认为，“现在的考评体系就是不重效果重过程，重你做了什么，看你有没有创新有没有特色。所以现在人家没有的我们要有，人家有的我们也要有，要不然就落后了。人家有了，就要立刻跟上”。碰到上级下来检查时，找一些“听话的”村民充数来“表演”，在村干部看来无可厚非：它已成为一套通行的潜规则。一位村主任在带我们参观完他们的“农家书屋”后，就颇有感慨地说：“你看看我们这个东西，去年投了一万多块钱进去，但是，真正能有什么效果，谁知道呢？”换言之，这种文化建设与传播活动，相当程度上脱离了农村文化的延续性以及农民的日常生活。文化的传播与服务，变成了只是村干部和上级政府之间上演的一出“压力—应付”闹剧。

结果，作为农村文化传播重要主体之一的农民，反而无法在其中发出应有的声音和文化的表达。农民在国家主导的文化建设中的缺位，与农民在建庙宇中捐资、集资的热情形成了强烈反差。这就有必要对乡村文化场域中村干部与农民之间的关系进行分析。

2. 传播的断裂：影响农村文化治理的关键

“将农村文化建设重心下沉到村，将国家的公共文化服务体系延伸到村庄内部，在村一级社区建立综合性文化活动中心，为农民群众提供更多、更好、文明、健康的公共文化服务”，被学者们认为“不但很有必要而且迫在眉睫”②。然而，我们的调研发现，增加了投入的农村公共文化资源的使用率仍然相当低。问题的关键也许不在于公共文化服务的数量，而在于如何提供这种服务。换言之，在于如何进行文化的传播。那么，究竟是什么阻碍了农村公共文化的有效传播？

基于J市农村的调查，我们的基本判断是：当前农村文化建设的问题在于传播

① [英]雷蒙·威廉斯：《文化与社会》，吴松江、张文定译，北京大学出版社1991年版，第383页。

② 吴理财等：《农民的文化生活：兴衰与重建：以安徽省为例》，《中国农村观察》2007年第2期。

的“断裂”。“断裂”是孙立平[①]教授对20世纪90年代以来的中国社会变迁的概括。在他看来，在一个断裂的社会中，社会中不同部分的要求的差异有时会达到一种无法理解的程度。“断裂”二字，同样适用于描述当前农村文化传播所面临的困境。不可否认，农村公共文化资源日益增加，也不乏传播者、传播渠道、传播内容和潜在受众。但是，断裂仍然存在于农村文化的传播中，进而影响了构建文化认同、地域认同和政治认同的“符号化过程”。

按照贺雪峰的观点，转型期的农村是一种“半熟人社会”[②]。虽然贺雪峰所说的“半熟人社会”的概念来自于村民小组之间，但我们认为，当前农村的干部与群众关系也是一种“半熟人”关系，有的甚至是“陌生人”关系。这不仅表明农民与村干部在公开场合的互动减少，也反映出二者心理上的隔阂。本来，在农村文化传播中，农民所接触的直接对象是村干部，但大多数农民并不在乎村干部所做的事情——只要不侵犯到自身的利益。根据我们问卷调查的统计结果，对于“平时是否关注村干部工作的情况”，被调查者选择“毫不关注”的比例占24.9%，“不太关注”达34.4%，“无所谓”占20.8%，三者之和共80.1%。在访谈中，我们经常听到村干部说：“现在老百姓闹纠纷了才找我们。在他们眼中，中央政府官员都是好人，我们都是恶人。”而另一边的村民则说：“现在各家种各家的地，出去打工也是靠亲戚朋友介绍，没事谁找村干部啊？村委会基本没什么作用，我们也不认识他们，对我们的生活也没什么影响。”这些夹杂着一定程度消极情绪在内的言语无不体现出当前农村干群社会关联的弱化态势。

干群关系的弱化，使得二者难以达成良性的社会互动。根据我们的调查，认为“现在的干群关系不冷也不热”的比例达80.5%。近年来的村镇合并尤其加剧了村庄公共文化的集体行动基础的消解。如有的村民说：“现在有很多群众就是换了村干部他也不知道，路上碰见了也不认识。比如我们村和隔壁村合成一个村了，我们村的不认识他们村的干部，他们村的不认识我们村的干部，路上各走各的谁也不知道是不是村干部。我们也没听过什么送文化下乡活动。”

村干部与农民之间形成的这种弱传播网络无疑影响了二者的关系。李特约翰等人[③]认为，人与人之间的关系是动态的，是通过传播得以形成、维持和改变的。关系的基本单位不是某个人，也不是两个人，而是互动。村干部与农民之间互动模式的重构还未能适应农村文化传播的新需要。

传播的过程是一个具体、动态的双向互动。农村文化传播过程的断裂是作为传播者的国家及其代理人村干部与作为受众的农民的传授流向的断裂。农村文化建设中对农民意愿及其主体性的遮蔽，以及农民接近文化资源的自主性的相对提

---

① 孙立平：《断裂：20世纪90年代以来的中国社会》，社会科学文献出版社2003年版。

② 贺雪峰：《新乡土中国：转型期乡村社会调查笔记》，广西师范大学出版社2003年版。

③ [美]李特约翰：《人类传播理论》，史安斌译，清华大学出版社2009年版，第226页。

高，是传播过程的断裂的最主要原因。

随着农民群众物质生活水平的提高，其文化消费结构、消费观念都在发生深刻的变化，对文化生活的需要迅速增长，仅仅单向度的输送电影、戏剧或文艺演出并未能满足农民的需求。于是，一种悖论出现了。一方面，农村文化生活的单调、乏味——农忙时干活农闲时打麻将、打牌，还是许多农民文化生活的真实写照。另一方面，农民对于村庄的文化设施的使用率，对文化组织、活动的参与却相当低，农民的文化活动愈来愈倾向于私人化、小群体化（观看电视和打牌、打麻将成为农民的首要休闲活动无疑是最好的明证）。然而，农民对于由他们自身发起、组织的文化活动的愿望和偏好仍存在较高的情感基础。

文化作为一种人们认同的意义与价值的来源，是在一定的语境下产生作用的。同时，每一次互动都是在更大范围的语境下出现的①。换言之，历时态的社会记忆和共时态的社会经验都是我们在分析农村文化建设时需要予以考虑的因素。

其一，作为社会记忆的村庄互动影响了农民对村干部行为的接受与认可。传播学者认为，人们从社区中吸收和攫取文化特质以形成集体共识，就是透过传播的机制，借由符号的传递与互动而渐次形成。而每一个成员的活动，也经由转换成各类象征符号，传递和储存在社区的集体记忆之中，并形成新的认同。② 传播所形成的集体记忆与认同，是生活于社区中的人们的意义与价值的来源。由于历史的原因以及对农民参与的相对忽视，农村文化建设对于村干部和村民的意义是大为不同的，这就造成了一种“交流的无奈”。一方面，基于既往的乡村互动，村民大多已经形成了对干部行为的刻板印象，甚至质疑他们是否从中捞取个人利益。如谈及乡村干部的服务状况，有村民直言：“对他们没有什么要求，只要他们少干点儿坏事就行了。”“让他们别再浪费公家的钱了，有心不如干点实事实在。”另一方面，村干部则认为农民对他们过于挑剔。“现在农村工作不好做，农民对干部要做的事情抱有敌意，他们总以为是干部在瞎折腾，或者就是在搞贪污腐败。他们现在只相信中央、媒体，不相信干部……当然，我也是从小在农村长大的，我能够理解为什么会这样。我觉得，我们现在碰到的这些，都是在为上个世纪90年代以来，到税费改革为止，干部在执行农村计划生育政策和税费政策的时候做下的事情还债……”

其二，村庄共同体意识及其经验的缺失使集体的文化表达行动遭遇了困境。威廉斯认为，人们的心灵是由他们的整个经验所塑造的，没有这种经验的确认，即使是最巧妙的资料传送，也不能被传播。任何真正的传播理论都是一种共同体理论③。然而，青壮年人口的大举外出流动造成农村文化人才的断层和缺失，村民的

① ［美］李特约翰：《人类传播理论》，史安斌译，清华大学出版社2009年版。

② 林福岳：《族群认同下的社区传播——以美浓反水库运动的论述为研究脉络》，台北：政治大学新闻学系博士论文，2002年。

③ ［英］雷蒙·威廉斯：《文化与社会》，吴松江等译，北京大学出版社1991年版，第391—392页。

原子化和电视的普及对村庄公共文化行动基础的消解，村民人际关系的利益化无不破坏了村庄共同经验的营造。村干部基于现实的判断认为“现在农村文化活动缺人，搞不起来”，村民则虽期望文化生活更丰富，却又日渐形成一种集体的“不可能”意识：“现在村里不光年轻人，就是五六十岁的人只要身体好也都出去打工了，哪有闲情搞文化活动啊？年轻人上学的上学，做工的做工，偶尔闲着的上午做做家务，下午打打麻将，晚上看点电视，都是这样。”

无疑，传播的断裂影响了共同理解的形成，而一个有效的经验共同体的欠缺，也使得农民对于农村公共文化建设的主动接受和积极反应难以产生。

五、结　语

本研究主要是从农民的视角来看农村文化发展的现状，通过对J市农村的实证调查，了解了当前农民的文化生活的基本情况。通过深入调查农村文化设施的建设情况，农民对这些文化设施的使用状况，以及农民对送文化下乡活动的知晓度、参与度和满意度发现了现阶段新农村文化建设取得的进展和存在的不足。另外，本研究还对来自民间的、土生土长的农村集体文化活动的现状作了调查研究，可以说对农民的文化生活作了一个全景式的了解和剖析。

通过调查发现，农村公共文化设施的建设已经取得了很大的进展，基本上每个乡镇都配有文化站、户外健身设施、农家书屋等基础文化设施。但这些设施的种类还比较单一，无法满足农民群众多样化的文化需求。农村公共文化设施的分布并不均匀，一般集中于镇中心或是行政办公区域，落实到行政村和农民身边的文化设施非常匮乏，这在无形中提高了农民使用公共文化设施的门槛，造成了农民对这些文化设施的使用率很低。另外，农村公共文化设施的建设还存在着商业化的倾向，以及建设规模的盲目膨胀与大量资源闲置之间也存在着显著矛盾。

“送文化下乡”活动基本上在每个乡镇都有举办，但举办的频次和质量相差较大。由于农民的媒介接触范围不断扩大，电视、电脑等传播媒介在农村大量普及，农民对传统意义上的“送文化”下乡活动已经没有多大兴趣了，他们更愿意在家里看看电视，而不是去看露天放映的老电影。目前，“送文化下乡”活动存在问题主要是“送”的数量不足、宣传不够，以及没有关注农民的反馈，徒有形式。

关于农村的集体文化活动，情况并不乐观。由于多种原因当前农村的集体文化活动已经处于消亡的边缘。农村传统文化活动在现代文化的冲击之下生存艰难，农村很多地区即使在重大节庆之时都难以看到传统的文化活动了，如果不及时对其加以保护，很可能在不远的将来我们将失去许多优秀的农村传统文化活动形式。民间自办文化由于缺乏有能力的组织者，缺乏举办活动的资金来源和政策上的扶持与指导，发展十分缓慢和艰难，地域间的差距很大。有些地区通过成立民间艺术爱好者协会的形式把民间自办文化开办得有声有色，值得其他地区的借鉴。

但如何将农民自办文化发展壮大并吸引更多的农民(特别是青年农民)的参与是值得我们思考的问题。

新农村文化建设是一项复杂的、长期的、系统的工程，需要长时间地积累和社会各方面力量共同参与才能完成。J市在新农村文化建设方面已经作了一些努力，取得了一定的成绩，但从总体上来看，成效还不是很明显，还存在着一些问题。在对J市农村进行实地考察和调研的基础上，在此试图给出一些对策性建议，以期为其及我国其他农村进一步改善农村文化建设和发展提供有益借鉴。

其一，加大农村公共文化设施的建设力度和效度，为农民开展文化活动提供物质保障。

农村公共文化设施是农民进行文化活动最基本的物质前提，针对目前农村公共文化设施分布不均、种类安排不符合农民实际需要、利用不够合理的现状，分别提出以下几点建议。

首先，需要继续加大农村公共文化设施的建设力度，特别是村级公共文化设施的建设。J市农村的公共文化设施建设情况良莠不齐，但普遍存在公共文化设施不足的情况，这就导致了农民群众没有开展文化活动的基本条件和资源。笔者认为，农村的文化基础设施建设，起码应该是建设一个集电视播放、图书借阅、报刊阅读、各种棋类、少数球类(如乒乓球)等活动于一体的综合性文化活动中心或文化俱乐部，以及腾出一定面积的区位合理的公共用地建设户外健身场地，供农民群众使用。

考虑到普通农民日常的文化娱乐活动还主要集中在本村，所以应当加大村一级的农村公共文化设施的建设力度。目前最理想的模式就是在镇上建立一个综合性的、设施配备齐全的综合性文化中心，在各个行政村分别建立小型的、涵盖农民喜爱的主要文化娱乐项目的村文化活动室。有的地区镇文化站设施齐全，但由于太远不方便，农民实际去使用得很少，如果可以在每个村都建一个镇文化站的“缩小版”，做到“麻雀虽小五脏俱全”，那么一定可以大大提高这些文化设施的使用效率。

其次，农村公共文化设施的应当更多地考虑到农民的实际需要，不盲目建设，确保农民对这些文化设施的使用。目前很多地区的农村公共文化建设只是消极地应付上级检查的需要，并不关注农民对这些设施的实际使用，造成的后果就是农民对这些文化设施没有兴趣，使用率很低，大量资源闲置浪费。所以在公共文化设施的建设之初，就应该对农民的文化需求做充分的调研，在了解农民需要的基础之上有的放矢地进行文化设施的建设，提高建设成效。

以农家书屋为例，除去农民没有阅读习惯等因素的干扰，农家书屋使用效率低下最主要的原因就是里面的书不对农民的“口味”，没有兴趣读，同时农民真正想读的书又读不到。解决这种尴尬局面的方法就是在农家书屋的建设之初先了解农民对各类图书的需求情况,有针对性地进行图书配置。农家书屋的管理应以村班子成员或退休老党员、老干部兼职为主,图书借阅等规章制度要同时建立健全,选书要兼顾青年人、中年人和老年人多个群体,以人物传记、知识科幻、及某些专业理论书等比较受欢迎的书刊为主。特别是对于农村中小学生这一特殊群体,应对他们给予特殊关注,为他们的健康成长尽力创造好的环境,提供丰富的精神食粮。而通常观念中人们认为农家书屋应多提供农业科技书籍帮助农民科技兴农的观念,在实际调查中发现效果不佳。农民对这些书籍的理解力有限,觉得读起来比较吃力,自然就影响了阅读的兴趣。所以,进行农村公共文化设施的建设,不能想当然,要调查农民的实际需求,这样才能取得好的成效。

最后,凸显农民的主体地位,让农民对农村公共文化设施的使用和管理进行监督和评价。由于农村公共文化设施是以满足广大农民群众基本文化需求、保障广大农民群众基本文化权益为目的,因而将农民群众作为农村公共文化设施建设成效的监督和评价主体乃是理所应当之事。只有对各类农村公共文化设施的建设和使用进行持续、科学的绩效评估才能及时纠正公共文化建设过程中的各类偏差和不足,才能保证其符合广大农民群众根本利益的需要。目前,普遍缺乏对农村公共文化设施的监督和评价机制,即使有,监督和评价的主体一般也是政府主管部门,而作为公共文化设施服务对象的农民群众则往往被忽视。这样的监督和评价其实并不能起到提高农村公共文化设施建设和服务质量的作用。如果将农民群众作为监督和评价农村公共文化设施的主体,广泛收集他们的意见、偏好、建议,就能在以后的工作中不断改进,更好地满足农民的文化需求。

其二,改善送文化下乡活动,丰富农民文化生活。

送文化下乡活动在当前农村的文化生活中仍有重要的地位和作用,是丰富农民业余文化生活的重要手段之一。在调研中我们发现,农民对送文化下乡活动的满意度较低,原因主要集中在送文化下乡活动的宣传不利、所送节目单调老套、数量不足这几方面。针对上述问题,提出以下建议:

首先,增加送文化下乡活动的数量和频次。在对送文化下乡活动的调查中,农民反映的最大问题就是送的活动太少,很多地方现在已经没有这类的活动了,只有当地的有钱人家里有红白喜事的时候才会花钱到村里吹吹打打,热闹热闹,农民普遍感觉农村文化生活单调枯燥。要改变这种现状只有增加送文化下乡活动的数量和频次。政府拨出一定的资金作为送文化下乡活动的“专项资金”,使送文化活动经常化、常规化。有条件的地区做到一个月举办一次送文化活动,每逢重要节庆日举办一次像文艺晚会之类规模较大的活动,条件较差的地区争取做到每个季度安排一次送文化下乡。在此期间还可以吸引和利用各种商业演出作为送文化下乡活动的补充,丰富农村文化生活。

其次,提高送文化下乡活动的质量,提供更多新颖有趣的内容。农民对送文化下乡活动满意度较低的另一个原因就是现在的送文化活动题材老旧，没有趣味，主办部门仅仅把送文化活动当作一项需要完成的任务，并不关心农民对这些活动的接受。要想提高农民对送文化下乡活动的参与度和满意度就必须提高节目的质量，以农民喜闻乐见的内容吸引农民群众的积极参与。

以送电影下乡为例，那种农民已经看过多遍的老片子肯定不能引起大家的兴趣了，可以在城市正在热映的影片中选择一些符合农民群众审美情趣的新片在农村放映，做到与城市同步，以新鲜的内容吸引农民的参与。送扬剧下乡也是一样，在常规性地送扬剧经典曲目的同时，还可以送一些新剧，并适当穿插一些其他剧种，如京剧、黄梅戏等，给广大农民群众提供更加丰富的选择。除了送电影、送扬剧下乡这类传统的送文化下乡活动之外，还应扩展一些新的节目类型，如增大送文艺演出下乡的比重，实际的调查也证明农民对这类比较新颖的文化活动形式更加感兴趣。如果在实践中多提供这类活动，一定可以吸引更多农民特别是青年农民参与到送文化下乡活动中来，使送文化下乡活动发挥其在新农村文化建设中的重要作用。

最后，应当加强对送文化下乡活动具体行程安排的宣传，保证所有农民都知晓送文化下乡活动的信息；将送文化下乡活动常规化，并提前公布每年、每个季度、每个月的送文化下乡活动的计划，让农民提前知晓这些安排好腾出空闲时间选择自己感兴趣的内容观看；在送文化下乡活动的时间安排上，尽量安排在外出打工农民集中返乡的节假日，一方面烘托节日喜庆气氛，另一方面也扩大了送文化的受众面，使送文化下乡活动惠及更多的农民群众。

其三，多组织集体性的文化活动，扶持农民自办文化的发展。

作为农村文化的重要组成部分，集体性的文化活动起着塑造乡村认同、增强乡村凝聚力的作用。而且，集体性文化活动由于参与的人数多、带入感强、有很强的现场感染力，一直都是广大农民群众喜爱的文化娱乐形式。在实际调研中我们也发现，近年来，由于留在农村的青壮年人数大大减少、农民私性文化的发展，农村的集体性文化已近处于衰退的边缘。数量较少、种类单一、民间传统文化和农民自办文化发展艰难是目前农村集体文化面临的难题，对此，我们提出以下建议：

首先，需要增加农村集体性活动的数量和种类，特别是增加农村传统文化的比重。现在的农村正面临着集体意识消退、群体归属感瓦解的困境，一个传统的"熟人社会"正在分解为一个个只管自家事的"陌生人"社会。在这样的情况下，有必要多组织一些集体性的文化娱乐活动重新将农民们凝聚起来。

集体性的文化娱乐活动可以分为好几个层面：体育竞赛类——如运动会、各种球类比赛等等，可以多组织一些这类集体活动，不仅可以让农民们强身健体，还可以强化他们的集体归属感、荣誉感，培养充满朝气的新型农民；书画、棋类竞赛——这类集体活动有利于营造浓厚的文化氛围，陶冶农民情操和审美情趣；文艺歌舞表演类——这类节目形式活泼，场面热烈，是农民群众非常喜爱的集体活动形式。可以在每个村成立文艺表演队，在村民中招募、培养出一批有文艺特长的村民，经过专门的指导训练给大家带来丰富多彩的文艺演出。每个村的文艺表演队还可以交换演出，逢年过节联合举办规模更大的文艺表演，壮大演出规模。农村传统民间文化类——如庙会、舞龙舞狮等活动。这类活动是曾经农村最主要的文化活动形式，现在日渐式微。多开展这类活动的意义不仅仅在于丰富农民业余文化生活，更重要的是只有多组织这类活动才能将很多优秀的民间传统文化保护起来，这关系到一个民族的文化传承问题。民间传统文化范围很广，各地还有很大区别，我们在实践中充分发扬当地的特色文化，使民间传统文化代代相传。

其次，积极培养文艺骨干，发展民间文化组织，带动农村集体文化的发展。宣传和文化部门应积极邀请各类水平较高的文艺专业人才，对各村的文艺积极分子进行业务培训，以提高他们的业务水平，让他们都拥有一门或几门绝活，成为当地农村各类文化艺术的"老师"，然后通过这些"老师"的传播和带动作用，在农村"以点带面"，制造出更大的文艺积极分子队伍，营造出更浓郁的农村文化氛围，从而使广大农民群众产生对农村文化的亲近感和成就感，并进而使他们真正热爱农村文化事业，积极参与农村文化建设。

最后，政府要加大对农民自办文化活动的支持力度，为其提供场地、设备以及资金方面的补助，鼓励、指导农民自办文化的发展。农民自己组织举办各类文化活动和比赛有助于增强农民自身的组织能力与合作能力，益处很多。既然是农民自办的文化，政府自然无需过多的介入，但为其提供一些物质和技术上的支持还是非常必要的。由于资金和设备上的限制，很多农民自办文化要么规模很小、影响有限，要么难以长久，活动不能经常化。此时，政府若能对其给予一定资金和技术上的支持无疑会极大地促进民间自办文化的发展。例如，对农民自己举办的文化活动，政府为其提供场地和设备，活动的花费政府按一定的比例为其报销。还可以为农民自办文化和企业合作牵线搭桥，鼓励企业参与到农村公益文化事业当中，以企业冠名资助的方式为农民自办文化活动扩宽资金的来源。

总之，农村的文化建设和发展是一项复杂而艰巨的工程，当前J市地区的新农村文化建设还需要进一步完善公共文化设施和公共文化阵地的建设，提供更加多样的、适合农民需要的公共文化服务来满足农民群众日益增长的文化需求。同时应当突出农民在农村文化建设中的主体地位，把他们从以往的"看客"变为文化建设中的"主体"，大力支持农民自办文化的发展。通过增加农村集体性的文化活动来重新构建农村乡土文化，增加农民对农村社区的文化认同，增强农民的集体认同感，在农村重新树立起共享的核心价值观。

第三章 经济信息传播：新经济观念下的农民致富与再组织

对于中国的发展而言，农村是一块广袤而不可忽视的地域。不论是土地，还是人口，农村都占有最大数额的比例。而中国的各种政策改革也是从农村开始的。而农村经济一向是我国的立国之本，也是众多政府组织以及所有农民最关心的命题。

回顾我国农村经济制度变迁的历程我们可以发现，我国农村经济制度实现了政策性强制推动与管理向市场推动政策调控的转变，由于外界条件的变化，无论是家庭承包经营制度、农民转为农民工、乡镇企业发展、股份合作制等，都是一个以利益为导向的发展结果，本质上是一个帕累托改进的过程，而我国农村现阶段发展则是此过程中市场诱致性变迁与政府强制性变迁相容推进的过程。而在这个农村经济制度的变化过程中，这两个因素的比重在不同的阶段呈现出不同的特征。

迈向新世纪以来，我国农村经济发展已经从解放生产力，以土地为核心的经营制度改革向现代农业、农村的现代化方向开始转变。市场与政策性的调控与博弈，开始将农村经济现代化的问题引入了对农村资源的组织与再组织的议题上。

而组织与再组织的议题包括有农村适度规模经营、农村农民合作组织、农村劳动力转移等重要命题，不论哪一个命题本身都牵扯到对于农民的教育、动员、组织与管理。从对我国农村经济发展相关研究的理论回顾和梳理来看，对于农村经济发展的探讨基本是以经济学的视角来分析和研究的，其他学科的研究介入相对较少，且不具有系统性。传播学的研究视角则更是凤毛麟角。在当前时代背景下，从传播学视角探讨我国现代农村经济发展问题，则是乡村传播学、经济传播学应该给予关注和研究的重要课题。

乡村传播学自中国改革开放以来，作为一门新兴学科加入了对我国农村问题的研究中来。乡村传播学以发展中国家乡村社会及其乡村社会与外部之间的信息传播系统为研究对象，关注以信息为核心的乡村传播系统中受传者的社会身份、社会角色、个人和群体的权利的问题，借助对信息内容、信息传播渠道以及影响力的研究，解读信息时代中乡村社会的内在变迁机制、变迁趋势及其外在的影响力和推动力。就目前来说，主要的研究成果还集中在：原有的农业推广机制的变革、大众媒介对农业科技政策传播的影响力、村落内部的舆论领袖的作用（包括农业经纪人、农村新的精英分子等）、农村合作组织的研究、村民大众媒介接触研究等。国内学界尚未形成着眼于农村经济发展的乡村传播研究，并没有形成乡村经济传播这样的概念和研究体系。部分学者也只是从大众传播视角出发，探寻了大众媒介传播内容中经济信息的使用与满足状况。

学者邵培仁在20世纪90年代提出了“经济传播学”的概念，在他的《经济传播学》一书中，他提出了经济传播学的概念和基本理论。① 他表示，经济传播学研究的基点是经济传播的信息与符号，其内容为经济信息的传者研究、信息研究、受众研究、媒介研究及效果研究几个方面。由于经济本身的含义较为丰富驳杂，导致在经济传播的研究中视野较为分散和局限，为数不多的经济传播研究也只是着眼于大众传媒中与增收相关的经济信息来进行，所以在经济传播的研究领域中并没有形成完整和丰富的研究成果。

在中国农村这块广袤而复杂的区域范围内，实际上存在着丰富多层的传播体系，既有以行政管理部门为信源的组织传播体系，也有以大众传媒为信源的大众传播体系，还有以民间个体信息服务中介为信源的人际传播体系，在这些不同的体系之中还存在各种复杂的传播互动情况。如此看来，如何从农村经济学和乡村传播学交叉学科的视角探讨传播在我国农村经济发展过程中的角色、地位及具体作用则显得尤为重要。由于传播是一种牵涉到主客体关系的过程，因此从传播学的视角来研究农村经济发展必须紧紧围绕着“农民”受众本身，基于乡村传播学的理论与方法，试图回答以下一系列农村经济发展问题。

如当下原子化的农民的经济观念、经济逻辑是如何形成的？农民的经济信息传受状况及信息接受习惯如何？经济信息对于农民的重要性体现在何处？政府主导的经济政策传播的内容和渠道是什么？农民的接受程度如何？经济传播的各环节要素是什么？原子化的农民的自组织和行政组织的效果如何？农村经济信息传播情况能够满足农民再组织的目标？这些问题的提出与探究成了我们此次调查研究的重点。为了了解当前农村经济传播的基本状况及相关议题，自2009年7月始至2010年4月，我们对江苏省J市农村进行了有关农村经济信息传播状况的实证调研。历时半年多的参与式观察和与当地农民访谈的过程中收集了较为丰富的材料，对J市农村经济发展及经济信息传播状况有了一定程度的了解。

2008年J市实现地区生产总值336.1亿元，比上年增长14.3%。其中第一产业增加值26.56亿元，增5.3%；第二产业增加值205.74亿元，增长14.9%；第三产业增加值103.8亿元，增长15.4%。三次产业结构比为7.9∶61.2∶30.9，第三产业比重比上年提高2.4个百分点。人均地区生产总值33376元，增长14.3%。在农业方面，2008年J市新增“三大合作”组织173个，总数达453个。农村生态环

① 邵培仁：《经济传播学》，江苏人民出版社1990年版。

境有效改善，新增林地、绿地面积3.6万亩。J市还建成省级农产品质量安全示范市，国家级蔬菜标准化示范区通过专家组验收。J市也在全省率先基本实现水稻种植机械化，并且有106个“全面小康村”创建达标，新建村级便民服务中心208个、91%的村建成投入运作。

总体看来，J市农村的工业普遍集中规划发展，招商引资成为了政府及各乡镇服务中心的头号任务，以经济形态变化为主导因素的农村格局正产生着明显的变化。大量田地及房屋被征收建设工厂，土地流转问题及其产生的矛盾成为农民与政府接触的主要事务。而且农业普遍副业化，青壮年农民进厂务工，农民身份与农业的概念开始产生了质的变化。由此，农民们的经济状况开始出现分层，差异性逐渐增强，务工信息的获取及就业保障问题日益突出，基于贫富差距的拉大，农民致富的内生需求不断扩大。

若将J市所处的苏中地区置于江苏省的整体情况来看，它恰好处于苏南（苏、锡、常）地区和苏北地区的中间层次。以社会转型的进程而言，苏南地区的农村已经实现了工业化，走上了基本富裕的道路，农村的脱胎换骨也已经平稳地得到实现。而苏北地区农村则仍然受传统文化的影响较深，经济发展水平与其他地区相比也相对较弱。故此，苏中地区的农村，则恰好比较符合普遍意义上的转型期的农村形态，个体与组织都在以经济发展为目标的社会框架下运行着。

在对J市农村经济发展状况实地调查的基础上，我们还以经济信息传播客体——农民受众为调查对象，集中于2010年2月于J市农村进行了经济信息传播需求状况的问卷调查。主要调查目的是从以农民为主体的接受机制上，了解农民对于经济信息内容需求主要在哪些方面（如务工、致富等），应该如何调整经济信息传播服务的内容与方式以使农民们的经济信息接受与利用变得更加完善。并从已有农民既有的信息接受机制及政府已有的服务举措出发，了解政府的经济信息的各项服务的传播效果，渠道畅通情况，以及与农民需求的一致性上提出新的政府经济信息传播服务的改进建议。问卷调查内容主要包括农民基本经济构成及土地使用状况调查、农民现代经济意识调查、大众媒体对农民经济信息传受状况调查、农民致富意识及致富信息获取情况调查、农民务工信息需求及其权益保障情况调查、J市三大合作服务项目传播状况调查等。

问卷调查实施主要在J市D镇、P镇、Y镇、H镇、S镇、G镇、Z镇、F镇、X镇、W镇共计10个乡镇，逾百个村子发放了经济传播调研问卷，并按各乡镇农村人口配额抽样，共发放调查问卷255份，回收250份，均以访问式填答进行，有效回收率达98%以上。并且采用了SPSS13.0分析软件，对相关数据进行了录入、整理和分析。①

一、农村居民的家庭经济状况及其经济观念

在农民主体地位日益突出的今日，对农村居民生活条件及经济状况的了解是乡村经济传播研究的基础。我们需要从被调查对象的基本经济状况出发，把握他们对农村经济发展的认知以及当前的经济观念。在此基础上，试图了解在既有经济状况与经济观念下，农民在经济传播过程中的需求与满足情况。

1. *农民家庭经济状况*

在调查中，如图3-1所示，60.8%的人表示自己的家庭收入水平在所在村子中属于中等水平，日子过得“挺不错的”，“都还行”，17.2%的人表示家庭经济在村里属于中上等，15.6%的人表示处于中下等，表示自身属于富裕户或贫困户的比例很低，分别为4%及2.4%。

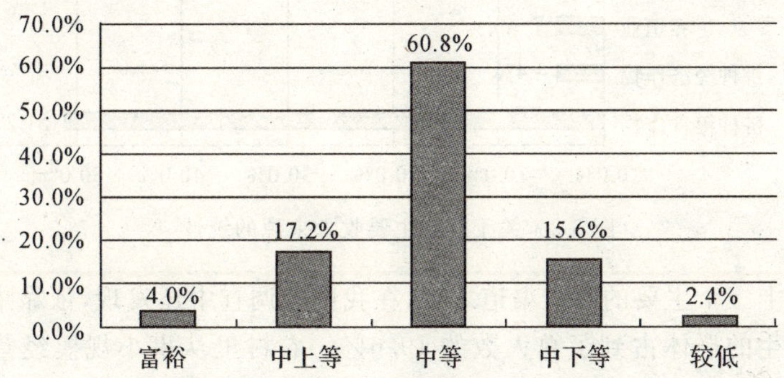

图3-1　关于家庭收入水平与本村整体经济水平相比较的统计

由此可见，在我国农村经济高速发展，国家富农政策高度扶持的大背景下，农村民生已经很大幅度上得到了改善，农民的生活水平较之以往得到了很大的提升。被调查的J市基本上脱离了贫困，农民的经济条件开始趋于稳定且表征为上升趋势，农民对于生活的满足感较之以前有一定的提升。

在对家庭主要收入来源的调查中(见图3-2)，51.2%的家庭主要依靠耕种粮食作物。在耕种的同时，绝大多数的被调查对象还同时务工，其中31.2%的人在外

---

① 对农经济信息传播专题问卷调查的具体样本统计特征如下：被调查对象中男性比例为58%，女性占42%。被调查对象的年龄集中在31岁以上，30岁以下比例总和不足20%，其中31至45岁的样本比例为32.4%，46至60岁比例为32%，61岁以上占25.2%。从数据显示，农村的人口结构仍是以中老年人为主，青年人群体相对比较小。为了调查家庭的主要经济构成与具体状况，访员则相应选取具有填答能力并对家庭经济状况了解程度高的家庭成员。在被调查的样本中，48.8%都是初中学历，小学以下占24%，高中占15.2%，大专及以上占12%。

乡打工，41.6%的人在本乡镇打工。这种情形在当前我国东部农村比较典型。随着农村工业化、城镇化的进程，对于非农劳动力的需求日益增加，而土地收入已经渐渐无法满足农民基本的生活需求，多数的农村劳动力开始投向非农产业，以自己的劳动力获得工资，“农民”身份开始向“农民工”身份进行转变。

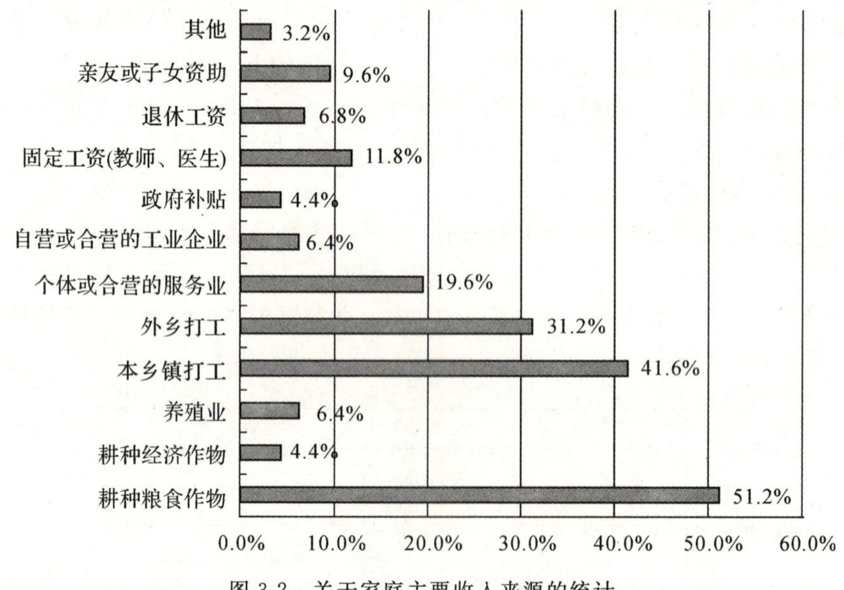

图 3-2 关于家庭主要收入来源的统计

除了以上三个主要的收入渠道之外，在我们的调查中还发现，依靠个体或合营的服务业为生的群体占到了总人数的 19.6%。农村里从事小规模经营的人越来越多，这种小规模经营不仅包括日杂、餐饮等行业，也包括租赁、生活服务等行业。由此看来，农村家庭的经济收入来源，商业收入也开始逐渐成为不可忽视的一部分。

其实，农村这个概念的内涵随着农村经济结构的变迁一直在变化。原本以土地为核心的经济格局早已被完全打破，除了在土地流转工作进行中还有部分家庭从事着耕种工作(其耕种工作同时也会从事其他工作)，只有较少的家庭，如调查中显示的 4.4%栽种经济作物，6.4%从事养殖业，农村传统的第一产业所占的比重下降十分明显。由此我们可以推测，离开土地的农民的经济观念较之以往由土地依附形成的观念会有很大的不同。

除了收入来源，我们也调查了农村居民生活的主要支出。如图 3-3 统计结果所示，92.4%的被调查对象表示主要用于日常生活开支，54.8%表示用于下一代的教育上，医疗开支与人情开支各以 39.6%的比例排在第三，农业生产投资占了 31.2%，其他的开支比例则相对较小。

由此项的调查我们可以看出，农村目前开支还是保持在基本生活所需的层面

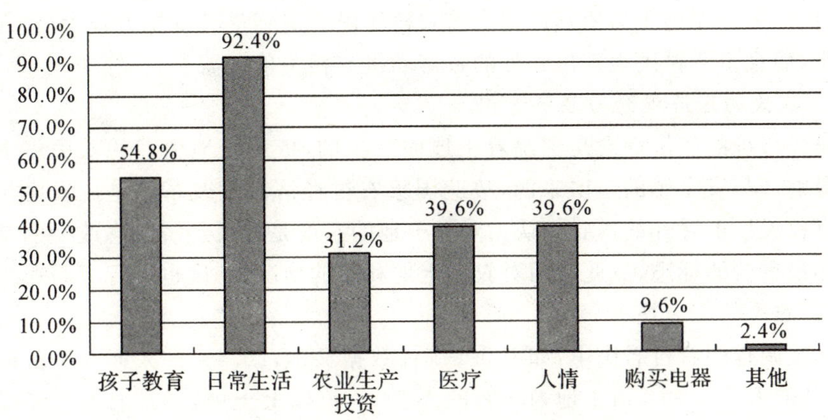

图 3-3　关于家庭主要开支情况的调查统计

上，日常生活、教育、医疗、人情开支较大，这与传统农村民生状况是一致的。较少涉及投资、理财、娱乐消费等现代性较强的活动上。

从家庭收入及家庭开支两项调查的对比中，我们不难看出，农民的生活收入呈上升趋势，支出也相对稳定。这与对于家庭经济满意度的调查结果也是一致的。被调查对象中 34.8％的人表示对目前的家庭经济情况比较满意，14％表示较不满意，41.6％的人表示一般，3.6％表示很不满意，5.6％表示非常满意。

尽管总体上被调查对象对于家庭经济状况的满意度较高，但被调查者中仍有 47.6％的人表示目前家庭经济还是有压力的。农民的压力主要来自何处？图 3-4 调查统计结果表明，其中 50％的人表示压力来源于小孩的教育，43.1％的人表示压力来源于日常生活，39％的人表示来源于住房，34.1％的人表示来源于医疗开支，21.1％表示来自于人情开支，8.1％来自农业生产投资等。

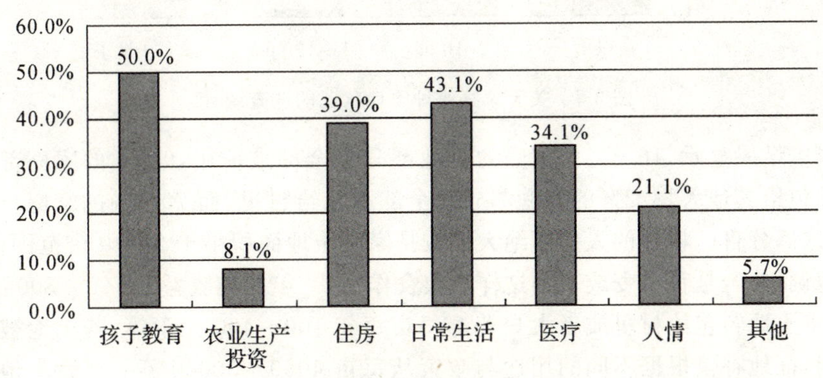

图 3-4　关于家庭经济压力的统计

由此看来，在 J 市尽管农民税费负担减轻，经济收入来源也比较多样化，各种惠农政策的出台也给予了农民一定的实际利益，然而日常生活开支的加大及教育、医疗、住房等方面的压力依然使得当前农村居民普遍感觉经济压力较大，存在结构性紧张，而且多数村民表现出强烈的致富动机与相关信息需求。

2. 农民的经济观念与经济意识

农民传统的经济观念是围绕着土地而产生的，依赖土地生存的农民将土地视为自身财产与安全感的主要来源，故此国家农村经济制度改革都是从农民与土地的所有权关系上展开的。我们认为对于土地的态度是农民经济观念改变的基本出发点和最重要的标志，故此专门对农民土地利用的情况、态度也进行了调查。

(1)农民的土地观念

在被调查的农村居民中，如图 3-5 统计数据显示，20.4%的人拥有 1 亩以下土地，62%的人有 2～10 亩土地，1.6%的人有 10 亩以上土地，16%的人已经没有土地了。这个数字真实地反映了苏中地区土地的使用与分配状况。而实际情况也表明，在国家对土地适度规模经营政策的鼓励下，J 市部分农村家庭普遍只剩下口粮田，土地多数为工业企业所征用，或逐步集中给大户统一种植，而散落的农民则进厂务工或给大户进行耕种，挣取“工资”。

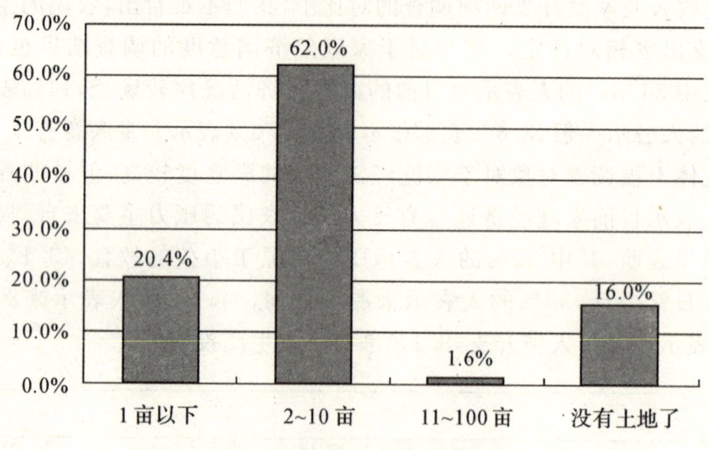

图 3-5 关于家庭耕种土地状况的调查统计

调查结果显示，16.8%的家庭的土地部分或全部被征用，9.6%的家庭部分或全部承包给其他人，3.2%的家庭部分或全部承包给村里，而 70.3%的家庭自己耕种，而这部分自己耕种的人里面绝大多数是家庭土地面积小于 2～10 亩范围内的。据实地调研，若是种小麦或水稻这样的粮食作物，一年的纯收益在 700～800 元/亩左右，将土地转包给村里或者大户普遍每亩每年 100～400 元不等，若土地被一次性征用，征地补偿根据不同的用途与政策从每亩 4000～50000 不等。就土地的若干种用途所创造的收益看来，具有经济理性的农民则会通过转包或征用这样的方式来释放自己的劳动力，获得更多的收入，用土地换回一定的经济收益。不管怎样，土地依然是多数农村家庭的经济支柱之一。

在对于土地使用方式的态度上(见图 3-6),36.8%的被调查对象表示征地或转包土地解放了农民的劳动力让农民投入到另外的工作中去,46.4%的人表示说不清楚,16.8%的人表示不同意。而对于征地或转包后土地相对集中,可以提高土地的利用效率这样的观点,36.8%的人表示同意,16.8%的人表示不同意,46.4%的人表示说不清;20.8%的人表示征地或转包对自己的生活没有影响,38.8%的人不同意这样的观点。从这几个观点的统计数据来看,农民对于土地适度规模集中政策的理解不是很深,土地转包或者征用对于农村经济发展的意义多数人并未认识,但有一点是客观事实,即土地对于农民的意义在现代生活逐步取代传统生活的过程中越来越弱化了。

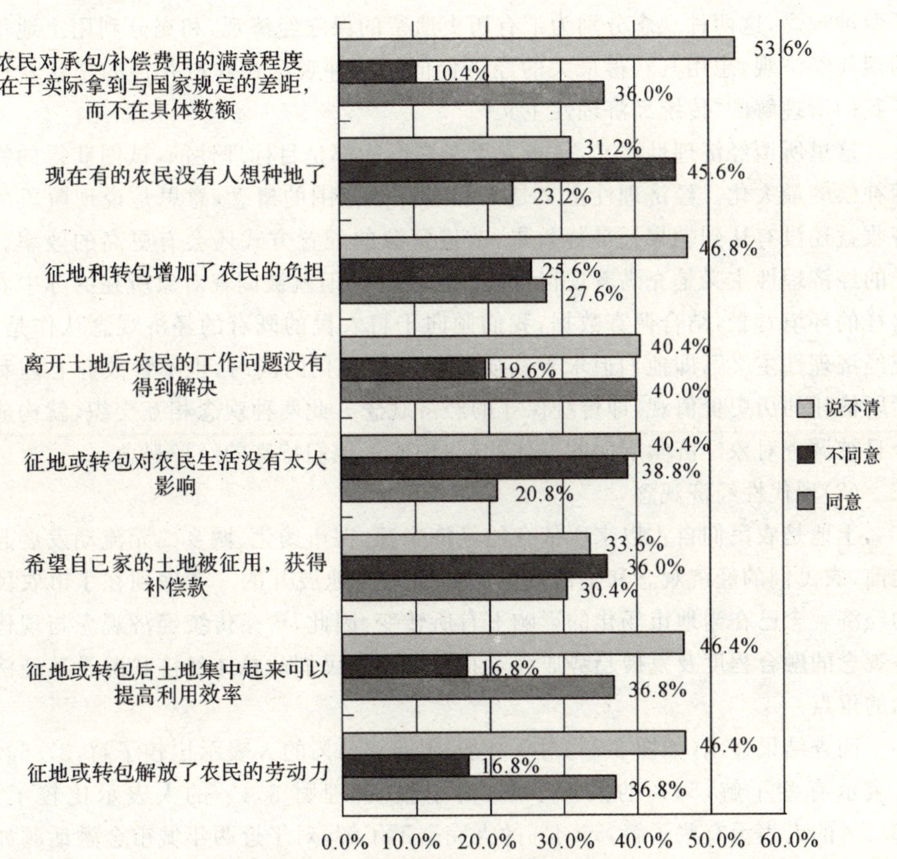

图 3-6　关于农民对土地态度的调查统计

有关离开土地后农民务工谋生的问题,40%的人表示并没有得到很好的解决,19.6%的人认为农民自己都有能力找到活计,40.4%的人表示说不清。对于转包或征地增加了农民负担的观点,27.6%的人表示同意,25.6%的人表示不同意,46.8%的人说不清。在失去土地的过程中,大多数农民解决务工问题的方式是通过农村现有熟人人际网络或者政府提供的信息服务找到务工机会。

对于"现在农民没有想要种地的了"这个描述，45.6%的人表示不同意，这是整组对土地态度的判断中态度指向最明显的数据，多数农民表示"有土地就是有保障"，"农民就是要种地"，"有地至少肯定可以吃饱"。这其中多数是35岁以上的中老年人。从这组数据来看，农民虽然已经原子化，村庄记忆逐渐减弱，但是长久以来形成的以土地为经济基础这个根深蒂固的观念并没有变化，土地仍是多数中老年人的生活保障，也是精神支柱，是其生活在村庄里唯一可以继续保留的身份标识。当问及希不希望自己家的土地被征用这个问题，30.4%的人表示同意，36%的人表示不同意。由此可见，农民们在土地经济、土地价值实现这个问题上已经出现了两种观念，这两种观念分别为带有历史遗留的保守经济观，和充分利用土地价值的现代经济观，想用其获得最大的经济价值。两种观念在农村并存的现状就构成了我们所理解的"传统经济理性主义"。

这里所谓经济理性主义，是指人思考和行为都是目标理性的，试图获得的物质性补偿的最大化。经济理性主义是福利经济学范围的概念，意思是说现阶段的经济收益还没有达到帕累托最优效果，改进资源的配置方式还会有更高的效率。这样的经济理性主义是充满着现代性的经济观念。但就被调查对象所在的苏中农村这样的环境背景，结合调查数据，我们倾向于将农民的既有的经济观念认作是"传统经济理性主义"，即他们追求着物质性补偿最大化的同时，也不肯放弃心理和生活所依托的历史价值观，即传统保守的经济观念。此两种观念相互交织，就构成了今日被调查对象经济学层面的群体特征，构成了他们特殊的经济观念。

(2)现代性经济观念

土地是农民们自古以来所依存的经济来源，在市场化、城乡二元流动发展起来之前，农民们的经济观念和生活基本上是围绕土地展开的。考虑到在J市农民们的经济观念已在当地市场化的影响下有所转变，因此，考察传统经济观念与现代经济观念的融合程度及发展趋势成为了我们考察农民们的总体经济状况及其经济观念的重点。

调查结果显示(如图3-7)，对于炒股/基金8.4%的人表示比较了解，37.6%的人表示有些了解，54%的人不了解；对于投资/理财8.4%的人表示比较了解，35.2%的人表示有些了解，56.4%的人完全不了解；对于近两年城市金融话题如通货膨胀等专业术语或经济现象9.6%的人表示比较了解，30.8%的人表示有些了解，59.6%的人不了解。相比之下，对近几年媒体报道比较多的"金融危机"概念了解的人比较多，56.2%的人表示有些了解，13.3%的人表示比较了解，只有30.5%的人不了解。

通过对这些现代性很强的经济名词或术语的调查我们明显地发现，被调查的农民对这些名词概念并不熟悉甚至陌生。有限所知也是通过大众传播渠道，如

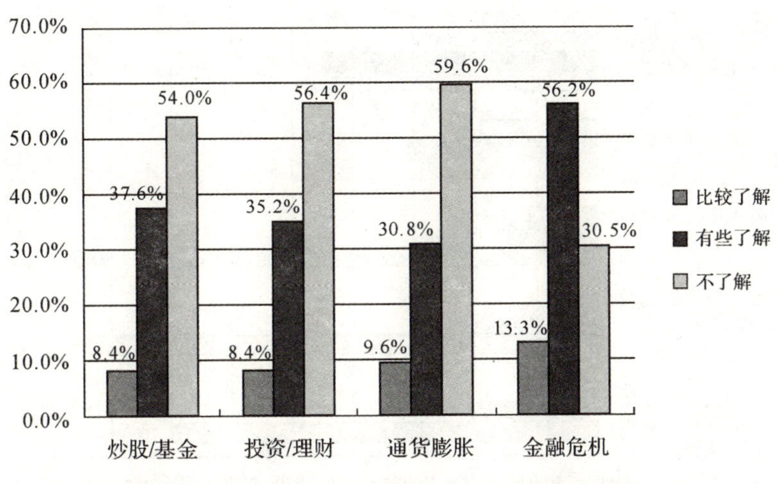

图 3-7　关于是否了解现代性经济名词的调查统计

87.7%的人是通过广播电视了解到以上名词,32.4%的人通过报纸杂志,20.7%通过网络,15.1%通过返乡农民获知,其余所占比例极低。由此可见,被调查群体的现代经济理念相对薄弱,也很少参与相关的经济活动,如投资理财,他们的经济观念是相对传统与务实的。而对于这些经济类名词概念农民是否有必要去了解这个问题,调查结果显示 22.1%的人表示很有必要,29.3%的人表示比较有必要,17.7%的人表示无所谓,表示不太必要及不必要的人群为 30%。34.8%的人表示曾经主动获取过这些现代经济知识,65.2%的人没有主动获取。从此数据可见,多数人还是倾向于了解、学习并形成这样的现代经济观念。

关于现代消费投资观念,我们也进行了调查。31%的人认为家庭的消费水平比较高,58%的人认为一般,10.8%的人认为比较低。在这样的消费认知之上,消费观念也呈现出了我们认为的传统经济理性主义特征。

如图 3-8 统计结果显示,70%的人认为家庭大部分收入应该用来提高生活质量,改善吃穿住行的条件,但也有 20.8%的人表示不同意;83.6%的人同意大部分收入应该提高教育花费,把钱用在下一代身上;74%的人认为应该把钱存入银行,其中 14.8%的人表示不同意;50%的人认为部分收入应该购买保险等经济保障,30.8%的则持相反的意见;对于将收入拿来投资,创造更多的经济效益的问题,37.6%的人表示同意,但也有 44.8%的人表示不同意。从这些关于消费投资观念的调查结果来看,农民们既想要提高生活质量,尽量改善吃穿住行的条件,同时也希望经济状况可持续发展,将钱存入银行,并为下一代做考虑。对于保险及投资这样的现代经济行为,农民的接受程度还不是很高,只有少部分的人愿意从事这样的风险投资活动。既想迈向现代性的生活方式,又无法理解与接受带有风险的经济活动,这是农民现代经济观念的本质与矛盾之处。

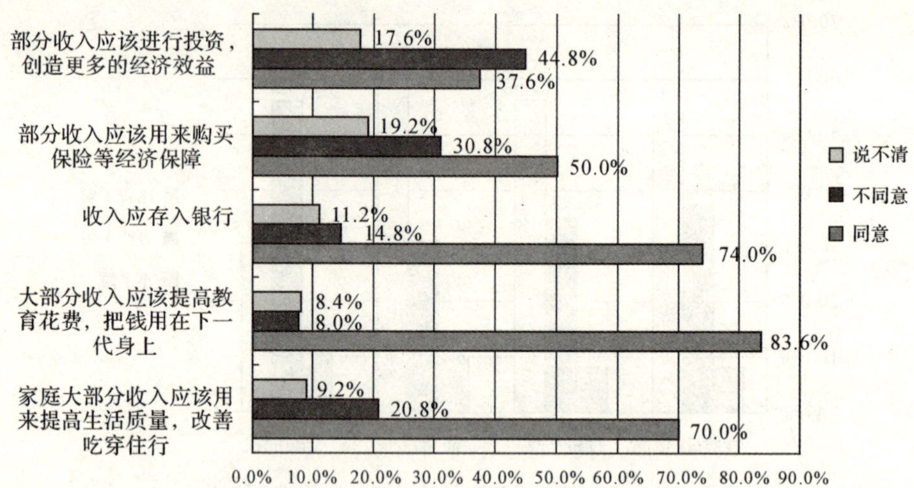

图 3-8　关于是否赞成相关消费观念的调查统计

(3)无处不在的经济意识

"改革开放农村实施联产责任承包制，解放了农民的劳动生产力，刺激了农民的责任心，提高了产量，解决了农民的温饱问题；三十年之后，这个联产责任承包制通过实际来看，却又变成了社会生产力低下了，什么原因呢？那是因为一家人，人均五分田到一亩责任田，一个家庭只能有一两亩、三四亩的面积，所以导致农民都在打工，很少有专门在家种田的，这些田实际上就是一种浪费。"

"在机械化程度已经达到目前这个水平的情况下，每家每户分散的耕种小部分的田亩，实际上是增加了成本，应该像美国大农庄似的那样运作。所以我们某些村子已经把大片的农田集合起来给几个人种，变换品种，种蔬菜，种西瓜等，做高效农业，种田的几个人收入则很高，土地租金分给农民，农民根本不用自己去种地。""工业搞好了，村子经济就好了。"①

"我们村经济属于中等水平，而三丰、忠爱等算是经济先行村了。而这些经济上的差异，原因归结为四个字——集体工业。分为两块来理解：以前有集体经济底子的村子则厂房多，固定资产多，好发展，也好发包给别人；另外一个就是金融危机的影响，导致工厂数量的减少，经济水平就与招商、承包给别人土地办工业的数量相关。大桥镇政府具有考核指标，每个村每年都有招商任务，我们余板村任务就有三个，而这指标就与村干

① 摘自于访谈资料：2009 年 7 月，J 市 D 镇，受访者为 D 镇副镇长。

部的待遇,业绩直接挂钩了。我们村子经济状况不好,就是因为没有厂子。”①

由上述访谈资料可以发现,工业化、城镇化的过程在以J市为代表的苏中地区已经发展的逐渐成熟和稳定。20世纪50年代国家开始的土地改革,在相当程度上培养和强化了传统小农的平均主义意识,“有饭一起吃,有地一起种”。而在乡村不断城镇化的如今,多数农民在见识了多数工业致富的例子、外出打工的经验以及村级集体经济、个体经济等不断发展的现状,他们现代经济理性意识不断生长,在这样的发展过程中,农村居民逐渐表现出无处不在的“经济意识”。

“现在只有办厂子,包工程才能算是挣钱。”②

“现在只有老年人要种地了,年轻人都是打工,进厂挣钱才比较多比较快。”③

“没有经济基础,文化建设怎么上得去?这些东西只能靠经济来带动,只要有足够的资金,就好办事。”④

“农民想富也得有资金,没钱只能靠劳力打工,别想创业或做其他的事情,创业说的容易,没钱你怎么创业。”⑤

在和农民的交流过程中,我们感受到了他们言必谈金钱的“热情”,所有问题的症结都落脚在“钱”的上面。日常生活中无处不在的经济意识使得财富、挣钱成为他们最主要的认知与判断工具。而且随着现今农民们收入渠道的增多,收入水平的提高,他们已经逐渐习惯围绕着挣钱为核心的乡村生活。加上苏中地区农村环境的日益变化,现代化进程的展开,土地的用途开始转型,乡镇的主要工作从日常行政管理向招商引资等战略发展方面转变——在这些改变的熏陶下,农民形成了以经济意识为主的价值判断体系,不论是人际关系、生活方式、价值认定都从“经济”的私我角度出发,乡土社会的熟人圈子、社区凝聚力已经慢慢消弭,原来的以宗族、地缘为联系纽带的乡村社会结构已经慢慢地被解构了。

综上所述,此次调查结果显示,农民的收入有了很大增长,生活条件也随着收入的增长得到了改善。传统的乡村社会已经随着农村经济的发展、城乡间的二元流动,农民经济状况及观念都呈现出了明显的变化。农民的既有经济观念可以被

① 摘自于访谈资料:2009年7月,J市D镇S村,受访者为村干部佘某。

② 摘自于访谈资料:2009年8月,J市D镇G村,受访者为个体老板朱某。

③ 摘自于访谈资料:2009年7月,J市D镇Y村,受访者为中年个体商贩。

④ 摘自于访谈资料:2009年7月,J市D镇S村,受访者为村干部佘某。

⑤ 摘自于访谈资料:2009年7月,J市D镇,受访者为D镇副镇长。

认作是“传统经济理性主义”，即他们追求着物质性补偿最大化的同时，也不肯放弃一些传统保守的经济观念。而在现代经济观念的影响下，农民们基本已经认可了“农业不挣钱”这样一个基础事实，认为出门打工是改善生活质量最直接与快速的方式；在此基础上农民们普遍认为从商，不论是个体开店还是办厂创业，是获得财富的好方式。就此，形成了“农”不如“工”，“工”不如“商”的现代经济意识。

二、农民的致富意识及其信息获取渠道

通过我们在J市农村对农民进行的访谈可以发现，农民们普遍对于自身家庭的经济条件有着更高的期待和憧憬。这样的期待和憧憬在农民们的认知中不断地被抽象及被简化，最终化成了一个共同的话题：致富。

在被调查的农村居民中，71.1％的被调查对象表示曾经想过要致富，28.9％表示没有想过。在我们所调查的样本构成中有部分劳动能力不足的老人，由于年龄限制，他们对于经济条件的要求相对较低，致富意识及致富能力也不足。除此而外，大多数具有劳动及致富能力的农民们都对致富保持着积极的态度，并期待生活得到改善。农民们的致富意识、致富信息的获取、政府对于农民经济信息的服务等，都对农村经济产生了一定程度的影响。

1. 农民的致富意识

在与农民接触与沟通的过程中，致富这个话题的交流相对于其他的访谈内容显得流畅许多，农民有一套属于自身的致富话语。其中提高收入、改善生活质量是他们较为一致与迫切的需求，也是农村经济涉及民生的重点议题。

对于想要致富的被调查对象，他们所想过的致富方式呈现出多样性特征，这些特征也与农村现在农民们经济收入的结构有着正相关的联系。如图3-9统计数据显示，41％的农民表示想要通过开个小店，干个体经营的方式来达到家庭致富；38.2％的农民表示想要通过找寻更好的打工机会来获取更多的工钱；28.7％的人表示想要自己创业，投资办厂；16.9％的人表示想要承包更多的土地，扩大家庭的种养殖面积来获取收入；而开家庭作坊，做农产品加工、风险投资、学习知识后做专门性的工作（例如教师、医生、律师等）几个致富渠道比例相对较小，分别为9.6％、9.6％及9％。在农民们的致富想法之中，我们明显看出想要通过个体经营与打工来提高经济收入的比例要明显高于其他方式。

由此可见，通过打工和个体小本经营是农民们认为最为现实易行的致富方式。不过，在被调查对象之中，38.3％的农民表示致富对于他们来说比较难，35.5％的农民表示非常难，20.2％的人表示难度一般，6％的人表示比较简单，没有人表示非常简单。通过这组对自身致富难度主观认知的数据，我们可以得出如下结论：农民们的致富意识虽然很明确，致富需求相对较高，但其对于自身致富的能力与信心相对不足。这从一个侧面也反映出政府所提供的致富信息服务所存在的不足。此次

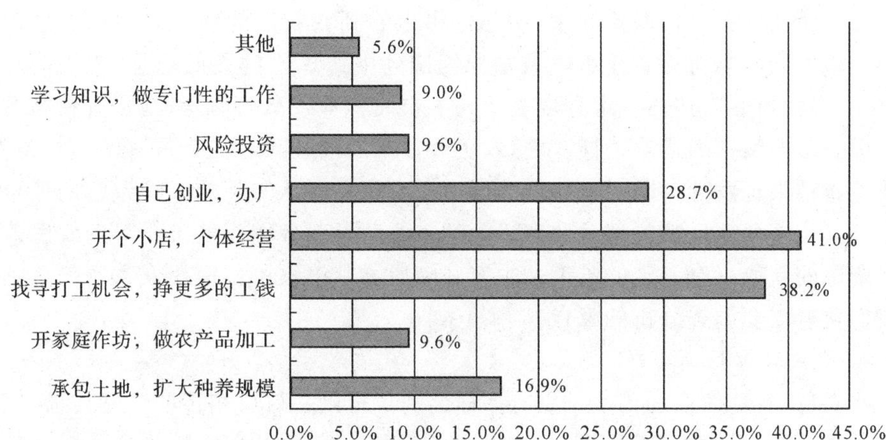

图 3-9 有关致富方式的调查统计

调查结果发现，仅 35.6%的农民表示曾经获得过致富信息，而 64.4%的农民表示完全没有获取过。这与农民们对于致富信息的强烈需求形成了鲜明的对比，并由此折射出农民在强烈致富需求上的现实困境。

导致农民对于致富信心不足的原因有很多。这些原因既包括农民自身原因，也有外部环境原因与政策性的因素。如图 3-10 调查统计结果显示，62.8%的人表示社会关系是否丰富是达到致富的关键问题；56.3%的人表示缺乏致富信息渠道是影响致富的关键问题；54.1%的人表示有无相关致富经验是影响致富的关键问题；53%的人表示自身的文化水平是影响致富的问题；41.5%的人表示缺乏有关政策性的支持是影响致富的原因之一；而比例最低的是 39.3%的人表示个人信念不强，没有毅力恒心是影响致富的原因。

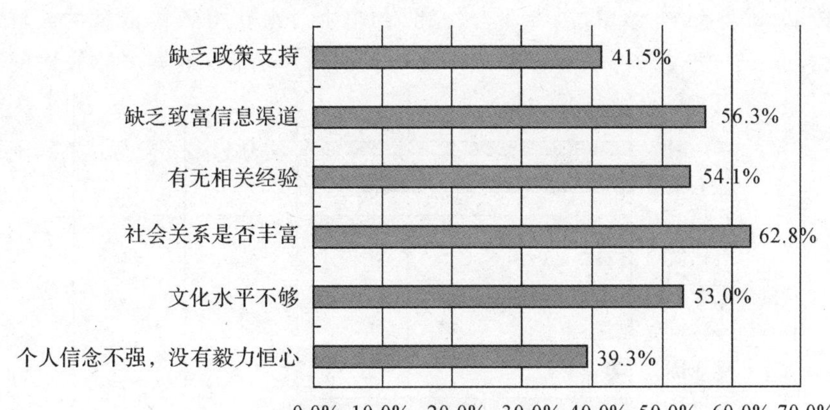

图 3-10 有关影响致富的原因的调查统计

从上述调查统计数据中我们可以看到每个选择项的比例都相对较高，和农民的致富意愿的数据统计联系起来，明显的可以看到在农民的意识之中理想预期与现实困境的矛盾与对立。而影响致富原因统计中选择比例最低的是“个人信念不强，没有毅力恒心”，这在一定程度上反映了农民本身致富的信念较强，有较高的毅力和恒心迈向致富的道路。换言之，农民致富难的核心问题在于致富的外在条件。此次调查结果也发现，社会关系、信息渠道在农民们所认知到的影响致富的最重要因素。其实这两项反映的都是致富资源的来源问题。各方面处于弱势的农民普遍的在资源的获取上有一定的难度及主客观障碍。其中农民如何获取致富信息则成为我们接着需要调查分析的重点。

2. 农民致富信息渠道

在农村，各种信息的传达是具有多样性的。可以是口口相传的人际传播，以村镇行政单位为主体的组织传播，也有电视广播等丰富的大众传播及日益兴起的网络、手机等新媒体传播。

致富信息其概念较为宽泛。能为生活能带来改变，能够加以利用并从中获得经济效益的信息，我们都把它认定为是致富信息。致富信息是属于经济信息的一部分，它是在维持自身经济水平的情况下使生活经济水平向上迈升的信息类型。通常包括：国家对农的一些经济政策、农业科技信息、农业市场信息、农民就业信息、农民保障信息、农民创业信息等几方面。

此次调查结果显示，35.6%的农民表示曾经获得过致富信息，而64.4%的农民表示完全没有获取过。这与他们对于致富信息的强烈需求形成了鲜明的对比。

其中表示曾获得过致富信息的被调查对象中，如图3-11，50%的人其信息来源为广播与电视，31.9%的人表示其致富信息来源于网络，27.7%的人主要通过村里的能人获得致富信息，26.6%的人通过报纸杂志获得信息；而通过标语横幅、宣传栏/宣传单、村委会/乡镇单位、专业合作社/专业协会来获得致富信息的人群比例分别只有4.3%、6.4%、5.3%、2.1%。由此我们可以看出，绝大多数农民的致富

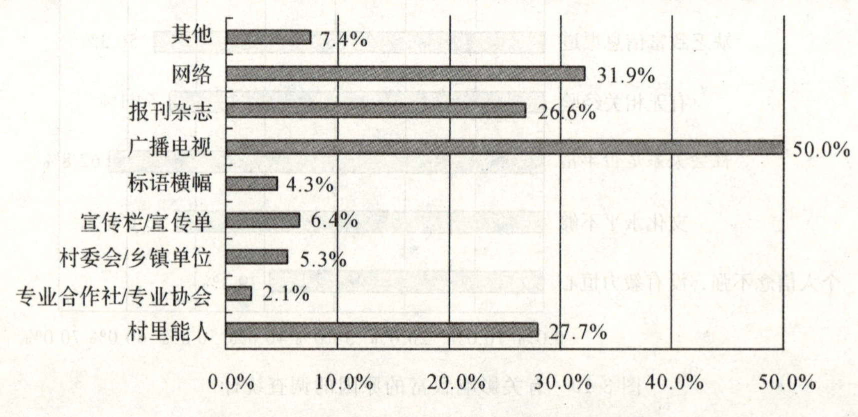

图3-11 关于致富信息获取渠道的调查统计

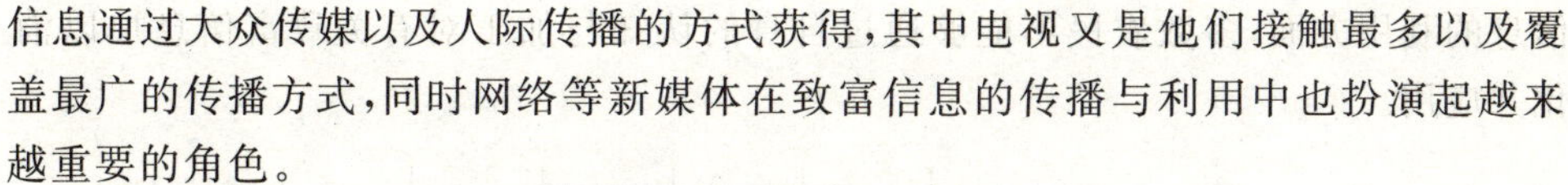

信息通过大众传媒以及人际传播的方式获得，其中电视又是他们接触最多以及覆盖最广的传播方式，同时网络等新媒体在致富信息的传播与利用中也扮演起越来越重要的角色。

(1)致富信息的大众传播及其效果

以电视为主要代表的大众传播在农村现代生活中构成了信息传播的最主要渠道。而在经济传播的领域，在致富信息的传达上，大众传播依旧占有着很大的优势。

如图 3-12 所示，在农民电视节目收视情况，特别是经济节目的收视情况的调查中我们发现，有 53.5%的人主要通过电视收看农民致富故事。在访谈中我们也了解到农民们对于电视上树立的经济典型及其致富故事的兴趣非常浓厚，多数人对于这样的故事如数家珍。除了致富故事，也有 46.5%的农民通过电视来了解国家宏观的对农经济政策，其包括税费改革，田亩补贴等政策，对这些政策的了解则关系到农民自身的利益，而电视则满足并保证了农民对于对农经济政策的知情权。此外，30.2%的人从电视上关注农业科技信息，29.6%的人关注地方性对农的经济举措，27%的人关注有关农民创业的一些信息，23.3%的人关注农民保障信息，22%的人关注农民就业信息，19.5%的人表示关注农业市场信息。

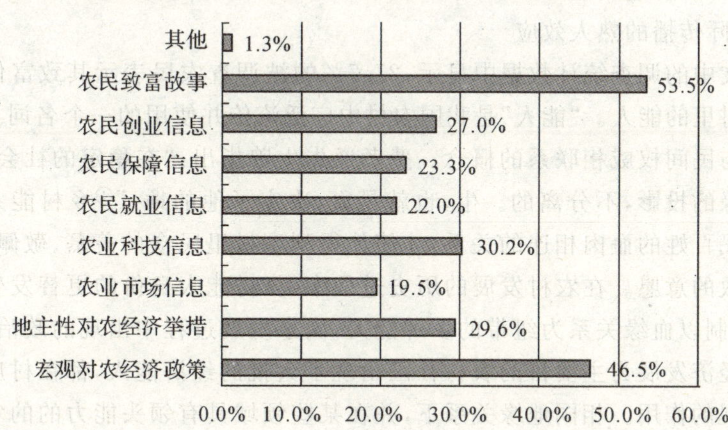

图 3-12　关于从电视上获取经济信息情况的调查统计

在关于电视上的致富信息对于现实生活影响的调查统计中我们发现(见图 3-13)：50%的人认为能够学到有关经济的知识，拓展了认知；34%的人表示在现实中能够有话题与别人交流了；30.2%的人表示看过就看过了，对于生活完全没有影响。从以上调查统计数据中我们可以看出，电视上的致富信息对于农民的影响主要侧重于到达层面，在对相关致富信息的理解与应用上则相对缺乏。比如只有 22.2%的人表示能够利用电视上的科技与市场信息，22.2%的人表示曾学习过电视上的致富方法；4.3%的人表示通过电视上的信息找到了工作。可见在对于致富信息的利用方面，多数农民不能够通过自身的认知与加工对有关致富信息加以消化并应用。

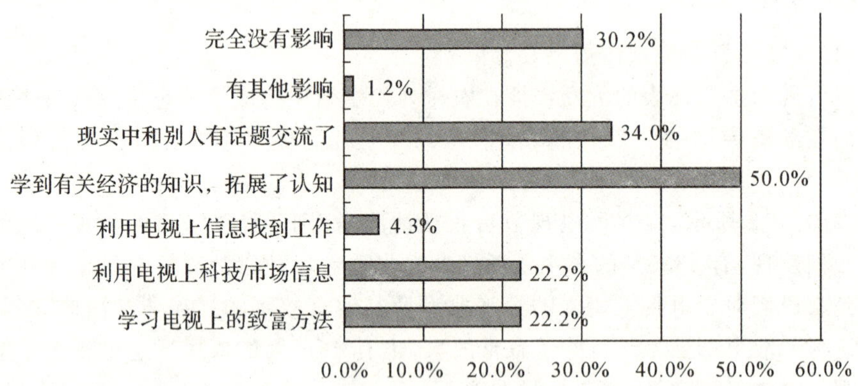

图 3-13　关于电视上经济信息对现实影响的调查统计

致富作为农民内生性的强烈需求，电视上所播出的、农民爱看的农民致富故事很大程度上强化并推进了娱乐消遣的需求，但却无法在行动层面起到推动并指导的作用。因此，普遍到达与有限效果成为了大众传媒致富信息传播的典型特征。

(2)人际传播的熟人效应

如前文中的调查统计数据中显示，27.7%的被调查农民表示其致富信息的主要来源为村里的能人。“能人”是我国农村中广泛流传并使用的一个名词。乡村能人是一个与民间权威相联系的概念。费孝通先生曾指出：“在稳定的社会中，地缘不过是血缘的投影，不分离的。生，也就是血，决定了他的地。”①乡村能人正是与地缘内平民百姓的血肉相连的关系，才使他得到乡村里民众的羡慕、敬佩，并产生趋同和仿效的意愿。在农村发展的历史过程中，乡村能人身份的更替发生过很多次，从家族制以血缘关系为纽带的乡绅能人，国家发展过程中出现的政治精英，再到如今以经济发展为主要目的农村社区出现了大批的经济能人，都在村庄中发挥着难以忽视的作用。相同地缘关系下，并在某些领域具有领头能力的的农村居民自然而然的发展成为地区中的意见领袖，成为村民们相信及依赖的标杆。对于“能人们”的行为及意见，农民们都表达出了较强的认同感。

在这样的强人际传播的过程中，农民比较倾向于哪一种人所提供的致富信息，我们对此问题也进行了调查。如图 3-14 所示，53.6%的农民表示比较相信亲朋好友所提供的致富信息。而 19.2%的人表示比较相信知识分子所提供的致富信息，这些知识分子指的是村中的高学历人员，包括当下江苏农村社区服务中心的大学生村官以及农业科技、法律、医药健康等方面的专业人员及权威。15.6%的人表示

① 《费孝通学术论著自选集》，北京师范学院出版社 1992 年版，第 150 页。

个体户及乡镇企业家的致富信息可信度更高,选择此选项的农民表示,由于这些人本身的致富能力较强,所以在致富信息的获取方面,其渠道更广,信息更为权威,可利用性强。但也有一部分农民从这个人群中获取信息的可能性不大,频次并不高,且对个体户及乡镇企业家并不信任。也有部分农民认为致力于自身经济利益获取的这些经济精英并没有给邻里乡亲提供致富信息的意愿。只有15.2%的人相信村中有资历的长者,可见原来农村社会按资排辈的声望结构已经相对薄弱。14.4%的人表示相信村干部所提供的致富信息,认为这是其工作内容中的一部分,具有官方背景,信息具有可信度及操作性。13.6%的人相信外出打工农民所提供的致富信息。12%的人表示相信专业合作社或协会带头人,8.4%的人表示会相信种养大户所提供的致富信息。部分生活重心仍在农业方面的村民对于合作社及种养大户的致富信息比较看中,但由于农村中多数农民离土离地,进厂务工,故此比例也相对较低。不过,在此次调查中我们也发现,22%的人选择了相信其他人所提供的致富信息,此选项比例仅次于对于亲朋好友的信任,这表明了农民们对于目前可以获取的致富信息多种人际渠道的信任度略显不够。

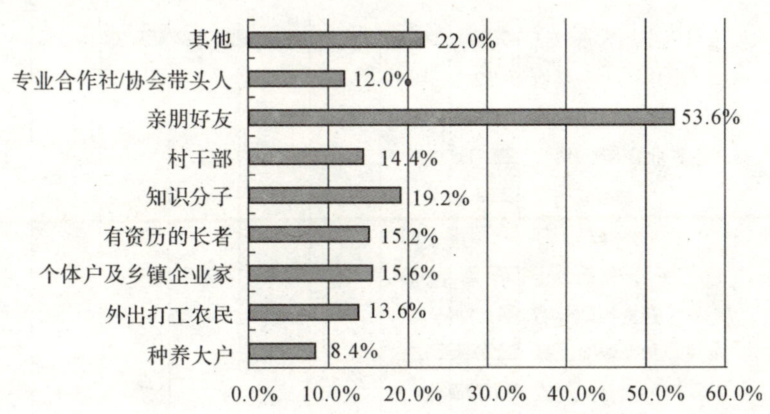

图 3-14　关于相信谁提供的致富信息的调查统计

不过,在此次调查中我们发现"亲朋好友"该选项的比例超出其他选项的2倍以上,多数农民在致富信息的信任问题上选择依靠自己的亲朋好友,而对于村里其他人员的信任度则较低。而村干部、知识分子、外出打工农民、有资历的长者、专业合作社带头人、个体户及乡镇企业家及种养大户,农民对村里各类人群的信任度、接受度则相对平均。部分被调查对象表示,有时种养大户、村干部、知识分子、外出打工农民等也是自己的亲朋好友的一员,这时对于他们提供的致富信息的信任度相对会高一点。从此项有关致富信息的人际传播调查情况来看,纵使现在农村社会出现了原子化的特征,农民们的紧密地缘纽带已经不再像过去那样发挥其功能。但是与传统的乡土社会一样,现代农村中亲朋邻里关系仍具有很强大的影响力,对于亲朋好友的依赖与信任仍是乡村社会致富信息传播的交往核心。

当提及现今社会，乡村中是否存在可以带领农民致富的人这个问题，图 3-15 调查统计结果表明，59.2%的人表示现在没有人可以带领大家致富。14.4%的人表示现在的个体户及乡镇企业家可以带领大家致富，10.4%的人表示依靠村干部可以达到这一目标，10%的人表示外出打工的能人可以引导大家致富，而知识分子、乡镇政府、种养大户、亲戚朋友、专业合作社/协会、有资历的长者各个选项的比例均不高，分别为 8.4%、8.0%、7.6%、6.0%、4.8%、2.8%。在这项调查里我们可以明显地看出，多数农民们的选择都是“没有人可以带领大家致富”，他们普遍认为现在农村不存在这样的一个人物可以带领大家共同致富。通过访谈我们也发现，农民们对于电视媒体上报到的安徽小岗村在村书记伍皓的带领下致富，以及华西村吴仁宝等领头人物有着很高的赞许，认为这样的人物在村庄的出现会使得农村生活发现质的改变，农民们也希望这样的人物出现，可是问及村里会不会有这样的人时普遍表示出消极的态度。究其原因，有村民在访谈中认为，由于村里每个人或家庭都为各自的经济收益而忙碌，他们不会也没有义务与别人分享信息与渠道，也无法顺畅地实现各种合作关系。

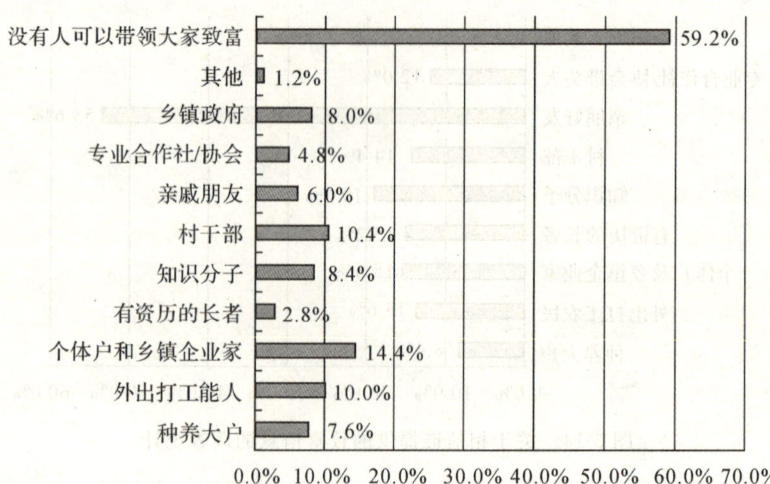

图 3-15 关于村里谁可以带领大家致富的调查统计

(3)缺位的组织传播

在我国大力发展农村经济、进行新农村建设的时候，对农致富信息的传播问题，各级地方政府当然责无旁贷。引导和组织农民创业，提供就业信息，较好地完成土地流转服务，并提供农产品等市场信息都属于政府向农民传达的致富信息内容。

为了提供对农致富信息的传播服务，J 市有关政府部门曾经举办过一系列的培训活动，如“农业新技术培训、职业技能培训、致富技能培训”，这些培训都旨在让农民更快更好地习得技能并投入到经济生产中去。其效果究竟如何？然而调查统计结果却显示(见图 3-16),最高比例只有 20.4%的农民表示接受过土地流转的服务,12.8%的农民表示接触过政府提供的农产品市场信息服务,11.6%的农民知道并接触过政府组织的农业新技术培训/职业技能培训/致富技能培训,7.6%的农民接触过政府提供的务工信息服务,5.6%的人表示接触过政府引导和组织农民创业的服务。从以上调查结果看,政府对各种致富信息服务的传播效果并不乐观。

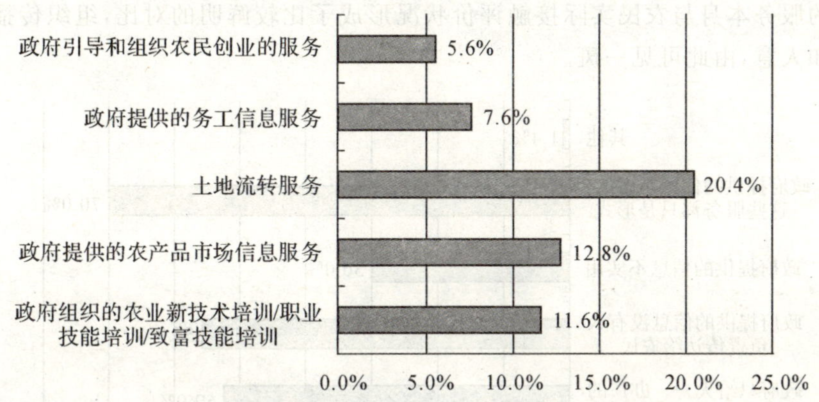

图 3-16　关于政府致富信息传播情况的调查统计

对于政府提供的这些致富信息服务,如图 3-17 统计数据所示,41.4%的农民表示服务一般,没什么特别的评价;21.2%的农民表示很不满意,20.2%的农民表示较不满意;只有 14.1%的农民表示比较满意,3%的人表示非常满意。从这个调查结果来看,接近半数的农民对于目前政府提供的致富信息满意度很低,都认为普通农民并没有从这样的致富信息服务中得到一些帮助和改善。

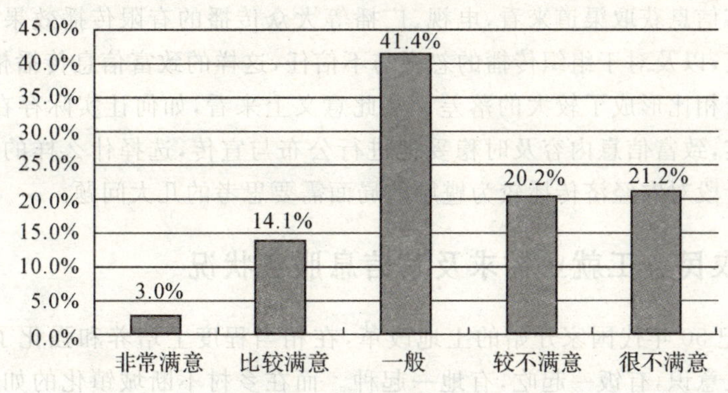

图 3-17　关于政府提供致富信息评价的调查统计

另外,图 3-18 调查统计数据还显示,70%的被调查农民认为“政府提供的信息是虚的,这些服务都只是形式”。55.7%的人认为政府提供的信息没有人负责传达给农民,52.9%的农民表示政府只给大户、办厂的提供信息,不给普通农民提供信息。30%的被调查农民表示政府提供的信息内容本身不实用。从农民对于政府提供的致富信息的评价中，我们可以看出，政府致富信息的传播效果很不理想，绝大多数的被调查对象不知道有这样的服务内容本身的存在，知晓的部分人群对于这样的致富信息服务的评价也不高，甚至在某种程度上成为了农民眼中的形象工程。由此可见，农民们并没有从政府对农致富信息传播的服务中得到可利用的信息，而这样的服务本身与农民实际接触评价状况形成了比较鲜明的对比，组织传播效果不尽如人意，由此可见一斑。

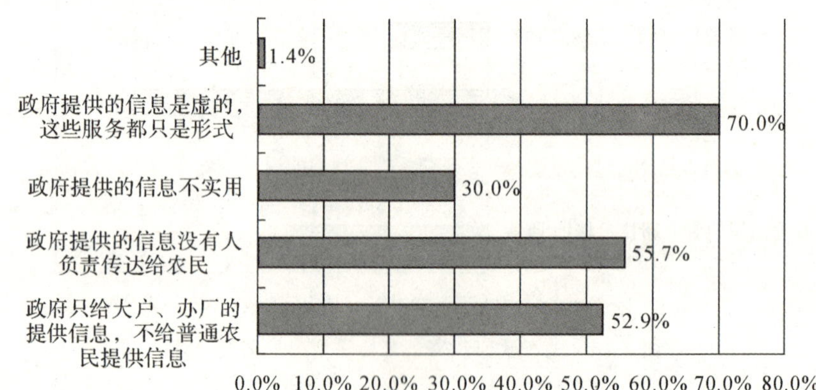

图 3-18　关于政府提供致富信息评价的调查统计

总之，现代农村社会经济的快速发展，农民们的致富意愿也越来越突出。所以，如何帮助和引导农民致富，以及农村资源的组织与再组织问题，农民能力的提升问题，农民信息获取渠道提供等问题都是当前对农传播服务工作的重点。

就致富信息获取渠道来看，电视、广播等大众传播的有限传播效果，人际传播的熟人效应，以及对于组织传播的忽视与不信任，这样的致富信息传播格局与农民自身的需求相比形成了较大的落差。从此意义上来看，如何让实际存在的各项服务予以落实，致富信息内容及时稳妥地进行公布与宣传，选择什么样的传播策略，是改善现阶段对农经济传播较为尴尬的局面需要思考的几大问题。

三、农民务工就业需求及其信息服务状况

20 世纪 50 年代国家开始的土地改革，在相当程度上培养和强化了传统小农的平均主义意识，有饭一起吃，有地一起种。而在乡村不断城镇化的如今，多数农民在见识了工业致富的例子、外出打工的经验，其思想观念发生了转变。而且在农民迫切的致富需求下，他们所想到的最方便实施的致富方式就是寻找更好的打工机会挣钱。在 J 市，绝大多数青壮年农民也纷纷选择了外出或就近务工。此时对于务工就业问题的关注是对于农村经济发展与对农经济信息传播服务进行研究不得不面对的问题。

1. 农民务工状况及其信息来源

当前,在农村居民不断寻求致富的道路上,绝大多数人选择了进厂务工来改善生活条件获取更高的工资收益。在被调查的农民中,71.6%的家庭都有人在工厂务工,工资收入已经成为了绝大多数家庭赖以为生的经济基础。

在对于J市10个乡镇的调查中我们发现,由于苏中地区工业化程度的逐渐提高,经济发展较为迅速,相较于几年前农民纷纷外出打工的情况而言,选择在本乡镇范围内务工的农民正逐渐增多。

据图3-19调查统计数据显示,所调查的对象当中,29.6%的农民主要在本乡镇务工,20.7%的人在省会城市务工,19.6%的人在地级市务工,县城一级的地区有15.6%的务工比例。也有13.4%的农民选择了经济发达的北京、上海、广州等地区,甚至有1.1%的农民是在境外或国外务工。出现如此调查结果,主要与被调查地区的农村总体经济发展情况是相吻合的。

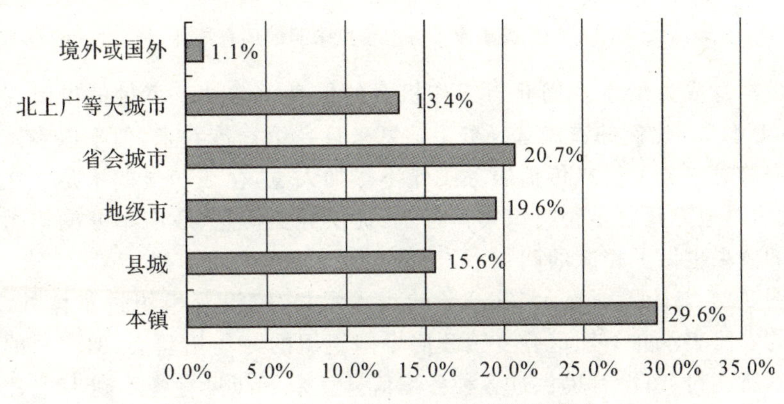

图3-19 关于农民务工地区的调查统计

不管是留在本地,还是远走他乡,农民们所关注的务工信息来源也值得我们关注。据图3-20调查统计数据显示,在上述71.6%的务工人群中,高达64.8%的农民是从亲朋邻居处获得了目前所从事工作的信息。而42.5%的农民的工作信息来自有过打工经验的人身上(调查过程中多数农民表示此打工经验的人群与亲朋邻居有部分重合,也就是说务工信息来源的绝大多数来自于被调查对象关系紧密且具有一定的务工经验的人)。9.5%的人表示务工信息来自于包工头,8.4%的人表示通过网络知道了一些务工信息并加以利用,6.1%的人务工信息来自于乡镇工厂经营者,5.6%的务工信息来源为广播电视,3.9%的人务工信息来自中介机构,2.2%来自报纸杂志,只有1.1%的务工信息来自乡镇宣传栏宣传单标语横幅与村干部。

由此可见,绝大多数农民寻找务工机会的方式都来自于乡村社会中的人际传播,即依赖地缘相近(邻居)或血缘相近(亲人)得以实现的,特别是具有亲身经历的

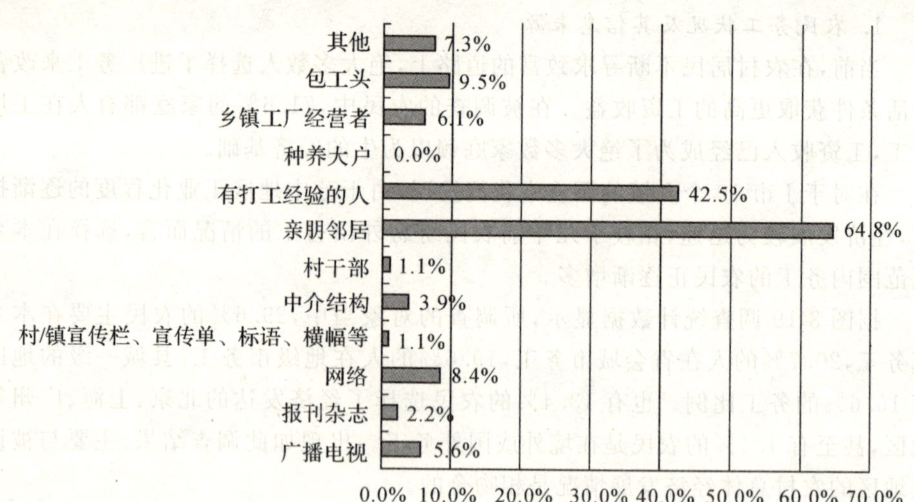

图 3-20 关于农民务工信息来源的调查统计

务工人员本身成为了老乡们获得工作机会的信息中转站。不过值得引起重视的是，从以上1.1%比例的农民选择务工信息来自乡镇宣传看来，似乎以乡镇一级政府为代表的对农务工信息传播服务工作不尽如人意，存在明显的不足。在调查过程中，我们对地方政府是否组织集体打工、提供务工信息、政府举办的招聘会与培训活动的效果也做了相应的调查。

如图 3-21 统计数据显示，96.8%的人表示村/镇没有组织过集体外出打工，96.4%的农民表示并不知道有乡镇政府专门组织的专场招聘会，91.2%的被调查农民表示所在村/镇没有提供过各种务工信息。余下却只有各不到10%比例的人对政府有关务工信息服务的措施有所了解。由此，我们不难发现，在大力发展农村经济的政府政策的指导下，从乡村到乡镇，都致力于大力发展乡村工业招商引资，

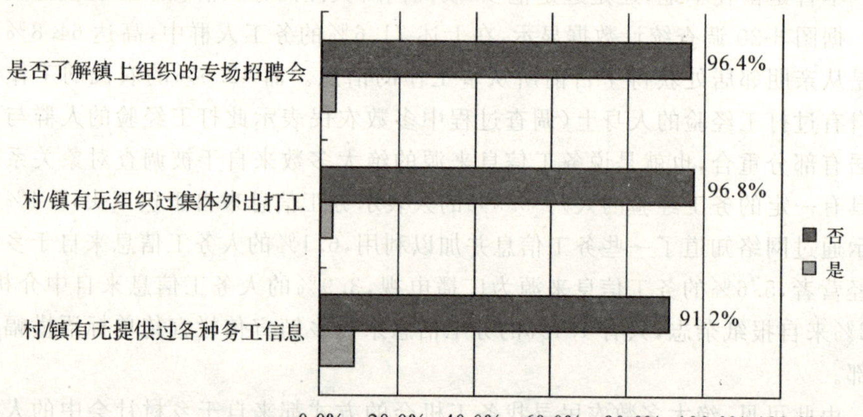

图 3-21 关于地方政府有关农民务工信息服务情况的调查统计

但与此同时却相对忽视了对于土地流转后大量离地的农民的生活状态。对于农民的安置情况与有关农民务工信息的提供工作组织的并不理想。本应得到关注的农民务工并没有得到足够的重视，导致农民务工信息的来源多是依赖地缘相近（邻居）或血缘相近（亲人）得以实现。

2. 农民权益维护及其信息知晓权

农民特别是进厂务工农民被普遍认为是社会分工中的弱势群体。从职业上看，由于体制、政策和自身条件等多方面限制，农民们大多集中在城乡传统经济部门，集中在劳动强度大和密集型的企业，集中在险、脏、难的行业和工种上。更为遗憾的是，管理的缺位伴随着保护的缺位，他们的合法权益屡遭侵害，超时超强度劳动随处可见，社会保险和福利普遍缺失。

从对农民工管理和保护方面来看，客观地说，目前我国已经形成一个相对完整的对劳动者权益保护的法律体系。然而事实表明，日常生活中农民工权益的保障仍不太理想。其中务工人员对于自身权利的维护了解多少？政府在务工农民权益方面的宣传工作落实情况如何？就这些问题有关农民工的利益维护情况我们也做了调查与分析。我们以务工法律《合同法》为核心，对农民的维权意识及维权情况做了调查。

图 3-22 调查统计数据显示，外出务工农民中，有 57.9％的农民表示签订了劳动合同，而 42.1％的农民并没有签订劳动合同。

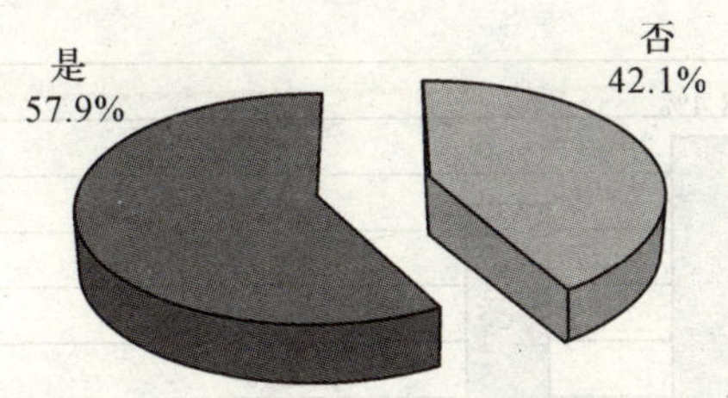

图 3-22　关于是否签订劳动合同的调查

在劳动法的规定中，劳动合同应包括以下 8 项基本内容：(1)劳动合同的期限；(2)工作内容；(3)劳动保护和劳动条件；(4)劳动报酬；(5)社会保险；(6)劳动纪律；(7)合同终止条件；(8)违反劳动合同的处理。在我们对于农民合同观念的调查中，我们选取了“合同期限”、“工作内容与工作时间”、“工作环境与劳动保护”、“违反合同责任”四项核心内容进行了调查，这四项核心更贴近于农民实际务工需求与权益保护。

实际调查结果显示（见图 3-23），85.1％的人关注了“合同期限”与“工作内容与工作时间”，75.7％的人关注了“工作环境及其劳动保护”，72％的人关注了“违反了合同法的责任”。其实在所调查的农民当中签订劳动合同的比例并不高，而签订合同的人群则较少关注了“违反了合同法的责任”一项。这里指的责任是指工厂或用人单位在延长了劳动时间或没有按规定提供工作环境及劳动保护的时候需付出的责任。由此可见在合同的存在意义上，农民普遍认为工作内容及时长的重要性大于其劳动保障，再大于其权益维护。在农民的眼里，签署劳工合同的意义更大程度上是明确用人单位的用工权益，保证农民的工作付出与回报，并没有将重点放至自身利益的维护上。

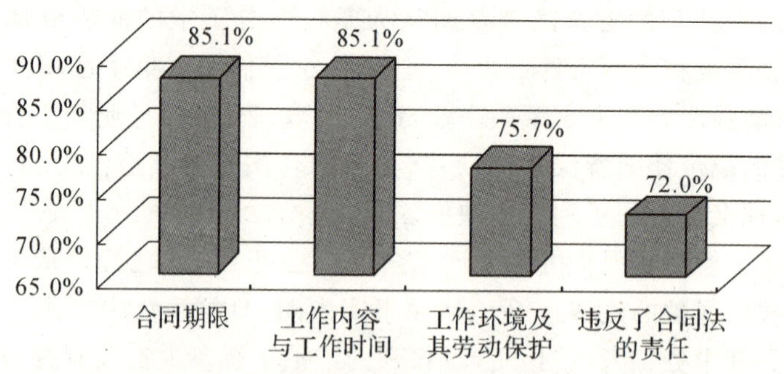

图 3-23　关于合同内容关注情况的调查统计

对于是否有必要学习《劳动法》及其相关内容，图 3-24 的调查统计结果表明，38.4%的务工农民表示非常有必要学习《合同法》，32.4%的务工农民表示比较有必要，14.6%的务工农民表示一般，10.8%的务工农民表示不太必要，而 3.8%的务工农民表示完全没有必要。

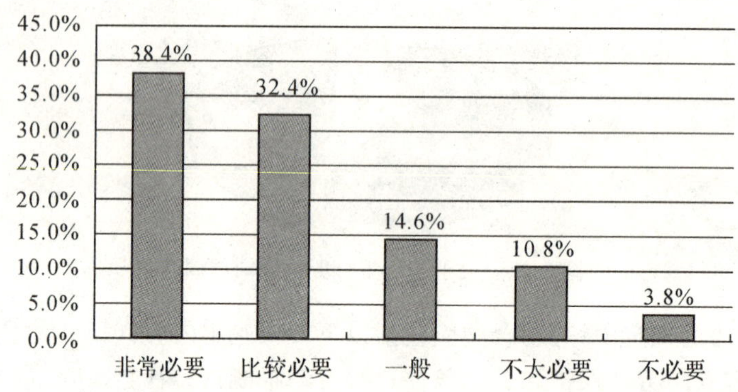

图 3-24　关于是否有必要学习《合同法》及其相关知识的调查

从上述统计数据看来，农民们对《合同法》是抱有一定期待的，他们认为学习《合同法》及其相关知识可以在必要的时刻维护他们的权益。相较于维护自身权益意识的模糊，这种期待更能反映合同法的宣传在农民务工信息服务过程中的缺失。

在此类信息的获取途径上，图 3-25 统计结果显示，95.1%的务工农民表示村/镇没有组织学习过《合同法》及其相关内容；72.4%的农民表示没有从身边务工农民处获得相关合同知识；47.6%的农民表示没有从媒体上获得了合同相关知识。

从上述统计数据看来，多数务工农民合同相关信息的获得来自于大众传媒，其

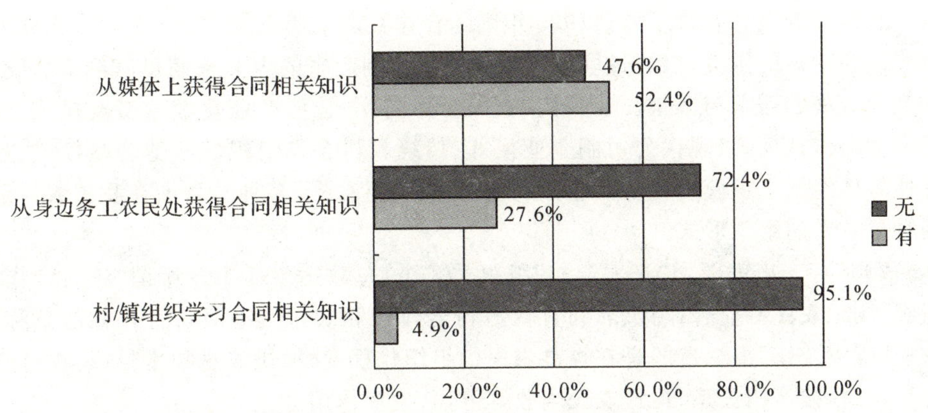

图 3-25　关于从何渠道获得《合同法》及其相关知识的调查

次是人际传播。在报纸杂志、广播电视、网络这三类媒体中，44.9％的人表示通过广播电视获得了合同相关知识，18.4％的农民表示是通过报纸杂志，9.7％的农民表示通过网络进行了了解。由此可以看出传统媒体的权威性及舆论监督意义对于务工农民来说仍是不可忽视的。而几乎很少的人曾通过村/镇政府部门接触到合同相关知识，则表示组织传播在务工农民权益的保障方面是薄弱甚至是缺位的。

总之，通过上述调查，我们发现农民普遍都拥有较强的致富意识与务工动机。在务工信息需求方面，农民们往往通过熟人圈子来获得相应的务工信息，而对于大众传媒、政府务工信息服务等方面的满足情况较不理想，信赖感也较弱。在实际务工过程中，由于教育培训的不足，务工农民对于如何维护自身权益也不甚清晰。这些内容的缺失又难以通过同质性太强的人际圈子加以弥补。所以，在我们的调查中不难发现，政府部门对于农民务工就业以及引导务工服务的角色定位与实际需求的错位是显而易见的。政府只有规范并重视各类务工信息服务的提供并更加有效地提供务工培训等类似的公共产品，农民外出务工的决策才会更加理性，这样才可以大大提高外出打工的成功率，并真正有助于提高农民的生活质量。

四、“三大合作”：原子化农民重组织的艰难之路

在我国城乡一体化的发展过程中，农村劳动力转移一直与另外一个话题——农村适度规模经营共同被提起、被重视。二者都是农村经济发展的重要表现形式。而在农村适度规模化发展的大方向下，制约我国农村经济发展的一个显著性的障碍出现了，即农民个体小规模生产与大市场之间的矛盾。为解决这一矛盾，大力发展农村合作经济组织被认为是有效方法。大力发展合作经济，培育农民新型合作组织，通过农民的组织化促进农村经济组织的规模化，促进小生产经营与大市场接轨，提高农民在市场中的地位、增强市场谈判力和话语权。简言之，搞农民合作成为农村发展经济的一种特殊的组织形式，也成为农民致富的政策渠道之一。

合作社的概念有很多种。1995年国际合作社联盟将其定义为：人们自愿联合组成的自治性的协会，以通过联合所有和民主控制起来的企业来满足其经济、社会和文化方面的需求与渴望。在我国，农民合作的模式有：产业化经营带动模式、农民专业合作社模式、现代公司制企业模式、传统农村合作组织的改造转型模式、社区性集体经济组织模式和生产服务的组织化提供模式等多种。目前在我国农村前两种是主要的组织形式。

2008年J市就新增“三大合作”组织173个，总数达453个。所谓“三大合作”组织，则是农民专业合作社、农村社区股份合作社和农村土地股份合作社的总称。农村“三大合作”组织目的是在提高农民的组织化程度、加快先进技术推广、提升产业层次、衔接产销关系、促进农民增收等方面，发挥作用。

而在“农民善分不善合”的现实背景下，原子化的农民由于缺乏自组织的能力，在村庄的经济、政治、社会文化生活中越来越难以实现合作。“三大合作”是以政府为主要推动力，希望能够将农民组织起来，以一种新的组织化、制度化的运营，使得农民可以从中获得分工，并获取更高的利润的经济发展形式。但在我们实际调查过程中发现，“三大合作”组织的推动和运行却流于了形式化的操作。

> “说老实话，这个合作社的工作在农村现在就是流于形式。牌子挂上来了以后也没有实质性的工作内容。而且多数村委会工作的压力都来自于像这种的各式各样的创建工作。我们村干部往往要花费很大的心力准备这些材料交给上级政府。这给村委会带来很大的负担，很多村民也不理解这些工作的内容与意义，还要花费很大的力气跟他们沟通。①”

在我们调查的若干自然村中，村委会门口几乎都挂了“土地合作社”的牌子。而根据与村委会工作人员的交谈，这些“土地合作社”基本处于闲置的状态。在实地调研过程中，我们走访了多个不同性质的专业合作社，有设在村委会办公楼里面隶属于村委会的合作社，也有企业法人带头的“公司型的专业合作社”，这些专业合作社分散不均，其合作模式也略显单一。在村委会办公楼里的专业合作社，多数的合作方式是为入社的成员提供很少的技术支持和联系经纪人的便利性，不存在所谓的分红过程。而公司化的专业合作社是通过加入到合作社中以获取务工的机会(为以合作社为名的企业主打工)；或者是与合作社进行农产品买卖的交换活动，合作社的资深社员暨合作社的大客户(极少数)则不定期地组织参与一些参观学习活动。

① 摘自于访谈资料：2010年1月20日，J市S镇G村，受访者为村委会主任曹某。

"双华村的花木产销合作社2008年成立的,整个村有34个行政组,合作社以农户为主,成立了经济合作社,当然了,以大户为主(大户的界定不是很准确,有的3.5亩的也算,有的200亩以上的也算)。现在花木产销合作社社员全村有1034户。之所以这么做,这个说白了,这是上面提倡要求的,提倡搞互助组,以农户为主,由大户牵头,成立花木协会。销售这块村里也有个花木公司,但是一般来说我们以'经纪人'、花木大户为主,由他们牵头,组织农户,签订购买协议。这样的经纪人在村里比较多,也就是村里人常说的'跑花木的'。"①

"这个花木合作社和村里没有联系,和镇上有联系,合作社是市委组织部牵头成立的,这个兴业花木合作社原来是大桥的花木协会,后来招商引资招了我们来,我们来了以后就有了资金的支持,花木协会改成了合作社。原来我是一个大户,找到了我来牵头.平时没有什么活动,也就是一年搞几次讲课,到外地参观,一个多月前安排了一次去如皋参观。社员也没有什么好处,没有像宣传上说得那样。合作社是一个人投资的,兴业合作社的投资人就是我。等于是我的一个公司,我对外做生意的时候冠的是合作社的名字。"②

所以就目前来看,J市的"三大合作"的运营情况并不乐观,并没有起到组织农民的作用,也没有一套完整的合作制度来进行管理。在合作社的推行过程中,其中较大的一个问题是农民的认同度比较低。农民对合作社还存在很多误解,他们不了解合作社,不了解合作的途径和意义,不了解合作社的内部治理与运行规则。从这个角度上说,在"三大合作"推行过程中政府的宣传动员工作的不足也体现了出来。

1. 三大合作社的政策宣传与推广

为了测量"三大合作社"在J市农村的宣传推广效果,我们分别就J市农民对于"土地股份合作社"、"专业合作社"、"社区股份合作社"的了解程度进行了调查。

如图3-26调查统计数据显示,对于土地股份合作社,有73.2%的农民表示不了解;81.2%的农民表示对于专业合作社并不了解;83.2%的农民表示对于社区股份合作社并不了解。从以上数据我们可以看出,绝大多数的农民对于"三大合作"的了解程度并不深,多数人并不知道"三大合作"的具体内容。若对"三种合作"进行比较,其中对于土地股份合作社的了解要多于对专业合作社和股份合作社的了解程度。

① 摘自于访谈资料:2010年1月16日,J市H镇S村,受访者为村委会主任徐某。
② 摘自于访谈资料:2010年1月18日,受访者为兴业花木合作社创建人肖某的父亲。

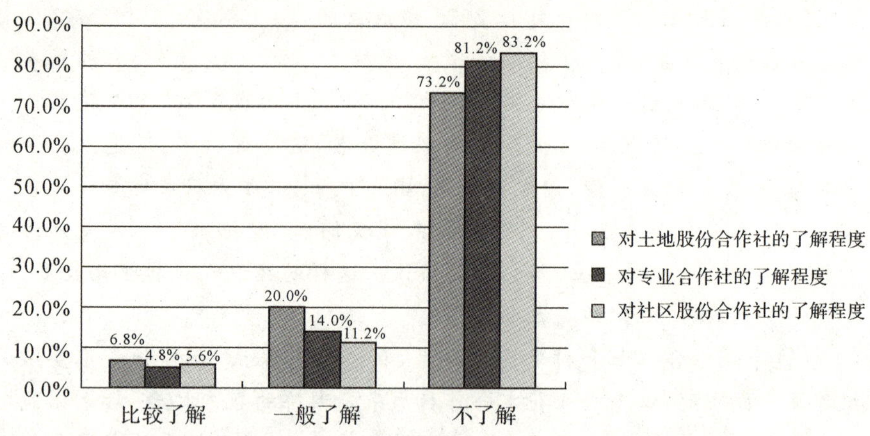

图 3-26　关于对于“三大合作社”了解程度的调查统计

而在对三大合作社有所了解的农民中，其了解的信息途径主要为乡镇及村委会干部、亲朋邻居以及报纸杂志、广播电视及网络等媒介。如图 3-27 所示，37.5%的农民从乡镇及村委会干部处了解到三大合作社，31.9%的农民从广播电视中获得这些信息，30.6%的农民从亲朋邻居处获得，20.8%的农民从网络了解到三大合作社，16.7%的农民从报纸杂志有所了解，13.9%的农民从乡镇的宣传栏/宣传单/标语/横幅/宣传册上获得了有关三大合作社的相关知识，另有 8.3%的农民从经济能人处获得这些信息。

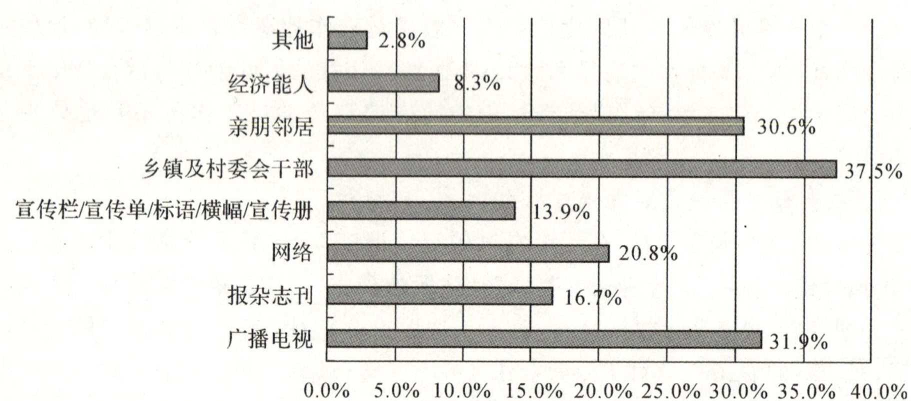

图 3-27　关于“三大合作社”信息来源的调查统计

由此可见，三大合作社信息的获知更多的是通过了大众传播与组织传播的渠道。三大合作社是以政府为主导所进行的政策性服务项目，意于再组织原子化的农民本身。这个性质使得有关三大合作社的信息主要渠道必然来源于乡镇及村委会干部所进行的组织传播，依赖于政府设立的乡镇宣传栏/宣传单/标语/横幅/宣传册。而大众传媒在其中的宣传功能也不可忽视。在“三大合作”的推广过程中，大众传媒对于典型的建立、对于政策的推进也起到了较大的推动作用。

按道理在组织传播的过程中,最贴近农民并有效到达的方式就是在其日常生活中进行宣传。但当问及村里有无专门讲解过有关“三大合作”的具体内容的时候,只有6%的农民表示村里曾经专门组织过这样的宣传活动,94%的农民表示村里并没有。从这个角度上我们可以看出“三大合作”的组织传播链条只是停留在中上层的策划与自上而下的单向传播,并没有达到传播链条所希望到达的终端。如图3-28统计数据所示,在接触到村内宣传活动的少数农民中,其中有87.5%的人参加过村中组织的村民会议,学习了“三大合作”的知识内容;50%的人接触过村干部发放的“三大合作”相关材料并听过讲解;25%的人接触过村中能人对于三大合作的宣传讲解,有12.5%的人是在被组织入社后通过实际业务了解到了一些“三大合作”的政策性内容。

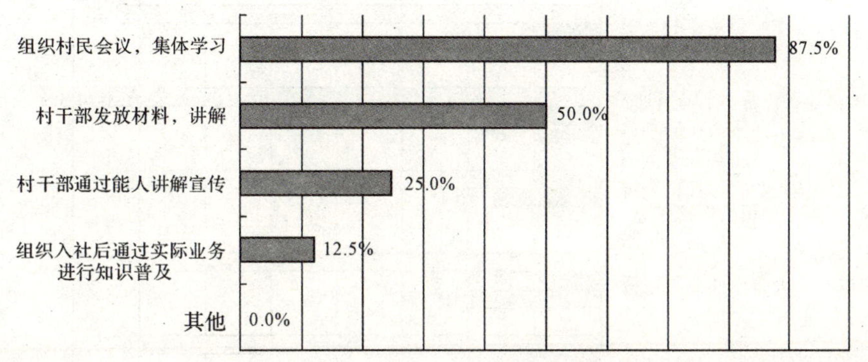

图3-28　关于“三大合作社”组织传播方式的调查统计

从我们对于普通农民的调查访问过程中,我们明显地看到了普通农民对于三大合作社信息的空白,三大合作社的传播效果实际上是极其有限的。组织传播在此过程中虽然体系庞大,但是在传播的终端却显示出了明显的断层。

2. 农民眼中的三大合作组织

在我们此次调查中发现(见图3-29),13.2%的农民表示非常需要这样的三大合作组织,24.4%的农民表示比较需要,接近一半42.4%的农民表示一般,有12.4%的农民表示比较不需要这样的合作组织,还有7.6%的农民表示完全不需要这样的合作组织。

调查结果显示,农民们对于三大合作组织的需要还是存在的,只是需求程度与政府组织的期待还存在较大落差。

由于组织传播的断层,农民们对于“三大合作”组织的了解程度并不高。在这有限的了解中,我们主要从实际操作、相关态度、总体评价三个层面进行了考察。图3-30统计结果显示,每一个方面的评价都有60%以上的人表示不清楚,这么高

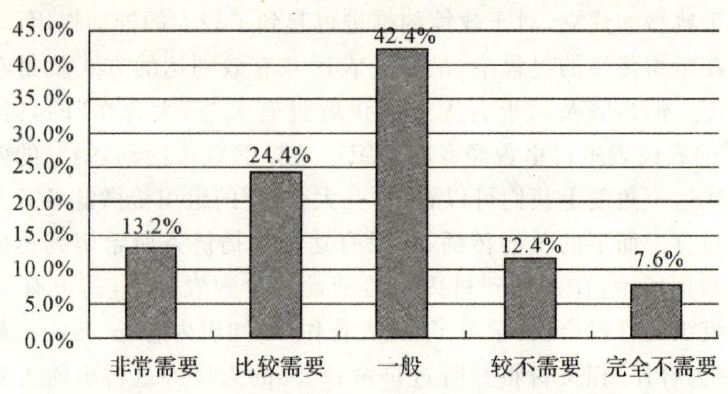

图 3-29 关于是否需要“三大合作”组织的调查统计

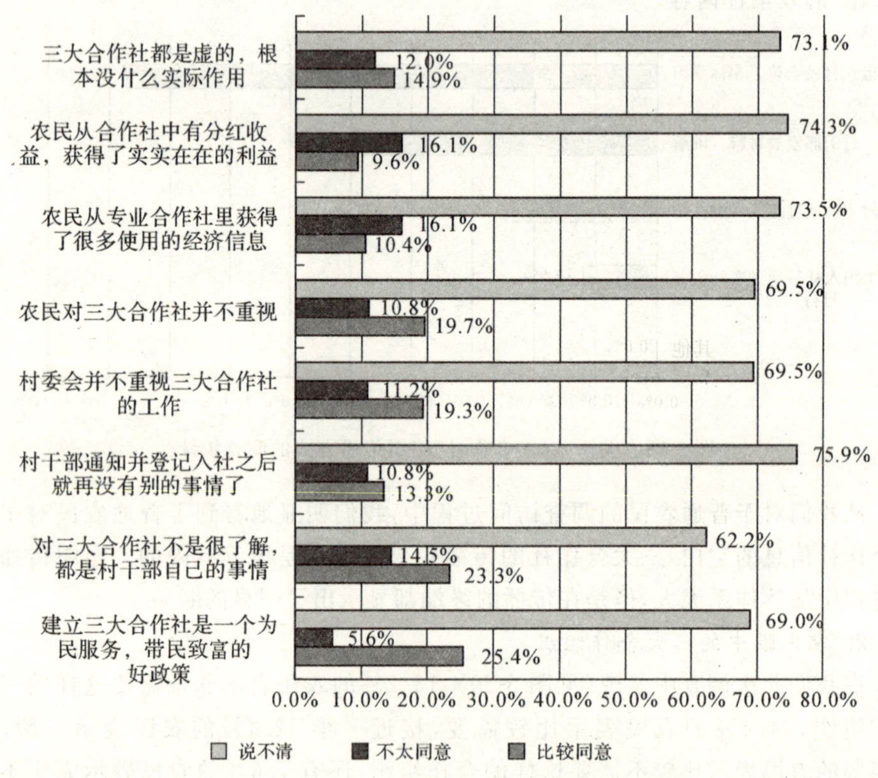

图 3-30 关于对“三大合作”组织态度的调查

比例的数据则又一次印证了“三大合作”在J市农村实际传播效果的断层。

在实际操作层面，只有14.9%的人表示比较同意“三大合作社是虚的，根本没什么实际作用”；16.1%的人表示不太同意“农民从合作社中有分红收益，获得了实实在在的利益”；也有16.1%的人表示不太同意“农民从专业合作社里获得了很多使用的经济信息”。可见，在对于三大合作社实际业务操作层面的有限了解中，农民们的认知实际上是负面的、消极的。虽然对于“三大合作社”是否能带来经济效益的信心与底气显得不足。

在相关态度层面,19.7%的人表示同意“农民对三大合作并不重视”;19.3%的人表示同意“村委会并不重视三大合作社的工作”;13.3%的人表示同意“村干部通知入社后就没其他事情了”。由此可见,“三大合作”的组织推广过程也不理想,仅以概念化的内容加以“宣传”而不对其内容作出解释并加以引导,更没有利用一些创新扩散理论的指导方式来再组织农民,这样的工作方式无疑是低效的。

在总体评价层面,虽然只有25.4%的农民同意“建立三大合作社是一个为民服务、带民致富的好政策”。这个数据较之其余对于三大合作社否定的态度来看,此态度实际反映了农民一部分的主观需求。尽管对于合作本身不了解,农民们对于此政策福利仍具有一定的期待。

其实,我国的农村合作自20世纪30年代开始就有了一系列的实践,其反映着我国农村经济发展以来的土地变革及市场作用的扩大。在农村这个特殊的环境中,新时代下的农民合作该如何进行,我们不妨从新旧合作方式的对比调查中企图获得一些启发。

图3-31调查统计结果显示,24.8%的农民表示同意“时代不同了,合作社的方式自然要做出变更”。各有10%的农民表示“政府对现在合作社的扶持力度没有以前的合作社大”及“以前的合作社能感到农民的参与,现在却很少了”,这些数据再次说明,现在政府对于合作的推动力并不是很强。不过也有10.4%的农民表示

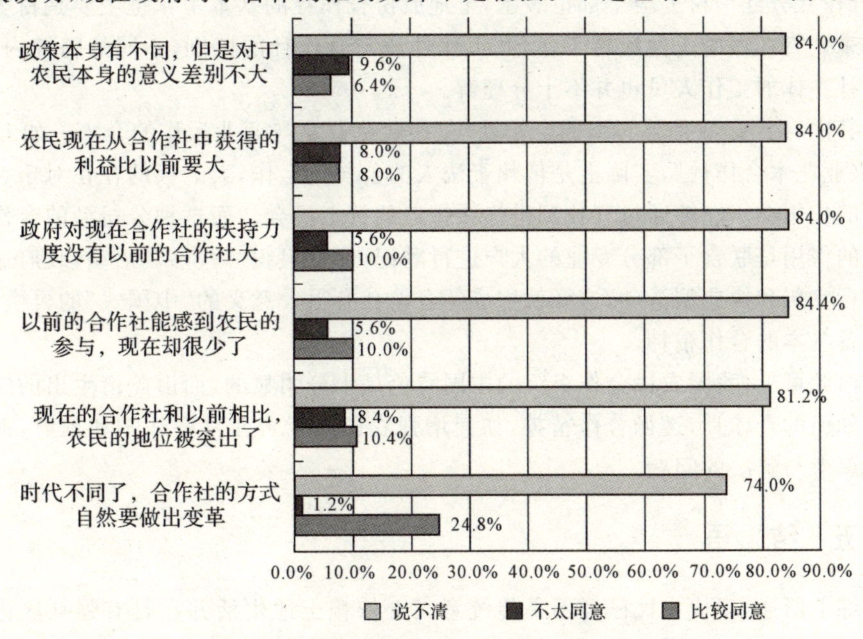

图3-31　关于对新旧合作组织态度的调查统计

"现在的合作社和以前相比，农民的地位被突出了"。因此我们可以认为：在合作社发展的过程中农民的主体地位被给予了越来越多的关注，可是在这种关注下的结果就是加在农民身上政策的强制力随之减弱。缺乏了强制力作为联系纽带的合作社在其推进过程中则显得艰难与低效了很多，这与不佳的政策传播效果又是息息相关的。

意识到合作方式必须变化，又必须充分考虑到农民的观念转变，尊重农民的个体意愿与参与地位，再考虑适量的组织力量的介入，这些都构成了符合农民期待的合作形态的重要因素，也是探索农民合作组织新路径的重点与难点。

如今，农村合作社的发展已经进行到一定的阶段，在政府的农村经济总结报告中，经济合作社的运作情况、发展势头、运行创新等都有较大篇幅的提及与肯定。然而流于形式化的合作社创建工作具有典型的中国官办的"形式"色彩，农民对于合作社的认知的空白和信息传播的断层，这些都与合作社本身以"自愿、平等、合作、互利"的原则，进行"民主管理"的"自治组织"这些概念和原则本身相去甚远。

在J市各乡镇的调研过程中，其乡村合作社的运行情况也呈现出一定的不足和代表性。

首先，是农民合作组织的政策性的介入。例如，绝大部分"土地股份合作社"都依赖于村委会的创建工作，社员名单等都依赖于村主任及村会计的空想，农民们多数并不知道自己加入了"土地股份合作社"的事实，也不知道所谓依赖于土地产生的"合作社分红"，村委会干部也表示，土地股份合作社的基本工作也主要是村委会近年来一直在做的土地流转工作，其工作性质与合作社的区别，不同的精神内核，合作社主体的工作人员也并不十分理解。

其次，J市多数是公司型的合作社，存在商业资本与商业运作的介入。如D镇的"兴业花木合作社"，实际上是依赖于法人的公司化运作，大老板的存在对于普通农民的作用在于能够通过其找到份挣钱糊口的打工机会。而这种公司型的合作社实际的作用是联合了部分专业的大户进行登记，偶尔组织一些参观活动，政府适时地进行宣传和树典型活动，这样就构成的合作社有很大意义的"中国式"的再生，其不具备基本的合作精神。

由此可见，我国农民合作组织的中国特色是十分明显的，而由此衍生出的应该建立如何的合作社，遵循合作精神，如何增强农民对于合作社的认知和理解，都是亟待思考与解决的问题。

五、结　语

综上所述，现代农民已经不是传统意义上依赖土地生活并在具有强社区记忆的乡村环境中生长的传统农民。其身上体现出了原始传统的小农意识与现代经济观念的交织与综合，即农民们的思考和行为都是目标理性的，试图获得物质性补偿的最大化，这种经济理性符合帕累托原则，是具有现代性的。但他们在追求着物质性补偿最大化的同时，也不肯放弃心理和日常生活所依托的一些传统保守的经济观念，不会勇于接受新的经济观念，新的经济手段。在现代理财观念、保险意识、消费观念上，以及对于金钱的保管与处理，农民们并没有形成明晰且有效的概念，他们仍处于最基本、最保守的经济理性状态。除非在熟人的带领与保证下，风险系数降至最低的时候才会选择接受。此两种差异很大的经济观念相互交织，是苏中地区的现代农民所呈现出的明显特征。

在这样的经济理性的影响下，致富成了绝大部分农民所关注和期望的现实议题。而在有关致富问题的调查中我们发现了明显的理想预期与现实差距的问题，在政府的有关致富信息的传播效果上也发现了不尽如人意之处，组织传播的使用满足情况并不乐观。

在乡村环境中，人们的人际传播相较以前呈现出越来越狭窄的趋势，只有依赖血缘与共同经历的人际关系才有较高的信任度。而组织传播则由于干群关系的疏离，社区记忆的减退则显得有心无力，多数的信息的传播则止步于村级行政服务中心（即村委会），很难下传；而农民的组织与被组织过程则逐渐消失（常见的行政式的组织传播停留在退休党员开会、以金钱鼓励参会等形式上）；大众传播的效果主要侧重了其娱乐功能与农民情感宣泄的作用，于农村经济发展的联系并不密切。

长期以来，在农村信息现代化建设过程中，总提到的一个问题就是传播的“最后一公里”问题，农民作为传播链条的终点，信息并没有有效地到达。在实地调研过程中，绝大多数的农民都表示对于一些经济信息的内容并不知情，而村干部也表示，多数政府的经济信息服务到了村级服务中心就截止了，并没有再进一步深入农户，产生了这个凸显的“最后一公里”的问题。这个传播链条的中断不但折射出了乡村经济信息传播渠道并不完善的问题，也反映出当前农村经济发展面临干群关系的疏离、农民合作化困难等诸多挑战。

在乡土记忆薄弱、农民原子化的今天，由J市各乡镇农村的经济传播实践我们可以大致了解当前农村经济信息传播正处于一个什么样的水平和状态。尽管从调查结果来看，农民组织与再组织的议题显得前景不明，但我们依然可以借由此次实证调查所获得的数据及访谈资料，分别从客观和主观两个方向的努力，对农村经济发展及经济传播遇见的问题加以解决，并找到最优化的发展道路。

首先，在客观条件方面进一步完善农村经济信息传播的基础设施与体系建设。村级行政中心（村委会）由于人力资源及管理模式的限制，并不足以应对经济传播的各种要求，可以通过搭建信息服务平台和乡镇农村经济信息服务站的方式来改善。乡镇农村经济信息服务站可以依托农经站、农技服务站、乡镇人力资源中心、乡镇土地流传服务中心等部门建设，要以能开展正常的农业农村经济信息服务为主要目标的各种服务。而这就需要增加基础设施建设的投入，需要能够设定专门的单位和人员来完成这项工作；只有将不同内容的经济信息内容通过各单位加以整合和及时发布，农民们知道从哪里能够获取所需信息，传播链条才能贯通顺畅，而不会停留在“最后一公里”。在硬件条件完善的基础上，还需要完善基层政府的经济信息服务体系。将一切对农民有利的经济信息服务，例如各种招商会、农产品展销会、乡镇招聘会、务工培训、技能培训、权益保障知识讲座等活动内容通过基层组织有针对性、全覆盖地传送到农民中去，减少形式主义，提升相关政府职能部门对农经济信息传播与相关政策落实的执行能力。将目前任何政策性文件与经济活动的传达和推广只停留在村委会的现实加以扭转，通过政策性的强制力将一些服务项目具体落实。在村民自治的基础上发挥基层干部们的作用，充分利用镇、村干部的主观能动性，保证对农经济信息传播的有效到达，并提高对农经济传播服务效果。

其次，建立农村经济传播的中介组织，不同发展方向的农村可以根据其不同的村庄特色设定农村经济信息服务的经纪人、种养经营大户、农业产业化龙头企业、农产品批发市场等中介组织。如J市H镇双华村则体现村庄花木特色，设定花木经纪人，联合种养大户组成产销合作社，为村里的农户及时提供收花木、运输、销售等综合业务；或与龙头企业、批发市场等联动，让其及时在村级行政服务中心或信息员处公布各种经济信息，在乡镇范围内为了本乡镇民众提供信息。如此完善经济信息传播渠道都是希望在“最后一公里”处能够连接广大农民，让经济信息能够在最近的地方接触到农民。另外，争取设立农村专职信息员，落实农村信息员培训任务。所谓农村信息员是指连接基层信息服务机构与广大农民的桥梁和纽带。在干群关系疏离，农村社区记忆趋淡的今天，加强专门的农村信息员队伍建设是解决信息服务“最后一公里”问题的有效途径，专职、专业可以大幅的提高信息传播的效率。而信息员身份则来源于农村社区，最大程度地服务群众。信息员最好采取竞争上岗，参加培训与进行资格认证的培养方式。不论是在信息收集、传播方法和农业科技、经营管理知识，计算机、网络应用基础常识，就业保障，基础法律知识等方面都有一定的了解与解决问题的能力。希望能够通过这样的一群“意见领袖”可以逐渐累积信息员在农村中的权威性与服务性，通过其专职与完善的服务过程，能够很大程度上满足农民们的经济信息需求。

再次，在对农传播服务创新方面，着重突出“服务”的真正内涵。一方面需要增加农民迫切需要的经济信息内容，克服单一化经济信息传播内容。通常，在农村在经济信息的内容单一、信息服务方式简单，大都是关于农业科技信息或是经济政策文件的宣传口号的灌输。从“服务”的角度，应当根据农民的需求，来提供多远的经济信息内容，克服单一化的内容传播。例如可以提供新的农业技术、最新天气及市场变化资讯、及时的就业务工信息、就业务工的法律保障知识、农民合作信息、农民自主创业辅导信息、金融投资、保险与消费等不同的经济信息。通过建立规范化经济信息内容体系,将不同的经济信息内容加以丰富与传递,提供给不同需求的农民本身,以求最大程度地满足农民们逐渐增长的现代经济理性。另一方面,努力为农民提供多元模式的经济信息服务形式。可以通过举办务工就业咨询会与乡镇企业招聘会、专门的广播电视频道及节目发送天气与市场咨询、定期举办就业务工法律知识讲座、种养大户或乡镇企业举办科技讲座或企业运营经验、邀请民营企业家开展自主创业经验分享会、邀请保险公司及银行等工作单位人员定期举办金融投资等主题的专门讲座、开设一定的农民课堂教授具有生产力的各种知识、以及将政府的致富工程项目细化为致富协会或致富经验分享会等具体服务形式。通过信息员的信息传递及动员,调动对各种议题有兴趣的农村民众参与这些多远的经济信息服务形式,来形成一定的现代农村社区氛围。而且,在条件允许的情况,可以开展有关主题的调查,收集调查农村受众在经济领域的真实需求,地方机构同时根据地方实际多方位考虑农村受众对生活、生产等各种经济信息的需求,及时更新信息。在不同的环境和发展条件下更改经济信息提供的内容和方式,保持渠道畅通。

最后,在主观层面上,要通过各种途径提升农民的现代经济意识。在我国农村向现代社会转型的过程中,农民需要更加系统地学习各种经济常识与金融知识,以应付不断变化的乡村经济。要逐渐改变口耳相传、模糊认知的现状,让农民们可以主动地去理解正在身边发生的一些发展与变化,并且对于乡村经济的发展和前景能够有着明确的把握。除了经济意识方面的培养,还应注重提升农民的文化素质与媒介素养。在经济信息的利用过程中,农民本身的媒介素养和信息处理机制也十分的重要。对于农民来说,他们需要掌握对媒介工具的接触与使用能力,能够找到可接触的媒介,并掌握相关媒介的使用方法来获取自己需要的各种信息也是不可忽视的重点。由于受众没有良好的接收机制,再成熟的传播渠道与服务也终究失去其价值。有调查显示,农村受众自身受教育程度及其综合素养与信息接受能力在一定程度上是成正比的。而“农家书屋”、“农村图书馆”等服务也是为农村受众了解社会、经济、娱乐、文化等各方面知识提供渠道,应加强农民们对于书屋的使用率,增加农村受众积极读书的氛围;并加强宣传力度,允许农村出版物刊行,鼓励农村受众投稿,形成好的学习氛围。通过设专门培训班,并采用挂横幅、贴标语、发传单等形式在农村加强宣传力度,建立农村学习园地。适当增加浅显易懂的经济方面的书籍使其耳濡目染,以期达到习得的效果。另外,农村受众自身的信息意识并不强,农村受众一般都不具备主动寻求信息的意识,通常是一个被动接受讯息的群体,且在表达信息需求方面能力欠缺。网络的普及以及城乡间的人群流动使得农民们得信息意识开始加强,但农民们普遍还缺少能够自主搜集信息并且加以处理的能力,故此,大众媒体例如报纸电视广播等应当适当引导农民,农村信息员应该鼓励民众多加以交流,传递信息,让民众从意识上认识到信息所能带来的生产力，能够不再被动，能够较好的从各种媒介中获得所需要的经济信息并且投入生产。

总之，农民对于经济财富的需求已经不再羞羞答答且客观存在。而建立在农村经济发展问题基础上的农民组织与再组织问题显得尤其重要与迫切。若能结合农民们的经济理性与致富动机，抓住当前农村经济发展的共同需求与时代机遇，并采取科学有效的对农经济信息传播服务措施，从长久来看，相信原子化的农民的组织与再组织并不是攻不可破的一个难题。而以政府为主导力量，对农民们的信息意识及媒介素养加以培养，并且疏通和完善整个农村经济传播的传播渠道，完善经济信息的服务体系的价值不止在解决民生、发展农村经济水平与提高农民生活质量，更能提高农民的现代性，形成较为健康积极的农村社区环境，为日渐疏离与原子化的农村社区的经济发展注入新的能量。

第四章　农业科技传播：进退两难中的创新与扩散

农业是国民经济的基础，农业科技是建设社会主义新农村、实现农业现代化的关键支撑。如果传统农业是指"完全以农民世代使用的各种生产要素为基础"的农业，那么现代农业则是指以现代工业品投入和现代科学技术为基础的农业。也即农业从一个以自然资源为基础的部门转向了以科技进步为支撑的产业；农业发展方式由主要依靠传统投入和劳动集约逐步转向日益依赖技术和资本的投入；农业技术进步成为推动农业发展的基本源泉。

在我国农业发展过程中，农业科技所取得的系列创新成果，有力地促进了农业的快速发展，帮助我国解决了在国际上看来几乎不可能自行解决的粮食自给问题。但同时我们也要看到，当前我国农业科技成果在农业发展中的转化率和贡献率都相对较低。我国的农业科技成果转化率只有30%～40%，而发达国家的这一指标平均为65%～85%；我国农业科技贡献率为50%，而发达国家的农业科技进步贡献率为60%～80%。造成这种差距是多方面因素共同作用的结果，但当前的农业科技传播效果不太理想也是重要的影响因子之一。

为更好地发挥农业科技传播在农业发展中的作用，进一步促进传统农业向现代农业转变，《中共中央关于制定国民经济和社会发展第十个五年计划的建议》明确指出"大力推进以科技服务和信息服务为重点的农业社会化服务体系建设。支持农业科技创新和推广，使先进适用技术进入更多农户"。这是加强农村科技传播服务体系建设的指导方针和行动纲领。加强农村科技传播服务体系建设，提高农民对科技信息的认知水平及获取、使用能力，是党和政府一直以来重视的工作，特别是在党的十六届五中全会提出建设"生产发展、生活富裕、乡风文明、村容整洁、管理民主"的社会主义新农村目标之后，完善农村科技传播服务体系，发挥科技在农业发展中的重要作用便成为建设新农村的重要任务之一。从当前来看农村科技传播服务体系的建设取得了一定的成就，培育了多层级的农业科技传播主体，广泛开展了各种形式的农业技术培训，推广使用新技术、新品种，农民的科技素质有了很大的提升。但另一方面，当前农村科技传播服务过程中仍存在很多问题，如当前农村科技传播信息的供需脱节，农民的科技需求没有得到满足；农业科技传播投入资金不足，致使科技成果推广缺乏资金支持；科技人员推广水平与素质参差不齐，主动服务意识不强，缺乏与农户的沟通交流。这些问题的存在限制了农民对科技信息、技术的获取与使用，降低了农业生产中的科技含量，最终影响到农民的致富及农村、农业的发展。

当前关于农业科技传播的研究已取得较为丰硕的成果，不仅有传播学方面的研究，经济学、社会学等学科也都进行了深入研究。这主要集中在以下几个方面：第一，关于我国农民科技需求以及供给的研究。农民有哪些科技需求，这是广大农业科技工作者和管理者所关心的基本问题。如有学者基于对陕西、河南、山东等七个省区的农民实施问卷调查的基础上，提出农民对于各种实用的科技信息需求层次也呈现出多样，内容广泛，但果树栽培和家禽养殖是当前农民科技需求的热点。① 第二，对农业科技传播服务的研究。前人的研究不仅关注了国外农业科技传播服务体系的运作模式，如日本、美国等，同时将更多的注意力放在了国内农业科技传播服务体系的研究，如研究农村科技传播服务组织的演变过程、体系结构等，还有学者提出了农业科技传播服务体系的下一步发展构想，如提出政府主导型模式逐步向公共部门与市场部门相结合的混合型模式发展②。第三，关于农民获取、采用科技行为的关注。当前国外对农户在农业科技接受、采用方面进行了较多的研究，已形成了五大理论流派："劳动消费均衡"理论、"利润最大化"理论、"过密论"、"风险厌恶理论"和"农场户模型"。③ 而国内对于农户对农业科技选择、接受以及采用行为的研究多在实证调查基础上探析影响农户选择农业科技的各种关联因素，如农民的年龄、性别、文化程度、收入水平、耕地面积；以及有学者从传播学的角度提出了人际传播在农户接收，以及决定是否使用某项技术方面起着主导作用。④

综合当前对农业科技传播的研究，我们可以发现，在理论研究上，不论是从经济学上的"劳动消费均衡"理论，还是从社会学上的"理性选择理论"、"社会交换理论"，以及传播学意义上"使用与满足理论"的探析，都在一定程度上将理论与实践相结合并推动了理论的发展。在实证研究方面，多采用问卷调查等实证研究方法来对某一地区农业科技传播的相关内容进行个案研究。同时我们也发现，国内学者对科技传播的研究多是遵循着自上而下的"现状——影响因素——对策"这一传统研究范式，对科技传播的要素环节的解释较为浅显，深入不足，同时所提出的观点又大有雷同之处，尤其是对策性研究，并没有做到具体问题具体分析。

因此本书的调查研究将打破传统的研究范式，着力从农民的视角来解读当前

---

① 张小明：《当前农民科技需求分析》，《陕西农业科学》2003年第4期，第42页。

② 伍莺莺、唐仁华：《创新中国农业科技服务体系的思考》，《湖北社会科学》2005年第11期。

③ 鄢万春：《农户对农业科技服务选择行为的实证研究—基于湖北省枣阳市L镇农户的调查》，华中农业大学硕士论文，2007年，第13页。

④ 李南田、王磊等：《农业技术传播模式分析》，《农业科技管理》2004年第1期。

农业科技的传播。作为农业科技传播的受众——农民,是如何认知、解读、评价农业科技的?在获取渠道方面,大众传播、基层组织传播、人际传播分别扮演着什么角色,能否满足农民的需求?这都是本文要研究的问题。研究的思路则是从农民对于农业科技的认知入手,多角度多层面地剖析农民对农业科技的认知及使用行为,并予以传播学理论的解读。基于此,我们于2010年1月21日—29日对江苏省J市农村进行了主题为"农业科技传播现状与需求"问卷调查。

所调查的J市属长江中下游平原,气候属副热带湿润气候,无霜期较长。境内地势平坦,河湖交织。100多万亩的耕地适宜种植多种粮食作物和经济作物,是苏北的粮仓之一。农副产品资源丰富,蚕茧、棉花、银杏、无花果、猪鬃、杞柳以及各种花木形成了具有一定规模的生产基地。同时,20多万亩的湖河水面盛产河鳗、甲鱼、螃蟹、罗氏沼虾和邵伯菱等特种水产品。历史上素有"鱼米之乡"的美称。

在当前农业发展过程中,J市注重农业结构调整,大力推进农业产业化经营,支持农业产业化龙头企业的发展,高效规模农业发展迅速。为加快从传统农业向现代农业的转变,J市政府重视农业科技在农业生产转化中作用的发挥,积极推进农业科技传播服务体系的建设与完善。首先是在市政府的主导下农林局定期开展各类培训和科普宣传工作。每年开展三期培训,培训的内容主要包括农村实用技术培训以及农民创业培训。培训范围主要在全市309个村进行,参加的人员包括种养大户在内的普通百姓。其次是建立了农业科技入户工作专家组,选拔出401位农业专业技术人员,组成了全市技术指导员队伍,遴选出1140名科技示范户,对示范户进行技术指导。再次是利用大众媒体进行宣传,定期开办"农民电视课堂"和"农民广播课堂",通过广播和电视向农民介绍各个实用技术及典型事例。最后设立固定的人工服务热线电话,也即开展了农业科技"110"为农服务活动,接受农民咨询。不同形式的农业科技传播服务为农民提供了获取农业科技的多样渠道,提高了农民的科技素养,也促进了农业的跨越式发展。

以上一系列政府主导的农业科技传播措施,其实际传播效果如何?农民对其实际需求及评价如何?为了回答这些问题,本次问卷调查内容涉及调查者的基本信息情况,包括被调查者的性别、年龄、职业及家庭收入等,被调查者对农业新技术的认知,以及在此基础上对政府主导下的农业科技传播服务的认知、参与及评价,还包括被调查者通过大众媒介、基层组织传播、人际传播等渠道获取农业新技术的行为,以及对农业新技术成果的使用状况等。

针对J市各乡镇农业发展的不同状况,此次农业科技传播的问卷调查在D镇、P镇、Y镇、H镇、S镇、G镇、Z镇、X镇等8个乡镇展开,调查对象为长期生活在农村、拥有农业户口的普通农民。问卷发放按照各镇的农业人口比例进行抽样,共发放问卷270份,实际回收有效问卷250份,有效回收率为92.5%。调查结束后将问卷数据进行编码录入，使用 SPSS13.0 统计分析软件进行相关的统计分析。①

同时，我们也事先在 2009 年 7 月至 11 月对 J 市相关农业科技传播主体以及客体进行了深度访谈。具体访谈对象包括负责农技推广的市级相关部门领导、镇有关部门负责人、村干部、农技员、普通农民等，访谈以无结构式进行，其内容主要包括 J 市农业技术推广体系建设状况，农业生产的基本情况，新品种、新技术的采用，农民对当前农业科技的大众传播、基层组织传播、人际传播的参与及评价等。

一、农业科技传播中农民认知结构及其行为方式

认知，是人们对外部世界的认识与理解的心理活动和结果，包括认识与理解的过程和结果两种含义；而行为包括实施行为的动作和结果两个方面。认知是人类社会行为的基础，其直接涉及个体如何主动创造自己行为的框架。班杜拉提出了“三方互惠决定论”，认为行为、认知和环境三者之间构成动态的交互决定关系。一方面人们的所思所想影响着他们的行为方式；另一方面行为的内部反馈和外部结构反过来又部分决定其思想信念和情感反应，环境作为行为的对象或现实条件，决定行为的方向和强度，但行为也改变环境从而适应人的需要。② 由此可知，认知、行为、环境之间是相互影响、相互制约的关系，认知行为的改变也就包括多个层次：知识改变、态度改变、个人行为改变、群体行为改变。

在乡村社会中，农民始终处在社会发展的底层，也同样是社会信息传播的弱势群体，一方面受社会主流话语群体所包围，在外部干预下被迫建构新的体系；另一方面他们又在他者话语群的围困中坚守以及重塑属于自身的话语体系。在双重话语体系的影响下不断建构自身的认知结构，并进一步指导他的行为。这突出表现在乡村农业科技传播传播中农民认知结构的形成及其行为方式的改变。

1. 日常生活中的传统经验与农业新技术

从农民各种生产行为形成的历史来看，农民的认知行为是在长期经验中逐渐形成的，他们不断增长的认知主要来源于其观察学习和亲历学习所获得的经验。

---

① 对农文化传播专题问卷调查的具体样本统计特征如下：被调查者中有 56.4%为男性，43.6%为女性，男性的比例略高于女性；在年龄上以 36 周岁为主，尤其是 56 周岁以上的人口所占比重偏大，这与 J 市农村总体的年龄分布存在一定的差异，造成这一状况的原因主要是源于农村打工潮的推动下，中青年及壮年多外出打工，留守在家的多为年龄较大的人；在家庭年收入上 10000 元以上的占有 86.4%，收入的来源也呈现多元化，不仅有农副产品收入、个体经营，同时打工收入也占有一定的比例(50%)，多途径的收入来源提高了农村家庭的收入。

② 旷宗仁、左停：《乡村科技传播中农民认知行为的发展规律研究》，《中国人力资源开发》2009 年第 2 期。

长期的经验积累所形成的认知结构包括显性知识和隐性知识,[①]并且隐性知识为农民认知结构的主要部分。这种隐性知识主要是指在长期生产中通过观察学习及亲历学习所获得的经验、知识以及技术积累,并经过农民的验证、认可,内化为农民的内在认知结构和生产生活习惯。

因此,在调查农民对于农业新技术的看法时,如图 4-1 统计数据显示,有 39.1%的农民认为"种养靠的是经验,用不用新技术无所谓",即在传统经验与新技术之间,农民更倾向于传统内化在心中的传统经验,而不是报纸、小册子上介绍的新技术。当然我们也不可否定经验在农业生产中的积极作用。在长期的农业生产实践中,劳动人民积累了丰富的生产生活经验,尤其是对自然环境依赖性较强的农业生产,农民更需要借助传统经验来预防或者减少不必要的损失。在对农民的访谈中,不少农民也表达了类似的观点:

> "种田还是主要靠经验。村里虽然有那些书、资料,但农村人识字的人少,不会去看。种地的人,有经验,到地里一看,有虫,就要治虫了。"[②]
>
> "田里有虫,自己去看,看别人治虫就也去看看自己家要不要治。"[③]
>
> "种菜觉得自己不要专门的培训。(自己认为)农业大学毕业的也没有他会种。已经种地 20 多年了,今年 40 岁,十几岁就开始种菜了,种大棚也已经 20 多年了。打水、打肥、打药,都要亲自给当地农民给予经验指导。"[④]

由此可以看出,部分农民对农业新技术存在模糊化认知,大部分农民受限于自身的文化水平,只是靠祖辈言传身教来获得农业技术,遵从先辈的经验,并且大家都这么做,他也这么做,形成了所谓的思维定势。

当然在建设社会主义新农村、大力发展现代农业的今天,也有不少农民对农业新技术有了一定的认知,认为在农业生产活动中需要依靠农业新技术,发挥农业新技术的先进生产力作用,这就为农业新技术的传播与推广奠定了基础。如图 4-1 统计数据显示,有 54.2%的农民不同意"种养靠的是经验,用不用新技术无所谓"

---

① 显性知识和隐性知识:英国犹太裔物理化学家、哲学家波兰尼在 20 世纪 50 年代出版了《个人的知识》(Personal Knowledge,1958)和《人的研究》(A Study of Man,1959),公开系统地论述了关于隐性知识和显性知识的理论。他指出"人类的知识有两种":"显性知识"(explict knosledge)和"隐性知识"(tacit knowledge)。所谓"显性知识"是指用"书面文字、图表和数学公式表述了的知识",就只是的可接触性而言,用文字和其他形式表述了的知识是"显性"的,同时也是"明确"的;"隐性知识"则是指尚未被言语或者其他形式表述的知识,就这些知识的内隐形态而言,他们是"尚未言明的"、"难以言传的",尚处于"缄默"状态的知识。

② 摘自于访谈资料:2009 年 8 月 8 日,J 市 D 镇 Q 村,受访者为 60 多岁的退休教师朱某。

③ 摘自于访谈资料:2009 年 8 月 8 日,J 市 D 镇 G 村,受访者为 72 岁的朱某。

④ 摘自于访谈资料:2009 年 8 月 9 日,J 市 D 镇 S 村,受访者为大棚农业技术员。

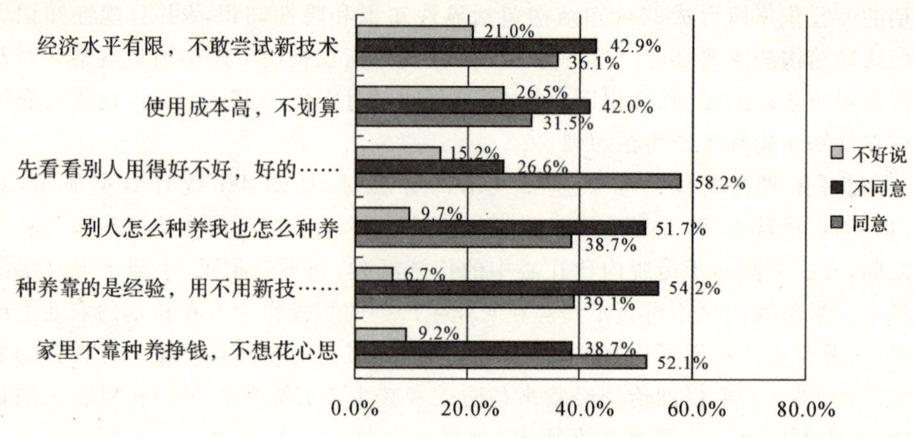

图 4-1　农民对农业新技术认知状况的统计

这一说法，也即超过一半的农民表示在日常的农业生产中还是需要新技术，需要各类技术人员的指导来解决在农业生产中遇到的新问题。同时有 38.7％的农民表示农业活动还是需要花费一定的心思，这里所说的“心思”对农民来说就是需要进行各种投入，包括资金、技术的投入。

而农业新技术对于农民来说意味着什么，或对农民来说能够发挥什么效应。如图 4-2 统计结果显示，57.6％的农民认为使用新种（苗）可以获得较高的农业效益，49.6％的农民认为使用新的技术可以节约人力。不论是农业效益的提高，还是劳动力的节约，在当前的农村社会显得较为重要，特别是打工潮下农村中青年劳动力外流，留守在家的大多为妇女、老人和儿童，使用农业新技术可以缓解农村劳动力外流带来的劳动力不足的状况，同时还提高了农业的生产效益。

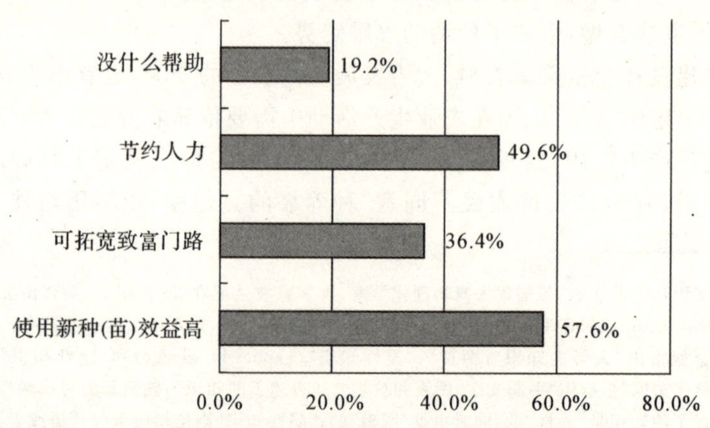

图 4-2　农民对农业新技术功能认知的统计

其实，不论是传统的经验，还是当前被农民所认可的各项农业新技术，都是农民从事农业生产劳动的技术来源，在此不能简单地肯定或者否定哪一种更为先进或者更顺应时代的发展，最重要的是切合农民的实际需求，能够指导农民解决生产中所遇到的各种问题，从而发展农业生产，增加农民收入，改善农民的生活质量。

2. 农业科技认知行为的外部干预及其缺位

为加速农业发展，提高农业科技含量，促进农民对农业科技认知行为的发展，我国农业科技推广传播者通过各种方式对农民的认知行为进行干预。在20世纪30年代，政府主办的农业技术推广机构慢慢兴起，并逐渐形成体系，成为推广工作的主体。新中国建立之后，逐步形成了农业技术推广制度，并在1979年着手全面改革，从县一级开始，把原来分散独立的县农科所、农技推广、植保、土肥等专业站和农业技术学校结合起来，成为实验示范、培训、推广相结合的农业技术推广中心。乡一级重建于县"中心"业务相一致的农业技术推广站，在县以上设立了从中央、省到地区(市)的农业技术推广管理机构，组成了现今的由政府领导、农业行政主管部门的从中央到县、乡的农业技术推广新体系。① 改革开放以来，中国的农业技术推广体系初步形成了从中央到省、地、县、乡多层次、多功能体系，在传递服务这一传统模式基础上逐渐形成了农业推广的优化模式：项目辐射型、技术承包型、技物结合型、技术转让型、实体服务型、技术咨询和信息服务型、公司加农户型、民间组织加农户型等。②

在国家要求推进以科技服务和信息服务为重点的农业社会化服务体系建设的背景下，J市也加紧农村科技传播服务体系的建设，逐步形成了多种信息传播模式，培育了多层级的农村科技传播主体，一是隶属于政府管理的科技研发与科技教育部门，如大专院校和科研院所等；二是挂靠在政府部门，具有半官方、半社会性质的学术团体，如各种协会等；三是社会化的大众传播机构，如电视、广播等。多层级的传播主体的形成，从不同的层级、不同的传播模式来进行农业科技的传播，对农民的认知行为进行干预，一定程度上促进了农民对农业科技认知的发展，提供了农民的科技素养。

农民对农业科技认知的提升一方面来自于自身主动的学习；另一方面还来自于外部条件的干预。这种干预既可以满足部分农民对农业科技的需求，又是国家实施"三农"服务的战略任务。如农业技术培训，作为农民认知行为外部干预的重要形式之一，是政府在农村重要的推进工程，投入了大量人力、物力及财力，意在通过专家及学者的讲授示范来解决农民在生产中遇到的问题，提高农民利用农业科技的能力和水平。如图4-3统计结果显示，只有23.7%的农民表示村里有农业技术培训(如种田、养殖、果蔬种植等)。由于我们所调查地区主要是以养殖和花木培训为主，迎合了当地农民对养殖技术和花木技术的需求。因此，在当前农村是否有

① 邹品卿：《农业推广组织与管理》，参见聂闯、吴俊主编：《农业推广的重要趋势国际研讨会论文汇编》，中国农业出版社1993年版，第149—151页。

② 李红艳：《乡村传播学》，北京大学出版社2010年版，第200—202页。

农业技术培训的统计的实际比例比这要小。

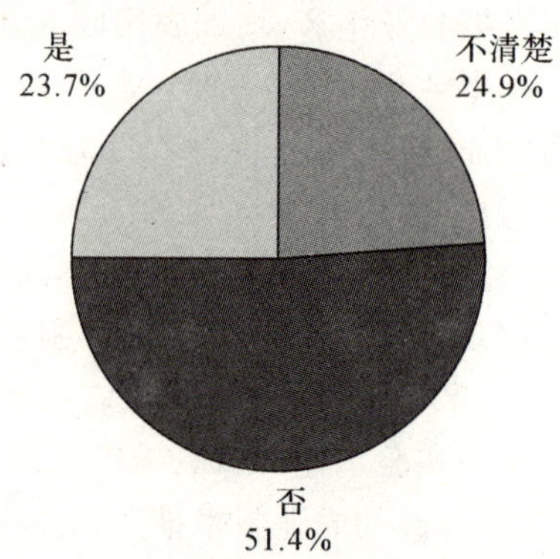

图 4-3　关于村里是否有农业技术培训的统计

然而，在此次调查过程中发现，不少农民对于农业技术培训有着积极的评价，较为认可以前在农村所开展的农业技术培训，并且认为平时还可以同村里参加农业技术培训的人相互交流种养经验。这在当前农村是一个值得重视的问题。因为自 20 世纪 70 年代末实行家庭联产承包责任制之后，打破了以往集体劳作以及大锅饭的状态，逐步成为小户、散户的状态，这样的农业技术培训越来越少。如在访谈有人提到：

> "农田分到户，家家有'干部'。一般都是自家负责自家。"①
>
> "过去到了种菜的季节，都会开现场会，现场指导种菜，村干部全部参加，种菜的一整套都讲授。全部乡镇干部集中起来，到地头，有农技站的技术员现场讲解，怎么种，种子怎么处理，都有讲解。这些都是过去，现在不了。"②

不仅上述培训机会越来越少，农民与村干部、农民与技术员、农民与农民在公共场合进行沟通交流的机会也越来越少。但很多农民渴望这种交流的机会和空间，也即发挥人际传播的优势，一对一或者多对多，并在交流中实时地反馈。而且在农业技术培训过程中有了农业技术专家的参与，由于他们能够积极主动地从大众媒介或者更高层级的专家那获取农业科技专业知识，则可以为农民传递丰富、可靠、专业的知识，在农民群体中拥有一定的权威，并发挥意见领袖的作用，从而使得这种公共场域的交流与讨论有个更高的技术含量，因此在很大程度上受到了农民的欢迎。

---

① 摘自于访谈资料：2009 年 7 月 25 日，J 市 G 镇 D 村，受访者为曾常年在外打工 50 岁的孙某。

② 摘自于访谈资料：2009 年 8 月 10 日，J 市 W 镇镇政府，受访者为蔬菜园区管理办公室主任王某。

除了在农村开展农业技术培训、科技下乡等活动，政府相关部门重视对当地农民工的职业技能培训。中央“1号文件”多次明确指出，要大规模开展农村劳动力技能培训，用现代发展理念引领农业，用培训新型农民发展农业，提高农业素质、效益和竞争力。在这一理念指导下J市相关部门也通过各种形式开展了对农民的职业技能培训。

从图4-4调查统计结果可以看出，大部分农民对于职业技能培训有着积极的认知和评价。如有77%的农民认为现在种田的人少了，需要很多职业技能培训。这种反映是当前农村社会发展的必然趋势和客观需要。当前农村产业结构的调整带来了劳动力结构的变化，真正从事传统农业的农民逐渐减少，部分农民开始转向第二产业或者第三产业，也就出现了农村劳动力的转移。在调查走访中，我们也了解到，大约45.2%的农民在工厂或者企业务工，农民不再是那个面朝黄土背朝天的“庄稼汉”形象，而是成为了工厂或者企业的员工。为适应或满足企业的发展，从土地中解放出来的农民迫切需要一定的职业技能培训，他们迫切希望通过各种形

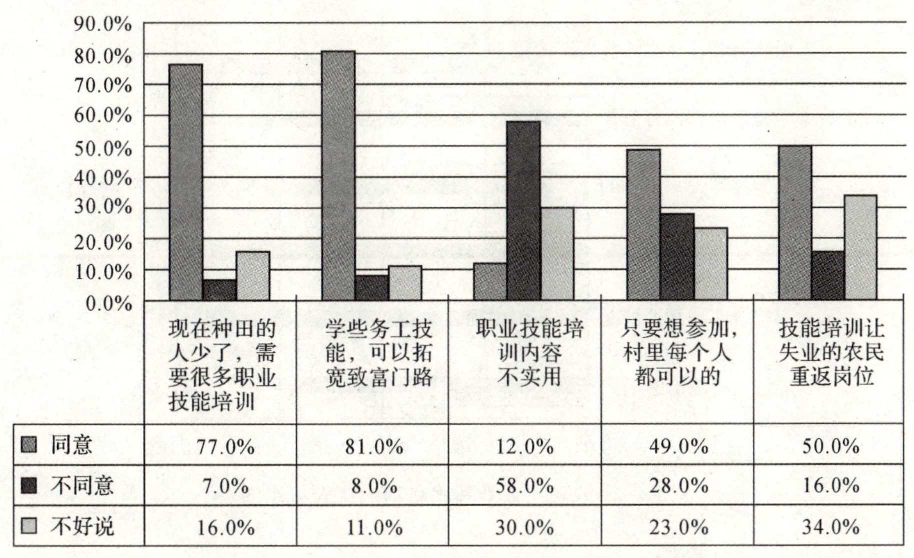

	现在种田的人少了，需要很多职业技能培训	学些务工技能，可以拓宽致富门路	职业技能培训内容不实用	只要想参加，村里每个人都可以的	技能培训让失业的农民重返岗位
同意	77.0%	81.0%	12.0%	49.0%	50.0%
不同意	7.0%	8.0%	58.0%	28.0%	16.0%
不好说	16.0%	11.0%	30.0%	23.0%	34.0%

图4-4　农民对职业技能培训认知评价的统计

式的职业技能培训来改善自己，提高在工作中的技能水平，更好地从事相应的工作。另外，从图4-4中我们还看到有50%的农民认为职业技能培训让因各种原因失业的农民重返工作岗位。农民开始认识到职业技能在工作竞争中的重要性，用农民的话就是“现在没有技术是不行的”。这也就为农民参加职业技能培训提供了动力，从而可以有效地提高职业技能在改善农民就业状况中发挥的效果。也有81%的农民认为学些务工技能，可以拓宽致富门路，这也就将务工技能与发家致富相结合起来，反映出农民期望通过一定的技能培训来提高自身的收入，改善自身的

生活质量。从农民的反馈可以看出，对于职业技能培训这一外部干预形式，得到了大部分农民的认可，农民期望通过各类形式的职业技能培训来提升自己的职业技能，改善自己的知识结构，更好地适应职业的发展，增强自身的竞争力，拓宽致富门路。

总之，在新形势下部分农民希望相关部门开展多种形式的技术培训活动，反映了农民对于新技术认知的觉醒，农民逐步意识到新技术对他们自身的重要性，他们也期望通过各类形式的技术培训等外部干预来提升自己，改善自己的认知结构，提高自己的决策力、行动力，实现发家致富的愿望。不过，虽然少部分农民期望政府部门通过各类形式来进行一定的外部干预，促进自身对农业科技认知行为的发展，但实际的调查结果也反映出，大部分农民并不认可行政性过强的农业科技传播活动，用农民的话则是“不感兴趣”或者“搞形式”等，这种硬性的外部干预并不为农民所接受或欢迎。如在获知村里有农业技术培训的农民中（见图 4-5），5.7%的农民认为自己的种养经验比老师培训内容好用，可见少部分农民更认可传统经验。一

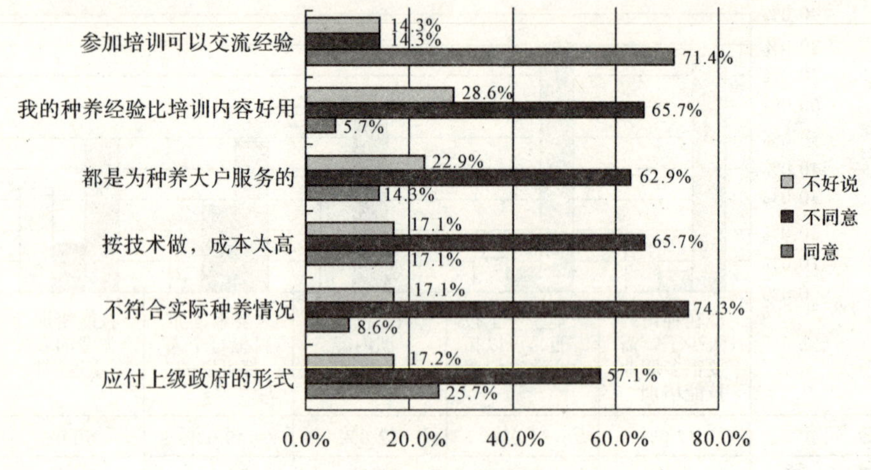

图 4-5　农民对农业技术培训的认知与评价

位种植大户也这样讲到：

“技术上完全靠我的经验，知道村里有种蔬菜和水稻的培训，但是从不去听。种蔬菜，自己的经验很有用，种出来的菜自己到菜市场去找小贩子和超市，也很受欢迎。不需要看书学技术，也不需要参加培训。种水稻也不愿去听专家的培训，那些专家的培训只是说理论，实践中成本很高，只要平时精心打理，水稻产量稍高点就行了，不愿花太多成本。”①

① 摘自于访谈资料：2009 年 8 月 9 日，J 市 D 镇 Q 村，受访者为来自安徽六安的种植大户。

我们可从两方面来解读这一种植大户的观点，其一，部分农民比较青睐在长期的生产过程中所积累的经验，体现出部分农民传统的小农思想比较重。受中国几千年的小农经济所塑造的小农文化潜移默化地影响着世代的农民，造就了大部分的农民封闭保守、安于现状、小福即安的思想，也就无意通过各种主动的寻求变化来改善当前的状况，对于农业科技则表示出了一定的冷漠性，这就影响了对其进一步的认知及学习。另一个方面，也反映出当前所开展的农业技术培训并不能满足农民的实际需求，或者说所培训的内容脱离了农民的生产实际，科技成果转化的成本过高，使得部分农民走向了传统经验而不是采用实用性较低的农业新技术。

此次调查中我们还发现，也有 25.7％的农民认为“村里组织的农业技术培训都是应付上级政府的形式”，从而使得农业技术培训带有了形式主义、政绩工程的形象。这种认知和评价也就掩盖了农业科技传播服务活动为农民提供最新的、最实用的科技信息和技术的真实目的，使得部分农民开始不理解甚至排斥各类农业科技传播活动，这也就挫伤了农民参与科技传播服务活动的积极性，并影响到农民对于农业科技信息的获取、使用及自身科技素养的提高。

3. *农民在农业科技传播中观望与模仿*

只有将农业科技应用到生产实践中，才能发挥出农业科技在节约人力、提高生产效益以及拓宽致富门路方面的作用。在调查中我们了解到，部分农民会把通过各种渠道所获得的农业科技运用到生产实践中。

从图 4-6 统计数据中我们可以看到，在收看电视农业科技节目的农民中，只有 11.4％的农民表示会经常尝试使用电视上所讲述的农业新技术，也即将从电视上所获取的农业新技术运用到自己的生产实践中。不过，也有 49％的农民会偶尔模仿电视中所传播的农业科技。从这些数据我们可以看到，只有部分农民能将通过大众媒介等渠道获取的农业新技术应用到自己的实践，实现农业科技成果的转化，这种转化与使用在一定程度上可以帮助农民解决在生产中所遇到的技术问题，节约了人力、物力，提高了农业效益，增加了农民的收入，有利于改善农民的生活质量

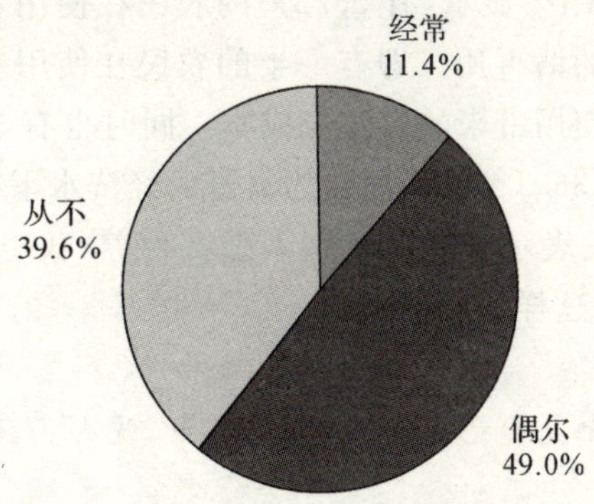

图 4-6　电视中农业科技成果转化与使用状况的统计

以及新农村社会的建设。

但也有相当一部分人表示不会将从电视等媒体上获取的农业科技进行转化与应用，持这一观点人占有39.6%。这在访谈中也有人提到：

“平时不怎么看农业科技节目，看了不起作用了。种地，就这么多事情，要做什么都知道，不需要看，知道J市台的农民电视课堂，碰到就看看，不会刻意去看。本来电视上农业科技节目就少，看了也不一定用得上。村里的农家书屋里的书看得也少，几乎不看，看了也没有什么作用。”①

这意味着虽然农民会收看一些农业科技节目，这种收看或许更多的是在打发时间，对于农业新技术仅停留在接收的阶段，并没有真正“接受”，甚至进一步的使用，农民对于农业新技术的认知与行动并没有完全实现。

另外，对于政府主导下农业科技传播服务活动所推广、传播的农业新技术、新品种，农民将其运用到生产实践中的概率也是比较少的。如农业示范园区的建立，一方面实现了土地的规模化经营，最大程度地运用新技术来提高农业生产的效益；另一个方面被征去土地的农民可以在此打工、学习新的种养技术，这就为农民自身农业科技素质的提高以及农业科技的使用提供了良好的条件。而在调查中却发现仅有极少部分的农民表示会经常使用从农业示范园区学到的种养技术，大多数的农民表示不会。农民不善于或不愿意将学到的农业新技术进行实际的转化与应用，必然影响了农业科技传播的效果。

事实上，作为从事小规模生产、独立经营的农户，在面对一项新的种养技术时，农户是否采用是经过慎重考虑的，往往会进行少部分的实验，在有把握之后才会在自己的生产中使用新技术。

如图4-7调查统计结果显示，有58.2%的农民在使用农业新技术之前会先看看别人用得好不好，好的话再用。即有一半的农民在使用农业新技术面前不敢冒风险，不敢承担新技术使用带来的风险与成本。同时也有31.5%的农民表示使用新技术成本高，不划算；36.1%的农民认为自身的经济水平有限，不敢尝试新技术。其中也有38.7%的农民表示会跟风，“别人怎么种养，我也怎么种养”。在与农民的访谈中我们也了解到这样的状况：

“村里人一般都是自己下田看，看到有虫，就去买药，其他农户看到有

① 摘自于访谈资料：2009年10月29日，J市D镇Z村，受访者为退休老村主任。

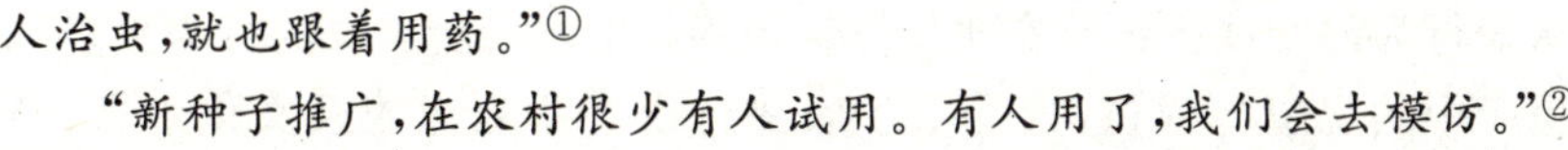
人治虫，就也跟着用药。”①

“新种子推广，在农村很少有人试用。有人用了，我们会去模仿。”②

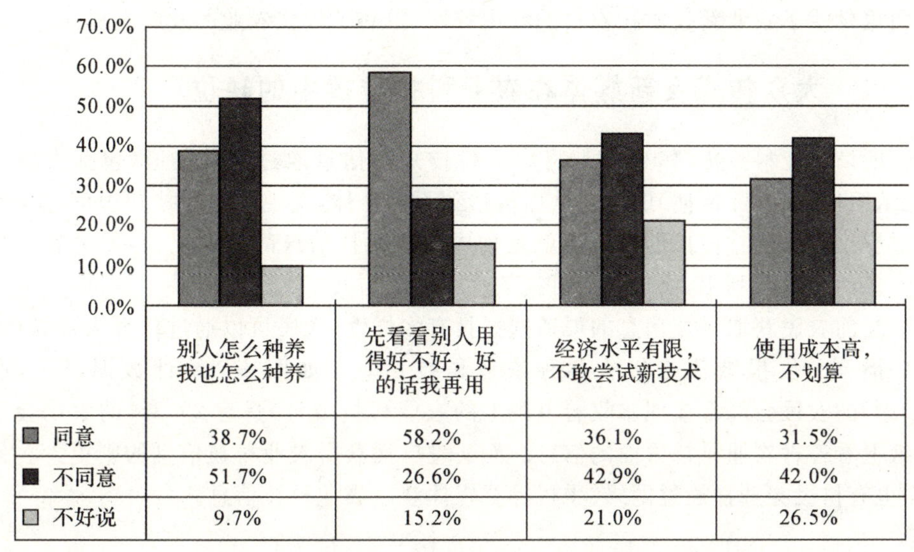

	别人怎么种养我也怎么种养	先看看别人用得好不好，好的话我再用	经济水平有限，不敢尝试新技术	使用成本高，不划算
同意	38.7%	58.2%	36.1%	31.5%
不同意	51.7%	26.6%	42.9%	42.0%
不好说	9.7%	15.2%	21.0%	26.5%

图 4-7　农民使用与转化农业科技成果状况的统计

由此可以看出，在农业新技术面前，部分农民往往不敢冒风险尝试使用，而是学习和模仿他人使用新技术的成效如何，这体现出农民在农业生产中的风险规避行为。部分农民更看重的是眼前的利益，受限于自身“小农”心理及本身的经济条件，农民一旦进行农业上的各种投资，就想得到立竿见影的回报。而各种农业技术的投入更多的是见效慢、风险大、成本高的投入。这对于部分农民来说是一个挑战。在挑战面前部分农民选择了风险回避，表示出了对农业科技在农业生产中作用发挥的担忧。他们期望把使用新技术所带来的风险以及成本损失降低到最小的程度，从而达到收益的最大化。因此在选择农业新技术方面，一些农户，尤其是那些经营规模较小、对于风险的承担能力较弱的农民往往会规避风险，持一种观望后再使用的态度。只有那些从事规模经营、敢于承担风险的农民则往往会敢于使用新技术，充分发挥新技术在农业生产中的效用。

综上，乡村社会中农民对农业科技的认知行为是一个复杂的过程。基于农民实际需求的外部干预，则为农民所认可和接收，并有利于促进农民对农业科技认知行为的发展；而相反，如果忽视了农民的实际需求，所提供的内容不切实际，则这种外部干预也即演变为形式主义、政绩工程的代名词，从而也就不利于提高农民对农

① 摘自于访谈资料：2009 年 7 月 25 日，J 市 G 镇 D 村，受访者为 71 岁的原村民小组组长宗某。

② 摘自于访谈资料：2009 年 8 月 8 日，J 市 D 镇 Q 村，受访者为退休教师朱某。

业科技认知行为的发展。在对农业科技认知基础上农民所采取的行为更多地表现为农业生产中的观望与模仿，这受限于农民传统的小农思想及文化水平、经济能力。当然基于他人体验后的农业新技术虽然一方面可以降低使用的风险，但另一方面也延缓了农业新技术在农村的利用效率，阻碍了现代农业的发展进程。

二、大众传媒及新媒体在农业科技传播中的缺位

所谓农业科技传播，也就是将农业科技知识信息通过各种渠道（包括大众传播、组织传播、人际传播）的扩散从而传达到不同个体，实现农业科技知识信息共享的过程。农业科技传播的目标也就是构成农业科技信息的有序流动，促进农业科技信息的开发与利用，实现农业科技信息的交流与共享。

当前农民获取科技信息的渠道选择具有多样性，农民可以通过传统大众媒体，如广播、电视、报纸等来接收各种农业科技信息。如图 4-8 统计数据显示，有 61.2％的农民会经常或偶尔收看电视上的农业科技节目，只有 29.3％的农民会从报纸上看各种农业科技方面的信息。而通过广播获得农业科技信息的则更少。另外，也有村民会选择通过网络、手机等新媒体获取农业科技信息。

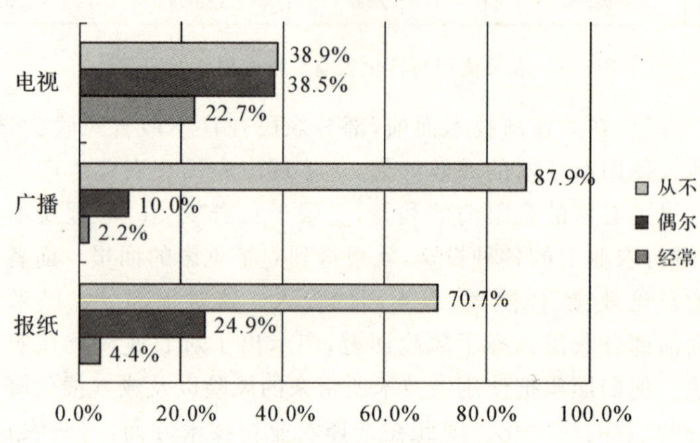

图 4-8　农民从大众媒介获取农业科技信息状况的统计

1. 农业科技节目的尴尬传播效果

相比较农村中的其他大众传媒，电视具有接触率高、传播速度快、视听效果好的优点，是普及科学文化知识和科学技术最形象、最快捷的方式之一，在农业科技传播中应该起着推波助澜的作用。然而当前我国农业科技类的电视节目在传播农业科技信息方面并没有充分发挥作用，存在着各种问题，影响了农业科技传播的效果。

在对 J 市农民调查中我们发现，有 92.4％的家庭安装了有线电视。按道理基础设施的建设与完善为农民收看各种农业科技节目提供了保障。但是在进一步的

调查农民是否经常收看电视上的农业科技节目时，却只有22.7%的农民表示经常看，38.5%的农民则表示偶尔看，38.9%的农民表示从来不看。这组统计数据反映出，在农村，只有少部分的农民会经常性地从电视这一大众媒介中获取农业科技信息与技术，而大部分的农民并没有充分利用电视在传播农业科技信息这一方面的作用。

在农民经常收看的农业科技节目中，通过图4-9调查统计结果显示，我们可以发现，收看最多的是中央七套的农业科技节目如《农广天地》，以及J市本地电视台的农业科技节目，如《农民电视课堂》，其所占的比例皆为36%。同时也有14.4%的农民会收看扬州电视台所播放的农业科技节目，如《大地飞歌》。对于省级电视台所播放的农业科技节目，如《江苏大地》，收看的则相对较少，仅有9.2%的农民会选择收看。

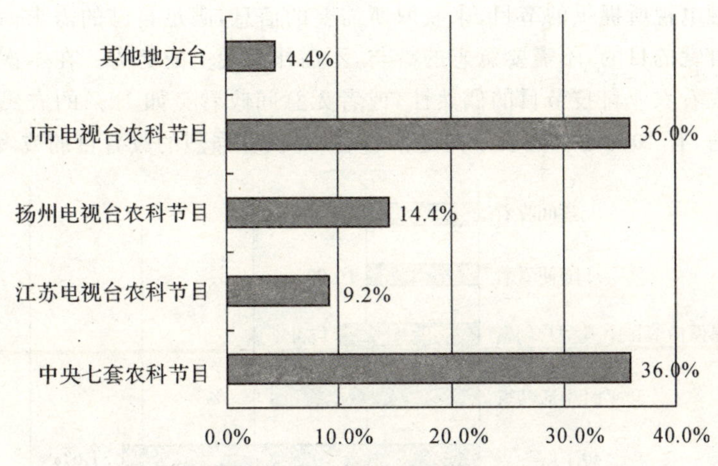

图4-9　农民收看农业科技节目的统计

由以上的统计数据可以看出，农民在农业科技节目的收视选择中，具有明显的选择性心理，也即会倾向于选择权威性较强以及地域接近性的媒介所播放的节目。有36%的农民会选择中央七套的农业科技节目，如《农广天地》、《致富经》等。央视第七套是农业、军事的混合频道，作为国家级的电视台，其本身就具有权威性，也即“光环效应”，可以无形中提高观众对于节目的信任程度。这种权威性使得农民更愿意相信节目中所讲的内容真实性，更有着代表性，也就更容易赢得农民的信任。正如调查中有农民说“央视嘛，中央电视台的节目，不会欺骗我们的，说的都是真的”。

也有36%的农民会选择收看J市电视台所播放的农业科技节目，如《农民电视课堂》，这体现出选择中的地域接近性心理。《农民电视课堂》作为一档满足本地农民需求、提高农民素质的节目，同时也是一个致富的课堂。因节目的内容是源于本地，针对各农村一些地方和农民缺少致富门路、项目、技术的情况，节目以引导和帮助农民致富为重点，节目中有农业专家提出各种农业技术以解决农民在生产中所遇到的问题，不论是从时效性还是实用方面，都迎合了农民的需求。因此农民会倾向于选择收看在地域上更接近的当地电视台所播放的农业科技节目。而地级市以及省级电视台所提供的农业科技节目其权威性和地域性的优势就相对较少，因此收看的农民会相对较少。

其实农民对农业科技节目的选择性收看在一定程度上能够反映农民的媒介接触动机。事实上农民媒介接触动机呈现出多样性。如图 4-10 统计结果显示，有 31.6％的农民表示看农业科技节目是想了解一点农业科技知识，12.4％的农民表示想模仿节目中介绍的典型种养户创富，17.6％的农民认为收看电视中的农业科技节目可以看到自己在平时所遇到的问题，从而可以从中学习到解决问题的方法。这些目的或者说是接触媒介的动机都是出自有意的注意，都有自己先在的需求，然后通过接触电视所提供的节目，来获取所需要的信息，满足自己的需求。而无意注意多是不自觉的目的，不需要意志的参与，不需作主观上的努力。在本次调查中多体现出为收看农业科技节目的偶然性，或者无意间收看。如 12％的农民表示是无意间收看的，有 10％的农民表示是随便看看，并没有强烈的收看目的或者动机。

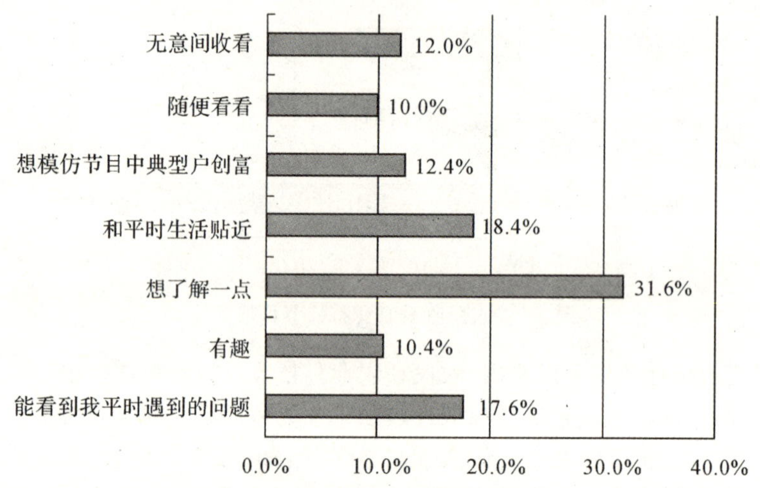

图 4-10　农民收看农业科技节目动机的统计

不论是有意注意还是无意注意的媒介接触动机都影响着农民对于农业科技信息的实际接收行为。无论是作为与他人聊天的谈资还是认真接受并转化使用，都决定了电视农业科技信息的传播效果。然而当前电视中所提供的农业科技节目并不能完全满足农民的需求，比较明显的则是传播内容的问题。内容是媒介传播的核心，也是受众需求的反映。如果内容不能很好地满足受众的需求，则传播的效果也就会大大降低。

如图 4-11 统计结果显示，有 36％的农民受众认为电视上的农业科技节目内容对他们有用的少,另有 31.4%的农民认为电视农业科技节目不能帮助解决实际中的困难。不论是有用的节目内容少,还是这些节目不能帮助解决实际中的困难,都影响着农民对于此类节目的评价和进一步接触与使用。也有 14.8%的农民受众认为当前的节目播放时间不适合收看,也即不适应农民的收看习惯及行为。这些问题却影响着农业科技节目的传播效果。结合当前农业科技传播节目存在的这些问题,尤其是对于文化水平较低的普通农民来说,如果所提供的农业科技节目内容过于专业化,或实效性不强,不能贴近农民的实际生产生活,这也会降低节目的传播效果。再加上一些栏目由于对乡村受众缺乏调查与了解,在栏目设置、内容选择、节目制作包装以及播出时段方面,都不能很好地适应"三农"的实际需求,使农业科技节目的传播效果大打折扣。

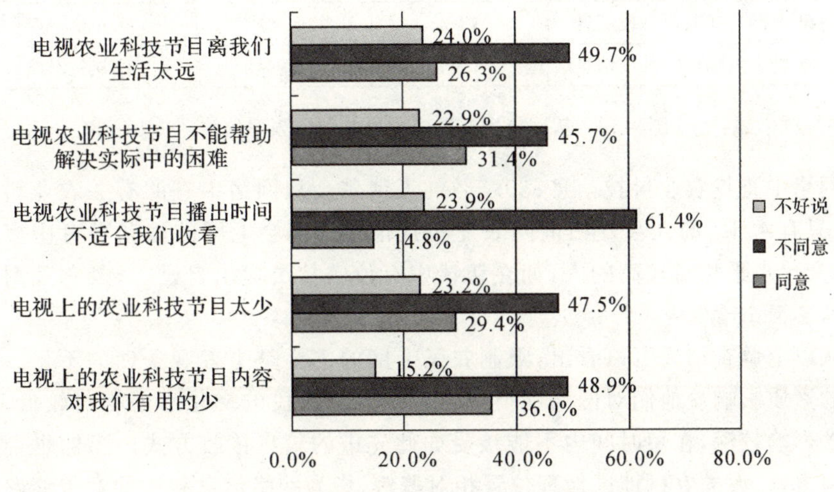

图 4-11 农民对农业科技节目认知评价的统计

2. 网络、手机等新媒体的使用与期待

国家"十一五"规划纲要中要求,"建立电信普遍服务基金,加强农民信息网络建设,发展农村邮政和电信,基本实现村村通电话、乡乡能上网"。这是国家就加强农村的网络化建设提出的一个纲领性的要求。2007 年年初,江苏电信投资 2.1 亿元全面启动了"村村通宽带"工程,并于 2007 年 4 月实现江苏全省行政村"村村通宽带"。村村通网络的建设,也就为农民从网络中获取各种农业科技信息提供了硬件设施,丰富了农民获取信息的渠道和方式,也提高了农民主动获取信息的积极性,扩大了农业科技传播的范围和力度。

但在进行农村网络化建设过程中,仍然存在着一些难以克服的困难。如此次调查结果显示,在农村会上网的人数仅仅占 27.2%,绝大部分的农民并不会上网,对于普通农民来说,上网也仅仅是"年轻人的事,或者费钱的事"。

进一步深入调查显示(见图 4-12),在会上网的人群中仅仅有 3.9%的人会经

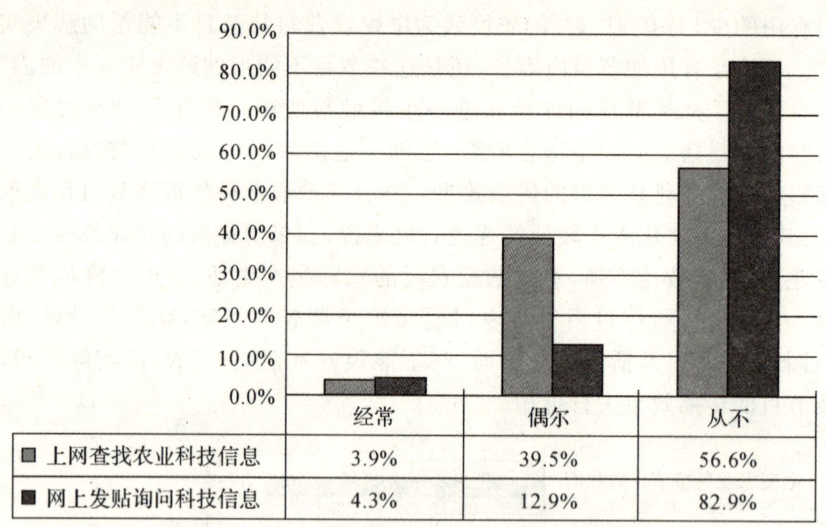

	经常	偶尔	从不
上网查找农业科技信息	3.9%	39.5%	56.6%
网上发贴询问科技信息	4.3%	12.9%	82.9%

图 4-12　从网络中获取农业科技信息频率的统计

常从网络中查找农业科技信息；39.5%的人偶尔会从网络中查阅有关农业科技的信息，只有4.3%的人会发帖询问农业科技信息。而会上网的被调查者中多是年轻的、文化水平相对较高的人，如在访谈中有位农技员提出自己“一般都是到中国农业信息网上看”。①

从以上调查结果可以看出，限制农民上网的主要是主客观条件的不足。农民自身的素质影响着他们对网络的使用。也即当前农民的文化水平相对较低，受传统观念影响较深，在短时间内不能接受如此先进的信息接收方式。当然也存在客观的因素，广大的农村地区地理位置相对偏僻，作为网络信息载体的宽带线路不能覆盖到所有农村地区，所以又造成部分农村地区网络基础设施建设相对落后。而且受家庭经济条件的影响，多数家庭并没有完备的上网设施，这在很大程度上不能满足农民从网络中来获取农业科技信息的需求。

而作为新媒体的另一种形式——手机，在传播农业科技信息方面也应发挥出重要的作用。当前手机在农村的普及程度已经相当高，利用好手机在传播农业科技信息的作用也是一项紧跟时代发展的任务。但是从实际调查来看，农民对于用手机来接收农业科技信息更多地表现出一种无所谓的态度，这一比例占到了50.8%，仅仅有5.2%、15.6%的人表示非常好或者比较好的态度。也即大部分农民并没有主动利用手机获取农业科技信息的意识和习惯，手机在传播农业科技信息方面的作用并没有得到农民的认可。

总之，通过以上调查分析，我们发现电视、书籍、网络等渠道在传播农业科技方

① 摘自于访谈资料：2009年10月29日，J市S镇农技站，受访者为镇农技站的农技员蒋某。

面都有着独特的优势，但是在实际的运行中仍然存在着诸多问题：电视，作为传播农业科技最为形象直观、最为快捷的方式之一，是当前农民获取农业科技的重要渠道之一。但从实际的调查我们发现，农民虽然可以基于各种媒介接收动机选择收看如《农广天地》等农业科技节目，但当前的各类农业科技节目与受众存在着错位现象，尤其是在内容、时段安排方面，并没有贴近农民的实际生活，如播出时间的不当，传播的内容实用性较低等，也就降低了农民的接收、接受及进一步使用转化的行为。报纸、书籍作为平面媒体，虽没有电视的直观性强，但其携带方便、传阅率较高的优势也有利于其在农业科技传播中发挥一定的作用。受限于农民的文化水平与经济水平，报纸、书籍在农村的传阅率很低。作为推进农村信息化建设的网络、手机等新媒体，不仅在基础设施建设方面仍需要跟进，农民对其认知度与实际使用率也很低，因此在农业科技传播方面网络、手机等新媒体所发挥的作用更小。虽然电视、报纸、网络等大众媒体在农业科技传播方面仍然存在着很多问题，并没有发挥好所应有的作用，但是由于大众媒介具有传播速度快、传播覆盖面广、传播形式多样的优势，我们仍不可忽视其在农业科技传播中所扮演的角色。

三、“科技下乡”：农业科技的基层组织传播及其效果

农民获取农业科技信息与技术除了依靠大众媒介外，还有以政府为主导的相关职能部门进行的基层组织传播、农民自发组织的传播以及基于农村熟人、半熟人社会中的人际传播。多渠道为农民获取农业科技提供了机会和便利，也有利于发挥农业科技在农业生产中的先进生产力作用。但多渠道的农业科技传播能否真正地满足农民的需求，唤起农民参与传播、获取农业科技信息技术的积极性，却是有待观察的。

例如农民可以通过各种农业技术培训等科技信息的组织传播活动来获取自身所需要的信息，其中包括在J市政府主导下在农村所开展的农业技术培训、科技下乡与科技入户活动、建立农业示范园区、开通农技110等。其实严格意义上的组织传播，是指组织机构对其成员或与该组织具有共同意识的多数人进行的传播。在我国农村，我国就农业科技的组织传播形式而言，主要是指政府、准政府组织（科协、供销合作社等）、民间组织（专业技术协会等）、涉农企业（种子公司、农资公司等）、科研机构（包括高校）等，通过一定形式对农民进行技物推广或科普宣传。

1. 政府主导下的农业科技传播

政府主导下的农技传播组织是三类传播组织中机构较为健全、组织成员最多、技术力量最雄厚、传播力量最强大的主力军，它主要有各级农技推广中心组成，形成了由政府领导、农业行政部门主管的从中央到县、乡的农业技术推广体系。这种政府事业单位性质的农业技术推广体系主要包括种植业、畜牧业、水产业、农业机械化、林业技术推广和水利技术推广、农业经营管理等七个体系。长期以来，农业

技术推广机构都是按照“条条管理”的模式设置的，按照所属的专业分成了农业、畜牧、农机、水产、林业等不同部门。①

但在J市D镇、X镇等乡镇调查农村科技传播服务状况时却发现一个不可忽视的现象，农村科技传播服务活动在农村存在着较为严重的“缺位”与“失位”现象，并有形式主义、政绩工程的倾向，使得很大一部分农民并不能享受到政府主导下所开展的各项农村科技传播服务，部分农民也并没有机会参与到农业科技传播服务的活动中来获取所需要的农业新技术。这在一定程度上影响了农民对于农业科技的认知与使用。

虽然相关职能部门都会通过各种形式在农村开展农业技术培训，但实际调查中却发现，如图4-13，有51.4%的农民表示村里没有农业技术培训（如种田、养殖、果蔬种植等），另有24.9%的农民表示不清楚村里是否有农业技术培训。农民的上述反馈意味着当前农业技术培训的缺位，他们并不能享受到这种传播服务活动所带来的科技信息与技术。

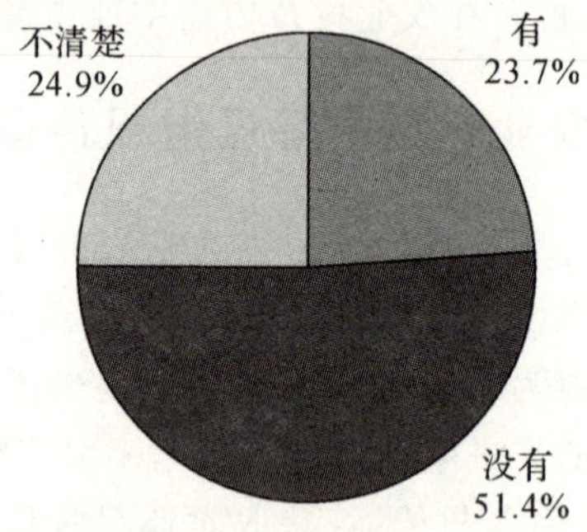

图4-13　所在村是否有农业技术培训的统计

对此，也有农民在访谈中提到：

> “不知道村里有培训种菜、种稻。认为（他们）都是表面说说，我们都没听过，我们这6家种植大户总共有470多亩地，都不知道，如果有，真愿意去听听，也没有看到下田来指导的。宣传的那些都是形式。听都没听过大队部（村）里有农业科技方面的书。”②

农业技术培训的缺位也就使得农民缺少了获取农业科技传播信息的渠道，同时本身职责的不作为表现，也使得相关职能部门的行为被贴上了形式主义的标签，拉开了农民与相关职能部门的距离，也降低了农民参与的积极性。

---

① 李红艳：《乡村传播学》，北京大学出版社2010年版，第200页。

② 摘自于访谈资料：2009年8月13日，J市W镇J村，受访者为来自安徽的41岁种植大户万某。

除了专门的农业技术培训，以规模化经营的农业示范园区，在政府看来，也能够在农业新技术方面的示范和带动作用。可在对农民的问卷调查和实际访谈中我们可以看到，如图 4-14，有 26.9％的农民认为示范园是面子工程，给领导看的；21.8％的农民表示所在地区的示范园区大部分地都是荒的，做的都是表面功夫。在走访中一位农技员这样讲到：

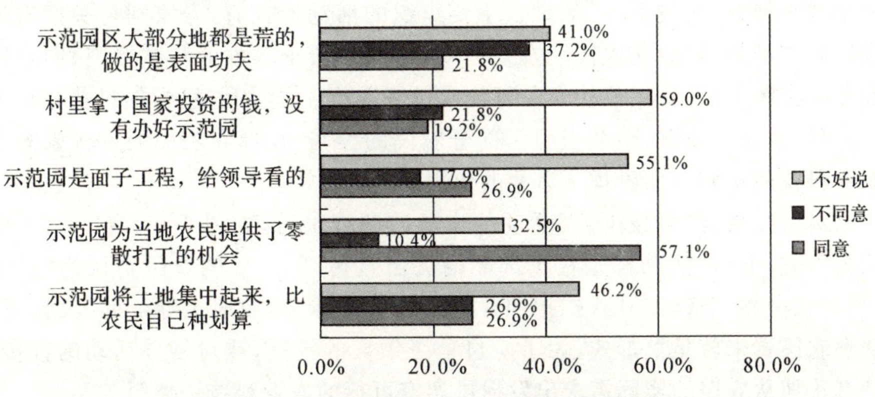

图 4-14　农民眼中的农业示范园区的统计①

“几年前我们这建了蔬菜产业园。但是这个产业园，我认为是骗局。一些蔬菜大棚，很多都是假的。上级来检查，就把路边上的大棚提前一天插上树枝，其他里面的大棚都是大片大片的荒地。国家投入那么多钱，他们没有好好弄，都在蒙骗。对村里干部就应该在这方面严格考核。去看过吴桥的蔬菜大棚，里面很多都是荒地。”②

尽管以上只是一些少数案例，但这在某种程度上反映出不仅在普通农民心中，在部分农业科技传播者眼中，农业示范园区并没有发挥出农业生产中农业新技术的示范作用和带动作用，或许仅仅是一个面子工程，是地方政府为了政绩所做的表面功夫。

不过，也有 26.9％的农民不同意“示范园区将土地集中起来种，比农民自己种划算”这一说法。作为规模经营的农业示范园区，往往以每年向农民支付一定租金的形式将农民的土地集中在一起，从政府的角度来看，农民不仅每年可以收取一定的租金，同时还可以到这些示范园区打工，获得一定打工收入的同时也学到了很多的农业新技术，对于农民来说似乎是一个双丰收。可是在大部分农民看来，这是政府在花大力气做了一个最容易体现自己政绩的形象工程。在与农民的访谈中了解

① 此图主要是对那些所在村有示范园区的农民所做的统计，所在村没有示范园区的农民不在此统计之列。

② 摘自于访谈资料：2009 年 8 月 11 日，J 市 D 镇，受访者为 D 镇农技站站长戴某。

到，很多农民并不愿意将自己的土地拱手让给承包商，自己获得的仅仅是少量的租金。在农民看来，政府并没有真正了解农民的想法和需求，而更多的是从自身利益出发，追求政绩。

2. 农民对“科技下乡”活动的认知与评价

J市政府为提高农民对于农业科技的认知，加强农民的科普教育，每年都通过各种形式来展开“科技下乡”活动。主要组织的活动形式有：专家到村头摆咨询台给农民解答种养难题；向农民朋友发放明白纸、小册子等农业科技资料；向农民赠送农业科技图书；在村里放映农业科技或科普宣传片；组织农民参加科普知识竞赛等。这些“科技下乡”的活动吸引了部分农民的参与，在提高农民的科普素养以及对农业科技的认知方面发挥了重要的作用。

从对所在村有“科技下乡”活动的农民的调查来看，如图 4-15，有 28.5%的农民认为“科技下乡”活动都是村干部搞的突击宣传，23.4%的农民则认为“科技下乡”活动就是领导来转一圈、拍拍照片就走。这意味着，政府主导下的“科技下乡”活动在农民看来就是搞形式，为了应付上级领导的检查，或对领导活动的宣传，而不是真正地从农民的实际需求出发提供切实可行的农业科技传播服务。

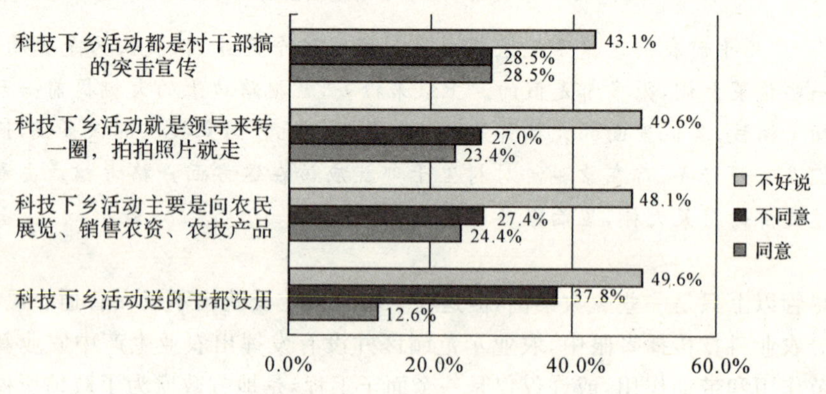

图 4-15 农民对“科技下乡”活动的认知评价的统计

虽然每年的“科技下乡”活动都会向农民赠送农业科技图书，却有 12.6%的农民反映“送的书都没用”。部分农民反映送的书多是一些过期的、陈旧的书籍，书上所讲的内容也不适合当前的农业生产，还不如自己的种养经验。从而使得农业“科技下乡”活动赠送的图书也成为摆设。

为切实解决广大农民群众“买书难、借书难、看书难”的问题，2007 年 3 月，新闻出版总署会同中央文明办、国家发展改革委、科技部、民政部、财政部、农业部、国家人口计生委联合发出了《关于印发〈农家书屋工程实施意见〉的通知》，开始在全国范围内实施“农家书屋”工程。农家书屋是为满足农民文化需要，在行政村建立的、农民自己管理的、能提供农民实用的书报刊和音像电子产品阅读视听条件的公益性文化服务设施,也期望这一设施逐渐成为农民学科学、用科学、找市场的有效平台和致富的好帮手。J市政府也在积极推进农家书屋工程建设,目前基本每一个行政村都设有农家书屋,农民可以到此借阅书籍,在一定程度上满足了农民的精神文化需求。

但调查发现,农家书屋并没有充分发挥它作为农民的“文化粮仓”的作用,大部分的村委会里虽然都设有农家书屋,可是基本上只是一个摆设,或者是应付上级的检查。有的行政村所设有的农家书屋甚至常年处于关门的状态。

进一步调查显示(见图4-16),仅仅有18.4%农民表示农家书屋里有关于农业科技的书或杂志,而高达34.3%及47.3%的农民则表示没有或者不知道。这一数据表明作为承载农业科技信息的农家书屋在农民当中没有很高的知晓率。能去村里借阅有关农业科技方面的书或者杂志的比例就更小了,仅有2%的农民表示会经常借阅,其余大部分的农民则基本上没有借阅行为。从此可以看出,作为用来满足农民精神文化需求的农家书屋,在提高农民的科技素养,以及通过书籍或者杂志来传播农业科技信息或技术方面的作用并不理想。各种农业科技方面的书或者只是一个摆设,只是用来应付上级的一个任务,或者只为极少数人翻阅,而大多数农民并不知晓,更不用说有进一步的借阅行为了。

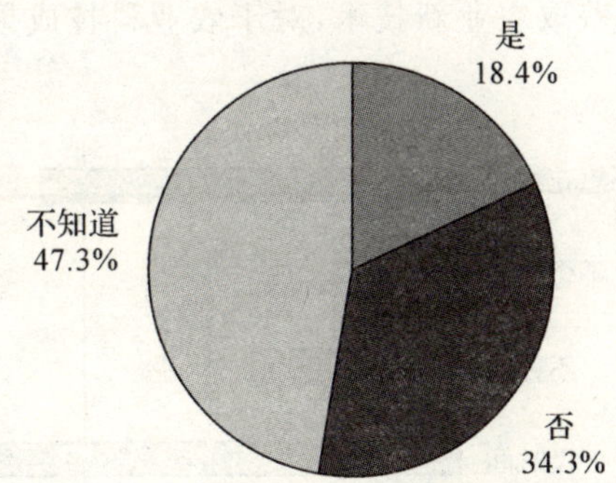

图4-16　农家书屋中是否有科技类书籍的统计

由此可见,各种形式主义的“科技下乡”活动影响了农民对于农业科技传播服务活动的认知,降低了农业科技传播服务活动的效果,影响了农民在日常生活中通过参加各种形式的农业科技传播服务活动来获取农业新技术的行为,以及农民在生产中对农业新技术的使用。

从以上对农业科技传播服务的调查分析中我们可以看到,政府主导下的农业科技传播服务的缺位与失位,体现了这种行政运作模式下的农业科技传播体系所难以避免的弊端。国家实施“科教兴农”战略一般会借助行政权力,一级“压”一级,省里“压”县市,县市“压”乡镇,乡镇“压”村里,将需要推广的科技项目以政策的形式贯彻到乡村,这也就是人们常说的“硬性任务”或“硬性指标”。这种强制性推广模式的优点是组织性强、推广速度快、效率高，但也有不可忽视的缺陷，如会脱离乡村实际，违背农民意愿，部分甚至成为形式主义、政绩工程的代名词，使得农业科技传播服务在某种程度上存在着有名无实的状况，降低了农民参与的积极性，以及农业科技传播的实际效果。

3. 基层农业科技组织传播中的消极参与

虽然部分农民意识到农业科技在农业生产中的作用，会积极参与各种农业科技的组织传播活动，包括政府主导下的各类农业技术培训，以及各类农民自发组织的科技传播服务。但不可忽视的是，对于政府主导下的各类农业技术培训，有部分农民是抱着观望或者消极参与的态度，少部分农民是在有一定的奖励之后才参与其中。如J市农干校所组织的农业技术培训，在调查中23.7%的农民知道村里有农业技术培训（如种田、养殖、果蔬种植等），但能够去参加培训的只有14.4%。这一数据反映出农民参与组织传播主动获取农业科技的积极性很低。

至于不参加农业技术培训的原因，从图4-17调查统计数据中我们可以看到，除了30.8%的农民不知道有培训外，有33.3%的农民表示种地不挣钱，不想花精力，16.7%的农民表示地很少，不想参加。虽然持有这些理由的农民所占的比重比较小，但这些数据反映出，部分农民对于农业技术培训活动并不感兴趣，也不想通过参与农业技术培训来获取农业新技术，对于农业科技成果的转化与使用则更为艰难。

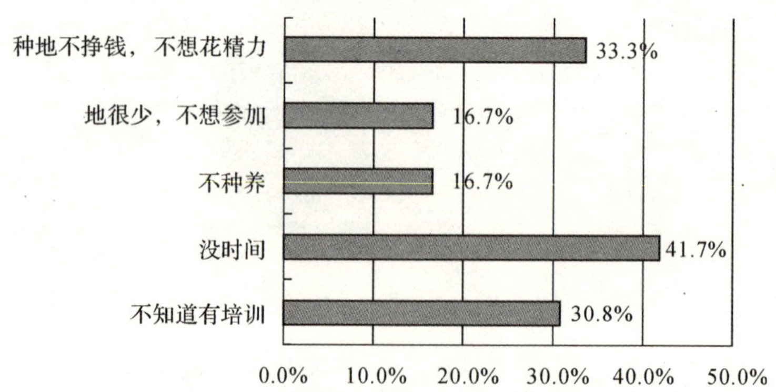

图4-17 农民消极参与农技培训原因的统计

尽管也有少部分农民会去参加，但是这种参加更多地表现出了一种被动性，或者受一定的物质奖励鼓动而去的。如有8.8%的农民表示是村里要求去的，也有0.4%的农民表示村里给去的人发钱，还有少部分农民是为了凑热闹而去的。这体现出，对于政府主导下的各类农业科技传播活动，部分农民表示出了冷漠的态度，也没有主动从中获取农业科技信息的意识。虽然会参与到活动中，但这种参与更多的带有被动性，这也就使得政府主导下的农业科技传播组织活动的效果大为减弱。

当然这种消极参与的状况与当前农业科技传播所采取的方式有相当的关系，尤其是在农村特定的社会——文化背景下，面向的主要受众是文化水平较低、年龄较大的、认知水平较低的农民，传播方式是否得当也就变得尤为重要。

对参加过农业技术培训的农民而言，他们通常参加的农业技术培训的方式究竟有哪些？调查结果显示(见图 4-18)，实际上在农村开展的农业技术培训，不仅以上课的形式进行的，同时也有开会、参观学习、现场示范等形式。如有 65.9%的农民是以开会的方式参加的农业技术培训，34.1%的农民是通过听培训老师讲课的方式参加的农业技术培训，也有部分农民是在田头看现场示范，或者是到村里示范园区参观学习等。可见多种方式的农业技术培训有利于农民以不同的形式来参加农业科技组织传播活动，从中获取自己所需要的农业新技术。

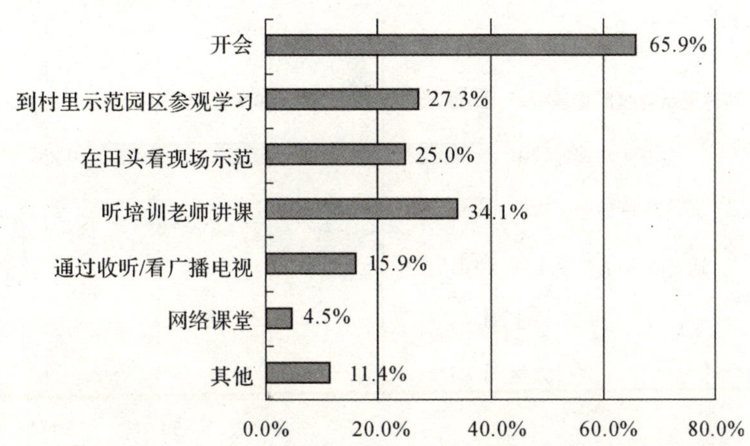

图 4-18　农民所参加的农业技术培训方式的统计

其中，以开会或者以上课的形式来进行农业科技的传播，是一种一对多的传播，也是一种以指示、教育、说服和灌输为主的传播活动。这种方式有其自身的优势，特别面对所传播的对象是农民来说，可以在一定程度上实现说服教育的效果。但同时也有其弊端，传播的方式比较呆板，同时传播过程中是从上而下的灌输，传播者与农民之间缺少沟通与反馈，这就容易导致传播者在尽情地讲述自己要传播的内容，而农民的切实问题得不到反映，大大影响了传播的效果。

另外，通过参观学习或者到田头看现场示范，更多的是一种情境传播，即通过一定的情境，给受传者以某种压力，而影响受传者行为的传播形式。在一定的情境中，借助于农民在生产中所遇到的问题，在解决问题的同时向农民传播农业新技术，这种方式不仅是农民乐于接受的，同时也在无形中传播了农业新技术。传播的效果也大大提高了。但这种方式也存在一定的缺陷，就是对农业科技传播者一定的要求，因要到现场进行指导，这不仅需要比较多的农业科技传播者，同时也对农业科技传播者本身提出了一定的要求，要求农业科技传播者了解当地农业生产的实际情况，能够就遇到的各种问题提出解决的办法，并在解决问题的过程中向农民传播农业新技术，这也是对农业科技传播者本身的一种挑战。而对于农民来说，哪一种方式是农民喜闻乐见，能够顺利地转化、使用农业科技传播成果的，则切实关系到农业科技传播的实际效果。

如图 4-19，70.2%的农民觉得在田头看现场示范这一方式所取得的效果最好。其次是有 34%的农民表示到村里示范园区参观学习这一方式也能取得较好的传播效果。也有少部分农民会选择听培训老师讲课、开会或者通过收听收看广播电视。为何农民对农业技术培训效果的反馈并不理想？结合农民更喜欢通过哪一种方式来获取所需要的农业新技术的调查结果，无疑从侧面给了我们这一问题的答案。

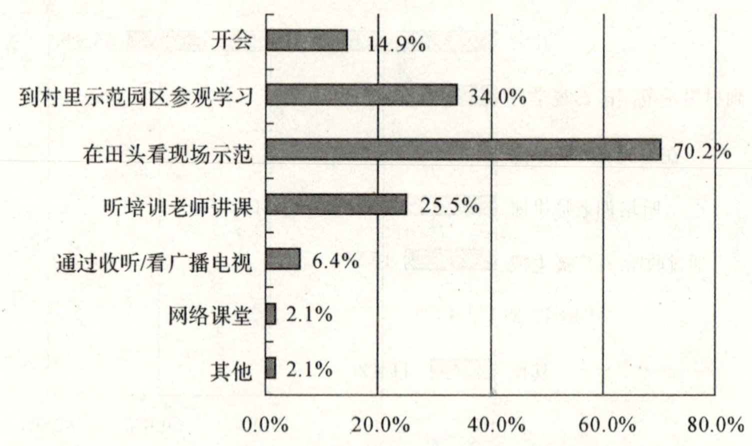

图 4-19　农民乐于接受的农业技术传播方式的统计

总之，对于可参与的基层组织传播，农民表现出了消极参与的态度。虽然政府主导下的农业科技传播服务活动依然是当前农业科技传播的主体，但由于其本身的行政性过强，忽略了农民的实际需求，供需脱节，在部分农民看来，更多的是形式主义、政绩工程的代名词。同时传播过程中缺少沟通反馈等各类问题，也会在一定程度上削弱农民参与的积极性，从而出现农民的被动或消极参与，降低了农业科技传播的效果。

四、熟人社会中基于人际网络的农业科技传播

费孝通先生曾提出中国传统的农村社会是一个熟人社会，在熟人社会下人和人在空间的排列关系是孤立和隔膜的，这种孤立和隔膜不是个体意义上的，也不是家庭意义上的，而是以居住在一起的乡村社区为单位。“农民大多聚村而居”，从而形成了单个村落内部独特的人际关系系统，谁与谁都是熟悉的。在人民公社时期，社员(村名)们共同劳动，见面和联系的机会很多，彼此非常熟悉。公社体制解体

后，由于不再共同劳动，熟人社会的情形发生了改变。村民之间的接触减少，彼此之间的了解也相对减少，但对于小型和较为封闭的村庄，村民之间还是较为熟悉的。但较大的村庄，彼此之间完全了解就不一定了，尤其是改革开放后，人口的流动性强，村民的对外联系和交往加强，削弱了村落内部的联系。行政村已大不同于作为熟人社会的自然村的情况。在行政村中，村民之间相互认识而不熟悉，可称为“半熟人社会”。① 从熟人社会到半熟人社会的逐步演变，虽然人们彼此之间的熟识度降低，但农村中的传播依然是以基于人际网络的人际传播。农业科技传播在农村社区中的传播也是如此，尤其是在农民决策是否使用农业科技信息与技术时，熟人社会中的人际传播更是具有独特的功效。

1. 日常生活中的农业科技传播

大众媒介在传达农业科技信息与技术方面具有独到的优势，但在农村真正影响农民做出决策是否采用该技术或者信息的往往是基于网络群体的人际传播发挥真正的作用。这主要表现在基于亲情关系、友情关系以及其他关系基础上的沟通互动，包括农民与周围邻居的交流、向种养大户的请教学习、以及与农技员的沟通等。

调查发现（见图 4-20），除了大多数（76.8%）的农民平时依赖自己经验获取种养技术之外，在了解种养技术渠道方面，有 20.8%的农民表示通过周围邻居获知的，在这里暂不讨论这是一种学习还是模仿的形式，但可以肯定的是，这种方式既便捷又省时省力，不但可以发生在日常生活的聊天中，也可以发生在田间地头的攀谈中，形式很随意，有着比较好的传播效果。另外，分别有 16.4%和 10.4%的农民

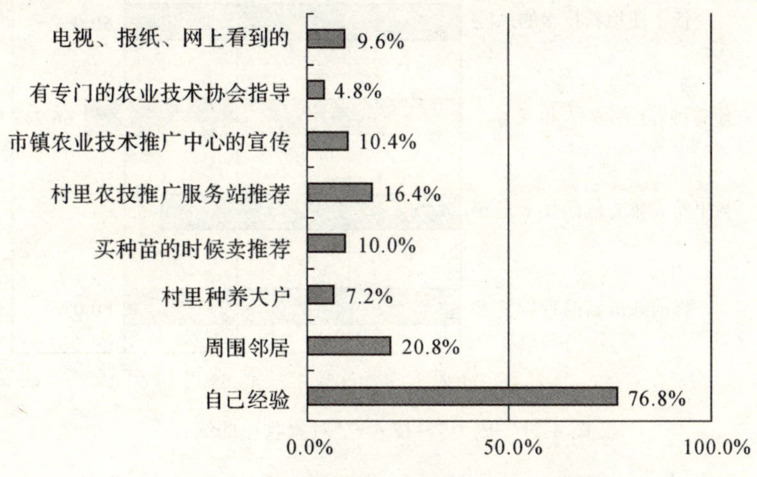

图 4-20　关于农民获取种养技术渠道的统计

① 贺雪峰：《论半熟人社会——理解村委会选举的一个视角》，《政治学研究》2000 年第 3 期。

是通过“村里农技推广服务站推荐”和“市镇农业技术推广中心的宣传”获取种养技术的。也有部分(10%)的农民是在购买农资时由兼做农资生意的农资员推荐的，这就发生在购买农资如种苗的交流过程中。农资员或者农技员在此发挥说服传播的作用，不仅向农民朋友介绍了一些最新的农资产品，同时也传播了新的农业科技信息与技术。由于农资员或者农技员本身所占有的资源较为丰富，对于农业科技信息与技术较为熟悉，因此对于农民来说，这种说服传播容易得到农民的信任，并引起其态度以及行为的改变，也即比较乐意接受农资员或者农技员的建议，并愿意将所获取的农业新技术应用到实际的生产中。

除了与周围邻居、种养大户、农技员进行人际的沟通交流，农民还可以通过“科技入户”工程中的农技指导员获取农业新技术。

如图4-21统计结果显示，作为“科技入户”对象，有53.3%的农民表示能够有专门的农技员给予指导，这种指导也就是农民与农技员沟通交流的过程，也是农技员为农民解决在生产中遇到问题的过程。这也就包括农民向农技员就生产中所遇到的问题请教的过程以及农技员给予解答的过程，也即双方沟通交流的过程，或者说是一个人际传播的过程。在这一过程中，农民可以提出自己的问题，同时针对农技员的指导也可以给予反馈，农技员从而做出有针对性的回复。在这一人际传播过程中，农技员不仅为农民解决了所遇到的问题，同时也向农民传播了农业新技术，并将这一新技术运用到解决实际问题中，对于农民来说既解决了问题，同时又学习到了农业新技术，从而使得传播的效果大为提高。

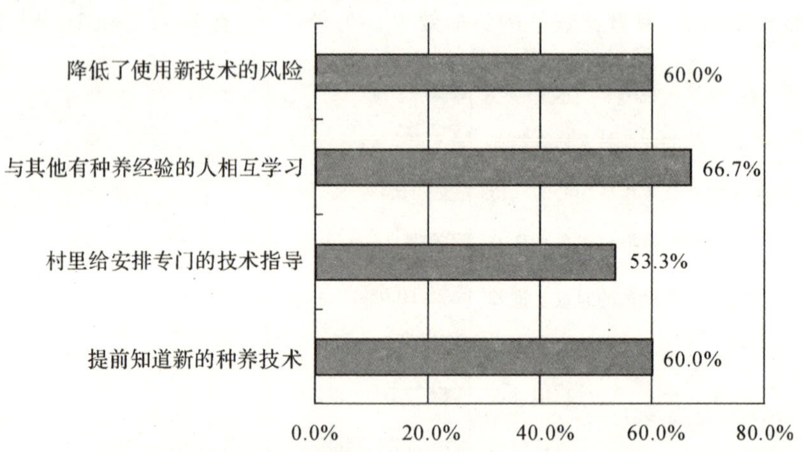

图4-21 成为“科技入户”对象收益的统计

而对于“科技入户”对象本身而言，66.7%的农民表示成为“科技入户”对象后，可以有更多的机会与其他有种养经验的人相互学习。同时也各有60%的农民认为能够有机会提前知道新的种养技术及降低了使用新技术的风险。由此可见，就直接传播效果而言，“科技入户”工程在很大程度上只是影响了“科技入户”对象本身。但从长远来看，这些“科技入户”对象的示范效应及对其他一般农户潜移默化的积极影响会日趋显现。

2．乡村社会意见领袖的缺位与失位

不论是村里的种养大户、农技员、村能人，还是农技站的农技员，他们积极地通过组织传播、人际传播等渠道获取各种农业科技信息与技术，掌握着较新的信息技术，在当地农民中有着一定的话语权，所传播的信息也较为容易被他们认可和接受。这就是传播学意义上的“意见领袖”。

意见领袖是指在人际传播网络中经常为他人提供信息，同时对他人施加影响的“活跃分子”，他们在大众传播效果的形成过程中起着重要的中介或者过滤作用，由他们将信息扩散给受众，形成信息传递的二级传播。在农村特定的社会——文化——人际环境中，意见领袖一般具有文化程度较高、社会地位较高、富裕程度较高、活动范围较大、人际交往能力较强的特点。① 这些特点使得意见领袖在农村社区的科技传播中能够发挥“协调人”的作用。这从前文的调查分析中我们也可以看出，在日常的农业生产中，种养大户、农技员在农业科技传播中都发挥着重要的“二级传播”作用。

但是在此次调查中我们也发现，作为农业科技信息与技术传播的意见领袖，其实他们并没有充分发挥好二级传播的作用。最突出的表现是信息的单向流动，缺乏沟通交流与反馈，且不深入，对于农民共享经验帮助不大。

作为村里的种养大户，其本身有着较为丰富的农业种养经验、较为先进的农业新技术以及广阔的农产品销售市场信息，本应该可以为村里其他农户传播一些农业科技信息，发挥好村能人在农业科技信息的二级传播作用。但在调查中却发现，部分种养大户与周围的亲友邻居之间的沟通交流很少，尤其是在谈论关于种养技术方面。

从图 4-22 统计数据中我们可以看到，作为种养大户，仅仅有 11.1%的种养大户表示会经常给周围亲友邻居讲讲种养技术，经常向种养大户询问过种养技术的也仅占 12.5%，却有 50%的普通农民从来没有向种养大户这一“二级传播”者询问过种养技术。这反映出，在日常的生产生活中，普通农民与种养大户之间的沟通交流相对较少。尤其是作为种养大户，因为与周围亲友邻居之间关于种养技术的会话很少，也就不能通过会话来传播一些自己所知晓的农业科技信息与技术，在农业科技传播过程中“二级传播者”的角色也就没有得到很好的发挥。而作为普通农民，或者说是种养大户的亲友邻居，不会经常地向种养大户询问技术，也就不能从种养大户处获得有关农业科技信息，两者之间不能彼此分享种养的一些经验，也就不利于通过彼此分享经验而发挥农业科技在农业生产中的作用。

---

① 迈克尔·E. 罗洛夫：《人际传播：社会交换论》，上海译文出版社 1991 年版，第 103—179 页。

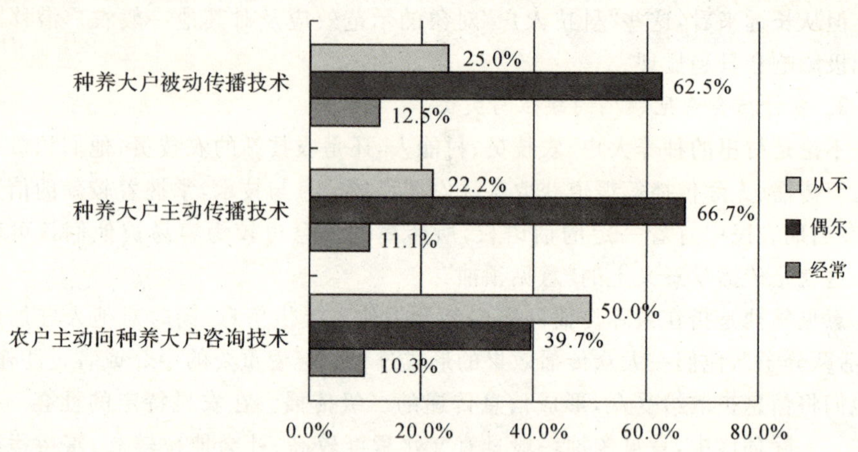

图 4-22　有关种养大户与一般农户交流种养技术情况的统计

除了种养大户，各类农业科技经纪人是农户获取农业科技信息、技术的重要来源，由于这些农业科技经纪人文化水平相对较高，在农村也较为活跃，会密切地接触大众传播媒介以及各种人际传播网络来获取农业科技信息和市场信息，并将接触到的信息进行加工处理，然后将经过"把关"后的信息传递给广大群众，这也就扮演了农业科技传播中意见领袖的角色。同时这些农业科技经纪人来自于农户中，同普通农户有着共同的生活经验，可以在日常的闲谈中用熟悉的语言、农民乐于接受的方式向农户传播农业科技，并能及时地收到来自农户的反馈，清晰地了解农户的需求，进而提供有针对性的产品（农业新品种、新技术），成为农户的"讲解员"、"辅导员"。

虽然科技经纪人最早出现在 20 世纪 80 年代后期，但新中国建立以后农业生产领域就逐步出现了农业科技经纪人的雏形，即各地的农技推广机构。特别是经过 20 世纪 70 年代的四级农科网建设，国家、省、地（市）、县、乡都有农业科技推广机构，乡镇以下还有农业技术员、农业科技示范户，上下构成了一个严密的体系，这种严密体系内部也存在多级委托—代理关系，一是存在于国家与政府主管部门之间，即国家将管理推广机构及所需资源的责任委托给政府部门；二是存在于政府部门与推广机构之间，虽然我国政府主导型农业科技中介组织的投资主体是各级政府，但具体推广活动由事业单位性质的推广机构进行；三是存在于技术研究机构与推广机构之间。① 这种多层级的委托—代理关系在基层农村社会便是农技员成为实践性的农业科技经纪人。

作为传统农业科技经纪人的基层农技员，本身有着农业科技方面的专业知识

① 扈映、董进才：《新型农业科技传播体系的试构建——基于决策权和知识匹配程度的分析》，《科研管理》2006 年第 5 期。

和技术,同时对于农村市场较为了解,与农民生活在一起,对于农业生产的实际情况很熟悉,并可以实现实时跟踪服务,为农民提供最切实的农业生产技术上的指导,深受农民的欢迎。但在调查中发现,农技员在很多地区是缺位的,农民并不能享受到农技员所提供的技术服务。在调查村里有没有专门的农技员,有47.3%的农民表示村里没有农技员,也即农技员在部分农村地区是缺位的。农技员的缺位意味着在农村社区传播中缺少农业科技经纪人扮演意见领袖这一角色。一方面,农技员作为传统农业科技经纪人,也是农业科技信息的受传者,会积极主动地从大众媒介以及更高层级的意见领袖处获取最新的科技信息,在获取的同时能够通过各种方式向上级(大众媒介、科研机构等)反馈农民的需求。另一方面,他们也是科技信息的传播者,在将从大众媒介等渠道获得的信息经过一定的筛选和加工后,向农户进行传播、推广,这对于信息接收、理解以及分辨能力较低的留守在农村的老人、妇女而言是必要的。而当前农技员的缺位使得农村社区中缺少了农业科技信息受传者,以及传播者这样的双重角色人物,一定程度上影响了农户对农业科技的认知、获取与使用。

在走访中一位农民也谈到:

> “×××原来是农技员,现在做农业社负责生产的社长了。他不是农技站的农技员。只是村委会的一个农技员以前,负责生产的像现在农忙时都跑到田头来,现在看不到,都在棋牌室了。其实也不是他一个人这样。这个风气变了。①”
>
> “以前(很久以前,具体时间不记得)还有农技员下田指导,现在没有,都是自家顾自家。”②

在进一步调查村里是否有必要设立专门的农技员,65%的农民认为村里有必要有专门的农技员,仅仅有15%的农民认为没有必要,这反映出农民对于农技员的需求。

农民对农技员的需求以及农技员在当前农村地区的缺位与失位形成了张力,这种张力源于在计划经济体制基础上建立起来的基层农业科技推广体系,它实行的是“技术示范+行政推动+农资服务”的“技权物”的自上而下的运行机制,即在技术示范和农资营销服务的基础上,依靠各级行政组织的力量推动广大农民采用农业新技术。这种运行机制将技术推广与行政干预密切结合起来,可以保障推广工作的顺利开展,动员各级政府和各方面的力量,在较短的时间内取得较好的传播

---

① 摘自于访谈资料:2009年7月25日,J市G镇Q村,受访者为67岁退休农技员。

② 摘自于访谈资料:2009年7月25日,J市G镇D村,受访者为71岁的原村民小组组长。

效果。但这种以行政干预为主要推广手段来向农民推广技术，是“以技术为中心”，而不是“以农民为中心”①，忽略了农民对农业科技的实际需求。另一方面，虽然近年来国家加大了农业科技的投入力度，但大部分财政拨款多用于农业科研建设、科学研究及科技外汇，而用于农技推广的经费则相对较少，因此在有些农村地区，作为传统农业科技经纪人的农技员的工资水平很低，甚至都出现工资欠缺的状况，这也就在很大程度上影响了农技员进行农业科技推广、传播的积极性，出现了农户反映的“都在棋牌室了”，传统农业科技经纪人在农村社区传播中也就出现了缺位与失位的现象。

总之，作为农村熟人、半熟人社会中的人际传播，相对于大众传播、组织传播，在影响决策及行为的发生中效果是最为明显的。但有着意见领袖的村能人，如种养大户、农技员等，并没有发挥好在农业科技传播中的“二级传播”的作用，农民与农业科技传播者之间的沟通交流也相对缺乏，这也就在很大程度上影响了农业科技传播通过人与人交互传播的效果。

3. 成长中的新型农业科技经纪人

“十一五”以来，国家加大资金投入，培养农业科技经纪人，在全国 31 个省、自治区、直辖市的 1206 个县实施了“跨世纪青年农民科技培训工程”，通过项目直接培训青年骨干农民 350 万人。参加培训的农民，80%以上的学员掌握了一门以上的实用技术，近 5%的学员成为当地种、养、加能手和营销大户，近 40%成为科技带头人，近 20%成为村、组干部。在获得绿色证书过程中，由 44.35 万人成为科技示范户，成为推动农村科技进步的重要力量。② 这也就标志着农村社会中专业化、规范化的农业科技经纪人的出现。在这些受过农业专业技术培训经纪人的带动下，农村科技经纪人结构也开始呈现多样化，更多的是自发形成的各类农业科技经纪人，如农民个体代理人③、企业法人代理人④、农村村级组织代理人⑤、合作组织代理人⑥等。

各类新型的农业科技经纪人在农村社区中的出现，是农村经济发展中出现的新事物，也是农村技术市场和经济市场发展的必然趋势和客观需要。这些新型农业科技经纪人或以收取佣金、或以既是成果的销售利润和产品的销售利润的索取

① 兰徐民、赵冬缓：《我国农业科技进步障碍因素与对策探讨》，《农业技术经济》2002 年第 3 期。

② 姚润丰：《农业部：2005 年农业科技对农业增长贡献率达 48%》，http://www.chinabyte.com。

③ 农民个体代理人：主要是指以个体农民为经纪人，在购销基础上通过引进新品种以及新技术，实施对农户的科技服务。

④ 企业法人代理人：主要是以企业为单位，有自己的销售队伍、固定的销售渠道、专业技术人员、产品品牌、生产基地、加工车间，通过定单与农户建立联系，是农业技术经纪人的成熟形式。

⑤ 农村村级组织代理人：即以村级组织的带头人为代表，统一引进技术，统一组织产品销售，这类经纪人往往是农村里的能人。

⑥ 合作组织经纪人：即以农民经纪人协会或专业协会为经纪人，有组织地进行技术引进和产品销售。

为目的，他们或是从事居间的行纪活动，或是直接进行农业技术示范和技术成果的经营。如农村专业经济协会，本身是农民自主性的组织，在调查参加者参加农村专业经济协会的动机时，大部分农民能够认识到这一协会所能带来一些便利，如图 4-23统计数据显示，有 4%的农民认为加入到专业经济协会能学到种养技术，2.8%的农民表示可以和其他人交流种养经验。

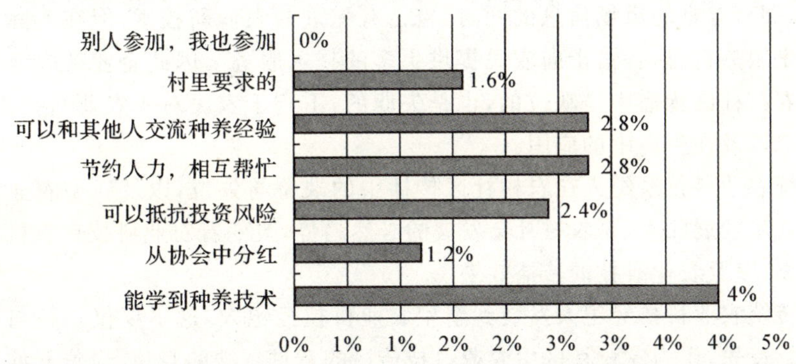

图 4-23　关于农民参与农村专业经济协会动机的统计

不可否认的是，以农村专业经济协会为代表的新型农业科技经纪人，他们拥有着丰富的市场信息和较为专业的农业新技术，在向农民推广、传播农业新品种、新技术的同时，也是在进行农业科技的传播，也即实现了农业科技在农村社区中的人际传播。而且这些新型的农业科技经纪人是以追求一定的经济利益为目的，也就更大程度上调动了他们进行推广、传播的积极性，对于农民来说在得到了新品种、新技术的同时，又获得了一定的市场信息和技术服务，这不失为一个两全其美的优惠。

但受限于当前农村经济市场与技术市场发展的不成熟，以及管理的不完善，部分农业科技经纪人过于追求个人利益或小集团利益，与农民的期望还存在很大的差距。在访谈中有人反映：

"个体农资销点往往让农民加量使用农药，造成农药残量大，杂草比较多，害虫抗药性增强。而农资公司一般都比较重视销量，而不是环保。"①

由此可以看出利益驱动机制下部分农业科技经纪人的行为。"利益驱动是社会主题在一定制度条件下追求自我利益，并以利益为动力从事相关社会、经济活

① 摘自于访谈资料：J 市 G 镇，2009 年 8 月 11 日，受访者为农技站人员戴某。

动，改造社会经济活动的对象，创造物质财富的驱动过程。”①而作为农村技术市场和经济市场发展产物的农业科技经纪人，在农村社区中所进行的农业新技术、新品种的推广与传播所获得的利益便是其生存和发展的根本动力。作为个体的或者企业组织形式的农业科技代理人，由于更多的是追求经济利益，而忽略了社会效益以及作为经纪人所应有的职业道德，尤其是企业类的农业科技经纪人，依靠自身的经济实力，拥有丰富的市场信息的同时，也占有先进的农业新技术，但在实际生产中更多的是服务自身，吝惜于向农民提供更多的技术服务。因此企业类农业科技经纪人在农村社区传播中是缺位的，也是失职的，不利于农民对于农业新技术、新品种的获取以及在生产中的应用。

传统农业科技经纪人在农村社区传播中的缺位与失位，以及新型农业科技经纪人的逐步发展壮大，是农村社会发展的必然趋势，改变着农业科技在农村社区传播的样态，以及农业科技的传播效果。

从传统农业科技经纪人发展到新型农业科技经纪人，这不仅仅是新与旧的表面含义。首先，作为农村社区中农业科技传播的意见领袖的身份、地位开始发生转变。以政府在各地设立的农技员为代表的传统农业科技经纪人是技术的拥有者，全心地为农民提供农业生产中的各项技术服务，也即是农民心中的“技术能人”。而正在发展起来的各类新型农业科技经纪人，他们不仅仅是“技术能人”，更多的是村能人，即要求文化程度高、活动范围广、人际关系好、经济收入高等，在农村社区中既拥有专业的农业科技知识，为农业生产提供技术指导，同时也要有广泛的市场信息，将农产品与市场联系起来，帮助农民顺利地将农产品“嫁”出去，获得可观的收入。因此相对于传统农业科技经纪人，新型农业科技经纪人的意见领袖的身份和地位逐步地实现全能化。

其次，这种演变意味着农业科技传播中传受关系发生改变。在传统农业科技经纪人占主导时期，传统农业科技经纪人与农民之间是一种简单的传者与受者的关系，他们以行政干预的手段实现农业科技的推广、传播，这种传播更多的是以“技术”为中心，而不是以农民为中心，这也就容易忽略农民的实际需求。而当前的新型农业科技经纪人与农民之间存在经济利益关系，能够切实了解农民的实际需求，通过日常的聊天或交往互动实现农业科技的推广、传播。而且这种传播不论是在传播的内容、传播的方式，抑或是传播的时机上都是农民所喜闻乐于接受的，这可以提高农业科技在农村社区中传播的效果。

但是不可否认的是，新型农业科技经纪人在农村社区中的传播以利益为纽带或者推动力，期望通过推广、传播农业新技术、新品种来获取一定的经济利益，尤其是在当前农业科技经纪人队伍组织化程度低，从业人员素质参差不齐，以及政策法

---

① 李长健：《利益驱动视角下的新农村建设问题研究》，《政法论丛》2007 年第 1 期。

规不完善的乡村社会中，容易出现部分农业科技经纪人以私牟利，违背职业道德，损害农民的切身利益的现象。

基于当前农业科技经纪人发展中存在的问题，如何进一步促进、规范农业科技经纪人在农村角色的扮演及功能的发挥逐步引起更多的人的关注，这包括国家从财力上加大对传统农业科技经纪人开展农业科技推广的支持力度，促进农业科技经纪人组织化的发展，以及通过制定相关的法律法规文件将对农业科技经纪人的管理纳入规范化程序。

五、结　语

农民对农业科技认知行为的建构是一个复杂的过程，既依赖于长期生产生活中所积累的传统经验，同时又认可农业新技术，特别是外部干预条件下所获取的农业新技术。适当形式的外部干预可以促进农民认知行为的发展，但当前的忽略农民实际需求的农业科技传播服务活动并没有为农民提供切实可行的农业新技术，是农民消极参与的一个重要因素，也影响了农民认知行为的建构。

大众传播媒介是农民获取农业科技信息的重要渠道，且不同的大众传媒在农业科技传播中发挥了不同的作用。但作为农村受众最多的电视，其自身的播出时间以及传播的内容等因素的限制，却没有充分发挥所应有的作用。而报纸、书籍等平面媒体，因农村的经济水平以及农民的文化水平，其阅读率很低。网络、手机等新媒体的发展，作为推动农村信息化建设的重要步骤，在农业科技传播中并没有得到农民的认可与支持。因此从总体来说，当前大众传播媒介在传播农业科技方面并没有真正地实现“软着陆”，不仅在传播内容、传播方式上，在农民的获取机会以及成本上都没有真正地惠及于民。

乡村基层信息传播是农民获取农业科技信息的另一个重要渠道，包括政府主导下的组织传播、农村自发组织的传播，以及基于人际网络的人际传播。政府主导下的组织传播，可以通过行政性的手段在一定的时间及地点向更为广大的农民提供农业科技信息。但其过于硬性的、单调的传播方式影响了农民参与的积极性。而农民自发的以农村专业经济协会为代表的农村非政府组织在传播农业科技方面具有独到的优势，但限于当前农村经济市场、科技市场发展的不完善，农村非正式组织在传播农业科技方面也显得力不从心。作为农村主要的沟通方式——人际传播，是当前农村科技传播最有效，也是最普遍的一种形式。不过在实践中也存在一定的问题，如意见领袖并没有发挥好二级传播的作用等，都在一定程度上影响了农业科技传播的实际效果。

综上所述，要提高当前农村农业科技传播的效果，需要多方的努力，这主要包括从以下几个方面进行改善：

其一，完善农村的科技服务体系。完善农村的科技服务体系，首先要按照市场经济规律及技术适应市场化的要求，通过创新体制和机制，建立公益性的农技推广机构、涉农公司和各类专业技术协会等多元化的传播主体，充分发挥政府部门公共服务职能，有效整合与集成各类科技服务资源，特别是高校、科研机构、政府部门的人才、资金、技术、信息等，促进资源的合理流动与共享。创新农村科技传播服务机制，将高校、科研机构、政府农技推广机构、农村专业技术经济合作组织等各类农村科技服务主体与农户有机地结合起来，形成利益共享、风险共担的合作机制。

其二，完善农村教育培训体系，提高农民应用科技的能力。农民素质的高低影响着其对农业科技的认知以及农民采用技术的各个阶段。首先就要从提高农民的文化素质做起，从农村教育抓起。当前，大多数农民处于文盲半文盲的水平，对于这些人来说，接受正式的教育是不可能了，但是开展一些农民喜闻乐见的培训方式，比如专家亲临指导、开展定期和不定期的培训班，针对不同层次的农民群体采取不同的教育方式等，对农民科技应用能力的提高都具有非常现实的意义。其次，针对年轻且文化水平较高的农民，要发挥农业职业学校的重要作用，大力发展农民职业教育。农业职业学校是直接为农村经济发展服务和拓宽农村职业教育的专业和内容，可以培养一批有文化、懂技术、善管理、会经营的新型农民。最后，我国农民常见的守旧、自满自足、惧险、从众的心理，也会阻碍农业科技的应用与扩散。因此在大力开展和普及农村教育的过程中，要对我国农民进行现代思维方式、生活方式、行为方式的教育、

其三，实现大众传播媒介在农业科技传播中的"软着陆"，积极发挥大众传媒在农业科技传播中的作用。首先加强农村的媒介设施建设。不可忽视的是，当前农村的广播设施几近消失，或者已被搁置。作为农村信息化的一部分的网络建设，在很多农村远远没有实现，硬件设施的不完善在很大程度上阻碍了农业科技的传播。因此政府要积极发挥主导作用，将农村科技的大众传播纳入公共服务体系的范畴，推动农村科技大众传播的步伐，消除广播、电视等大众传播的覆盖盲区，以及网络电缆的通达，同时对开拓农村科技传播的媒体给予政策倾斜、财政补贴，激发媒体对农业科技传播的热情。其次提高农业科技传播的针对性。从对农民的调查中我们可以看出，当前针对农村的科技传播，虽然也能为农民提供其生产时可以借鉴的科技信息及技术，但是当前的传播其立足点常常是站在传播者的视角看问题，传播者并不能完全了解什么时候农民需要什么样的技术，什么样的技术适合哪个具体地区的农民等，对农业科技信息传播也并未做到信息准确、技术使用、与农事同步，这也就忽略了农民的真正需求。因此要提高大众传播媒介在农业科技传播中的效果，也就需要提高农业科技传播的针对性，多传播农民"欲知"、"应知"的科技信息。作为农业科技传播者要经常深入农村，多了解农村，多熟悉农民，多与农民沟通，了解农民想什么，需要什么，从而准确把握农民的科技需求和农业科技传播的定位，真正结合农业生产周期和特点，为农民增产增收及时提供实用信息的科技节目。

其四，激发农民对于农业科技传播的参与与使用动机。以农业科技的大众传播为例，当前的传播多是我传你看或者我传你听的模式，农民与传播者之间缺少沟通与交流，农民有问题也得不到及时地反馈，也即当前的大众传播处于一种单向的传播，极大地影响了农业科技传播的效果。因此要提高农民对农业科技信息需求与获取的动机，也就需要打破这种单向的传播模式，实现平等的互传模式，也就是让农民参与到科技传播中来。参与越多，在信息接收、处理上越会谨慎地思考；了解越多，媒介使用动机就越强烈。以电视为例，在进行农业科技节目的报道时，可以采用走出去、请进来的方式，以农村现实为背景，以田间地头为现场，报道农民的实际生产过程，以及遇到的各种问题，现场解决问题，这也就使得农业技术能够现场得到应用；同时，也可以将农民请到演播室，让农民参与节目的制作，表达自己真实的情感，这样既反映了他们的呼声，又拉近了电视媒体与农民的距离。对于政府主导下的组织传播也是如此，只有增加农民与专家、技术员之间的田间交流，并及时反馈，有针对性地解决农民在农业生产中所遇到的问题，才能激发农民参与各类培训活动的积极性与动机。

最后，重视村能人在农业科技信息传播中的作用。从调查中我们也了解到，村能人在农业科技信息传播中发挥着举足轻重的作用。这些村能人多为农村中的经济精英、知识精英、政治精英等，其获取信息与使用信息的能力较强，同时在周围人中又有着一定的威信，能够发挥其在农业科技信息传播中的二级传播的角色与功能。因此要充分发挥村能人的作用，将此类型的农民作为搞好信息服务的中坚力量，鼓励他们成为农业科技信息服务中介，发挥精英模范带头作用，让精英农民启发和带动普通农户，是发挥农村人际传播在农业科技传播中作用的有效方法。

第五章　乡村健康传播：从传统意见领袖到现代国家动员

改革开放30多年来，我国的农村发生了剧烈而深刻的变化，农村经济快速发展，农村生活水平得到较大提高，农民的健康状况也得到一定程度的改善。但整体上，我国农村的健康医疗状况与城市相比仍存在较大差距。而随着新型疾病的侵袭和农村变革中社会问题的出现，中国农村、农民的健康面临着新的挑战：农村居民健康意识薄弱，健康知识缺乏，健康行为有待进一步改善；农村公共卫生服务被削弱，农村医疗机构预防保健功能弱化，乡村医生医疗水平和服务有待提高；新老疾病威胁农民健康——慢性病依旧肆虐，传染性疾病带来新的威胁；农民缺乏有效的健康保障，新农合仍不能满足其保障需求，农民因病返贫情况依旧存在。

农民健康状况关系到农村整体生活水平和经济发展，是"三农"问题的基础要素，因此健康信息的传播应该成为农村医疗卫生事业的关注重点。传播学视野下的"三农"问题是指在传统中国向现代中国转型过程中，城乡之间、乡村内部的社会信息系统由于历史传统、现实因素形成的传播障碍与隔阂加剧的恶果，并连锁形成农村、农业、农民在中国社会经济结构中长期处于弱势地位，进而影响到中国现代化的进程、性质与图式的严峻现实。① 具体到乡村健康传播领域，大众媒介宣传的健康信息在农村的到达率关系到农民健康意识和健康行为的改变，以政府为主导的组织传播关系到健康政策的下达和落实情况，以乡村医生和其他乡村精英为中心的人际传播关系到农村基层健康传播的及时性和畅通性。

纵观学者们对中国乡村健康的研究，多以乡村健康的某一方面及某地的实地调查为主，缺少宏观的研究与概括，研究方向主要集中于"健康教育"、"健康促进"等方面，对乡村公共卫生、乡村健康传播关注甚少。而在传播学研究中，健康传播是一项新兴的研究领域，美国学者的研究较为领先，中国的健康传播发展刚刚起步，并且基本未关注到乡村健康传播领域。根据美国学者 Rogers 最初的定义，健康传播是一种将医学研究成果转化为大众的健康知识，并通过态度和行为的改变，以降低疾病的患病率和死亡率、有效提高一个社区或国家生活质量和健康水准为目的的行为。他还提出健康传播更广义的概念，"凡是人类传播的类型涉及健康的

---

① 刘继忠：《"三农"问题的传播学反思》，《青岛农业大学学报》(社会科学版)2007年第1期。

内容,就是健康传播”。我国的健康传播研究一直处于传播学者缺席的状态下,近年来有所改善。但总体而言,我国健康传播研究还处在初级阶段,学者们对农村健康传播的关注则更少。

从乡村健康传播的受众角度看,作为社会群体的农民,虽然数量庞大,但人口素质较低,社会地位较低,因此在传播领域也属于弱势群体。我国农民如何通过大众传播、组织传播和人际传播的渠道接收健康信息,我国农民的健康意识和健康行为是否有所改善,国家健康政策能否顺利在农村得到宣传和实践,从传统的以健康传播意见领袖为核心的人际健康传播到现在融合大众、组织和人际传播为一体的国家动员,当前乡村健康传播的传播内容、传播渠道、传播效果都应该成为人们关注的焦点。为此,我们从2009年8月至2010年4月间,在江苏省J市10个乡镇的农村进行了“对农健康传播服务”的实证调研,调研的主要内容有:农民的卫生习惯和健康行为、农民健康信息需求和传播路径、乡村医生的工作情况和社会评价、农民对传染病的认知和预防行为、重大突发性公共卫生事件在农村的信息传播情况、国家健康政策在农村的社会动员情况等。

此次调查主要采用深度访谈和问卷调查相结合的方法。我们在长达半年多的时间里对J市的乡村医生、部分村民、村干部以及市级、镇级政府相关工作人员进行了深入访谈,并根据地理位置在J市12个乡镇中抽取了10个乡镇——W镇、X镇、Y镇、W镇、S镇、H镇、D镇、P镇、F镇、G镇,按照J市年鉴中的各乡镇人数比例分配问卷数量,调查期间实际发放问卷270份,实际回收有效问卷250份,有效回收率达92.6%,并且采用了SPSS13.0分析软件,对数据进行了录入、整理和分析。①

一、农民日常卫生习惯和健康信息需求

了解农民的基本卫生状况及其健康信息需求是乡村健康传播研究的基础,因此,我们首先对J市农民的日常卫生习惯和健康信息需求进行了调查,同时测量了农民对健康信息传播的认知与评价,希望以此探究在乡村健康传播过程中农民的信息需求与满足情况、信息获取的渠道偏好及其影响因素等。

1. 农民日常卫生习惯和就医行为

在人们的印象中,农民由于文化水平低、健康意识较差而在日常生活中存在很多不健康的行为习惯,如饭前便后不注意洗手、随地吐痰、乱倒垃圾等,其实这也是

① 对农健康传播专题问卷调查的具体样本统计特征如下:男性占44%,女性占56%,这显示了目前农村常住人口中,女性比例较大,与实际情况相符。另外,35岁以下比例占32.4%,36~55岁人口比例占39.6%,56岁以上人数占28%,人口年龄结构分布较均匀。被调查者文化程度多为小学及以下(35.6%)和初中(31.6%)。样本的基本人口特征显示,被调查农民的性别、年龄分布基本均衡,文化程度整体较低,这比较符合当前农村人口结构特点。

农村很多疾病发病率居高不下的根本原因。而随着大众媒介对健康知识的传播和农民生活水平的提高，农民的日常卫生习惯是否有所改善，农民对这些基本健康行为的认知和态度是否发生了改变，我们在J市10个乡镇的农村进行了实地调查。

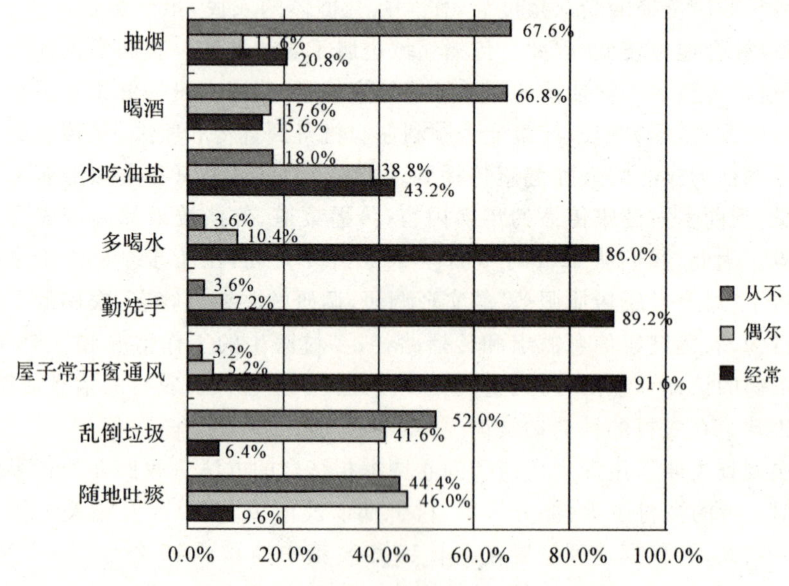

图5-1　关于农民日常卫生习惯的统计

通过图5-1的统计数据显示，J市农民的日常卫生习惯正在改善：经常随地吐痰、乱倒垃圾的比例已较低(分别为9.6%、6.4%)；分别有86.0%和89.2%比例的农民养成了多喝水、勤洗手的好习惯，这比以前农村状况有了很大进步。不过，仍有15.6%的农民经常喝酒、20.8%的农民经常抽烟，烟酒文化在农村依旧留有市场。但农民中有一部分人(18%)还不知道“少吃油盐”的益处，“控油控盐”活动尚未在我国农村产生影响。如J市D镇Y村的朱村医就谈到：

> “现在农村油、盐摄入过量是诱发疾病的一个原因，其他影响较大的诱因是吸烟和喝酒，吸烟、喝酒在农村很常见，很多年轻人很早就开始吸烟。当我们村医生劝导老人不要吸烟时，老人都以“习惯了”为由拒绝戒烟，在明知吸烟会有害健康，不易治疗疾病的情况下，仍然吸烟、喝酒，这些现象在我们农村习以为常。”①

由以上统计数据和访谈资料可知，J市农民的基本卫生习惯已逐渐形成，但在“少吃油盐”和“戒酒戒烟”方面还有待改善。除不良的卫生习惯外，过去，我国农村

① 摘自于访谈资料：2009年11月29日，J市D镇Y村，受访者为村医生朱某。

普遍存在着“小病拖大病”的消极就医行为,也严重影响了我国农村整体健康水平。一方面,农民生病后为了省钱不愿意求医,而是选择“拖病”;另一方面,一些农民还会选择封建迷信(如拜神)的方式对付疾病,很多人因此耽误了疾病最佳诊断时间。而从此次调查结果来看,我国农村居民就医行为的主动性有了提高:农民发现自己或家人生病时,选择求医的比例达到 68.4%(其中选择能忍则忍仅占 3.2%,自己吃药 28.4%),农民对于“就医”的认知、态度都发生了一定改变。

同时,农村家庭对于看病支出的承受能力也有较大提高。在此次调查中,我们对J市农民的家庭医疗支出进行了调查,图 5-2 调查结果显示:33.2%的被调查农民的家庭健康支出在 500 元以下,家庭健康支出在 500～1000 元范围和 1000～3000 元范围内的比例分别为 22.0%和 22.8%,有 21.6%的被调查农民的家庭健康支出则达到了 3000 元以上。在家庭承担看病支出的问题上,选择“一般”、“不太吃力”、“不吃力”选项的人数比例共占到 80.4%,选择“比较吃力”和“很吃力”的比例仅有 19.6%。这说明在我国农村经济收入提高的基础上,“看病贵”已经不再是大多数农村家庭的问题,大部分家庭还是有能力支付家庭成员的医疗支出。

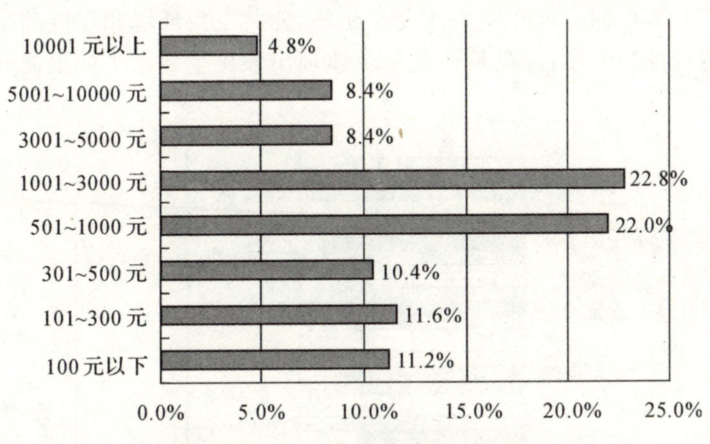

图 5-2　关于农民家庭看病支出的统计

此外,我们在调查过程中发现一个现象:虽然很多农村家庭中的老一辈在自己生病时一般不舍得去正规大医院看病,但对于家里的小孩,他们都非常舍得投入医疗资金。当小孩生病时,他们会选择镇上较正规的医院及时就诊,虽然这样会大大增加医疗费用。如J市D镇Q村的农民颜某就谈到,如果家里的小孩有病,不管多贵都要看,他把自己女儿小时候和外孙这一代作了比较:

“我女儿小时候生病时,一般都尽量不会带她去医院看病,发烧了也只是休息下、出出汗。但到我外孙这一代时,孩子有点小病我们就会去正规一点的医院看，村里其他家也都如此。”①

综合以上调查统计数据和相关访谈资料，我们可以看出，J市农村居民的日常卫生习惯趋于合理，农村家庭能够也愿意支付合理的医疗支出，农民就医行为也较为积极主动，对家里的婴幼儿更会选择较为正规的医院就医，农村居民的健康意识已经觉醒。

2. 农民健康信息需求和渠道选择

对农民的健康意识和健康行为进行引导和干预，需要建立在了解农民健康信息需求的基础上。为此，我们紧接着对J市农民的健康信息需求进行了调查。

图5-3的统计结果显示：在问卷涉及健康信息内容的七个选项中，关于农民健康信息的需求排名依次为日常疾病预防和治疗信息、重大公共卫生事件信息、重大疾病预防和治疗信息、公共环境卫生、妇幼保健、保健养生、两性健康。由此不难发现，农民首先最关心的是日常疾病的预防和治疗，这直接关系到他们的日常健康。而重大公共卫生事件则排在第二位，可见农民对SARS、甲流等媒体较为关注的突发性公共卫生事件拥有较高的关注度。此外，公共卫生环境和保健养生信息也引起农民一定程度的关注，这在某种意义上体现出农民生活水平的提高和健康意识的觉醒。

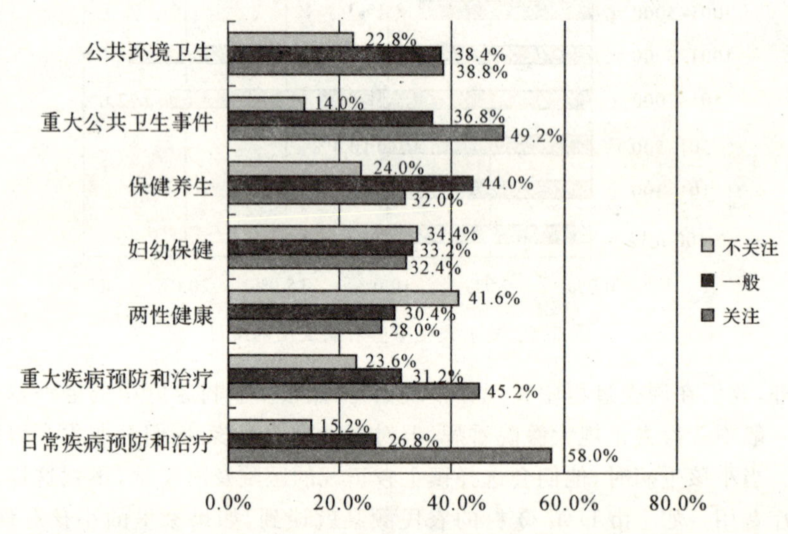

图5-3 关于农民健康信息需求的统计

通过对农民获取健康信息的渠道选择进行调查发现，如图5-4统计数据所示：大众传媒尤其是电视是农民获得健康信息的主要途径。86.4%的被调查者选择会

① 摘自于访谈资料：2009年11月29日，J市D镇Q村，受访者为60多岁的颜某。

通过电视获得健康信息，如D镇Q村朱村医就提到，“农民的健康知识大都是来源于电视媒体健康普及类的节目，中央电视台的《健康之路》、J市电视台的《健康365》等节目都是农民获知健康知识的重要平台”①。

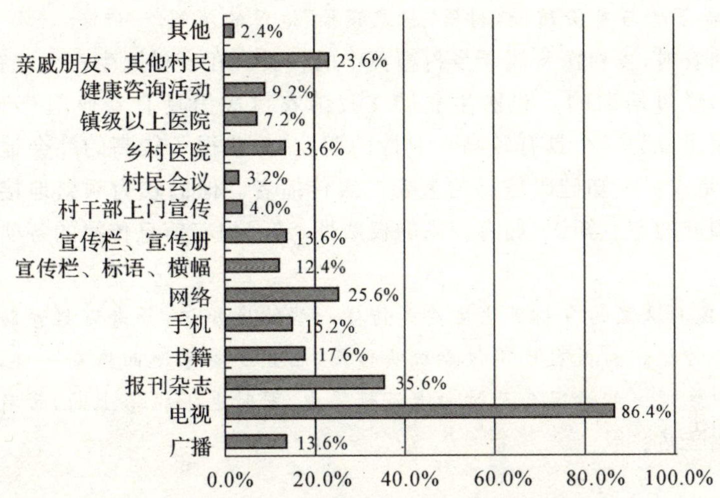

图5-4　关于农民获知健康信息渠道选择的统计

调查结果中尤其值得我们关注的是，目前有25.6%的被调查者表示是通过网络这一渠道获取健康信息，这一数据是选择“广播”人数比例(13.6%)的将近一倍。首先，随着网络这个新媒体的发展，我国网络覆盖范围已经触及农村，部分农民也开始接触到网络媒介，通过网络媒介寻求信息；此外，网络的匿名性、互动性等特质也适合于健康信息的传播。

总之，通过对J市农民日常卫生习惯、基本健康需求和路径选择的调查，我们欣喜地看到，随着J市农村经济发展和生活水平的提高，J市农民的日常卫生习惯已大大改善，健康意识逐步觉醒，农民的就医行为趋向合理，家庭医疗支出在其可承受范围内，农村总体健康状况比较乐观。

二、乡村医生：健康传播意见领袖的消解与困境

80万农民出身的“乡村医生”，是负责给我国亿万农民看病的主力军，是农村医疗卫生服务的关键力量，是我国三级医疗体系的网底，他们承担着基本医疗、健康教育、妇幼保健、康复指导、计划免疫等职责，是我国乡村健康传播中的重要角色。从20世纪60年代的“赤脚医生”到现在的乡村“执业医师”，乡村医生经过了兴盛、分流、重组等演化过程，他们是中国特色农村医疗体系的基层群体，他们的现

① 摘自于访谈资料：2009年11月29日，J市D镇Q村，受访者为村医生朱某。

状关系到中国农村医疗水平的高低，他们的未来关系到中国亿万农民健康状况的好坏。基于此，我们专门对"乡村医生"的生存状况及其功能地位的变化进行了调查。

1. 权威下降与身份质疑：村医"意见领袖"地位的消解

在我国农村，乡村医生属于乡村精英中的一员。在乡村医生产生之初的"赤脚医生时代"，经过培训的乡村医生立即在我国农村成为具有专业医疗知识的"专家"，乡村医生成为一个具有较高专业性的职业，并获得了较高的社会地位和良好的美誉度，是农民获知健康信息的重要二级传播者。他们较为频繁地接触大众媒介和健康领域的专业知识，拥有较高的权威性，又承担着信息传播的各项功能。

> "我们这里的乡村医生主要是传播一些健康知识，如老百姓预防疾病的一些常识。村医自己不仅要口头传播，而且还要像巡回检查一样，诊疗过程中发现一些情况会及时向老百姓提出，同时也汇报给上面，带有一定的监测性质。"①

J市卫生局预防保健科Y科长的这段话阐明了乡村健康传播中以村医生为中心的双向传播。组织传播通常分为横向传播与纵向传播，纵向传播又包括下行传播和上行传播。在我国乡村健康传播过程中，国家相关的卫生政策和健康信息都通过下行传播迅速得到贯彻落实，而在这个下行传播过程中，乡村医生的作用不可或缺。例如，在J市，当某种当季流行病或者新型感染病出现时，镇级、市级预防保健部门都会组织各村村医听讲座学习相关知识、获知相关信息，多数乡村医生也都订阅了《中国健康报》、《中国乡村医生》、《农村家庭医生》等专业期刊及时进行知识补充，这样，在"自上而下"的健康知识和健康信息传播中，乡村医生成为由上级组织传播到乡村人际传播的过渡者。

在健康政策和信息的"下行传播"中，乡村医生起到了积极推动的重要作用、提供了坚实的保障；与此同时，乡村医生作为最基层的乡村健康传播中的传者，也承担着"上行传播"的职责。随着"非典"、"甲流"、"手足口病"等传染病的陆续来袭，"疫情上报"这项任务在乡村医生履行的职责中被相对重视，乡村医生不仅要履行上级卫生部门下达的任务，还要主动、及时地把本村的疫情状况、预防治疗措施及效果向上级部门汇报，进行健康卫生情况的反馈。

事实上，在我国农村早期缺医少药的年代，乡村医生为中国几亿分散的农民提供了基本的医疗保障，并获得较高的社会地位。他们作为具有专业知识的乡村精英，他们在发展之初承担着健康信息的传播工作，为乡村健康传播做出了重要贡

---

① 摘自于访谈资料：2009年10月20日，J市卫生局，受访者为预防保健科Y科长。

献,并成为我国乡村健康传播中重要的意见领袖。

然而,从 20 世纪 80 年代初开始,随着中国农村土地再分配,农村旧的合作医疗也就名存实亡了,赤脚医生赖以生存的土壤分崩离析,很多乡村医生流失,转到其他行业,再加上医疗产业化政策和市场化的改革,医疗资源在市场的作用下逐渐向城市倾斜,农村的医疗又相对被忽视。J 市 X 镇 H 村的村医张某谈到当时的情况:

> "1982 年之前,村医都以行医拿公分,地位也相当于村里的干部,工作较轻松,政治待遇也比较好;1982 年之后,没人负责给村医发工资,乡村医生只能'各显神通',凭借自己的医术挣钱,可以说是让我们'自生自灭'①。"

乡村医生报酬急剧下降,使得这些曾比大队干部更体面的村医群体在心理上形成了巨大落差,乡村医生地位一落千丈,其意见领袖地位开始动摇。乡村医生也没了"公家饭碗",成为一个没有财政工资和补贴的群体,他们为本村农民治疗感冒、发烧、急救等,收入来源主要依靠个体患者的少量医疗费用,乡村医生收入并不乐观。虽然政府近年来在公共服务领域给予乡村医生一定的待遇(如发放一张传单可补偿 1 毛钱),但这些补贴对乡村医生维持生存依旧杯水车薪,而且国家没有解决村医的养老保障,这些背景迫使村医"以药养医",忽视农村的公共卫生服务。J 市卫生局预防保健科 Y 科长告诉我们:

> "基本医疗是乡村医生盈利的主要来源,但因为其基本养老问题没有解决,生活无保障,所以为了赚钱谋生,乡村医生普遍存在过度医疗现象,但由于国家推行药品的零差价,这让乡村医生盈利更加困难。此外,依靠基本医疗取得收入使得一些乡村医生仅仅做这一块,其他方面的工作(如健康教育、健康知识宣传等)就不做了。②"

J 市 W 镇 L 村村医陆某接替父亲的工作,成为村里的乡村医生,她谈到乡村医生忽视公共服务的现实原因:

> "我爸爸这一代村医最关心养老问题,他们不是不想做公共服务,只是要先保证基本收入维持生活。如果村医生的家里有事需要提前退休,

① 摘自于访谈资料:2009 年 11 月 4 日,J 市 X 镇 H 村,受访者为村医生张某。

② 摘自于访谈资料:2009 年 10 月 20 日,J 市卫生局,受访者为预防保健科 Y 科长。

我们就没有任何收入，所以要先自己保障自己的生活。①”

乡村医生作为我国农村基本医疗体系的中心角色，本应在健康教育、妇幼保健、计划免疫等公共服务领域为农民服务，但由于相关管理体制不健全，乡村医生对自己待遇十分不满等原因，他们纷纷抛弃了公共卫生服务，把工作重心放在基本医疗“经营”上，这将直接影响到农村整体健康水平和政府健康政策实施的及时与有效。

以下调查统计数据(见图 5-5)揭示了乡村医生履行工作职责的缺失现实，仅有 8.4%的被调查农民认可本村乡村医生为其健康建立档案，仅 6.4%的被调查农民认为乡村医生进行了慢性病随访调查，而就连最基本的妇幼保健指导，只有 16%的被调查农民承认本村村医做了这样的工作。此外，33.2%的农民认为除基本医疗外，乡村医生完全没有履行其他工作职责，这说明在 J 市农村地区，乡村医生“以药养医”、只看重基本医疗经济效益的现象已经比较严重。

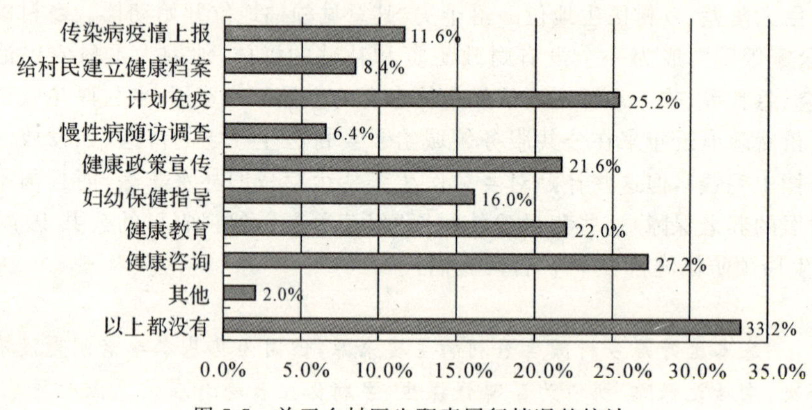

图 5-5 关于乡村医生职责履行情况的统计

与此同时，乡村医生的地位和权威也面临着严峻的挑战。D 镇 Q 村朱村医谈到，“以前大队干部开会，无论大会小会，都会叫上他参与，而现在连提都不提村医了”②，他感觉到村医在农村的地位渐渐下降。另外，X 镇三位村医坦言：“从 20 世纪 80、90 年代开始，人们对于乡村医生的印象就是素质低、业务水平低，只是有一定知识水平的农民，其实我们对农村医疗卫生事业贡献很大，但却处于如此尴尬的境地”③。D 镇 S 村村医严某也无奈地说起 S 村村医的情况：

“现有的几个村医都年龄大了，眼睛花了，打针都打不进去，这样更没

① 摘自于访谈资料：2010 年 1 月 21 日，J 市 W 镇 L 村，受访者为村医生陆某。

② 摘自于访谈资料：2009 年 11 月 29 日，J 市 D 镇 Q 村，受访者为村医生朱某。

③ 摘自于访谈资料：2009 年 11 月 20 日，J 市 X 镇防保所，受访者为 X 镇的村医生张某、赵某、姜某。

有人来看病了。可现在这个社区卫生服务站没有年轻人接替,一个月就几百块,谁想来当医生啊!医学院学生肯定嫌待遇太低,其实农村很需要受过专业培训的人,但大学生不会想到农村来的。我们这些老村医在这工作就当在家了,反正也不怎么忙。①"

对此,J市卫生局预防保健科Y科长谈到,在以前的赤脚医生时期,农村的医疗是以预防为主,但后来随着社会的发展,农村的基本医疗逐渐成为农村医疗服务的重点。而另一方面,对于乡村医生这个队伍而言,当初医疗队伍组织建立时,对村医的要求不严格,所以村医的素质参差不齐,有些村医在工作中边学边工作,但因为起步比较低,水平仍不是很高,而有些自身不加强培训就会导致医疗水平更低。这些都使得乡村医生的职业定位、技能素质和社会作用受到挑战和质疑。此外,随着农村务工人员向城市涌入,农村人口流行性越来越大,农民选择看病的地点也不局限于村社区卫生服务站(即以前的村卫生所),很多农民也意识到乡村医生医术水平较低,他们便会选择镇医院、私营医疗机构等,乡村医生的医源大量减少,乡村医生处境堪忧。②

进一步调查结果显示(如图5-6):五分之四的被调查者不同意"村医是我们了解健康知识的主要来源",可见乡村医生已经不再是乡村健康传播重要的信息源,乡村医生"意见领袖"地位正在消解。

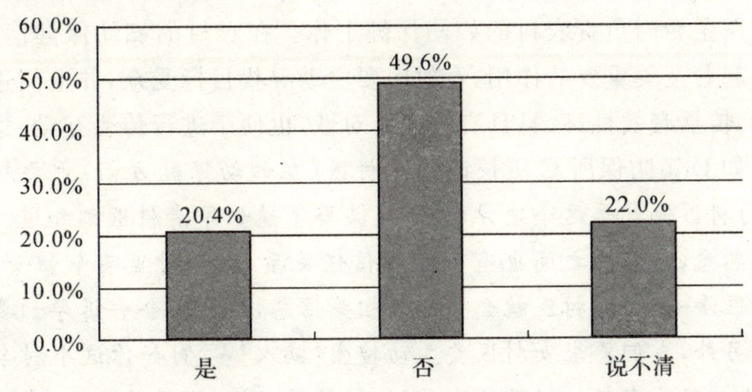

图5-6　关于是否同意"村医是我们了解健康知识的主要来源"的统计

在关于乡村医生工作中存在问题的一项调查中,"收费高"、"医术低"、"没有做好健康教育工作"、"没有及时传达政府的健康政策"等都是农民对其工作不满意的方面。其实村社区卫生服务站与市镇级医院相比,医疗费用相对很低,之所以农民依旧认为前者"收费高"的原因,一方面与农民的小农意识有关;另一方面也与新农

① 摘自于访谈资料:2010年1月19日,J市D镇S村,受访者为村医生严某。

② 摘自于访谈资料:2009年10月20日,J市卫生局,受访者为预防保健科Y科长。

合报销有关。我们在各村走访时，农民们抱怨“在村医生那看病只有很少一部分才能报销”，我国目前实行的新农合依旧以保大病为主，日常医疗费用还需农民自掏腰包，农民对此比较不满。

农民认为村医“没有做好健康教育工作”、“没有及时传达政府的健康政策体现了农民公共卫生意识的觉醒，他们认为村医生是一个担负某些公共卫生服务职责的角色，是否出色完成公共卫生服务也成为农民评价乡村医生的指标之一。但现实情况是：有相当一部分乡村医生依旧缺席于公共卫生服务领域，如D镇Y村乡村医生袁书进，他医术水平很好，经营的社区卫生服务站‘生意红火’，但他对公共卫生服务领域有些漠不关心，称之前偶尔发传单，但近期都没有发过传单，他还抱怨到“‘非典’时期，还让我们去量体温，上面一点补贴都没有”，政府缺失相应的待遇让他以及像他一样的村医不再热心于农民的健康教育。

不过，随着电视的普遍覆盖和网络的逐渐兴起，大众媒介的触角深入我国乡村的各个角落。相对于乡村医生，农民更加信任电视中的“医疗专家”，他们获知健康信息的主要路径转移到大众媒介，以乡村医生为核心的农村人际健康传播影响力下降。在此背景下，村医生忙着看病赚钱维持生存，农民转而依赖大众媒介获知健康信息，乡村健康传播中的人际传播效应被大大削减，乡村医生这个昔日发挥重要作用的角色逐渐淡出农民视野，其权威性不断下降，其意见领袖地位逐渐消解。

2. 女村医缺失严重：妇幼保健由谁负责？

女乡村医生专门负责农村的妇幼保健工作。在农村的妇幼保健信息传播中，女乡村医生起着至关重要的作用，女村医要主动寻找目标受众，并上门进行一对一的人际传播，传播有效性高、且具有较强针对性，也便于进行传受互动，达到良好的传播效果。如D镇防保所C所长谈到：“村医（在妇幼保健方面）主要起到一种宣传作用，因为村医他就是这个地方的人，某某娶了媳妇等情村医都知道。村医对本地区都比较熟悉，与农民之间也有一定的信任关系，比如村里某个妇女怀孕了，就想先让女村医看一下，女村医就会告知其相关信息，然后还会告诉孕妇要到镇卫生院建张卡。另外，我们要求女村医要主动搜索‘病人’①，例如你这个村今年有多少育龄妇女，你心里要有数。村医这块，有的村做得不错，有些差一些，有的村没有女村医，这块就比较薄弱。”②可见，缺失了女村医，村里的妇幼保健信息传播将成为空谈。

政府规定，每个村想设立社区卫生服务站就必须有一个女村医，然而这项政策在执行过程中并未十分规范：我们在D镇Y村走访时，发现社区卫生服务站墙上挂的牌子写着服务站组成人员的分工——袁书进：医疗、初级卫生保健；张兰珍：计

---

① 此处“病人”指需要妇幼保健服务的孕龄妇女。

② 摘自于访谈资料：2009年11月6日，J市D镇防保所，受访者为C所长。

划生育；刘小鹰：预防保健；徐袁：药品管理、健康教育、康复指导、注射。其中，袁书进是本服务站主要负责的乡村医生，女村医是刘小鹰，但经过进一步询问，我们了解到，女村医刘小鹰其实不是本服务站的村医，而是袁书进为了申请到村社区卫生服务站而从别的村“借用”的。毋庸置疑，该村的妇幼保健信息传播一定是缺失的。

其实女村医缺失的情况不仅是Y村，在J市其他农村也比较明显，如图5-7调查统计数据显示：有三分之一以上农民表示本村没有女村医。随着女村医的缺失，本村妇幼保健信息传播也就随之消失。尽管每个村里也有一个妇女主任，但其主要负责查环，不会给本村育龄妇女传授妇幼知识。农村孕龄妇女只能凭借相关书籍、网络等大众媒介以及镇上医院的医生获得妇幼保健信息，实际上无法“享受”女村医的上门互动式一对一传播服务。

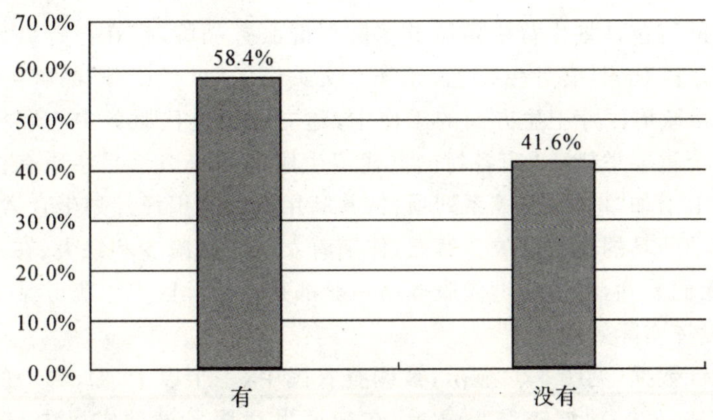

图5-7　关于村里是否有女村医的统计

此外，即使有女村医的村子，妇幼保健工作仍不被重视。P镇W村社区卫生服务站的女村医王某负责村里的妇幼保健的工作，但她抱怨说，“到农民家里宣传妇幼保健知识要骑摩托车去，需要花费自己的油钱，上面又一点补贴都没有，所以我都不乐意去”①。由此可知，当政府没有给女村医做妇幼保健工作合理的报答性反应，女村医对村里的妇幼保健服务也就减少甚至停止，因此，真正进行妇幼保健信息传播的女村医少之又少。

在“女村医有没有向本村妇女提供妇幼保健服务”的调查中（图5-8）中，只有19％的被调查者选择了“经常有”，40.9％的被调查者选择了“偶尔有”，40.1％的被调查者选择了“完全没有”。由此可以说明：女村医在提供妇幼保健服务方面没有尽职尽责，我国农村的妇幼保健服务在相当大程度上是缺失的，农村孕龄妇女没有得到应该享有的信息传播服务。

与女村医的工作密切相关的还有农村的“世代服务”中心或站。“世代服务”是

① 摘自于访谈资料：2010年1月16日，J市P镇W村，受访者为村医生王某。

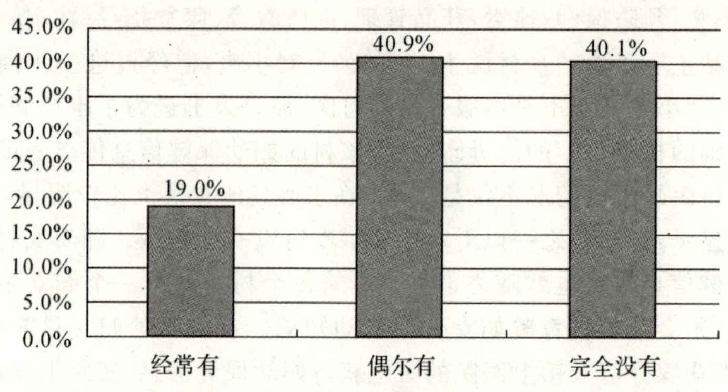

图 5-8　关于女村医是否向本村妇女提供妇幼保健服务的统计

江苏省实行的特色计划生育生殖服务家庭保健服务品牌，旨在把各级计生服务机构打造成非医院化、具有计生特色、充满人文关怀的"世代服务"品牌，实现计生服务。而在J市政府医疗卫生方面的工作中，建立镇级世代服务中心和村级世代服务站也是一个重要举措。J市各村的世代卫生服务站一般都是在原有村级社区服务站的基础上增加"世代服务"系列项目，并聘用女村医担任计划生育咨询、避孕节育指导和避孕药具的免费发放。然而，伴随着女村医的减少和缺失，在J市各村走访过程中，我们看到，村里的世代服务站一般都是在村社区卫生服务站里多挂一个牌子，并未发挥实际效用。

调查统计数据(见图 5-9)显示：被调查农民中，一半以上(51.6%)的人不知道镇世代服务站，另一项调查结果显示，在知道世代服务站的农民中，仅有一小半(39.1%)去接受过服务站的服务。可见，政府着力打造的世代服务站有点形同虚设，并没有给农民带来真正的便民服务，也没有受到老百姓的认可。进一步调查显示，农民没听过或者没去过世代服务站的原因主要在于：宣传不力，农民没有听说过世代服务站；提供的服务面过窄，许多被调查者认为自己不需要其提供的服务；没有充分调查农民的需求和喜好，一部分农民表示不习惯去这类地方。可见，世代

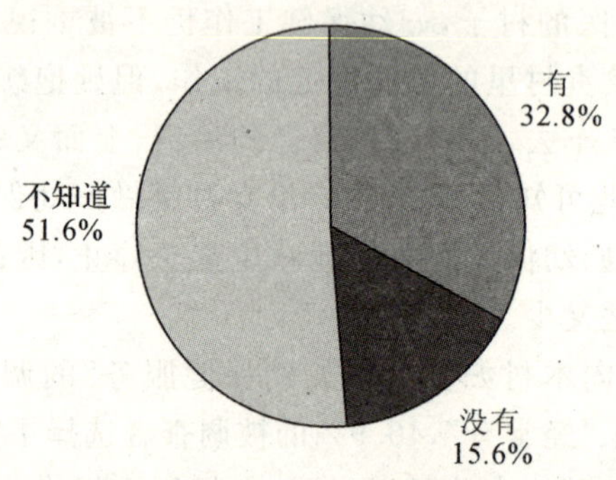

图 5-9　关于J市农村有无世代服务站的统计

服务站尽管建成了,其真正发挥的作用却微乎其微。农村居民尤其是妇女对妇幼保健信息确实有一定的需求,但如何满足她们的需求、如何真正达到良好的传播效果还需政府相关部门进行进一步探索。

总之,通过对J市农村乡村医生的走访和调查,我们看到农村医疗体系基层群体的堪忧处境:女村医严重不足,世代服务没有真正为农民服务,村医技术受到质疑,村医的权威性和社会地位大大下降,部分村医忽视了农村公共卫生服务领域,农民对村医满意度下降。然而,就我国现实而言,乡村健康卫生事业却非常需要乡村医生这个网底,乡村医生是双向健康传播中的"把关人",不仅在突发公共卫生事件时期担任特殊角色,在日常的健康传播中也发挥着重要作用。如果不尽快采取措施保障乡村医生的合法权益,乡村医生会面临前途堪忧、发展受阻的境遇,乡村医生的健康传播职能也将被忽视甚至被抛弃,乡村医生的意见领袖地位将会岌岌可危,乡村健康传播也将处于混乱无序的境地。

三、传统疾病与突发公共卫生事件:乡村健康传播的双重考验

毋庸置疑,对于健康而言,疾病是最大的威胁。长期以来,由于我国农村经济水平落后、农民卫生习惯较差,各种传统型疾病严重威胁着我国农村地区居民的健康,传染病就是其中影响较大的一类疾病。同时,突发性公共卫生事件又不断考验着我国乡村健康预防体系,"非典"、"甲流"等重大突发性疾病不仅在城市里肆虐,也不断侵袭着我国广大农村地区。传统疾病和突发性公共卫生事件交织并存,让我国农村脆弱的、不健全的健康防线受到严峻挑战,如何面对传统疾病和突发性公共卫生事件的考验,如何提高农民对这些疾病的认知与防范,如何在此基础上保持政府的威信和乡村健康传播的通畅,成为乡村健康面临的新形势。

1. 传染病:农民的认知状况及其信息接触途径

数千年来,传染病对人类的健康和生命危害严重,随着医药卫生事业的发展和人类社会的全面进步,传染病对人类生存和健康的威胁受到了遏制,但对我国农村而言,大多数农民保健意识差,防治传染病的概念极为淡薄,再加上农村卫生医疗条件较差,传染病依旧威胁着我国农村的整体健康,也会直接给我国农村人口健康和生命带来危害。

从以前在我国农村肆虐的"血吸虫病",到农村人人恐惧的"艾滋病"再到突发性公共卫生事件,我国农村传染病防治工作不断面临新的挑战。为了解J市农村居民对传染病的认知、对政府防止传染病工作的评价和期望,我们专门对J市农村居民进行了相关调查分析,以了解农民对传染病的认知状况以及接受传染病宣传与服务的需求。

首先,我们选取了艾滋病、肺结核、乙肝、流感这四种典型的传染病对农村居民的认知情况进行了调查。调查结果显示(见图5-10),农民了解这四种传染病的比

例分别为：32.0%、28.4%、30.4%、44.8%。由此可见，在这四种传染病中，农村居民对流感的了解程度最高。当然，这与流感发病范围广、农民接触多有着密切关系，而对于其他三类传染病，农民对其认知程度较低。虽然政府也采取多种措施对农民宣传乙肝和肺结核的相关信息，但仍旧没能引起农民足够的重视。另外，农村居民对此四项疾病选择“不了解”的比例中，艾滋病占到最高比重(26.8%)，这说明农村还有相当一部分农民对艾滋病比较陌生。总体而言，农村居民对传染性疾病知识的认知仍处于较低水平，还有待进一步提高。

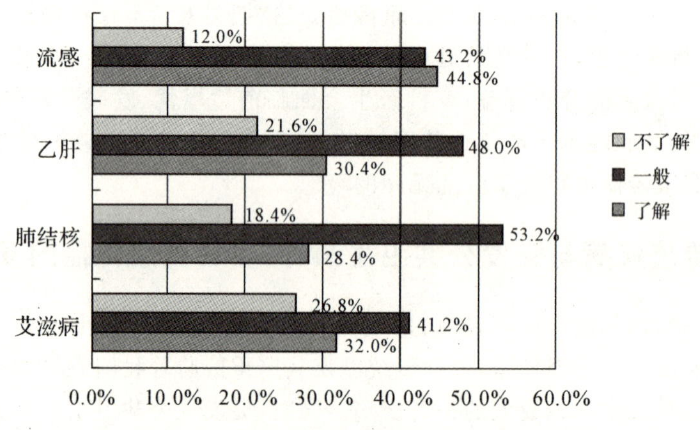

图 5-10　关于农民传染病认知情况的统计

一般情况下，影响农村居民对于传染病认知的重要因素，则是他们平时了解传染病信息的渠道。图 5-11 调查统计数据显示：农村居民了解传染病信息的主要途径是大众媒介：被调查农民中分别有 69.2%和 14%会通过电视、广播了解传染病信息，30.4%的农民通过报纸杂志书籍获知传染病知识。此外，也有 22.4%的农民会选择网络作为接触传染病信息的媒介。可见，大众传播对农村居民了解传染病知识的影响是其他渠道难以替代的。

在我国农村现有的医疗资源现状中，乡村医生是传染病防治的主角，传染病预防的任务主要在社区、在基层。乡村医生不但要为传染病患者提供医疗卫生服务，更要改变全体农村农民对传染病的认知和态度。然而，通过图 5-11 的数据我们得知，只有 6.4%的被调查农民通过乡村医生获得了传染病信息，这个数据应当给政府敲响警钟：乡村医生在农村传染病信息的传播方面起到的作用已微乎其微，如果再不采取措施改善这一情况，农村基层的医疗系统对农村传染病的防御将岌岌可危，上级政府也无法及时从基层获得传染病信息的反馈。如果农村卫生信息网络系统薄弱，政府不能对出现的疫情在第一时间发现和预警，传染病一旦肆虐，将带来严重的后果。因此，政府要改善农民对传染病的认知情况必须加强乡村医生在传染病防治方面的工作，加大对农村传染病防治的资金投入，不断提高乡村医生业务和管理水平，并通过合理的奖惩制度督促乡村医生认真落实传染病的防治和宣

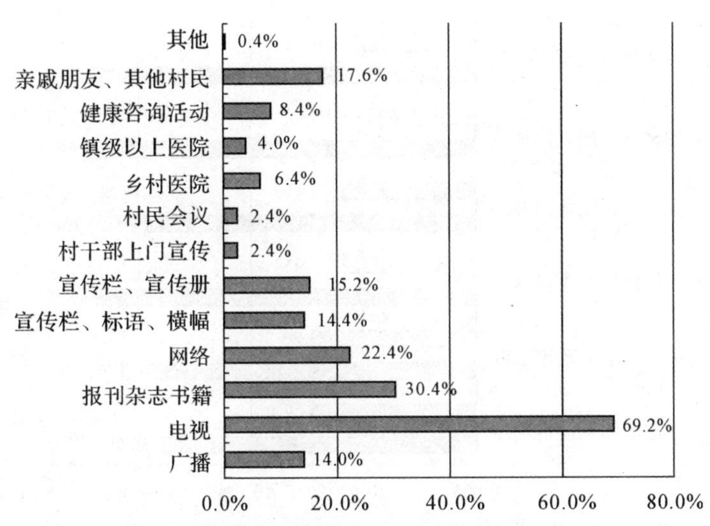

图 5-11　关于农民获知传染病信息渠道的统计

传工作,切实改善农村居民对传染病的认知与预防行为。

此外,“亲戚朋友、其他村民”、“宣传单、宣传册”、“宣传栏、标语、横幅”这三种途径也是农民经常接触到传染病信息的渠道。可见,农村人际传播仍存在较大影响,户外“媒体”、宣传单、宣传册等传统宣传方式也发挥着较明显的作用。在半熟人社会的农村,农民之间的闲聊往往涉及身体情况、患病情况等,如果村里一部分农民有较高的知识水平和传染病预防意识,也会以点带面带动周围其他农民对于传染病的基本认知和态度。此外,随着农村人口大量转移到城市,农村和城市之间的关系更加紧密,在外打工的亲戚朋友在城市里接触到的传染病信息也将通过现代通讯工具以及农民工返乡后的面对面交流带给农村留守人口,促进所有农村人口对传染病的认知水平和预防行为的实施。还有就是利用农村基层行政体系,通过村干部、村民小组干部,宣传单、宣传册可以被发放到农民家里,以及村头悬挂或刷写预防传染病的横幅、墙体标语,也都起到了一定的宣传作用。

除了了解农民获知传染病信息的渠道,我们还对“农民如何评价政府组织的传染病防治工作”进行了调查。调查结果(见图 5-12)显示,被调查农民中,有 67.5% 认为政府在传染病突发使其发布信息很及时,有 63.9% 的农民同意传染病防治工作对他们帮助很大,这说明政府对疾病信息及时公开的行为得到了大多数农民的肯定,政府实施的具体防治工作也能够真正维护农民的利益,因此农民对政府的传染病防治工作和传染病信息公开工作都评价较高,由此体现出在处理突发疾病时政府的良好形象和较高的政府信任度受到农民肯定。有 62.7% 的被调查者认为国家关于传染病防治的政策很好,69.4% 的被调查者同意他们获知防治信息的主要途径是电视广播,这两个数据说明在政府政策被农民知晓的过程中,大众媒介发

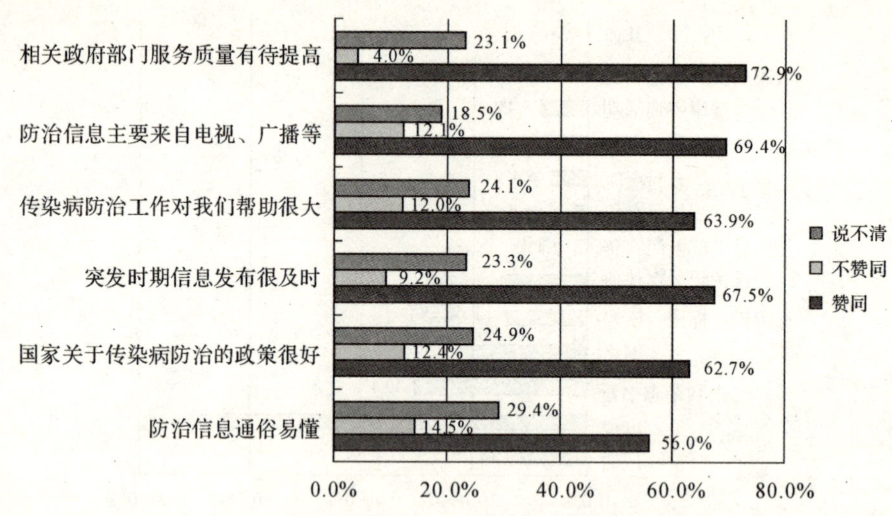

图 5-12　关于农民如何评价政府组织的传染病防治工作的统计

挥着非常重要的作用，通过收看新闻及相关的电视广播节目，农民获知政府对传染病的防治举措，也感受到国家政策的惠民利民。可见，农村居民对政府组织的传染病防治工作持肯定态度。不过值得注意的是，也有高达 72.9％的被调查村民认为相关政府部门服务质量仍有待提高。

另外，在关于“传染病防治宣传方面还存在哪些需求”的调查(见图 5-13)中，我们可以看出农民对传染病防治信息的宣传、传播存在较大需求：63.2％的农民期望政府多组织一些宣传活动，52.8％的农民期望政府多印发一些宣传材料，54.8％的农村希望政府能专门派人为农民宣传传染病相关信息。这些数据充分表明农民对于传染病信息需求强烈，农民的预防意识有所觉醒，并寄托于政府满足他们的信息

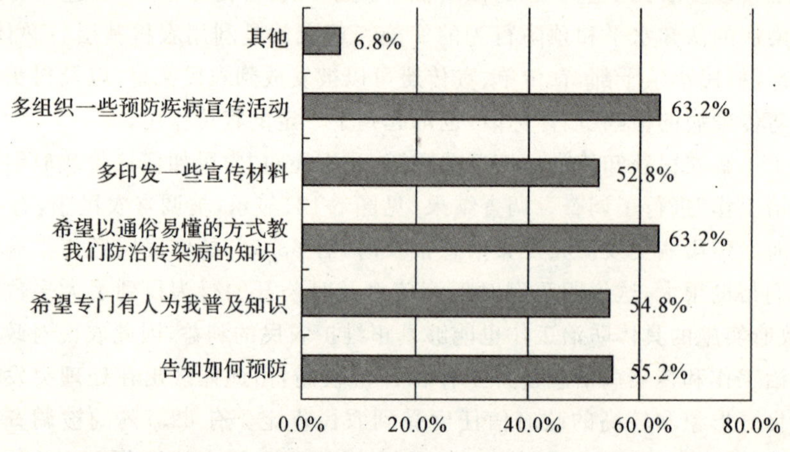

图 5-13　关于农民传染病防治宣传需求的统计

需求。此外,被调查农民中有 63.2%希望政府以更通俗易懂的方式宣传传染病相关信息。这提醒政府在开展各项传染病防治工作时多加考虑农民的需求和接受方式,针对文化程度较低的农民群体,用通俗易懂、寓教于乐的方式进行传染病知识和信息的宣传。

总之,各级政府卫生行政部门一方面要加强自身对传染病信息的宣传工作,以通俗易懂的方式及时为农民传递传染病信息,保证农民对本地区传染病病情的知情权,并动员农民参加互动式信息传播与反馈,及时了解农民需求。另一方面,政府还有要充分利用新闻媒体的宣传作用,加强和新闻媒体的联系和信息沟通,利用大众媒介促进政府工作开展,及时宣传卫生法律法规,争取社会和各部门对传染病防治工作的支持和配合,并让广大农村群众及时了解传染病防治知识,提高农民积极参与意识,保证农村传染病防治工作的稳定发展,增强农民防御传染病的能力,进一步提高农村、农民的健康水平。

2. 突发公共卫生事件:危机传播中的信息需求与渠道依赖

"突发公共卫生事件是指突然发生,造成或者可能造成社会公众健康严重损害的重大传染病疫情、群体性不明原因疫病、重大食物和职业中毒以及其他严重影响公众健康的事件"①。从 2003 年的"非典"与之后爆发的禽流感、手足口病、甲流等,突发性公共卫生事件一次次侵袭我国,其中也包括广大农村地区。而我国农村对突发公共卫生事件传播的社会参与程度如何,突发公共卫生事件的相关信息在我国农村有哪些传播途径,我国农民对突发性公共卫生事件中政府形象如何认知与评价,这些都是我们需要调查并思考的问题。在此,我们不妨以"非典"为例,从农民的视角出发,对J市农民进行了关于"非典"时期信息传播认知与态度的调查。

调查结果显示,被调查农民中,当时主动了解"非典"信息的农民占到 73.5%,这个数据充分说明农民在"非典"时期对于信息的需求十分强烈。一方面,在"非典"这类重大突发性公共卫生事件面前,农村居民难免对难以预料、措手不及的疾病疫情有些担忧,于是他们会对相关信息更加关注;另一方面,我国农民接触媒介内容有相当一部分是新闻类节目,而新闻类节目往往对"非典"这类突发性公共卫生事件进行重点报道,大众媒介的议程设置功能使得媒体关注的"非典"相关信息也成为农村公众较为关注的重点。

"非典"爆发初期,我国媒体曾经短暂的失语,但基于此时农民还没有关注到"非典",所以不影响农民对媒体在"非典"时期表现的好评,在"非典"真正肆虐后,媒体解禁,媒体对"非典"信息的大量报道让农民对大众媒介和政府都有了较高评价。图 5-14 统计数据显示:87.1%的被调查农民认为政府对"非典"很重视,分别有 76.6%和 79.8%的被调查农民认为政府报道"非典"信息很公开、很及时。因

① 张朋飞:《突发公共卫生事件中的健康传播策略》,《新闻窗》2008 年第 6 期。

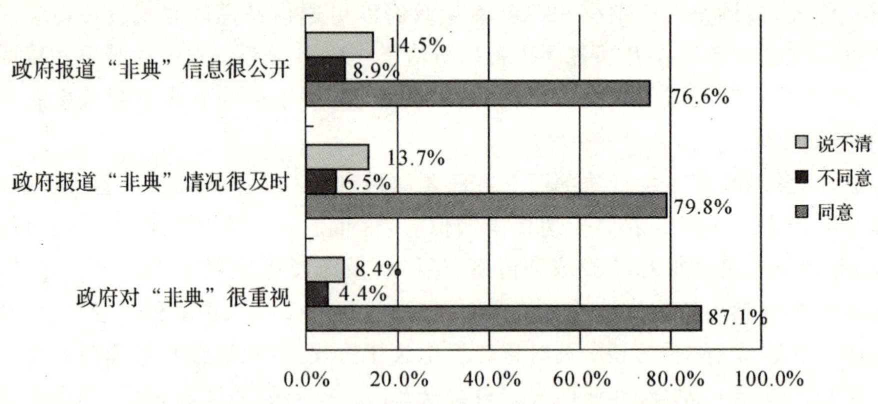

图 5-14　关于“非典”时期农民对政府行为评价的统计

此，在 J 市农民心目中，政府对“非典”信息传播采取积极主动的态度，政府在危机发生后与媒体积极配合，赢得了信息传播的发言权和掌控权，树立了负责任、愿意及时公开信息的政府形象。

另外，在“非典”时期，村医生和村干部利用农村人际关系传播网络进行了较为充分的社会动员。在 J 市，“非典”期间，村医生和村干部挨家挨户发放宣传资料，给农民面对面讲解疾病预防知识，在村社区卫生服务站的宣传栏贴满宣传海报，为农民免费进行咨询，他们除了要特别关注发烧病人、定期查体温、发放传单外，还要在村头“站岗”，严格检查流动人口。被调查农民中，有 44％的人认为“村干部很重视，带领大家抗击‘非典’”，31.6％的人表示“村医生帮助我预防‘非典’”。由此可见，“非典”时期，村干部和村医生发挥了带头作用，促进了“非典”信息在农村的及时、有效传播。

不过，被调查农民中有 76％反映“我身边的人经常讨论‘非典’”，可见，“非典”时期农村居民之间的人际交流较为频繁，如果一旦流言和恐慌气氛开始弥漫，我国农村的人际传播会大大加剧疫情的恐怖气氛；而如果疫情信息较为公开有序，那这样的人际传播反而会促进预防知识的宣传，也让农民处于信息宽松的环境中，促使乡村健康传播处于一种有效、健康的运转状态。

除了多年前发生的“非典”，我们还以另一个在我国农村也流行的突发性公共卫生事件“甲流”为例进行了调查。2009 年冬季，我们在 J 市调研期间，正值甲流疫情高发期，J 市各级卫生防疫部门也采取了各种措施应对甲流的蔓延。J 市 D 镇防保所 C 所长介绍说，因为此时甲流疫情主要集中于学校，所以 D 镇防保所采取针对甲流的预防措施也主要在学校开展：

我们防保所的工作人员每个人都被分配联系几个幼儿园和学校，那每个人都要负责与自己负责的学校保持密切的联系，让学校把相关情况

> （如有同学发烧等情况）及时报到教办，然后由防保组进行筛查。我们也跟学校的一把手校长等都沟通了，告诉他们现在是非常时期——甲流的第二次流行，只要有发烧等疑似症状，不管是不是甲流，都让学生先回家，防止在学校密集传染。他们幼儿园每天都会组织晨检，用体温枪及时掌握儿童的体温情况。而且我们也会强调如每天到教室后，开窗通风。①

C所长给我们看了当时针对学校发放的甲流预防宣传材料。宣传材料主要以问答的形式回答了关于甲流的常见问题：什么是甲流感、怎样预防甲流、相关疫苗、治疗及病愈情况、传染情况、学校职责、灭杀甲流病毒的方法、甲流的高危人群等。针对学生开展甲流预防宣传教育不失为一种好的传播方法，中小学生具备一定的文化水平，又处在学校这样管理比较规范的环境中，在他们中间传播甲流信息可以收到高效、迅速的传播效果。有一部分学生会跟家人讨论甲流信息，这样，信息就会在农村家庭中传播，形成小规模的人际传播。

此外，就医疗体系构成而言，村医生在基层甲流防治工作中也担任着重要角色。在J市，通过乡村医生促进甲流信息传播与甲流预防工作开展主要有两个方面：一方面，镇防保所组织镇医院的临床医生对乡村医生进行甲流预防的相关培训并考试，以此促进乡村医生对甲流知识的掌握与应用；另一方面，乡村医生在本村发现甲流疑似病例要及时向跟镇防保所联系，及时进行信息的反馈。J市D镇Q村朱村医就谈到甲流时期村医的职责：

> 农民对近期发生的H1N1型流感的了解主要是通过我们乡村医生。乡村医生会统一到镇上接受培训，卫生部门会召集乡村医生开会，将甲流的症状、危害和现在疫情的发展情况等讲解给我们。乡村医生就是农村突发公共卫生事件的前线工作人员。

除了组织传播渠道，图5-15调查统计数据显示，大众传媒依然是农民了解甲流信息的主要渠道。其中，被调查农民选择通过电视了解甲流信息的比例占到67.6%，选择“报纸杂志书籍”一项的占到26.8%，而也有21.6%的被调查者会通过网络获知甲流信息，可见，电视在农民的媒介选择中占据着重要的、首选的地位；网络作为新媒体，在突发性疫情的传播发挥着特殊作用，但在农村还未形成规模。然而，不置可否，网络的影响力已初见端倪，随着年轻一代农民队伍的发展，网络在疾病、疫情信息传播中的影响力将会渐渐凸显。

此外，我们还对农民受众对突发性公共卫生事件的信息需求进行了调查。被

① 摘自于访谈资料：2009年11月6日，J市D镇防保所，受访者为C所长。

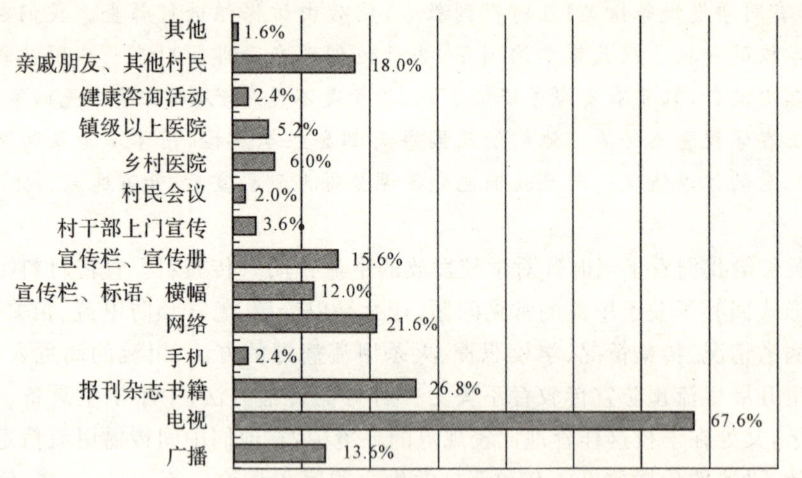

图 5-15 关于农民获知甲流信息渠道的统计

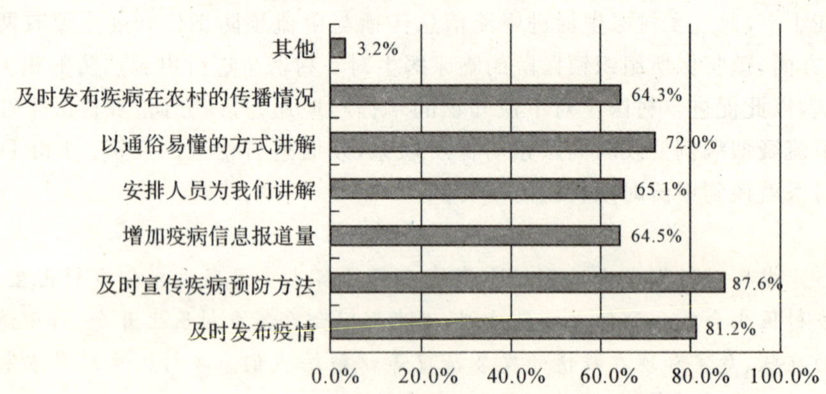

图 5-16 关于农民对突发性公共卫生事件信息需求的统计

调查农民中，分别有 87.6%和 81.2%的农民希望政府能及时宣传疾病预防方法和及时发布疫情。对农民受众而言，“及时”的信息传播十分重要，他们需要及时了解疾病预防方法和疫情流行情况，以便采取相应措施。64.5%的农民希望政府和媒体能增加疫病信息报道量，可见当时农民对疫病信息的需求还没有被充分满足，他们希望能在大量的疫病信息中获知自己所处的疫病环境。被调查农民中想让政府专门安排相关人员对其进行讲解的比例达到 65.1%，希望以通俗易懂的方式讲解的比例达到 72%，这说明农民也期望政府能派工作人员进行面对面的人际传播，以便农民受众获知更为详尽和有针对性的疫情防止信息，也实现传受双方的互动，实现信息的及时传播与及时反馈。另外，64.3%的农民表示希望政府能及时发布疫情在农村的传播情况。在大众传媒市场化的背景下，媒体和政府信息报道的重点都集中在城市,缺乏针对农村地区防治措施和疫情发布。因此,如果以后突发性公共卫生事件再次发生,政府应该注重对农村地区进行特殊关照,这样更有利于提高农民对于政府处理突发性公共卫生事件的信心,也让农民受众充分认可并受益于政府在突发性公共卫生事件中的信息传播行为。

四、改厕与“新农合”:健康行动与国家政策的社会动员

近年来,社会动员在健康教育与健康促进领域受到越来越广泛的重视和应用,把社会动员的方式应用到推进我国乡村健康传播不仅可以推动健康政策的落实和健康信息的传播,还能从根本上动员农民参与到健康传播的过程中,并以此改变农民的健康意识和健康行为。在J市乡村实践中,相关卫生部门推动的改厕运动以及新型农村合作医疗政策成为健康传播与社会动员结合起来的典范。

1. 改厕:健康行动的乡村实践与传播动员

肠道传染病、腹泻病和肠道寄生虫病的流行总是与当地的卫生条件落后有关,其发病率的高低常被国际上用来作为衡量一个国家或地区发展水平的指标。我国农村使用的厕所以旱厕为主,粪便一般不进行无害化处理,成为农村肠道传染病、寄生虫病的重要致病因素。因此,推行改厕是我国农村改善卫生环境,并以此影响农民卫生行为和习惯的重要举措。所谓改厕,即对粪便进行无害化处理,在J市农村地区要采用三格式或三缸式化粪池,粪便在密闭的池子里通过分解、沉淀、液化、厌氧发酵,去除和杀灭寄生虫卵及病原体。

在J市,改厕是市爱国卫生办公室推行的一项重要的爱国卫生运动,是社会动员与乡村实践相结合的代表性案例。通过改厕,消除疾病危害因素,提高农民的自我保护意识,强化对改厕的认识,自愿增加健康投入,是农村改厕工作的主要目的。政府相关卫生部门通过向农民传播相关卫生知识和改厕技术,并进行现场示范,采取多种方式动员农民改厕,最终促使其行为改变,达成说服的过程。

(1)改厕运动的乡村传播机制分析

改厕运动从宣传动员到行为实施主要分为四个步骤:第一步,媒体进行前期宣传,大众媒体宣传健康的生活方式及理念、改厕对农民健康生活环境和提高健康水平的影响,讲解改厕的方式、方法,通过大众媒介为改厕运动宣传造势;第二步,政府通过行政推力进行进一步宣传动员,主要通过村干部分发宣传单、张贴宣传海报,召开村民会议,让村民进一步了解改厕信息;第三步,也是政府动员的关键阶段,政府抽选改厕村,设定改厕工作具体目标,相关工作人员在改厕村选择改厕积极性高的农户进行示范改厕并开放给村民参观,作为实地宣传;最后,由村干部上门动员各家各户,大规模推行改厕,同时实施优惠政策,减免一部分改厕费用,以点带面,完成村内大部分农户的改厕工作。

从社会动员的角度看,改厕可以被看做是这样的过程:宣传动员、信息传

播——行为实施——行为维持、传播反馈、态度改变。在此过程中，大众传媒在“宣传动员、信息传播”阶段发挥重要作用，让农民获知改厕信息。同时，农村人际传播尤其是在基层权力推动下的人际传播不仅在宣传阶段而且在促使行为实施的阶段起了决定性的推动作用。

图 5-17 调查统计数据显示：首先，村干部上门通知是农民了解改厕信息的主要渠道，在推行改厕的村里，有 60.8%的农民表示村干部曾上门宣传改厕运动，可见在改厕动员过程中，村干部当面的劝说和动员起了关键作用。其次，大众媒介(电视、广播)也起到一定宣传作用。由此可知，前期大众媒介的广泛宣传为改厕政策的推行营造了一个有利环境，让农民感到改厕不仅仅是村干部在完成上级的任务，而是真正有助于改善农村环境和农民健康水平。此外，在被调查的改厕农民中，有 23%的人通过村民会议里了解了改厕信息。经我们走访了解到，现在J市农村的常住人口主要是“三八六零”部队，即妇女老人，这部分群体对传统观念保留较多，忌讳改风水如有些老人认为“不到大冬，不能动土”，因此推行改厕政策时必须结合农村的具体情况，结合时节风水顺势择时推行改厕，同时考虑到农村大量男性劳动力在外打工，易选择男性劳动力较多的时期实施改厕，这样才能取得较好的动员效果。

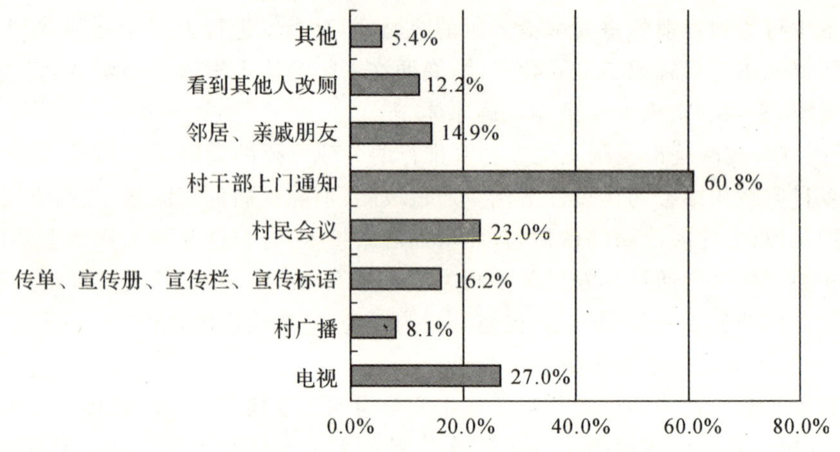

图 5-17　关于农民获知改厕信息渠道的统计

此外，还有 12.2%的被调查农民看到其他人改厕接触到改厕信息，有 14.9%的被调查农民通过邻居、亲戚朋友等了解到改厕信息。由此可知，乡村人际传播的作用也不可忽视。虽然现在的乡村不再是传统意义上的“熟人社会”，但仍具有“半熟人”的特征，政府在推行政策时要明确对农宣传的诉求点，充分结合农村人际传播的特点，贴近农民需求，强化新政策推行对农民切身利益的影响，并促使其在农民中产生良好的口碑传播，以此进一步促进改厕措施的推广。

在J市，并非每家农户都会主动参与到改厕运动中。在影响农民改厕决定因素的调查中(见图 5-18),有 66.2%的改厕农民决定实施改厕是基于自己的认知,认为改厕有益。这说明政府和媒介的宣传在一定程度上真正起了正面作用,让农民建立起对改厕的正确认知,从而促进其态度的改变和行为的实施。其次,有 45.2%的改厕农民进行改厕是因为村干部的动员。可见,在村一级政策实施过程中,行政推力也是必不可少的,有时农民可能一时认识不到政府措施的实践意义,通过村干部行政推动先把措施落实,在享受到实惠后农民才会肯定此项措施。因此有时仅靠宣传是不够的,只有把重要的工作列入村干部的考核体系中会切实促进该政策的落实。此外,口耳相传的确也对推进改厕发挥了有利影响:被调查农民中有 16.4%的人表示"村里人都改建了,我跟着改",也有 5.5%的农民因为"邻居朋友说改建是好事"而实施了改厕的行为。此外,没有农民选择"打工回来的人告诉我改厕是好事"一项,这说明城市厕所的文明并未影响农民的改厕决定,他们进行改厕仅仅是因为基于本地政府、媒体和村干部、亲戚朋友的宣传和动员。

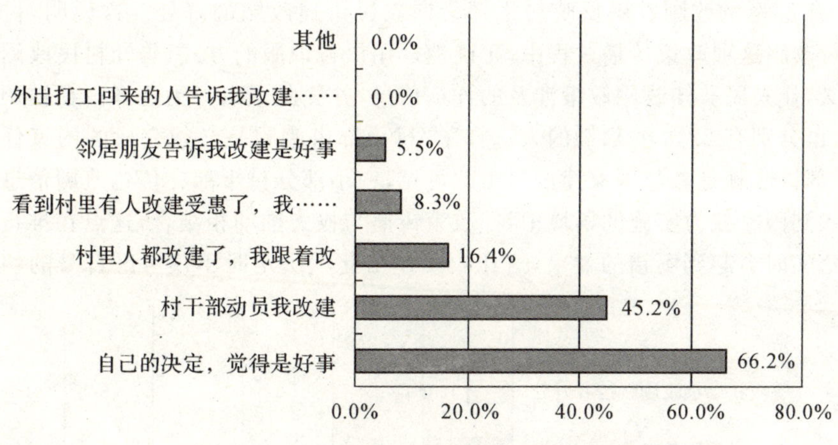

图 5-18　关于影响农民改厕决定的因素统计

总体来看,传播说服依其发生的逻辑顺序或影响程度可以分为三个层面:第一,认知层面。外部信息作用于人们的知觉和记忆系统,引起人们知识量的增加和知识构成的变化,属于认知层面上的效果。第二,心理和态度层面。作用于人们的观念或价值体系而引起情绪或感情的变化,属于心理和态度层面上的效果。第三,行动层面。这些变化通过人们的言行表现出来,即成为行动层面上的效果。在改厕信息的传播中,就认知层面和心理、态度层面而言,以行政推力为主导,大众传播和人际传播为辅助的传播结构得以形成,促使农民对改厕形成较为正确和科学的认知,并引起其心理的认可;在行动层面,农民自身对改厕形成的认知和村一级行政权力的影响成为农民改变态度、实施改厕行为的最终推力,促使农民真正把信息的传播落实到行为,达到传播效果的最后一个层面。

(2)村干部的乡村动员及其效果反馈

村干部在我国乡村传播视野中扮演着特殊的角色，一方面，对于农民而言，村干部是农民眼中的“干部”，村干部的很多工作时为了完成“上面”的任务，村干部的利益与政府密切相关，农民认为村干部有时为了政府的利益会做出对农民不利的举动，因此，他们存在利益冲突之处，农民会对村干部倡导的事情半信半疑；另一方面，对于乡镇级政府而言，村干部是行政权力的基层实施者，村干部作为本村村民的一员，对本村情况较为了解，协助推行政策时可以因地制宜地促进政策的传播，村干部的实际工作决定着最后环节的传播效果，乡镇政府既要拉拢村干部好好“干活”，也要作为上级部门对其工作进行监督。总之，不管是从上而下的权力传播，还是从下而上的反馈信息传播，村干部在政策传播过程中处在一个重要的关节点上。村干部如何推进政策的传播，决定着农民的接受程度和行为落实。

首先，我们对村干部动员村民改厕的动员方式做了调查。如图 5-19 统计数据显示，有 82％的改厕农民反映村干部会向农民讲述改厕的好处。这说明，村干部在推行改厕这项政策传播过程中，正确地运用语言说服的方式，告知村民改厕的价值意义，让农民获知改厕政策涉及的详细信息，并凭此做出行为选择。在被调查农民中，也分别有 22％和 14％的人选择了“村干部讲改厕是必须完成的国家任务”、“村干部讲改厕是参与国家建设”，由此可见，一小部分村干部在传达改厕信息时将其纳入到国家权力实施的语境中，把政策传播与权力推动相结合，这点在推行政策具体落实时会起到不错的效果，这让农民作出此项决定时不仅考虑自身的切实利

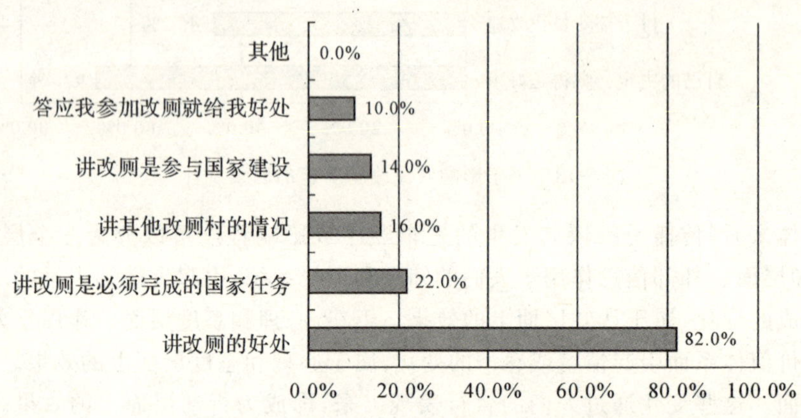

图 5-19　关于村干部如何动员村民改厕的统计

益，也上升到响应参与国家动员的高度，促进农民改厕行为的落实。此外，还有 16％的农民表示村干部会在动员改厕时讲其他改厕村的情况，这也体现了部分村干部在宣传动员时利用了劝服的技巧，用身边的实例告诉农民可以得到的利益好处，以此打破农民保守心理，促使其行为的改变。不过，仍有 10％的农民说村干部答应自己参加改厕就给好处。可见，我国农村仍存在小农思想。在我们走访过程

中,许多村干部也表示,对农民推进工作,有时光讲好处是没用的,必须让他们看到实实在在的利益。不过总体而言,理性地向农民传播政策的内容是村干部动员村民接受政策传播最主要的手段,而就目前实施情况而言,以上提及的几种动员方式均取得了不错的传播效果,促使大部分农民实践了改厕行为。

另外,我们还对村民对村干部推行改厕政策行为的评价做了调查,调查结果显示:认为"村干部执行改厕工作很认真"的被调查农民占到 72.5%,认为"村干部是以改厕的好处说服自己改厕"的农民占到 39.2%,由这两个数据可知,绝大部分村民认可了村干部对农民改厕的动员,改厕政策的传播过程取得了良好的传播效果。村民们不仅接受到改厕政策的信息传播,也最终促成了其态度的根本转变,并实施了改厕行为。但也有 13.7%的被调查农民认为"村干部是突击完成了行政任务"。可见,仍有部分村民对于村干部动员改厕的行为认同感不高,认为其仅仅是为了完成上级的行政任务。因此,村干部在推进政策传播时,应该注意传播动员方式,充分利用组织传播和人际传播的特点,在行政权力推动、人际传播影响的双重动力下,采用农民乐于接受的传播方式,切实促进政策信息的传播和农民态度的改变。

除了对村干部推行改厕政策的评价,村民是如何看待改厕行为本身的态度,也是我们此次调查所关心的问题,这在一定程度上也能够检验出改厕政策的最终传播效果。根据图 5-20 的调查统计数据显示,实施改厕的农民对改厕政策的评价较高,高达 90.7%的被调查农民认为改厕对改善村民健康有帮助并支持改厕,有 88.7%的农民同意改厕有助于卫生习惯和卫生意识的提高,有 89.4%的农民认为改厕是很必要的。即使当初部分农民实施改厕时是迫于行政压力,但经过改厕行为的实施,他们看到了改厕的真正利益,切实经历了改厕后焕然一新的村容环境,因此他们对改厕的态度也得到了根本的转变。我们调查过程中还发现,有些村庄不是改厕村,但这些村部分农民听说附近改厕村改厕后村容村貌有了很大提高,因此主动向本村村干部要求进行改厕。由此可以看出,农村的政策传播与落实的示

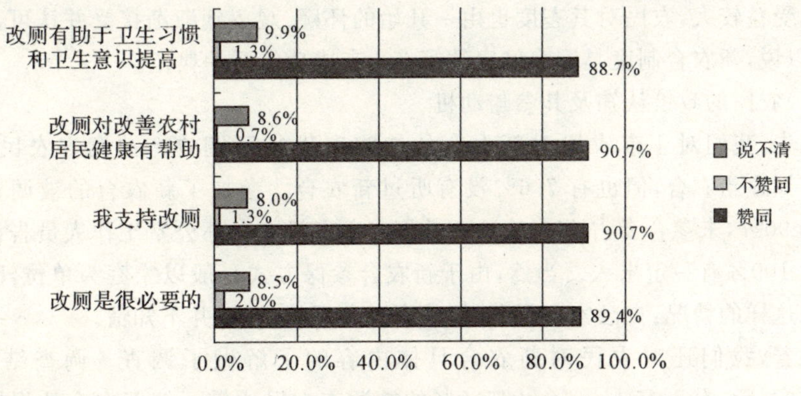

图 5-20　关于改厕农民如何评价改厕的统计

范效应及熟人社会的人际传播效应能够促使改厕运动的进一步推行、扩大，是一种典型的创新扩散过程。

因此，改厕过程后期农民的评价与反馈对改厕工作的推进也有着重大意义。如果政府推行的某项健康政策能够真正给农民带来利益，农民对该政策有正面评价，那将会以点带面，这些好的评价将传播到其他农民那里，先促使小范围的行为实施，再进一步促进整个村落的改厕行动。因此，选择典型示范并借助人际传播将“典型”进行宣传会大大促进农村工作推行的效率。J市政府推行改厕政策正是利用了这种工作方法，在各镇选择部分村落作为改厕村，在改厕村中又选择健康意识、思想觉悟较好的农户开始推行改厕并将其作为改厕试点，示范试验点先行，开放给其他农民参观，让农民看到改厕的实际效用，再通过口耳相传，达到良好的传播效果并促进其改厕行为的实施。此外，政府还为改厕村提供优惠政策，进行一定的财政补贴，减少改厕推行面临的财政困难。总之，政府在农村进行健康动员、落实健康措施，需要通过大众传播、人际传播和示范传播改变农民的观念意识。

2.“新农合”：国家政策传播的社会化推广

新型农村合作医疗制度（以下简称“新农合”）是由政府组织、引导、支持，农民自愿参加，个人、集体和政府多方筹资，以大病统筹为主的农民医疗互助共济制度，是一项普及广大农村人口、切实改善我国农民健康医疗保障的举措。J市自2003年开始实行新农合政策，在市一级成立了J市新型农村合作医疗管理委员会和J市新型农村合作医疗办公室；镇一级设立了镇新型农村合作医疗管理委员会和办公室，村里就由村干部负责相关工作。J市推行新农合初期并不顺利，由于旧农合实施过程中有些不公平的现象，农民对旧农合很不满意，因此当新农合刚开始实施时，农民认为新农合和旧农合差不多，所以不太接受。当时政府就有一些强制性的做法，让农民交上钱，一年后，新农合真正给农民带来了实际利益，农民们才慢慢接受。从2003年至今，J市农村家庭参合率逐年提高，新农合制度不断发展完善，参合农民受益较大，农民对其态度也由一开始的怀疑、观望到渐渐接受并认可甚至称赞，可以说，新农合制度是国家健康政策在J市成功传播的典范。

（1）农民的政策认知及其参与动机

首先，我们对J市农民对新农合的知晓率进行了调查。被调查农民中，有92.4%知道新农合，但也有7.6%没有听过新农合。参加了新农合的被调查者比例达到90%，未参合者占10%。这一数据与J市新农合办公室工作人员告诉的参保率达100%有一定出入。当然，由于新农合参保方式一般以家庭为单位，因此可能存在这样的情况：自己家参保了，但是家人办理的，自己并不知情。

接着，我们还对农民对新农合具体内容的了解做了调查。调查结果（见图5-21）显示：分别有44.6%和45.5%的被调查农民比较了解新农合的报销程序和报销范围，此外还有26.8%和25.1%的被调查农民对这两项内容有一些了解。

这说明对于新农合制度的报销情况，有多半农民比较了解或多少了解一些，他们通过大众传媒和政府相关部门的宣传对新农合政策有了基本的认知。对报销程序的认知是利用新农合制度进行报销的前提，但就以上数据而言，农民对新农合如何报销的了解还需要进一步加深，在此基础上才能促使农民充分利用新农合制度获得自己的实际利益。此外，被调查农民中，有53.0%的人知道新农合的定点医院，48.3%的人了解什么是"即看即报"，40.3%的农民知道新农合大病报销限额，这几项数据比例差别不大，与之前农民对新农合报销情况的了解程度也较为相似，这说明了解新农合的农民的新农合的各项内容都比较了解，从侧面说明了政府对新农合政策进行传播时基本做到了政策宣传的全面性，没有遗漏政策的内容。不过，值得关注的是，42.9%的被调查农民不了解2009年新农合筹资标准，即参保者需要交多少钱，这背后可能的原因有几个：第一，部分经济条件较好的村子，村委会出资为本村农民集体办理了合作医疗，所以有些农民并不知道合作医疗需要交纳的保险金数额；第二，被调查农民中有些不是家里的决策者，所以有些只知道家里参加了新农合，但并不清楚一年需要交多少参保费；第三，对新农合的新规不关心，每年就"随大流"参加就可以了，并不关注相关政策的革新，维护自己权益的意识比较低。

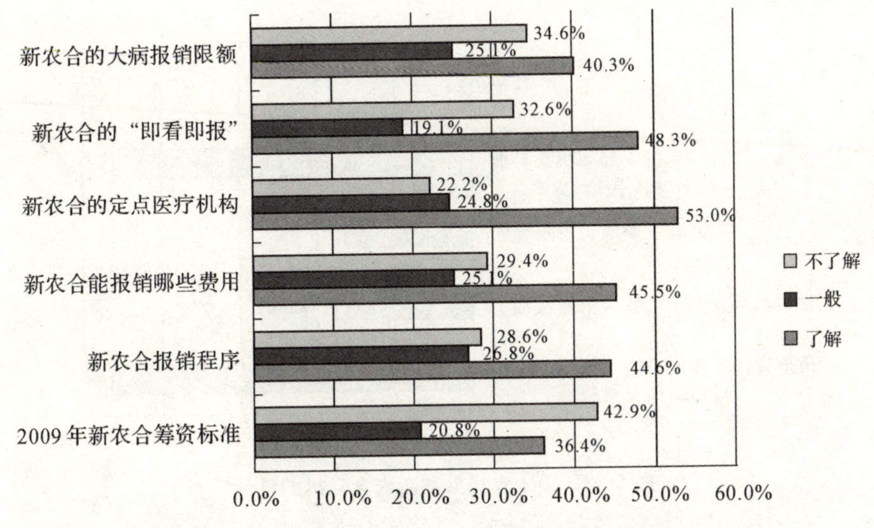

图5-21　关于农民对新农合制度认知情况的统计

总体看来，农民对新农合制度的认知情况较为乐观。就目前J市农村新农合的参保情况看，提高参保率已经不再是一个问题，政府下一步工作的关键就是引导农民树立对新农合更正确、更全面、更深入的认知，并切实落实为社会参与——农民真正通过新农合制度报销规定范围内的医疗费用，依法、依程序获得自己的利益。

除了对于新农合制度的认知状况调查，我们还重点对农民的参保动机进行了了解。一般情况下，在我国新型农村合作医疗的推行中，农民的参保动机大致可分为正常化和权益化两类①：前者是指农民把关乎自身健康的个人行为与国家新农合制度融为一体，其参保时间是长久的、终身性的；而后者则相反，存在权益化参保动机的农民并未真正意识到新农合的益处，没有认可这样国家政策，其参保行为也可能是被动的、非持续性的。在J市，新农合政策刚开始推行时，有相当一部分农民仅仅迫于政策要求而"不得已"参保，属于权益化的参保动机，政策实施六年后，农民在更加了解新农合、享受到新农合带来的经济利益和保障功能后，农民的参保动机也发生了一些改变。

图5-22的调查结果显示：被调查农民中，完全正常化参保动机占据了近一半比例，有46.8%的农民认为"政府宣传了新农合的好处，自己觉得能从中受益"所以才参加了新农合。这些农民参加新农合基于其对新农合制度正确的认知，因此他们这样的行为是基于认知、理解做出了态度和行为的选择，是一种理性的、持续性的参保行为。其次，因为村干部的动员而参加新农合的农民比例达到43.6%。J市新农合办公室主任也告诉我们："当时（指新农合制度刚推行时）村干部可能有一些强制性的做法，先让他们交上钱，一年后，他们真的因此获利了，之后就慢慢接受了。"

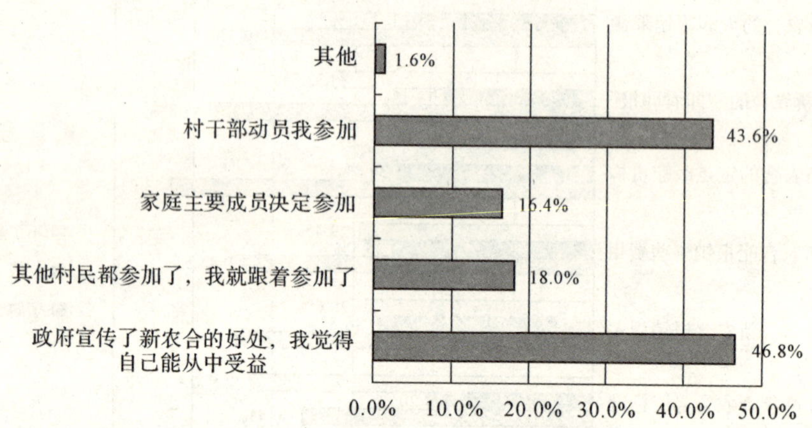

图5-22　关于农民参加新农合动机的统计

其实在农村推行某项政策，真正能直接认知、理解并参与的农民还是有限的，许多农民要真正看到实际利益后才会做出行为的实施。村干部在推行某项政策时会采取强制、拉拢等方式，先把行为落实，再通过实际行为带来的效益从认知上改变农民的想法。这种方法不是不可取，但村干部在实施时一定要注意度的把握，不

① 孙燕：《农民权益化参保动机对新农合的影响》，《中南财经政法大学研究生学报》2009年第3期。

能让农民对村干部产生完全反感的态度，否则农民与村干部之间的不信任感更会影响其他国家政策的落实。需要引起注意的是，因为其他农民参加所以跟风参加的农民有18%，这说明群体效应在农民做出行为选择时也起到一定作用。因此，村干部在村里推行某项政策时经常会先从“积极户”开始，以其“意见领袖”的作用带动其他周围农民的行动，再进一步利用群体效应影响剩下的未作出选择的其他农民。

另外，也有16.4%的被调查农民因为家庭主要成员决定参加新农合而做出了参合的行为。在农村，家中的长者或男性角色更多地担任家庭主要成员，新农合以户为单位的参合方式就意味着主要成员的决定就代表了所有家庭成员的决定，因此政府在推行类似的政策时，可以着重对家庭中“当家做主”的成员进行说服，以此达到高效的传播效果。

(2)政策传播的乡村渠道及其效果反馈

通过图5-23的统计结果表明，村干部上门宣传是农民了解新农合信息的主要途径，这再次说明在传播国家政策信息的过程中，村干部上门动员发挥的传播效果十分明显。农民了解新农合信息的第二大传播渠道来自大众传媒。被调查农民中有30.8%的人选择会通过广播、电视、报纸杂志了解新农合制度。农民通过村干部了解国家政策在地方的具体规定，而通过大众媒介，他们更关注的是中央政策的实际内容，以此与地方政府的行为形成对照。

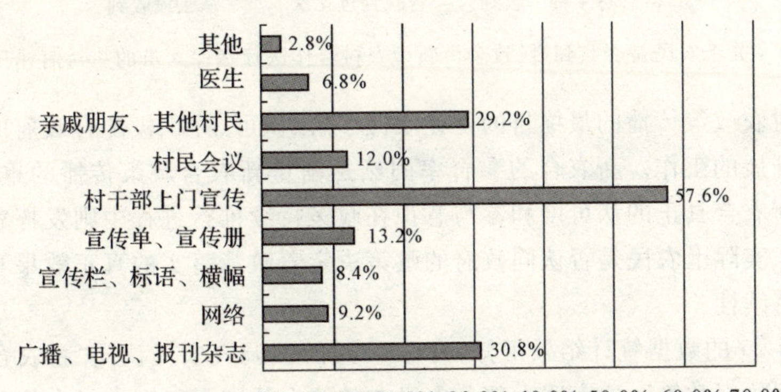

图5-23　关于农民了解新农合渠道的统计

此外，亲戚朋友、其他村民也是农民了解新农合的主要途径之一。在农村的半熟人社会里，村民、亲戚之间的话题虽然是琐碎的家长里短，但也不乏一些国家政策在他们眼中的解读。在走访过程中，许多农民告诉我们本村有谁通过新农合报了多少钱，这些信息在农民之间的传播无疑会让农民更加关注新农合，也了解新农合是否会给他们带来实际的好处。

另外，市政府相关部门着力实践的宣传方式——宣传单、宣传册也为促进新农合政策的传播做出了一些贡献。其中有13.2%的农民表示会阅读政府发放的关于新农合政策的宣传单、宣传册。不过这个比例与政府所实施的努力有些不成正比，为什么宣传单/册在农村的宣传效果不甚理想？我们就农民是否收到过《致全市新型农村合作医疗参保人员的一封信》进行了调查，调查结果显示(图5-24)从来没收到这份宣传材料的农民比例高达70.4%。然而J市新农合办公室负责人谈到，这份材料每年都会向各家各户的农民发放，因此村干部没有切实落实发放工作是宣传材料宣传效果不好的一大原因。当然，农民的文化程度和媒介阅读习惯(相对比纸质材料，农民更喜欢声画兼备的媒体，如电视)也决定着发放宣传材料或许不会是最主要的传播渠道，只能作为辅助的传播手段。

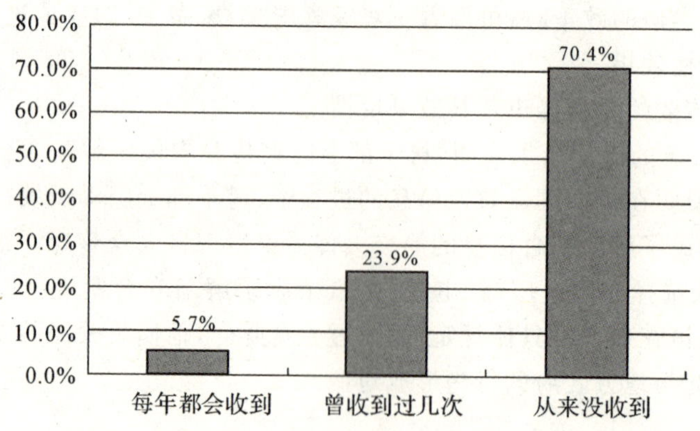

图5-24 关于农民是否收到过《致全市新型农村合作医疗参保人员的一封信》的统计

政府对农政策传播的最终目的是让农民了解、认可、并积极配合政府的政策和围绕政策开展的工作。新农合的参合率固然是衡量新农合政策传播的重要指标，但农民对新农合真正的认可度和参与意识在政策持续推行进程中则发挥着更为重要的影响。实际上农民是否认同政府的政策决定着政策落实的真正效果和政策发挥作用的持续性。

由图5-25的数据统计结果可知：有85.3%的被调查农民认同“新农合是一项对农民有利的好政策”，这表明大部分农民在整体上认同了新型农村合作医疗这项政策。就传播学角度而言，至少农民通过政府和媒体的宣传以及农民之间的交流了解了新农合政策的内容，政策本身得到了较为有效的传播。其次，被调查农民中认为“政府积极落实了新农合，农民得到了实惠”的比例占到80.1%。由此可见，大部分农民不仅认可新农合这项政策，也认可了政府在落实新农合政策时的作为。只有一小部分农民认为新农合政策虽好，但没有得到切实实践。另外，有75.8%的被调查农民认可“新农合的实施促进了农民健康水平的提高”，表现出对新农合政策实施效果的较好评价；有75.3%的农民同意“新农合是共济互助性质的医疗保险”，说明多半农民对新农合的性质有了更深层次的了解。被调查者中仅有

7.4％的农民有这样的想法，“我参加了新农合，交了钱没有受益，钱交亏了”，72.2％的农民不同意这样的观点。由此可知，大部分农民切实认识到了新农合政策的长期惠农性质，并开始真正理解这项政策，这对于国家对农政策的长期贯彻落实和农民参与政策实施行为的持续进行有着决定性作用。

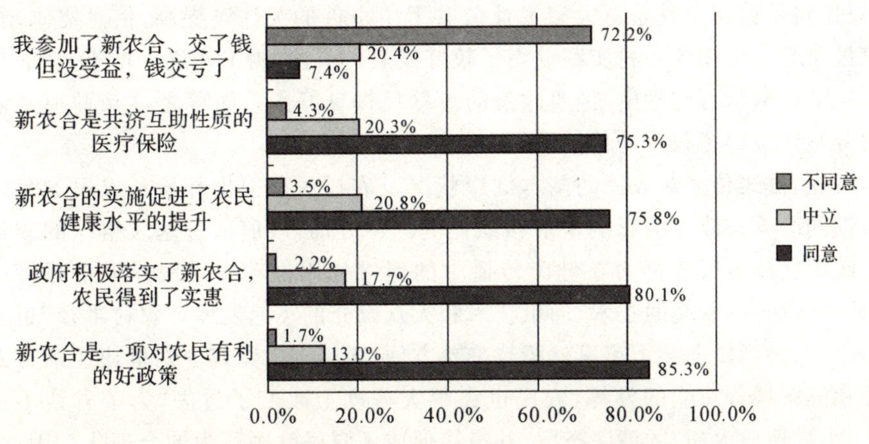

图 5-25　关于农民对新农合政策认可度的统计

人们通常的惯性思维会认为农民一直以来健康投资意识薄弱，农民对投资防病和对付重病大病的观点也难以接受，情愿生了病再说。或者小病久拖，有的农民不愿出资筹办合作医疗。但由上述农民对新农合政策的解读和认可度、接受度、参与度看，农民的健康投资意识在逐步增强。我们在走访过程中，许多农民也坦言不会因为身体好、不生病就白交钱等传统保守观念的影响而不愿为自己的健康投资这笔保金。“不生病更好呀”、“谁都有病的时候，我病的时候别人的钱也相当于帮了我”，他们真正意识到了新农合的互助合作性质，新农合政策的传播效果已经达到了比较理想的程度。

总之，新农合政策在J市得到较好的传播效果。农民对新农合政策的认同度较高，在国家健康政策的农村社会动员中，“行为示范”与“行政推广”是社会动员的有效实施形式，以政策宣传促进政策实施、以政策实施带动政策宣传是社会动员真正落实的良性循环体系。

五、结　语

随着我国经济和社会的快速发展，我国人民整体健康状况也得到了巨大改善。然而，我国人口和医疗资源的分布却极不平衡，我国人口中近70％在农村，但农村的医疗资源却少之又少，农村卫生服务人员严重不足，难以保证我国乡村健康传播的及时与畅通。再加上农村外出流动人口的增多、传统疾病和新型疾病的联合挑战，乡村健康传播面临巨大考验。

本文对J市对农健康传播状况及受众需求的调查分析结果显示：农民基本健康状况和就医行为的主动性有所改善，农民的健康意识也有所提高；行政推力和大众媒介共同推进乡村健康传播，农民获知健康信息的渠道多元化发展；乡村医生作为乡村健康传播的意见领袖正面临着权威下降与地位消解的境遇，其发展前景堪忧；农民对传染病尤其是重大突发性公共卫生事件的关注度提高，信息需求增强；国家健康政策传播的乡村实践取得了较好成效，乡村改厕工作逐步推进，新农合得到农民的普遍认可与理解，健康政策的传播反馈良好。总而言之，J市政府对农传播服务整体取得了较好的传播效果。

首先，健康传播对农民的基本健康状况及农村医疗卫生环境和农民的日常卫生习惯的改善与改变的影响是潜移默化的。一方面，政府通过基层组织的政策传播与政策实施等行政推力在健康传播中的促进作用推动农村医疗卫生环境的改善；另一方面，随着交通技术、通讯技术和大众媒介的飞速发展，“农村半径”也在日益缩小，农民到镇上甚至市里就医越来越方便，再加上大众媒介对健康生活方式的倡导和健康科普功能的发挥，农民也在很大程度上改变了过去“为了省钱不去就医”、“小病拖成大病”的就医态度，并最终促成了农民就医行为的合理化。因此，这些健康环境因素和农民健康态度、行为的改变都与乡村健康传播的发展息息相关。

其次，农民获知健康信息的渠道日益多元化，大众传媒作为主要渠道之一，承载着健康政策的宣传、健康知识的普及和疾病疫情新闻的发布等功能，其具体路径不仅包括在农村有着广泛受众基础的广播电视，也包括网络、手机等新型媒体。由于农民没有养成订阅报纸杂志的阅读习惯，农村的广播系统又出现“基本失灵”的状况，以电视为代表的传统媒体和以网络为代表的新媒体成为农民从大众媒介获取健康信息的主要渠道。就前者而言，随着媒介市场化的发展和“收视为王”的趋势，电视内容里包含的健康信息多以广告的形式呈现，影响对象又多以城市受众为主，这在一定程度上疏远和忽略了农民的健康需求。而对于后者而言，农民使用新媒体的技能和意识还有待提高，农民利用网络等主动获取健康信息的比例极低，网络上的健康信息资源还没能很好地为农村受众服务。

此外，人际传播也成为乡村健康传播的重要组成部分。在我国农村，健康信息的传播者往往是本村的乡村医生，但普通农民只承担受传者的角色，这样单向的传播模式将面临两大问题：一个是乡村医生作为在乡村健康传播中具有意见领袖地位的二级传播者，掌握着比较丰富的健康信息。然而，他们工作的报酬和回报并不是以传播健康信息的效果作为评判标准，取而代之的是基本医疗经营行为，因此就出现了村医只顾看病赚钱而不顾其公共卫生服务职能的尴尬局面。这样，意见领袖在某种意义上形成缺失，农民在乡村人际健康传播中无源可寻、无师可拜。另一个问题就是农民之间没有形成良好的健康信息传播关系，农民没有承担传者与受者的双重身份，这样会大大降低健康传播的效率，影响传播的效果。随着中国农村从“乡土中国”走向“离土中国”，中国的村庄从“熟人社会”转化为“半熟人社会”，农民之间的社会交往大大降低，呈现出“原子化”状态，农民与农民关系中的私利化倾向已经成为我国农村人际传播的特点之一。此外，原本非常活跃的乡村“话场子”逐渐萎缩，农村公共空间的传播也日益减少，农民和农民之间健康信息的传播也就随之减少，即使农民个体通过媒介或村医获知了某些健康信息，他也很少有机会、很少愿意主动地把这些健康信息传播给其他农民。这样，乡村健康传播在人际层面面临着尴尬的困境。

最后，国家相关健康政策在农村基层的传播与落实也是乡村健康传播重要的组成部分，而健康政策的宣传与动员往往通过农村基层的行政“代理人”即村干部进行传播与推行。事实上，农民对村干部的反抗性记忆和反抗式解读让农民在村干部推行农村政策传播时往往持非顺应态度。但在部分健康政策的传播过程中，我们看到农民态度的转变：以新型农村合作医疗保险政策为例，农民反映他们参加“新农合”最主要的推动因素是农民接触到村干部的宣传并认为该政策符合自身的利益。在乡村健康传播语境中，村干部促进国家政策的实施是干群互动、精英传播的主要体现。在这个传播过程中，体制精英除了需要进行大量信息传播让农民形成对该政策的基本认知外，还要使得农民获得切身利益，用利益的驱动力促进农民转变态度、切实参与并形成持续的行为选择，形成“认知——态度改变——行为改变”的三个层面，并达成健康政策传播效果的确认和“说服”的实现。我们在J市10个乡镇调查的结果显示，J市乡村改厕工作逐步推进，新农合得到农民的普遍认可与理解，这两项健康政策的推行进展良好，健康政策传播的乡村实践取得了较好成效，可以作为国家健康政策传播与乡村动员有机结合的典范。

综合以上J市乡村健康传播取得的成效和面临的隐忧，我们接下来将从乡村健康传播的四大主体——政府、大众传媒、乡村医生、农民出发，建议每个主体分别采取有针对性的措施来尽力改善对农健康传播服务：

第一，政府“对农传播服务”模式应该转换为“为农传播服务”模式。“对农传播”体现了以政府为主导地位的传播模式，农民只作为被动的传播对象，没有信息选择的主动权；而“为农传播”则体现了以农民的需求为导向的传播过程，政府仅作为农民获知健康信息的重要渠道之一，从农民视角出发根据农民群体的健康需求进行健康信息的传播，从而达到事半功倍的传播效果。在健康传播秩序中，农村相对于城市仍处于传播中的弱势地位。在媒体市场化的背景下，政府必须转变传播模式并以行政干预促使媒体关注乡村健康，真正为农民的切实利益着想，改变以往从“政府作为”进行工作权衡的出发点，由“对农传播”转化为“为农传播”，使整个传播过程以农村、农民为中心，在信息的传播中找到切合农民需求和接受方式的传播内容，切实做到“为农服务”。

第二，大众传媒应该增加对乡村健康的关注与投入。例如，电视节目增加对乡村健康知识的报道，公益广告增加对农村流行疾病（如艾滋病）防范的宣传，新闻报道增加乡村健康新闻的内容，以此利用大众传媒的“议程设置”作用，通过提供健康信息和安排相关的健康议题来有效地影响人们关注相关事实、意见，引起农民受众对健康信息的重视。由于市场经济的影响，大众媒介常常为了赢得收视率而播出都市化、娱乐性的电视节目，甚至为了赢得广告费用而刊登各种夸张、失实的医药广告。因此必须借由政府大力度整顿医药广告和医疗网站，并以行政压力敦促媒介增加报道对农村受众真正有益的健康信息，及时传达政府的健康政策和相关新闻。一方面防止伪健康传播对农民带来不利影响；另一方面引导农村受众吸收正确的健康信息，改善落后的健康观念。

第三，乡村卫生人力资源要提高自身素质和使用效率，改革乡村医生管理体制，调动乡村医生开展健康传播的积极性，吸引更多医疗人才投入到乡村健康传播的工作中。乡村医生是乡村健康传播中的意见领袖，是双向健康传播中的“把关人”，不仅在突发公共卫生事件时期担任特殊角色，在日常的健康传播中也发挥着重要作用。就我国现实而言，乡村健康卫生事业非常需要乡村医生这个网底，乡村健康信息的向下传播与反馈更依赖乡村医生，加之现在的伪健康传播泛滥，农民的辨别能力又比较差，具有公共服务性质的乡村医生的意见领袖作用更显得尤为重要。如果国家不尽快采取措施保障乡村医生的合法权益，乡村医生会面临前途堪忧、发展受阻的境遇，乡村医生的健康传播职能也将被忽视甚至被抛弃，乡村医生的意见领袖地位将会岌岌可危，乡村健康传播也将处于混乱无序的境地；而如果政府意识到乡村医生的健康传播价值并着力改善其传播行为、增加其传播动力，充分利用我国乡村半熟人社会的人际传播特点，用人际传播配合大众传播，达到较好的传播效果并引发农民行为的转变和维持，形成正确的健康认知和行为，乡村健康传播将会达到快速、通畅并有效反馈的状态，我国农村、农民的健康水平也将会得到大大提高。

第四，农民可以成立传播自组织，通过文化水平较高、健康意识较好的农民带动其他农民，使我国乡村健康传播中除乡村医生外还有农民中自发形成的意见领袖，他们可以与我国最基层的卫生服务人员一起，进行乡村健康知识的普及和健康观念的传播。每个村组的乡村医生毕竟十分有限，又面临着公共服务缺失的现状，乡村健康信息仅仅靠乡村医生的人际传播是远远不够的。因此，在我国农村常住人口的“三八六零”部队中，有些教育程度较高或者见识较广的妇女老人就可以作为健康政策的首先践行者、健康知识的优先培训者，让他们带头落实政府的健康政策、传播健康信息，以农民受众影响农民受众，从点到面，多点发散，在较短的时间里达到较广的传播范围和高效的传播效果。

总之，通过政府发挥公共政策干预和基层组织行政推力的作用，促进政策落实与政策传播和谐并进；大众媒介向农村农民倾斜，传播健康信息时充分考虑到农民受众的接受特点与实际需求；乡村医生多放精力在公共服务领域，充分发挥其意见领袖的传播功能；农民可以成立一些自组织，通过同伴教育等方式促进农民之间健康信息的交流，进一步提高农民自身的健康意识，促使其改善其健康行为。只有在政府、媒体、乡村医生和农民的共同努力下，才能促使乡村健康传播达到高效运转、通畅无阻、反馈及时、秩序井然的状态，并收到长期的、积极的、有序的、正面的乡村健康传播效果。

第六章 农村法律传播：乡土社会中的普法宣传

我国从1985年开始以国家五年规划的方式在全社会范围内开展普法教育，普法教育作为社会主义民主政治建设的基础性工程，在构建和谐社会和全面建设小康社会的进程中，承担着重要的使命。在“依法治国，建设社会主义法治国家”和社会主义新农村建设的双重背景下，农村普法教育和法治建设显得尤为重要。2006年，《中央宣传部、司法部关于在公民中开展法制宣传教育的第五个五年规划》(简称“五五规划”)中，明确将农民列入法制宣传教育的重点对象，并规划开展“法律进乡村”活动，要求把法制宣传教育纳入政府对农村公共服务的重要内容，开展法制宣传资料、法制信息、法制文艺和法律服务进乡村活动，提高农民的法律意识和法制观念；加强农村法制宣传教育基础设施建设，扩大宣传教育覆盖范围；提高农村法制宣传教育的服务性；继续深化“民主法治村”创建活动，健全充满活力的村民自治机制。至此，国家以五年规划形式开展的法制宣传教育已经进行了20多年。

经过四分之一个世纪的努力，我们有必要回过头来总结和检视农村法律传播工作的实效，观察农村地区的法治进程；另一方面，农村法律传播是一项复杂的社会工程，特别是随着进城务工人员增多，农村经济结构、人口结构等都发生了深刻的变化，对农法律传播的迫切程度和实施难度都相应增加，适时地摸清社会变化脉络，相应地调整传播策略，具有现实的必要性。

学术界对农村法律传播的研究刚刚起步，到目前为止，国内学术专著尚不多见。法律传播方面少有的几部著作，或由传播学者和法学学者合著，或是边缘法学领域学者在传播学世界的浅涉。如《法律传播学》、《法律传播导论》①等，试图勾勒出法律传播学作为一个边缘独立学科的雏形，沿用了经典的“传者——渠道——内容——受众——效果”的分析框架，但未能真正把法律的内核和传播形式有机结合起来，存在“食而未化”、法律与传播两张皮的感觉，像水油混而不融。研究者做出了搭建学科框架的尝试，但停留在系统性、条目性的概述，对法律传播现象和传播

---

① 李振宇：《法律传播学》，中国检察出版社2004年版；庹继光、李缨：《法律传播导论》，西南交通大学出版社2006年版。

要素缺少语境化的理解，没有设身处地、历史地理解复杂的法律传播现象，特别是针对复杂的农村社会，抽离社会背景"类真空"地条分缕析法律传播现象，是某种形式地坐而论道，当面临具体情境时通常缺乏或失去说服力。

而法学、社会学对乡村社会的研究成果更为丰厚，为我们提供更多的理论资源。比如法学界关于送法下乡、农村纠纷解决和农村法治等方面的研究基本上都意识到乡土社会内生秩序的意义和价值，从不同的进路观察农村社会。比如苏力《送法下乡》等论著探讨国家法、习惯法、民间法在农村社会秩序建构中的状况、表现特征、相互间的关系，为理解农村传统观念和国家法律在乡村秩序和矛盾纠纷解决有重要启示；梁治平的《乡土社会中的法律与秩序》对一些案例的实证研究来语境化地阐述法律在农村乃至整个社会的有限性和非无可替代性，其研究方法和结论对我们研究乡村法律传播，正确看待法律在乡村中作用有借鉴意义。尤陈俊《法治的困惑：从两个社会文本开始的解读》通过田野考察中获得的两个社会文本，交叉学科的分析发现在乡土社会之中，现实的"法治"在偏离理想化意义的背景下运行，存在一种"重新阐释"的过程，并认为这是乡土社会地方性知识对政府推进型法治自上而下灌输的现代西方式法治知识逐渐由被动迈向主动的回应；如果我们以传播学的观点解读，不难看出一种媒介文本和受众权力的斗争，农村受众对国家法律话语做出了能动的协商性解读，这为我们思考在中国农村特定的社会文化语境中，农村受众接受行为的提供了本土化的理论资源。

一些学者在"国家——社会/乡村"的分析框架下重新认识了农村法治建设和普法等实践，如苏力的《送法下乡》非常精到地指出国家通过司法路径进行政权建设，加强对乡村社会的控制；而董磊明提出：这些年中国社会的巨大结构变化，现代性的话语在当下的村庄社会已经在相当程度上有了与之匹配的结构现实，对现代性的法律具有某种选择性的亲和力，使得农村已经有了"迎法下乡"的需求①。赵旭东通过在河北一村庄的法律人类学考察认为"通过普法、送法下乡以及社会秩序的综合治理这种话语体系的动员而使其获得了自身行政上的合法性；依法治国的观念……逐步地成为了乡村社会中解决日常纠纷的主要依据"②。上述研究充分重视了微观场域中法律多元及传播解读语境的复杂性，并且深蕴着明显的价值关怀，试图沉入乡村追问法律的意义和秩序的实现可能，这也是本研究所秉持的研究姿态和方法。本研究认为：法律信息进入的是特定时空中的村庄生活，在乡村的生活逻辑中被阐释或应用，村庄的自然环境（如交通情况、距离城镇远近、气候等）和社会环境（如经济结构、开放情况、聚居状态、文化水平、村庄精英等），再加上国家的大环境大传统共同塑造了具体的地方规则和情境选择，因此，需要大量扎实的田

① 董磊明：《宋村的调解：剧变时代的权威与秩序》，法律出版社 2008 年版。

② 赵旭东：《习俗、权威与纠纷解决的场域：河北一村落的法律人类学考察》，《社会学研究》2001 年第 2 期。

野调查和民族志式的研究，通过深入农村的问卷调查和深度访谈，沉入乡土社会语境中，引入历史的维度，力争纵深而全方位勾勒对农法律传播的脉络，诊断传播的症结。

本研究选取江苏省J市为例，调查我国农村地区对农法律传播服务状况，期望能窥豹之一斑。本次调研在J市下辖的X镇、W镇、F镇、Z镇、Y镇、G镇、S镇、D镇共8个乡镇开展，上述乡镇基本涵盖了J市不同地理位置、不同经济发展程度的农村地区基本情况。

研究于2009年6月中旬开始在J市开展，主要在市、镇和村三级展开调研。在J市区主要在2009年6月中旬、9月下旬、10月下旬和J市司法局领导、法宣办工作人员、法律援助中心工作人员等进行座谈和深度访谈；在乡镇，分别于2009年7月、8月、10月在乡镇司法所、法律服务所、乡镇学校企业医院等进行座谈和访谈；在村里主要于2009年7月、8月、10月和12月进村入户，与村干部、学法中心户、普通村民展开访谈和问卷预调查。

调查问卷分为五个部分：第一部分是受访者的基本信息，包括性别、年龄、职业文化程度、政治面貌、经济水平和打工经历等；第二部分调查了农民媒体使用情况，包括有线电视、无线广播、收音机、报纸、书籍、网络等媒体的接触频率、偏好和对媒体的评价等；第三部分，调查了农民对法治电视节目的收视频率、参与情况和评价，以及农民对媒体曝光（包括网络曝光）的了解和评价；第四部分，调查农民对各种普法活动的知晓度、参与度、评价和今后参与意向等，涉及普法宣传栏、标语口号、法律培训活动、现场咨询活动、学法中心户、村聘法律顾问、农家书屋等主要的法律传播渠道；第五部分，通过了解农民对打官司的看法、对法律的认识、基本法律常识的掌握情况等考察J市农村地区的法律意识和法律信仰，并了解村民获取法律信息的常用途径和对现有普法宣传工作的意见和建议。

经过长达半年的前期调研和预调查，主题为“对农法律传播现状与需求”的正式问卷调查在2010年元旦前后正式实施，这一时间段内有大批农民工返乡，乡村中能配合调查的年龄层次和职业分类比较全面，能更有效、更真实反映问题。正式调查期间由经过培训的访员进行入户填答，样本为年满16周岁的公民，不具备阅读能力的样本，由访员进行解释后根据调查对象的答案代为填答。在上述8个乡镇严格按照各乡镇人口比例进行分层抽样。发放有效问卷共计255份，实际回收有效问卷246份，有效回收率达96.5%。调查结束后采用了SPSS13.0分析软件，对数据进行了录入、整理和分析。①

一、乡村社会法律传播的组织渠道及其断裂

自20世纪80年代以来，国家正式的法律制度开始大规模地进入乡村社会，即所谓的“送法下乡”。经过20多年的普法实践，在我国农村已经构建了比较完整的法律传播体系。这是一个自上而下国家推进型的传播体系，以政府组织的运动式普法为主，基本沿袭了新中国成立以来所形成的一套宣传方式和宣传路径。

目前J市对农普法宣传常用的传播方式以组织传播为核心，依附自上而下的组织体系开展，主要方式有：依托各级行政组织进行农村普法设施和资源建设，普法宣传栏、普法标语、法律书屋、法治文化广场/大院、村法制活动室以及普法大篷车等；组织开展群众性、非固定化的法律宣传活动，包括法律赶集、法律志愿者行动、现场咨询等各种形式的送法下乡；通过组织渠道开展法律培训，包括以会代训等；建立民主法治示范基地、示范村等。首先我们针对对农法律传播常用的组织传播方式及其在农村的传播效果进行了调查。

1. 组织媒介：偏重阵地，弱化传播

普法宣传栏、普法标语、法律书屋、法治文化广场/大院、村民法律学校、法律咨询服务室以及普法大篷车等诸多普法宣传设施，被普法工作者称为“普法阵地”，实际上这些可以宽泛地视为传播学中的“媒介”，即传播渠道，它们将传者、讯息和受众相互连接起来。普法阵地建设是农村普法工作者的重点工作之一，截止到2009年10月，J市的328个村、社区全部建起了有书柜、有标牌、有藏书、有阅览设施的“四有”法制书屋，村、社区服务中心外也基本都有普法宣传栏，各镇基本都有悬挂法制戗牌或挂图的“法治一条街”等，不定期会有法治大篷车流动宣传。

在我们的调查中，53.7%的村民称村里有普法宣传栏，27.2%的人表示村里没有普法宣传栏，另外19.1%的人不知道是否有普法宣传栏；表示经常阅读普法宣传栏内容的仅占8.9%，偶尔看一看的占26.4%，不知道有宣传栏或者知道有但从来不看的约占64.7%，超过半数。

曾看过宣传栏的村民中，84.9%的人表示观看的原因是路过时顺便看看，而看过的村民中约40%的人认为能从中学到有用的法律知识。但仅11.9%的人同意

① 对农法律传播专题问卷调查的具体样本统计特征如下：男性占54.1%，女性占45.9%，男性比例偏高，这与农村女性文化程度较低、配合填答的意愿较低有关；样本年龄分布青壮年劳动力样本所占比重相对较大，26～35岁的占总样本的20.7%，36～45岁的占27.6%，16～25岁、46～55岁、56～65岁及65岁以上的分别占15.4%、12.6%、15.0%，比较符合农村的人口年龄特征。样本中文化程度为初中的占43.9%，其次为小学及以下的占24.4%，高中和大专及以上文化程度的样本数相加约占31.7%。职业以打工和个体经营为主，其中打工者所占比例最大，占32.2%，个体经营者占24.8%，可见在J市农村，打工和个体经营已经完全取代传统农业等成为最主要的就业渠道，其中60.2%的受访者有过外出打工的经验。

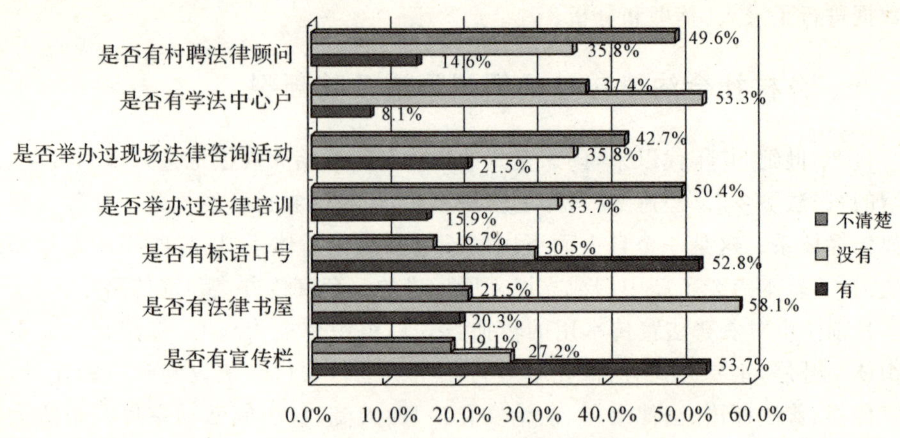

图 6-1　常用对农法律传播渠道的接触情况统计

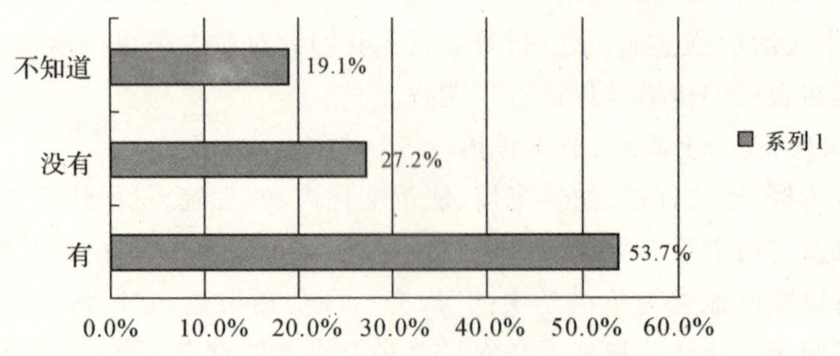

图 6-2　关于村民对普法宣传栏知晓程度的统计

宣传栏内容新鲜有趣。而不知道或从不看宣传栏的村民给出的原因中，42.9%的是太忙或长期不在家，没时间看；14.3%的表示“看了也不管用”。访谈中也有农民表示不看的原因主要是：“跟自己没有关系，闲着就看看电视、打打牌，没人专门去看宣传栏。”

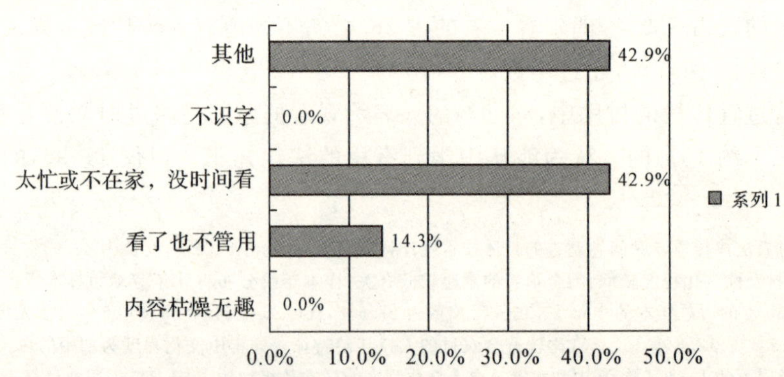

图 6-3　关于农民对普法宣传栏不感兴趣原因的统计

与普法宣传栏相似,也是仅仅刚过半数的(52.8%)村民知道有宣传法律的标语口号和戗牌,但也有47.2%的村民没见过或不知道有。仅12.6%的受访者认为标语口号的宣传很有效。其余受访者普遍认为效果很小,乃至于完全无效。不过标语口号作为被长期沿用的宣传手法,31.7%的受访者认为标语口号至少能起到创造知法守法的氛围,其中36.2%的人认为能一定程度上起到宣传法律的作用。但在见过宣传标语口号的村民当中,也有接近半数的(46.6%)认为普法标语口号主要是为了应付上级检查。

而法制书屋作为“农家书屋”工程的一部分,得到了较高的重视,也是上级检查普法效果时重要的考察指标。在我们在各村镇的走访中确认了几乎每个村都在村委会驻地设有一间“农家书屋”,但书屋利用率不高。仅有20.4%的受访者表示自己村里有农家书屋,79.6%的受访者说村里没有或不知道有农家书屋。知晓度仅有五分之一,对书屋的利用率就更加微乎其微。此次调查结果显示,知道书屋中法律方面的书籍的受访者仅有11.8%,曾经从书屋中借阅过法律图书的有3.7%。据我们了解这些曾经借阅图书的大部分都是村干部或退休干部。由于农家书屋就设在村委会,村干部借阅方便,而普通村民与村干部联系不密切,没有事情平时很少主动去村部,因此对设在村部的农家书屋接触很少,知晓率和利用率却不高。另一方面,普通村民受文化素质的限制,除了上学的学生,较少有读书的习惯,闲暇时间更多用在看电视和打牌等休闲娱乐上,超过57.6%的受访者认为:“老百姓平时不看书,农家书屋形同虚设”。

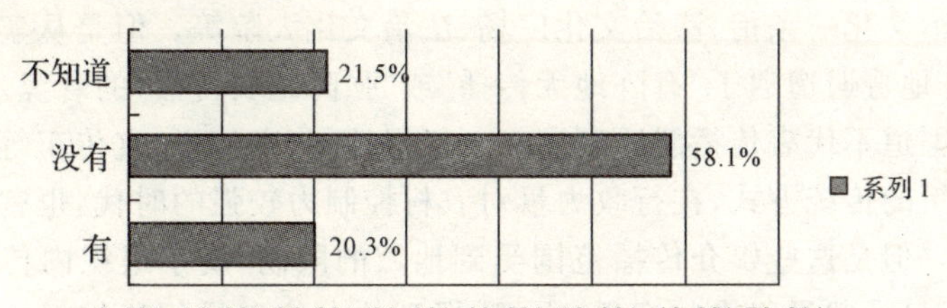

图6-4 关于农民对法律书屋知晓度的统计

不过,令人欣慰的是,在少数接触过农家书屋的村民中,对农家书屋更趋向于正面评价。其中63.6%的认为农家书屋方便老百姓学习法律知识,75.8%的同意“每个村都应该有一个学习法律的书屋”,另外约33.3%的农家书屋接触者认为还存在书屋中藏书太少,想要看的书找不到等情况。

在J市,“法治文化广场/法治一条街”通常会悬挂一些法治宣传成果,设置一批宣传展板、橱窗或挂图、黑板报等,展示的内容与普通的宣传栏差别不大,集聚宣传的效应并不明显;并且受自然和人为损坏,不少宣传橱窗、广告牌等都已经陈旧破损,维护成本较高。在访谈中绝大部分村民不知道有所谓的“法治文化广场”或“法治一条街”,甚至几位正在广场上活动的受访者都表示:“有时在这里跳跳舞,坐

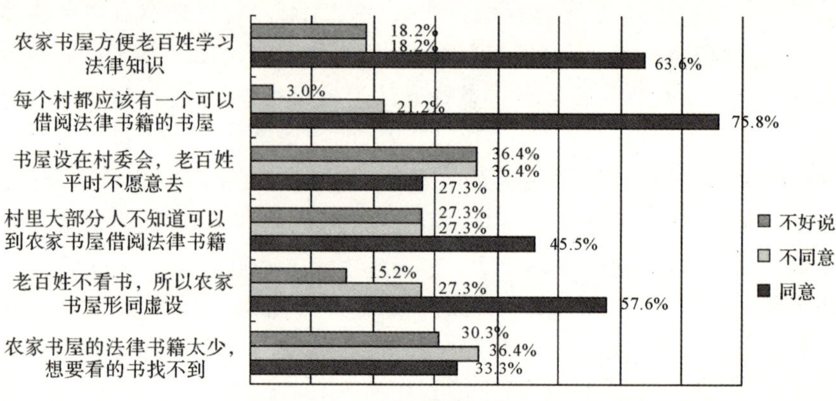

图 6-5　关于农民对法制书屋(农家书屋)评价的统计

一坐，不知道叫什么广场，也没看过有没有宣传栏”。普法大篷车在农村的接触率则更低，在10余个乡镇的访谈中，只有两位受访者表示“听到过大喇叭的宣传车，不过车子一会儿就开过去，开远了，也听不明白讲的什么”。

农村普法阵地建设，目的是为了将法律传播的媒介延伸到村民生活中间，近距离地、有阵地可依地传播法律信息和法治文化。普法阵地建设具有物质实体，是在验收考评中能够直观可见的普法成果，受政绩考核和经济利益的驱使，全国各地大都热衷于硬件建设，轻视软件建设，不讲究硬件的适用性和传播技巧。近年来各地纷纷建立法治文化一条街、法治文化广场、法治文化大院等。但是从实际调查结果来看，这些阵地普遍遭遇了“有阵地无传播”或“强阵地弱传播”的窘境。

有传播渠道不代表传播能顺利实现。板报挂图、宣传栏、宣传车等是传达党和政府方针政策的传统方式，在行政力量对农村控制力较强的时代，也曾发挥过很好的宣传效果。但是这些媒介传播范围受到地域的限制，属于组织内传播的小型媒介，媒介的信息承载量很难与广播、电视、报刊的大信息量相比较。比如倡导村级统一征订悬挂的法治挂图，两个月或更久才更换一次，不但信息量有限陈旧，而且存在脱落、污损等问题。在上述阵地上的传播基本沿用了过去的宣传话语体系，多是一些口号式的、排比式的、说教式的政治话语，陈旧的符号系统形式僵化，语言死板，内容空洞，言之无味，与时代、群众、生活脱节，受众很容易产生接受疲劳、心生厌烦甚至逆反心理。这也是很多受访者对街道上大幅的标语口号视而未见的重要原因。

因此，从某种意义上讲，有限的知识供给能力、单调的传播手段、浓厚的宣教意味，是影响这些普法阵地传播效果的重要障碍，在当今丰富的信息环境和农村社会文化环境下已经很难吸引农村受众的注意力。

2. 组织活动：千线一针，基层脆弱

目前J市的普法网络是一个自上而下的市、镇、村三级组织传播网络，普法机构、普法阵地、普法队伍基本依附各级行政组织而建立,并由法律行政机关主管,层层向下推进。国家普法规划是需要在全社会推广的公共政策,组织传播成为官方法律传播者首先考虑和最为依赖的核心渠道。组织传播通常采用发公文、召开会议、发放学习资料、讲习授课、开设讲座、举办咨询会等形式。本次调查主要针对性地了解了农民对法律培训活动、现场法律咨询等组织传播方式的了解、认知、满意度评价以及后续参与意愿等。

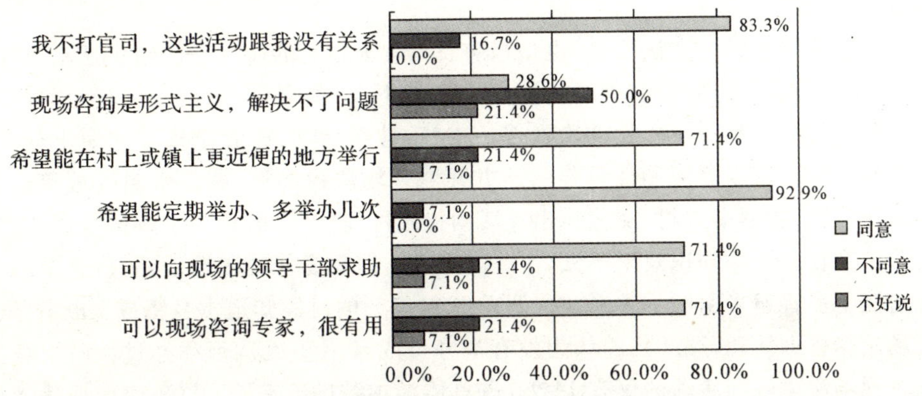

图 6-6　关于农民对现场法律咨询活动态度的统计

调查中 15.9%的受访者知道本乡镇或者 J 市举办过法律培训活动,33.7%的受访者表示从未举办过法律培训活动,50.4%的表示自己根本不清楚是否举办过(见图 6-1)。其中,每次举办法律培训活动都积极参加的受访者,仅有 5 人,均为村干部,占全体受访者的 2.0%;偶尔参加过一两次的有 10 人,占总人数的 4.1%,其中包括有退休干部,也有在村委会旁边小卖部的老板等跟村干部交往较多的村民。可见,目前开展的各种法律培训活动在村民生活中接触度极低,仅仅能够抵达村干部,或少数跟村干部关系比较密切的村民。

调查中,我们了解到有些村一年难得组织一次法律培训,J 市 G 镇一位中年村干部在家里接受我们访谈时坦言:

> "一般都是党员干部参加,普通老百姓不愿意来,听说有的地方还给钱求老百姓参加;老百姓都忙着挣钱,有本事的都出去了,剩下的都是文化不高的,去了也听不懂;找一个懂点法律的人来讲也很难,村干部文化水平也不高,只能念念法律条文,和平时开会一样,熬到点算数。"①

目前农村基层普法骨干大多是村组党员干部,受自身文化素质限制,虽参加乡

① 摘自于访谈资料,2009 年 7 月 25 日,J 市 G 镇,受访者是一位村干部。

镇培训，但基础差、时间短、培训内容单一、自身对法律理解不深及法律素质不高，因此很难回到村里开展更有效更生动的普法培训。参与过法律培训的受访者(6.1%，14人)中，5人是上级强制要求参加，1人是因为村里给钱才参加，1人表示是闲着没事随便听听。可见即使参加培训的少数人，对法律培训的主动性、积极性也不高。考虑到对法律培训内容和形式的满意度调查因为参与者数量太低(14人)，并且大多数是村干部，其意见的客观性、代表性有待商榷，此部分数据我们不予分析。

除了法律培训，“送法下乡”也是当前农村较为常见的基层普法组织活动形式。“送法下乡”与轰轰烈烈的“文化、科技、卫生三下乡”类似，一般由法律行政部门主导，多部门配合，举行仪式性的赠送普法书籍、挂图活动，或者搞搞文艺演出，或者在市集、车站、广场等流动性较强的地方开展现场法律咨询、普法资料发放等。事实证明，送法律图书进村、文艺演出等活动仪式性强，更多的是为了宣传报道，对传播法治文化和法律知识效果不大。“法治赶集”，即现场普法咨询活动，这是全国各地送法下乡普遍采用的一种形式。调查中21.5%的村民知道本乡镇或J市举办过现场法律咨询活动，78.5%的认为没有举办过或者不知道是否举办过。而亲身参加过现场法律咨询活动的仅有14人，占总体样本数的5.7%。与法律培训活动相似，现场咨询活动的知晓度和参与度也都非常低。参与过的14人倾向于对现场咨询活动作出肯定评价，他们中超过70%的认为现场法律咨询活动可以现场咨询专家、可以向现场的领导求助、并希望能在更方便更近的地方举办，超过90%的(13人)希望能定期举办，一年多举办几次。

现场法律咨询活动的劣势是随机性太强，被很多村民称为：“来时一阵风，过后一场空”。确实有法律疑问的村民可能碰不上咨询，碰上的村民可能没问题要咨询因此不感兴趣。一位参加过多次现场咨询活动的普法工作者介绍说：

> “我们市组织去镇上、村里做普法活动，比如说搞咨询发发材料，我们发的普法材料那些老头老太太都抢着要，还说：‘你多给我点，我拿回去卖卖(废纸)。’老百姓对法律知识可能没什么兴趣。我们后来想了很多办法。上次环保局做普法，发的环保袋、购物袋，还有发牙膏牙刷的，那现场人挤得海海的！冲着东西来的，你再顺便把传单发给他。发了传单他们看不看也难说。”①

由此可见，有时候不得不利用农民的趋利性才能发放宣传材料，是法律传播主体在农村受众缺乏接受意愿时不得不面对的尴尬。而自上而下国家推进是我国政

① 摘自于访谈资料，2009年10月28日，受访者为J市司法局工作人员。

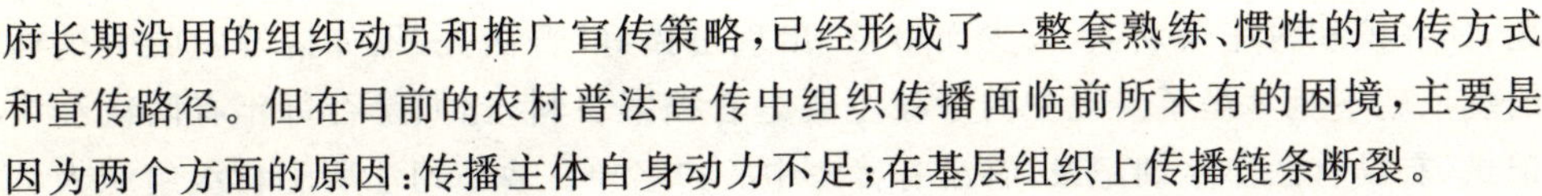

府长期沿用的组织动员和推广宣传策略,已经形成了一整套熟练、惯性的宣传方式和宣传路径。但在目前的农村普法宣传中组织传播面临前所未有的困境,主要是因为两个方面的原因:传播主体自身动力不足;在基层组织上传播链条断裂。

其一,传播主体动力不足。

通过下达文件和召开会议等方式,上级制定的公共政策能在高度整合的行政系统内迅速地传达、贯彻和执行。但在农村地区,行政体系难免呈现出“倒三角”的组织结构的问题,上面做组织工作的人多,但是在农村基层具体实际操作的人少。

一位从事农村普法超过 6 年的政府工作人员在访谈中说:

> “对农普法的工作市司法局也在做,但是很少,主要的工作实际上大部分是乡镇的司法所在做。比如说 J 市司法局有 30 多人,扬州市的更多,但下面真正跟农民接触的乡镇有的只有三五个人,有的只有两三个人,有的镇其实只有一个人。虽然名单写出来有好几个,但是有的到村里当副书记去了,有的调到别的单位了,只有编制留在那里。还有的可能身兼数职,比如他当着司法所副所长,还兼着综治办主任,有时候可能挂着一个安全生产之类的,这样的身兼数职的也不少。”①

在乡村社会,行政组织难免呈现出所谓的“上面千条线,下面一根针”的局面,部分乡镇在人员编制和机构职能上相对软弱:一方面法制教育(法律传播)缺少地方性法规,没有刚性的工作机制,也缺乏硬性的科学的考核约束办法。有些地方虽然把普法作为综合治理考核、文明创建考核、绩效考核的内容之一,但是所占考核分数比例很小,而且几乎没有可以具体操作化的考核方法。

例如,一位基层普法者向我们提及上级到村里抽查普法效果的场景:

> “一位领导跑到人家门口问一个老大爷:你知不知道五五普法?老大爷就一脸糊涂,不知道领导说的什么。实际上,四五普法、五五普法只是政府进行普法的简称,对老百姓的没什么用处,农民不知道这个说法,不代表他不懂法,也不代表我们没做普法工作。”②

实际上,在行政组织中,考核标准很重要,某种程度上是对下级工作方向的指导。考察的是政府普法工作是否有实效、老百姓的法律意识是否在逐步提高。然而不恰当的考察评估体系,常常导致对农传播行为的变形,特别是在行政体系的末

① 摘自于访谈资料,2009 年 10 月 27 日,受访者为 J 市司法局工作人员。

② 摘自于访谈资料,2009 年 10 月 28 日,受访者为 J 市司法局工作人员。

梢，如乡镇和村庄级别上，人少而事杂，出现过搞好"普法关"不如搞好验收关这样的现象就不足为怪了。现在的考核主要是看档案材料，比如是否每年有两次会议记录，有没有法律培训记录，有没有普法中心户名单。乡镇司法所和村级组织人员有限，而日常负责的事情又很多，再加上还有人民调解、乡镇中心工作（沿江开发、征地拆迁）等需要配合，因此法律宣传相对来说是很弱的一块，只能搞几场大型活动，发发材料，主动传播的动力不足。

一位村干部访谈中就表示："上级有什么要求要宣传哪个法律了，就会送过来一堆材料，我们在村里找几个人发一发材料。别的我们也做不了。"由于组织传播是上级压力型机制，其重要的缺点是传播主体自身动力不足。因此，上述组织传播行为的低到达率和低效果反映的不仅仅是法律信息到达农民的"最后一公里"问题，更深刻的是在传播者方面，由于自身传播动力不足，甚至导致"最初的一公里"都没有迈出。

其二，基层传播链条断裂。

在传统高度整合的总体性社会，农民被严格固定在土地上和组织中，公共政策等经过国家行政体系的层层下达，最终可以到达几乎乡村的每一个人，它利用了高度集权的科层制组织结构，将自上而下延伸到村级单位的政府权力作为法律信息传播管道，其中最后的传播节点是村委会、村党组织。村干部是真正与村民接触的"一线普法工作者"，无论是发放书籍材料、张贴标语横幅、更新板报橱窗，还是组织农民培训、调解矛盾纠纷，都是村组织来最终执行，可以说村级组织是"千线一针"的组织传播系统中那枚最终需要刺入乡村肌理的绣花针。但在调查中，我们很容易发现，这枚针——组织传播的最后一环，在流动性逐渐加强、经济和社会生活急剧改变的农村，断裂了。

特别是村镇合并后，很多行政村是由原来附近几个村子合并而成，范围比较大，结构更松散，几个村庄的村民相互之间也不熟悉。并且废除农业税费后，村干部与村民联系越发弱化，除了代收合作医疗保险、协助财政发放粮食良种补贴等，日常工作中几乎没有与农民频繁接触的必要和可能，村务规范化管理、发放资料被当做村干部的中心工作来抓，村民一方面对村干部的不作为不满，另一方面越来越多的农民外出经商打工，经济生活重心向外转移，青壮年农民很多"户在乡下，人在城里"，对村庄公共事务不感兴趣。

如J市大桥镇乔梓村，位于沿江开发地区，有不少村民在附近的钢管厂等企业打工，村委会大院一半租给私人企业，村委会办公小楼里空空荡荡，旁边的小卖部里有四五个恰逢休班聚在一起闲聊的农民三言两语道：

"村委会我们几年也不进去一次。村里也不开大会，没什么普法活动，现在有很多群众就是换了村干部他也不知道，路上走，碰见了也不认识,比如我们村和隔壁村并成一个村了,我们村的不认识他们村的干部,他们村不认识我们村的干部,路上各走各的谁也不知道是不是村干部。"①

可见,当前乡村干群关系成为一种较为淡漠且不太信任的关系,不是"鱼与水"而是"油与水"的关系,形成传播渠道的断裂。正因为此,自上而下的"法律进农家",实际上很难到农家,基本上在村级甚至乡镇一级就止步了。有学者指出,"在'乡政村治'治理体系建构过程中,会议系统已经在乡村的政治传播中失去效用,取而代之的是逐步发展起来的现代大众传播媒介,主要是广播和电视"②。在农村的法律传播中,这个结论同样适用:组织传播渠道在农村法律传播中出现传受双方的严重断裂,信息难以通达,反而是以电视为主的大众媒介起到了潜移默化的传播效果。

二、对农法律传播的大众传播渠道及其效应

以电视为代表的大众传播在乡村日常生活中实现毛细血管般的渗透渐变,所占比重很小,但是其传播效果不应被过低评价,特别是文化活动相对贫乏的乡村生活中,大众媒体在潜移默化中向农村受众渗透着法治观念和法治信息,网络手机等新媒体也开始加入乡村法律信息渗透的媒介行列中。

1. 电视法治节目的乡村传播

20 世纪 90 年代中后期以来,电视在我国农村地区迅速普及,成为乡村社会生活中必不可少的现代技术装置,电视作为最主要的大众媒介,对农民生活方式和价值观产生了潜移默化的影响。而电视法制类节目自上世纪末诞生(1992 年上海电视台《法律与道德》),经过多年的发展,达到了前所未有的规模和影响,收视率名列前茅,2003 年央视—索福瑞调查显示:法制类节目是继新闻、综艺节目之后的第三大受欢迎的节目类型。③ 其中,广大农民是电视法制类节目重要的收视群体。

J 市农村 91.9%的农民家中安装了有线电视,可以接收到全国各地的电视节目,中央电视台、全国省级卫视等卫星频道的法治节目在 J 市农村基本都能收看;《今日说法》(中央电视台)、《拍案说法》(重庆电视台)、《南京零距离》(江苏电视台)等法制类节目,对很多农村观众来说都是耳熟能详的。

调查发现,地方电视台凭借内容与农民日常生活的接近性,仍然能保有较高的收视份额,特别是非虚构的新闻、专题类节目是很多农民了解本地及周边信息的重

---

① 摘自于访谈资料,2010 年 1 月 15 日,J 市 D 镇 Q 村,受访者为在附近工厂打工的村民。

② 李广:《从"运动"到"试点":新中国乡村治理体系建构中的政治传播模式比较研究》,《理论与改革》2007 年第 3 期。

③ 游洁、郑蔚:《电视法制节目新论》,中国广播电视出版社 2007 年版,第 17 页。

要渠道。J市电视台作为县级电视台，虽有新闻综合和影视娱乐两个频道，全天播出时间达35小时，但受条件限制，自办节目较少，时长每天40分钟，《J市新闻》、《生活新时空》、《农民电视课堂》、《本期视点》等新闻、专题节目中有一部分涉及农村法制建设和法治教育。如从2000年7月14日起开播的《电视农民课堂》，对农民进行法律知识、思想道德和科学文化知识教育，其中约有30%的节目内容与法律有关，运用当地鲜活真实的实例来教育引导农民依法办事，如2002年录制了一期《六子女拒养双亲》的节目，贴近农村频繁发生的赡养纠纷问题，从法律角度传达了"赡养父母是子女的法定义务"这样的理念。J市电视台的《视点》、《生活新时空》也偶尔有与法律有关的节目内容。扬州电视台的节目在J市地区收视率也较高，2007年还开办了一档专门的法制类新闻节目《说法》，另外《关注》、《绿扬茶馆》中有些集新闻性、故事性、趣味性于一体的法治新闻故事也很受欢迎。

目前地方电视台作为对农法律传播的渠道仍然很狭窄，法治新闻、专题栏目等固定节目制作储备存量不足，除了"12.4"法制宣传日、法制文艺汇演等特别节目外，多是电视台单方采编制作节目，较少与法制宣传部门的合作，当然这存在专业技术限制的原因，但在传统宣传渠道不畅的情况下，广电部门和法宣部门之间还有更密切合作的空间。《J市快报》等主流报纸媒体上也有一定的版面涉及法律宣传和法律服务，但频度和深度有限，而且在农村地区报纸的接触率毕竟不高，其法律传播效果远远逊于电视媒体，广播媒体亦然。

调查中，很多农民随口就能数出《视点》、《关注》等地方电视台几个常看的法治节目，有几个较年轻的村民甚至在手机里保存了这些节目的热线电话号码，"电视上放得太快了，(电话号码)一次抄不下来，连着看了好几天才抄全了。记下号码是想万一碰到什么事情，可以打电话看看能不能曝曝光"①。

虽然这几位村民没有尝试过拨打热线电话，但是由他们主动记录法制节目的电话这一行为来看，地方电视台的法制节目在村民心中有相当的分量和影响力。本调查中53.7%的农民经常看电视上的法制节目，36.2%的农民表示偶尔看电视法制节目，从来不看的仅占10.2%。而且收看过法制节目的农民超过87.4%表示会经常或偶尔和家人朋友谈论在节目中看到的内容，人际谈论的过程不但是加深理解的过程，而且谈论中也伴随着法律观念的传播和碰撞。

近几年在全国各地的电视媒体开辟了大量的法治节目，以观众最容易接受的声画结合的传播方式，在生动的、故事性的节目中，潜移默化润物无声地传递着现代社会法治文明的理念和信息。在以往的普法工作中，我们更多地运用的是传统政治教育思路下的"宣传模式"，集中大课学习、小课宣讲、条文灌输、爱提炼标语口

① 摘自于访谈资料，2009年8月12日，J市D镇，受访者为一群30岁左右的农民，他们正聚在一起议论村干部在修村内道路上的不作为。

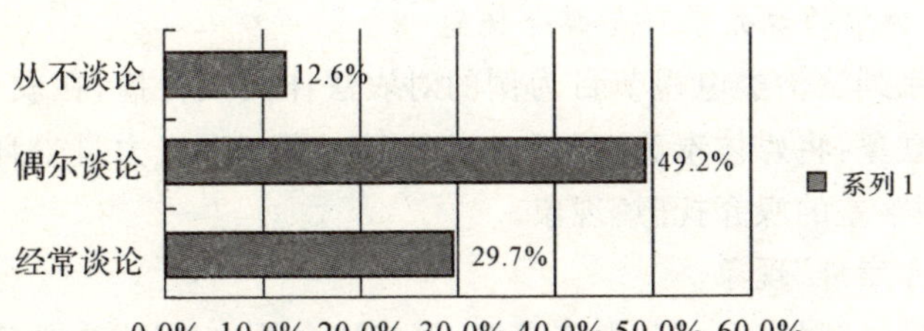

图 6-7　关于农民收看法治节目后人际讨论情况的统计

号，重形式轻效果，重教条知识轻理念培育，这种"宣传模式"很难激发农民自觉自愿的学习兴趣，遑论法治观念的习得和法律信仰的建立。电视是视听兼备的媒介，通过声画并茂的传播符号可以将原本高度抽象的法律条文，以喜闻乐见的形式展现给公众。比如访谈中一位初中文化程度的农村女性表示：

"对于我来说，主要是因为电视看得比较多，自己觉着懂得多了。中央台不是有《法治在线》嘛，还有《今日说法》，我常看的还有中央2台的一个法制节目，经常有法律知识在上面。我觉得看看这些节目挺好的，上一次我看的节目有人在打牌的时候借的钱，一个是在赌桌上借的，另一个是借别人的钱结果在赌桌上输掉了，同时被追债，打官司，当时我还以为这两笔债务都需要偿还，结果那个在赌桌上借的债务就不需要偿还，人家专业律师讲了，因为赌博本来就属非法的，在赌桌上借的5万元赌债就不需要还，追债的人反而(因为聚众赌博)被拘留了；在赌桌上就算写了收据、借条都不成立的，也没用，这个我以前也不知道。我看他这么一说，我就想那肯定另一个的债务也不需要还了，因为也是在赌桌上赌掉了钱，但是那个律师讲了：这两个性质不一样，这是从人家家里借的2万元说去做生意，其实是想把输掉了的5万挣回来，结果又赔进去了，这2万就必须偿还。我就觉得这些节目很有用，长见识！"①

她不但自己学会了怎么判断是非，而且还在和邻里朋友的聊天中，充当了传播者，将这一知识再传播给身边的人，可见，当法律知识以鲜活生动的形式呈现能加深人们的理解，甚至能触发人际的口口相传，更广泛地辐射传播出去。而且，电视是目前文化生活短缺的农村生活中最重要的休闲娱乐工具，收看电视是农民主动的选择，电视法制节目中法与情的交融、冲突，以及深蕴其间的法律思想、人文精神在不经意间传达给观众，与强制参加的法律培训和单调的宣传栏宣传标语相比，其接受效果更为可观。

---

① 摘自于访谈资料，2009年7月30日，J市X镇，受访者为一位32岁初中文化的农村妇女。

2. 乡村社会中的媒介崇拜与媒介抚慰

以上述一系列法治类电视节目为例的对农法律大众传播，在农村还带来了两种独特的文化现象：将媒体奉为“青天大老爷”的“媒介曝光力量崇拜”现象和通过收视“缓解心理落差的媒介抚慰”现象。

其一，“媒介崇拜”现象。

大众传媒通过“曝光”真相、揭露弊端，引起社会关注，促成事件的解决，显示了媒介舆论监督的巨大力量。电视是农村的绝对强势媒体，随着《焦点访谈》、《新闻调查》、《今日说法》等节目媒介监督的开展，在许多村民心目中树立了“媒介青天”公正无私的形象，访谈中常常可以发现这种对媒体曝光力量的崇拜，例如一位曾经在南京务工的中年农民说：

> “我在南京打工三四年了，天天看《南京零距离》，这个节目好。《南京零距离》的孟非大公无私，那是绝对公正的，他们一件事就一直关注，直到解决了！孟非说的话我信！”①

而且，访谈中就有人请求访员帮他查询南京和当地一些“办实事的”新闻节目的热线电话，他希望能引起媒体关注帮助问题解决。

同时，电视上的一些做法也成为村民行事的参考。例如访谈中不少村民多次提到重庆“最牛钉子户”事件，他们甚至援引从钉子户报道中看到的规定在自己面临拆迁问题时和政府谈判。比如一位 20 多岁的青年农民，想在村里加盖翻盖房屋，受到村委和乡镇限制，在数次上访和咨询法律工作者无果后，表示想要到媒体上去曝光：

> “我从重庆‘最牛钉子户’这个事挺受鼓舞的。‘重庆最牛钉子户’那个男的是散打冠军，女的家里有钱，人家还有全国媒体帮着！老百姓有几个能像他们跟政府打官司打到最后的？我现在就想上网（发帖），通过人肉搜索把他给搜出来！现在凡是有媒体介入，那反响就不一样了！有媒体介入力量才大！媒体得关注，媒体不关注有啥用啊？”②

村民对媒体曝光的力量呈现了复杂的心态。如图 6-8 所示，调查中 74.2%的受访者认为“媒体曝光能施加压力，促进事情解决”。61.9%的人认为“只有媒体曝光了事情才能得到公正地解决”，对媒体监督力量给予了很高的期待。但另一方

---

① 摘自于访谈资料，2010 年 1 月 15 日，J 市 W 镇，受访者为一位在南京打过工的中年村民。

② 摘自于访谈资料，2009 年 8 月 8 日，J 市 D 镇 Z 村，受访者为一位 22 岁的年轻村民。

面，由于媒体属于国家所有，普通农民没有对媒体资源的近用权，缺乏在媒体中的话语权，所以对很多普通农民来说，虽然媒体富有极高的舆论监督力量，但是却远离自己的生活世界。如有 54.1%的受访者认为“有关系或者认识记者，媒体才会给曝光”，接近半数的(46.7%)的受访者认为“只有事情闹大了，媒体才会曝光”。

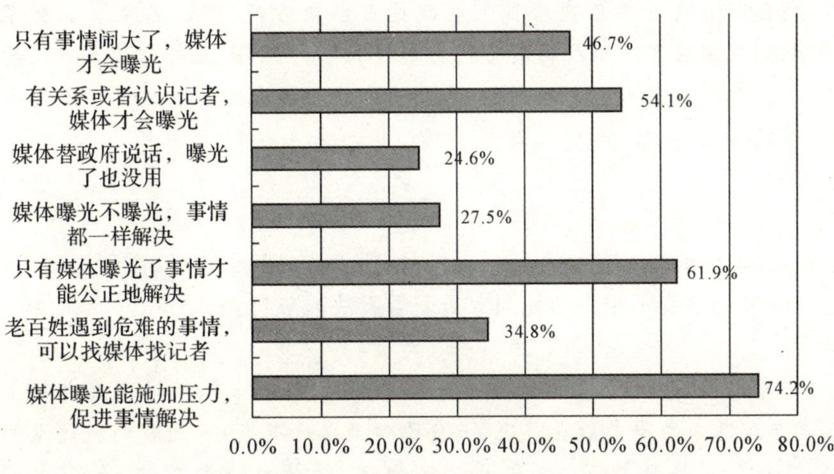

图 6-8　关于农民对媒体曝光看法的统计

对媒体曝光力量的过度依赖和崇拜，是对媒介监督权力的明显放大，滋生这种社会意识的现实原因除了村民媒介素质，主要还在于农村社会中法律、行政监督运行不畅，寻求正义的法定渠道难以实现，而且农民占有的社会资源和话语资源稀少，无助的弱势群体才会产生“焦青天”这样对媒介力量的神化和崇拜。受众在传播链条中成为传播者力量的服膺，这是在社会现实中出现的一种扭曲。

其二，“媒介抚慰”现象。

电视法制节目在有些农民生活中还起到一种“安慰宣泄”功能，即通过收看电视节目中他人的胜利和正义的伸张，获得感同身受的宽慰，弥补自己在现实生活中的心理落差。调查中，超过 94.1%的受访者表示收看电视法治节目看到矛盾化解、善恶有报会心感宽慰。用一位认为自己在拆迁中吃了亏的村民的话来说就是：

> “我看看就求个心理安慰，虽然在我们这里法律不管用，但我看到并相信在其他地方还是管用的。”①

W 镇一位来当地承包土地的外省籍农妇，和几个亲戚一起承包了某蔬菜公司的 700 多亩土地种植水生蔬菜，因为承包土地的水渠电线等问题和当地村民发生

① 摘自于访谈资料，2009 年 8 月 9 日，J 市 D 镇，受访者为一位 40 岁左右的村民，自家买了车跑运输，但因经济危机好久没生意做。

矛盾。

> “找村干部，他们护着自己村里人，调解不了。我们从某公司承包的地，合同上说如果出现和村里的矛盾是公司负责出面解决，找了几次也没人管；合同上写着半年内给扯上电线挖上水渠方便浇地，签了合同交了钱，他们就不管了。跟公司打官司打不过人家，他们大公司都请了专门的律师，而且跟村里人也不能闹翻了，要不以后没法在这里种地了。没有办法，不能不浇地，只能自己花钱请客，自己雇人从村里扯的电、挖的排水沟。”

这位40岁农妇半年前丈夫因病去世，她独立抚养两个孩子、照顾100多亩地，生活十分艰辛。她表示干完活儿回家最爱看看法治节目：

> “我们全家都爱看这些节目，法律替我们办不了事，不过看看电视上人家那么麻烦的事最后也解决了，自己心里也舒服点，虽然我的问题没解决，总归人家处理掉了，我看了心里开心，就是自得其乐吧，求个心理安慰！”①

还一位乡村医生也表示说：

> “我常看新闻和法制节目。看看法制节目心里舒服一点吧，现在这个社会违法犯罪的事情太多了，贪污腐败的事太多了，看看法律节目解决了一些，也是一个心理安慰。前几天，D镇搞拆迁的干部被抓起来好几个，因为他们多报了拆迁赔偿的树之类的，把多赔的钱自己留下了，被人家给举报了，这个是我们都知道，镇上也有人知道，传传大家就都知道了。”②

这样的收视心理恐怕是农村法律现实的最真实反映。不少农民聚在一起时会聊起电视上看到的“最牛钉子户”、“开胸验肺”等当时热点的法治新闻事件，我们发现很多村民通过对电视节目中他人的胜利和正义的伸张，获得感同身受的宽慰，弥补了在现实生活中的心理落差。

通过他们对上述社会热点问题的解读，我们可以解析到一种抽象的公正观念，抑或是一个观念中公正的社会。即对基本法律公正和在特定领域和特定情况下的

---

① 摘自于访谈资料，2009年8月13日，J市W镇，受访者为一位40岁和家人一起在此承包水田种菜的安徽省妇女。

② 摘自于访谈资料，2010年1月15日，J市D镇S村，受访者为乡村医生。

公正实现可能性的信仰，法制电视节目生产并维系了这种观念中的公正的存在。农民对法制电视节目的收视热情和认可度较高，根据“使用与满足”理论，农民对电视法制节目的收视选择，部分原因可能是寻找一种至少法律在彼处可能实现的精神安慰，即一种“虚幻的公正感”。当法治理想和社会现实出现落差时，媒体节目源源不断地为受众输出供人自我安慰、自我满足甚至自我欺骗的图景，并且制造出一种人们全程参与社会、亲历重大事件的幻觉。以电视为主的大众媒介在农村乡土生活中常常扮演着社会情绪的疏导抚慰者的角色。

虽然利用大众传播普法还没有成为制度化的方式，但其潜移默化的广泛传播效果不容小觑，几乎可以算是近些年农民法律意识提高的最重要影响因素。转变农民法治观念的工程不可能通过断断续续的几次教育宣传就能完成，还有赖于大众传播媒体通过长期的法律活动的传播，不断渗透和强化农民的法治观念，因此，建议加强与广电局、电视台、广播台、出版署等单位的协作，开拓利用大众媒体传播法律的新土壤。

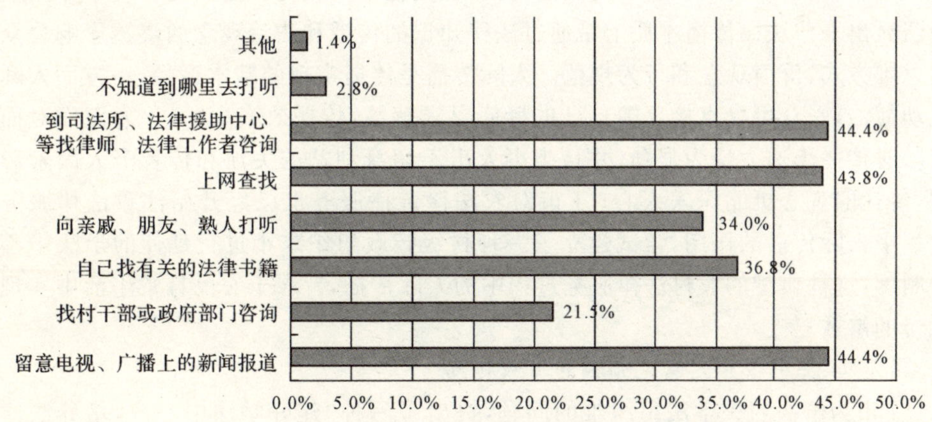

图 6-9　关于农民解决法律疑问途径选择的统计

另外，调查中也有高达 43.8%的村民倾向于选择上网查询解决自己的法律疑问，可见对农法律传播中网络传播将是极具潜力的渠道。网络上法律知识非常多，但作为地方性的普法官方网站可能点击率比较低。其实在网站建设方面如果仅仅停留在常用法律条文的提供，属于信息的无效重复，意义不大，建议利用当地的法律工作者、律师、法律援助中心等法律资源开展网上咨询，扩大农民接触法律服务的渠道。

同时，开发手机短信普法平台也是新的媒体环境下可以尝试的法律传播途径。手机作为随身性的通讯工具在农村占用率已经很高，但除通讯功能以外，其作为新媒体传播的更多功能还有待发展，这为开辟新的对农传播途径提供了极大空间。如 2009 年南京市鼓楼区司法局已经尝试推出了“手机电子法务”工程，将法制宣传和法律服务的内容通过短信发送给手机用户。不过有些地区的普法短信尝试还停留在"法是良师，律是益友；知法懂法，一生无忧"等缺乏实际内容的口号阶段，传播效果有限。但是相信手机这一随身性的现代通讯设备在农村普法中会有极好的前景，手机短信、彩信、手机视频等作为法律传播渠道，能极大地提高法制宣传教育的覆盖面和渗透力。例如，将劳动保障、民事合同、治安管理、交通安全、婚姻家庭、村民自治等群众最常用、最关心的法律法规知识和法律援助服务、法律咨询方式、法律帮助热线等内容编制成短信，每月定时发送，进一步还可以建立短信平台，接收反馈信息，开展深层互动，提供知法学法、咨询和寻求法律服务的平台和途径。而且在有条件的地区，远程教育、普法网站、广告与传媒、车载电视等新媒体都是可以积极利用的传播渠道。

三、农村法律服务过程中的人际传播

在农村法律传播中，除了政府最为依赖的组织传播和受众接触广泛的大众媒体传播，一些在以前不被重视的传播方式，在变化了的农村社会文化环境中作用慢慢凸显出来。法律传播本质上是通过法律知识的传授和法治观念的渗透影响公众的思维方式、价值观念和行为规范。人际传播是传播实现的基本途径，一方面人际互动简洁，受众可以直接反馈自己的疑问寻求解答，传播效率高；另一方面面对面接触时传播渗透力最为强劲，并且当事人出于切身利益的关注和传者个人因素影响，传达的观念更能深入人心。J市对农法律传播服务也已经开始注重法律服务过程中人际传播的作用，尝试建立了一种村级行政组织末梢进行延伸的学法中心户制度，这是典型的农村法律服务过程中的人际传播，旨在于农民日常生活中实现缓慢的渗透。

1."学法中心户"：意见领袖的二级传播

J市为解决农民学法组织难的问题，提出了一种"建好学法中心户，培养法律明白人"的农村普法新思路。即每个村庄按照自然居住条件，每10～15户为一个学法小组，并选出中心户长。作为"学法中心户"，每户培养一名"法律明白人"，以中心户长为中心，理想上计划每月组织集中学法不少于4小时，每人每天自学不少于半小时。

从传播学角度来看，"学法中心户"制度意在建立一种"二级传播"乃至"多级传播"的渠道。学法中心户一般是村里比较有威信、有影响力、文化水平和见识较高的人，他们被期待承担起"意见领袖"的角色。意见领袖是传播渠道上的中介人，他们分布在乡村日常生活中，在其交往圈子中一般属于见多识广、消息灵通的人，社会地位较高，较有威信。相比行政组织的疏远和大众传播的城市化倾向，意见领袖的言语口音、认知结构、价值观念、个人利益等都更加贴近普通农民，而且他们通常都是将从组织传播或大众传播获取的信息和意见加工过滤后，在轻松和谐的人际交往中以喜闻乐见的方式传递出去，影响更多的受众。因此，在社会结构日益松散的乡村中，“学法中心户制度”是在尝试弥补传统法律传播方式的不足，在乡土社会生活中培养“传播中介”、“意见领袖”，培养散点状分布的乡村传播节点。

苏力在《送法下乡》一书中曾经指出：“由于种种自然的、人文的和历史的原因，中国现代的国家权力对至少是某些乡土社会的控制仍然相当松弱；送法下乡时国家权力试图在其有效权利的边缘地带以司法方式建立或强化自己的权威，使国家权力意求的秩序得以贯彻落实的一种努力。”学法中心户制度就是这样一种努力，这种官方安排、部署的二级传播网络，一定程度上是国家权力、行政组织的末梢向村民生活世界的延伸，试图增加对分散村民的影响力和控制力。

调查发现：如图 6-10，1.22%(3 人)的受访者本身是学法中心户，8.13%(20 人)的村民知道有学法中心户，两者相加也占样本总体的 9.35%，其余 90.65%的村民不知道有没有学法中心户，知晓率难以让人满意。

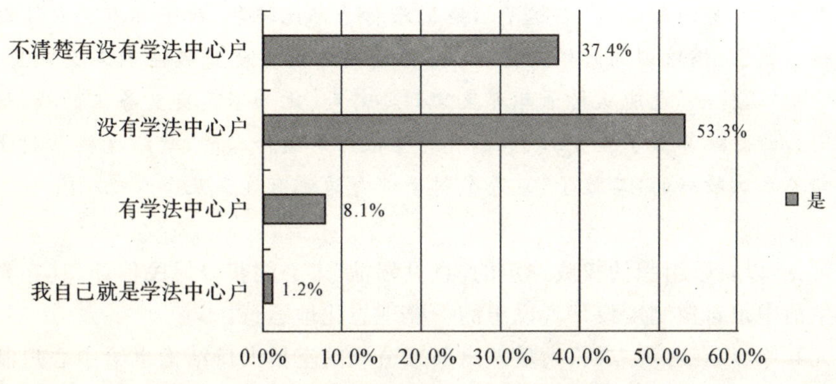

图 6-10　村民对学法中心户的知晓度情况

调查中出乎我们意料的是，一位村民在调查中很肯定地告诉我们：他不认识什么“学法中心户”，但住在他隔壁的村干部介绍说这位村民本身就是学法中心户。另外，我们曾经找到一份 J 市各村庄的学法中心户联系名单，统计共有 612 位村民，排除掉其中的村组干部和退休干部后，我们随机抽取 20 位学法中心户进行电话确认，其中 14 位均表示不知道自己是学法中心户，也不了解学法中心户的学法要求和作用。其中 1 位村民称自己的丈夫是中心户，家门口挂着一个中心户的牌子，但是丈夫大部分时间在外打工不回家，她本人不太懂法；5 位电话无法接通。这从一个侧面印证了学法中心户队伍可能含有水分，不排除拼凑名单、形同虚设等负面情况。目前学法中心户制度可能在具体落实上还存在不少的问题，未能发挥当初制度设计时的理想效果。

仅有的 3 名学法中心户中只有 2 人称他们经常会给周围邻居、朋友讲讲法律，经常有村民向他们借阅法律书籍，偶尔也有村民向他们请教法律问题。不过 3 人同时表示经常参与过村民矛盾调解(最终通过问卷确认 3 人都是村组干部)。由于知晓学法中心户存在的村民太少，我们无法通过问卷判断他们对这一制度的态度。

访谈中，在听我们讲解完学法中心户是怎么回事后，很多村民认为这是一项“做给上面看的，没有真事，一阵风儿就过去了”。这在一定程度上反映出，村民中存在一种对基层干部和基层工作的不信赖情绪，由政府推动的“学法中心户制度”被惯性地视为“空心形象工程”。同时，学法中心户在传播渠道上的直接信源是村干部，上级下发的学法材料、书籍等等经过村干部发放给学法中心户。但调查中我们发现村民对那些和村干部交往密切的人缺乏好感，常常称之为：“二腿子”，暗讽他们围在村干部周围趋炎附势、求取好处。

一位在村委会旁边开店的村民，常常和来店里买烟的村干部聊上几句，他和村干部私交不错，对村里情况比普通村民也更加了解，他介绍说：

> “现在也不怎么开会，法律培训、宣传栏什么的都是应付上级检查的，参加那些会的都是些‘二腿子’，他们跟村干部比较熟，村干部有什么事就叫上他们，搞培训的时候充充人数，要是领导检查就先教他们怎么回答。这些‘二腿子’也能从村干部那里拿到些好处，比如不用交义务工的钱，他们去开会就算出了义务工了，还有一些低保名额什么的，就给这些与村干部关系比较好的‘二腿子’。每个村干部身边都有这么几个人吧。”①

可见，以行政组织的权威选定的“意见领袖”未必能获得村民信任，其在真实的社会生活中很难像制度设计者设想的一样理想化地运行。

究其原因，在客观方面，大量外出务工造成的空巢人口结构也给中心户制度带来很大的障碍，有见识有知识的中青年常年不在家，留守人群文化素质偏低，难以配合充当“明白人”或积极的学法者；有村民表示：“大家都各忙各的，谁会管闲事去教别人学法？”从村民的表述中，我们也可以看到学法中心户制度遭遇到传播动力不足的问题，在没有制度约束或物质奖励的情况下，要求学法中心户自觉自发组织周边15户村民定期学法是很难实现的事，即使将他们编入了学法中心户这个“半法律的赤脚法律工作者”行列，也会因为传播意愿和接受意愿过低而出现“有名单无传播”的现象。

应该说，学法中心户制度设计初衷是好的，以千千万万的中心户为传播中介在日常人际交往中传播法律知识，但是传播者根据实际需要设计、部署的“两级传播”因为农村状态的独特性产生了一系列水土不服的状况。官方指定的“学法中心户”名单上登载的村民无意或无力扮演意见领袖；官方也未能给“学法中心户”提供更加丰富、更加有效的信息可供传递；行政力量难以强制“学法中心户”在人际交往中必须传播法律信息……但这并不代表村民生活中不存在人际法律传播的可能。实

---

① 摘自于访谈资料，2010年1月15日，J市D镇S村，受访者为村委会旁边开店的村民。

际上我们在调查中发现，国家大政方针、村镇小道消息、新奇的电视节目内容等等常常引发频繁的人际信息流动，里面也不乏法律知识的交换、地方化解释和法律态度的传染被传染等。只是，按行政意志编制的二级传播网络很难模仿乡村生活中人们聚在一起相互影响的人际传播的氛围。

2．“乡土法律人”：法律实践的人际传播

除了正规的组织传播，政府系统还有一种方式与农民的生活发生联系，那就是公检法司等机构和律师、法律工作者等一批“政法口”工作人员和办事的农民之间的人际传播。法学家苏力将这些与农民直接接触的政法系统及其边缘的法律人称为“乡土法律人”①，检察官、法官、警察、联防队员、公证员、民政干事、司法助理员、律师、法律工作者等都属于此列。

村民因为诉讼、纠纷等事务与“乡土法律人”接触的过程，就是一个“普法”的过程。这是一种“一对一”的单兵教练式规训。农民是抱着办事或解惑的目的，心态上更加积极主动，处于活跃的信息接收状态，而且法庭的气氛、法律人说话的语气词汇、档案卷宗背后的程序化、判定和解决问题的依据等等都无声无息地传递着信息。“短兵相接式”的人际传播会对当事人产生影响，达到“法治文化”的规训效果，这种影响或许会远远超过一次心不在焉、照本宣科的普法讲座。

访谈中一位61岁老奶奶，她家最近与邻居因土地纠纷打官司胜诉，这一难得的诉讼经历让她树立了坚定的法律信仰：

> “打官司打赢是件很光彩的事！有理不怕打官司，只要占理，官司一定能打赢，打赢了长志气。那家人家不占理，和别人家也闹过矛盾，不是好人家。法官是很公正的，法院的判决大家都服气。”②

这位不识字的老奶奶经常跟来她家小卖部买东西的人提起打官司的事，访谈中也反复向访员讲述，乐此不疲。事实上，这位目不识丁的老人就在与法庭法官、法律工作者的接触当中获得了某种观念和信仰，并且主动地在她的人际关系圈子中传播出去。而且在她的亲友圈子中她的亲身经历应该比几十本法律条文更加具有说服力，传播效果更好。

一位镇法律服务所的法律工作者告诉我们：

> “现在农村里改变最大的就是一句话：说不对了，咱们法庭见！现在人都这么说，改变确实很大。我不跟你闹，到村组协调不好了，我们法庭

---

① “乡土社会法律人”是法学家朱苏力提出的概念，见《乡土社会法律人概论》，《法治与社会发展》（双月刊）2001年第2期。

② 摘自于访谈资料，2010年1月15日，J市D镇Y村，受访者为61岁老奶奶。

见。这么说的人很多。”①

我们的调查也显示村民中有过“打官司”这种法律经历的人有6.9%，而到上级部门上访过的人占总样本的8.1%，这都是不低的数字，或许有些干部会将这视为社会不稳定因素，访谈中就有村干部向我们抱怨：

> “在农村，没有什么法律不法律，只有讲不讲理。他有理没理都往政府部门跑，就是越级上访，给我们的工作带来不少麻烦。上访已经成为农民威胁村干部的一种手段。跟农民打交道，有时候你必须得用一点‘匪’气。”

这种想法反映了有些基层干部未能领会“法治”的精神精髓，将“法治”简单地视为一种“治理术”，实际上农村法治不仅是为了国家对农村社会的掌控和管理，更重要的是培育人们对法律之公平正义的信仰，增强农民素质，使其能在现代社会更好地保护自己的权益。上访、闹纠纷、打官司不应该被生硬地划为社会不和谐因素进行压制。实际上，这些时候反倒是进行法治教育最好的时机，应该用“法治”来建设性地解决纠纷和问题，纾解社会矛盾，树立法律信仰。

通过此次调查，我们惊奇地发现，曾经去法院、司法所、法律服务所等机构咨询过相关法律问题的超过五分之一强，达到21.5%。相比农村受众对普法活动的普遍冷淡和极低的知晓度参与度，这已经是让人既惊讶又惊喜的高比例。证明当前在农村存在对法律咨询的制度性需求。同时，农民在生活中也存在比较大的法律信息需求。尽管普通百姓可能并没有关于法院和镇政府或法律工作者、律师的严格区分，但在他们心中这些机关或人员都是说理的地方。这是乡间法律服务的产生和生长的动力，这种内在需求是极好的传播契机。此时最重要的是了解他们需要什么，在他们需要的时候给予充分的信息供应，“雪中送炭”是比“牛不喝水强按头”更有力量的传播方式。

另外，村聘法律顾问也是将法律服务战线进一步下移的尝试，目前J市倡议经济条件比较好的村集体像一些企业一样，聘请法律顾问。一方面为村干部解决村里的矛盾纠纷提供法律支持；另一方面也是方便农民寻求法律服务资源。走访中发现，在J市约80%的行政村都聘有法律顾问。顾问大多是镇上法律服务所的法律工作者，并按照J市司法局统一印制的村法律顾问聘任书和聘任合同提供有偿服务。

然而村聘法律顾问目前在村级宣传不够，如图6-11所示，仅14.6%的村民知

---

① 摘自于访谈资料，2009年8月10日，受访者为J市D镇便民服务中心法律窗口工作人员。

道村里聘有法律顾问,85.4%的村民不知道或者不清楚自己村里有法律顾问。调查中,仅12个人(4.9%)曾经找法律顾问咨询过问题。可见村聘法律顾问没能充分发挥作用。之所以如此,主要是因为村聘法律顾问一般不驻村,村干部称有事情的时候会打电话给他们,有时也会介绍村民自己去镇上找法律顾问。但普通村民一般不了解村里聘有法律顾问,也无从得知法律顾问的联系方式。实际上,如果能每家农户发放便民联系卡,律师定期到村中接待咨询,可能会更方便农民解决生活中的法律疑问,法律服务的提供保持近距离可触及,有疑问可以咨询,有法律需求能近便快捷的寻求帮助。

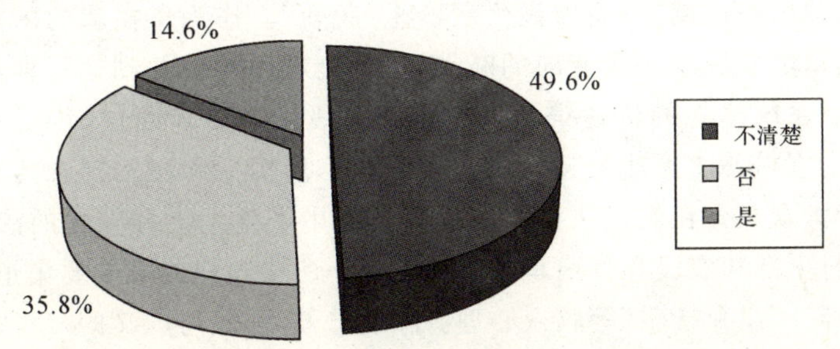

图 6-11　关于村民对村聘法律顾问知晓程度的统计

其实,人们的法律意识并不完全直接来源于对法律条文的学习,更多的是来源于日常行为的反馈过程。各种法律行为和违法行为都会产生反馈作用,比如依法签订合同,合同对产生法律约束力,双方履行了合同义务,就强化了相应的法律意识;同样,违法犯罪行为受到法律制裁,让人们体验到法律的权威。一个人的法律习惯、法律心理、法律观念等法律意识的形成,不是先天的,而是后天实践中的经验积累。① 因此,整个法律服务和普法应该结合起来,法律服务的过程就是普法的过程,人民调解的过程也是普法的过程,将整个司法过程都调动起来,每一个过程都能生动地传递法律信息,都对应着一个普法宣传的平台。例如在不涉及个人隐私的情况下,人民法庭和人民调解庭向民众开放,欢迎群众来旁听;实际上民调主任或司法助理员到村里调解矛盾的时候,肯定也是围着一大帮子人看热闹,近在身边的法律实践,其传播效果是可想而知的。

总体来看,依附政法系统法律服务产生的人际法律传播在逐渐增多,但规模比较小,而且在普法者看来可能缺乏主动性、传播范围狭窄,但实际上人际传播在信度和效度上都有组织传播、大众传播不可比拟的优势,而且能够通过非正规的人际网络自由发散出去,其深远和长久的影响是不容低估的。但必须要注意的是,只有提高对农法律服务的质量,才能提高对农法律传播的效果。否则知法犯法、权大于

① 陈信勇:《法律社会学》,浙江大学出版社2004年版,第120—158页。

法等负面信息和经验也会通过人际网络迅速地传播出去，并严重影响人们的法律信仰。

综上所述，现有的对农传播体系以组织传播为主，是自上而下推动的上级压力型体系。而在劳动力外流的空心化农村，农民与村干部关系的冷淡疏离，组织传播渠道在基层出现断裂，传播活动和传播内容难以到达目标受众，普遍存在知晓率低、参与率低，工作表面化、不够深入，低效甚至无效传播的情况广泛存在。同时，在农村培植法律传播意见领袖的尝试还没有取得预期效果，农民对官方指派的“二级传播中介”认同度低。虽然农村的社会环境不断发生改变，但我国对农法律传播还习惯于依赖组织传播，并与农民生活产生“脱轨”。作为传播者的国家及其代理人与作为受众的农民的传授流向的断裂，信息流难以对接并到达预期的受众。此时，依附组织系统建立的传播渠道在乡镇和村级出现传播断层，传受双方沟通受阻，运动式的农村普法无法跨越断层实现法律信息传播和法治观念传达。而以电视为主体的大众媒介在农民法律意识提高过程中产生了潜移默化的渗透效果，普法工作者、村干部和农民和普遍承认电视是获得法律知识的最主要渠道，甚至出现了“媒介崇拜”、“媒介抚慰”等收视心理。除此之外，农民与广义的“政法系统”接触中发生的人际传播等，虽然其规模依然较小，但是其传播效果正缓慢显现，长期看来存在明显的潜移默化的渗透作用。

四、回到受众：农民法律信息需求及其法律意识

受众是法律知识和法治观念的接受者，是与传播者对应的一方，二者都是法律传播活动持续进行的人的要素。政府作为对农法律传播主体，作出了巨大的投入与努力。但是作为受众一方的农民，他们的法律信息需求是怎样的呢？他们倾向于通过何种渠道获得所需要的信息？传受双方惯用渠道间是否能够无错位对接？以及农民如何看待法律？在 20 多年的普法运动中，农民的法律意识是否有所提高？法律知识的传播是否在乡村社会中产生一定的实际效果？基于此，我们在调查分析完对农法律传播与服务的大众传播、组织传播、人际传播之后，有必要再次回到受众本位的立场，即从农民作为受众的视角，重新审视农民的法律需求、法律意识及法律信仰。

1. 农民的法律需求与信息渠道

从传播学的角度来看，受传者不是传播的消极的接受者，而是积极主动的信息搜寻者。他们会按照自己的兴趣和需要去寻求各种信息。受众具有对外来信息进行选择性接触、理解和记忆的自主权，对传播过程与效果具有一定的制约作用。而农民的法律需求则是对农法律传播流能真正畅通并发挥作用的动力。任何无视受众需求的盲目传播是对传播资源和社会资源的浪费。

在我们此次调查中，如图 6-12，11.4%的村民表示在生活中经常有想要了解某

项法律的时候，48.4％的村民表示偶尔会想要了解某项法律，两者相加所占的比例接近六成(59.8％)，这说明农村中存在比较大的法律信息需求。当前我国农村正处于逐渐开放与发展的状态，面临着比过去几十年更为复杂的经济和社会问题，如征地、拆迁、农业政策、农村医疗、农村养老、外出务工权益保障、夫妻分居造成的婚姻问题、子女入城就读、留守儿童教育等等。此时，来自乡村传统习惯、公序良俗和国家法律的双重力量同时作用于农民生活中。而随着城乡交流的密切和农村经济社会结构的显著变化，人们之间的矛盾依靠公序良俗或中人调解不能总是得以解决，这时国家法的作用就明显起来。相应的，农民生活中就产生对国家法律的信息需求。

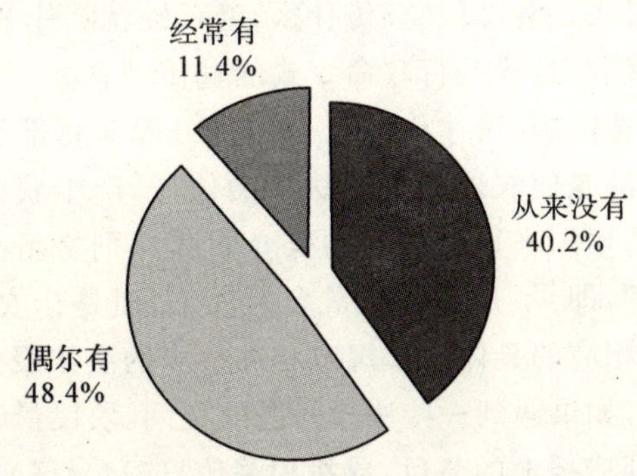

图 6-12　关于农民法律信息需求情况的统计

虽然绝大多数村民都不知道或没参加过法律培训，但是29.3％的受访者表示如果今后有机会一定会参加类似的法律培训活动，50.8％的表示可能会参加，仅19.9％表示不会参加。

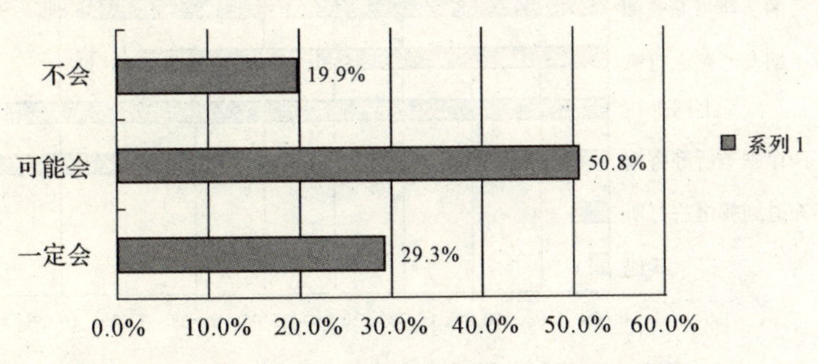

图 6-13　关于农民参加法律培训意愿的统计

访谈中一位长期从事普法的法律工作者总结了农民的法律需求：

“农民有趋利性，没遇到什么问题的时候，总觉得法律跟我关系不大。真遇到事情了又会主动去咨询。比如一般人谁也不关心婚姻法，他要离婚的话就着急了，想要知道法律是怎么规定的，事情该怎么处理。”①

这恰恰说明了在传播链条中受众的能动性。传播学无数的研究早就明确了受众并非是“应声而倒的靶子”：普法（法律传播）不可能把法律知识和法律信仰像药剂一样注入人们的头脑，不可能像电流使电灯发出光亮来一样直截了当、毫无阻拦。农村受众在相当程度上，遵循“使用与满足理论”，对“媒介”提供的内容进行有选择地接触，当基于特定的动机产生信息需求，可能会主动寻找可以获得解答的“媒介”。而村民基于不同的生活境遇必然产生差异化的法律需求，但至少在传播过程中应该根据农民群众的生活特点进行针对性的传播，力争内容上贴近群众，形式上生动活泼，改变过去主管部门“宣传什么，老百姓就听什么”、“我用什么方式宣传，你就按什么方式接收”这样的行政命令式的宣传理念。

面对多样性的法律需求，法律传播者当然不可能对每部法律都面面俱到地均衡传播。此时更重要的是使农民树立对法律的信任，产生获取法律知识的欲望和动力，并且提供适当的培训来提高农民的媒介素养特别是新媒体使用技术，变“授之以鱼”为“授之以渔”，即：不是灌输尽量多的法条，而是让农民树立法律信仰，并知道去哪里能够获得相应的具体法律规定和进一步的法律服务。

我们的调查发现，如果遇到一些法律问题或疑问，农民最常选择的三种途径是（见图 6-14）：留意电视广播上的节目，寻找相关信息（44.4%）；到司法所、法律服务所、法律援助中心找法律工作者进行咨询（44.4%）；上网查询（43.8%）。

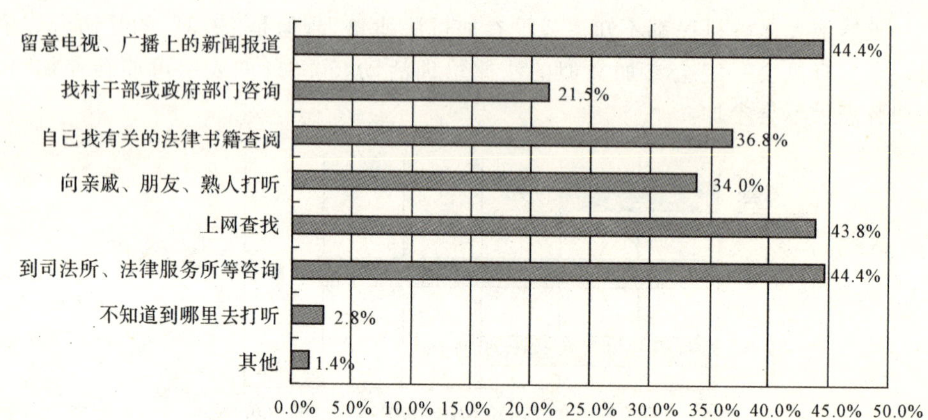

图 6-14 关于农民寻求法律信息渠道偏好的统计

从以上这组数据可见：首先，电视对乡村社会的影响非常深刻，不但是农民生活娱乐的工具，也是获取知识信息、观测环境的重要渠道。在农村公共文化设施缺

① 摘自于访谈资料，2009 年 10 月 28 日，受访者为 J 市司法局工作人员。

失、信息渠道较少的情况下，电视在整个对农法律传播体系中的地位是不容置疑的；其次，接近半数的农民能够主动到司法所等机构咨询，寻求法律帮助，这一定程度上反映了当地农民法治观念的增强，这也为重视乡村法律传播的人际途径提供了可行性证据；再次，虽然我们了解到随着当地农村经济水平的提高，许多人家已经买了电脑并接通了网络，但高达43.8%的村民倾向于选择上网查询解决自己的法律疑问，还是出乎我们的预料，可见对农法律传播中网络传播将是极具潜力的渠道。

另外两种农民比较依赖的信息途径是：自己找相关的法律书籍查阅(36.8%)；向亲戚、朋友、熟人打听(34.0%)。可见农村完善公共文化设施，增加藏书数量，提高农村书屋的利用率也是非常必要的。只有如此才能够保证当农民存在法律疑问的时候能够就近有书可查可借。另一方面，在农村这个半熟人社会，法律传播的人际传播效应也是很重要。其中亲友圈子内部得来消息则被认为更加可靠，特别是涉及法律等超出其生活经验的问题时，熟人关系网络能带来更多安全感。一位普法工作人员介绍说：

> “其实现在农村有法律服务的需求，但是老百姓遇到问题的第一反应还是找熟人，熟人可能是亲戚朋友辗转介绍的法律服务者、律师什么的，但是不认识的律师可能怕被骗，也怕律师、干部糊弄人。”①

除此而外，村民最后选择的获取信息渠道才是向村干部或政府部门咨询(21.5%)。某种程度上，这是农民对基层干部的不信任情绪造成的。另外，也有2.8%的村民不知道到哪里能解答自己的法律疑惑。

总之，现在农村、农民是客观存在法律信息需求的。他们通常首先自己翻书、上网查阅信息或选择人际网络获取信息，最后才会选择与村干部或行政机关打交道。显然，农民倾向选择的信息获取渠道与传者擅长使用的传播渠道存在明显的“错位”。

2. 农民的法律意识和法律信仰

美国著名法学家伯尔曼有句名言：“法律必须被信仰，否则它就是形同虚设。”对农法律传播的功能和目的不仅仅是法律知识的传播，而是法治观念的渗透和法律信仰的建立。农民的法治观念和法律需求是法律在农村得到传播、落实和执行的精神土壤。法律意识是人们关于法律现象的思想、观点、知识和心理的总称，包括人们对法的本质和作用的看法，对现行法规的理解、要求和态度，对社会成员的法律权利和义务的看法以及对人们的行为是否合法的评价等。

① 摘自于访谈资料，2009年10月26日，受访者为J市原S镇司法局工作人员。

调查中，我们首先了解了村民对一系列违法行为的常识判断。如图 6-15 所示：针对农村中较常出现的 9 个违法行为，超过 7 成的村民能够明确判断其为违法，特别是对聚众赌博和酒后驾车这两项，超过 90％的村民认定其为违法行为。存在较大分歧的两项："初中学生辍学打工"，12.6％的村民认为这不犯法，14.6％的认为不好说，农民的主要理由是当家庭特别贫困无力承担孩子的教育费用时或孩子特别不爱学习、考上好学校没有可能的时候可以让初中生辍学去打工。这当然不符合我国九年义务教育的规定。但是由于受经济条件的限制和打工热潮的影响，在一些农民看来辍学在一定程度上具有合理性。另一项是"在即将拆迁的区域抢盖房屋争取更多补偿款"，分别有 8.5％的村民认为不属于违法行为，18.7％的村民认为不好说，争议的理由主要有拆迁政府总是压老百姓的补偿价格，加盖房屋能一定程度上挽回损失，而且很多人都这么做，法不责众。可见大部分农民能掌握与自己有关的一些法律常识，但在具体生活情境中因为某种利益或现实对某些行为的认知存在变通空间。

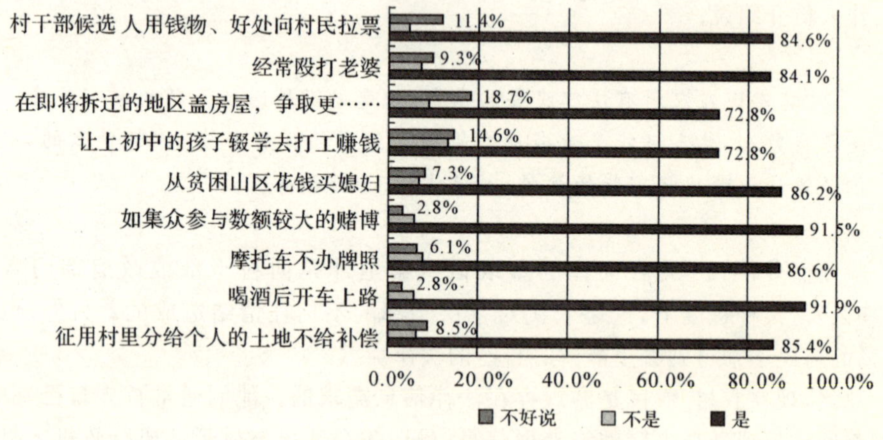

图 6-15　关于农民对违法事实判断情况的统计

除了对于违法行为的常识判断，我们还专门调查了农民对于法律的基本看法和相关评价。统计结果显示，96.7％的村民同意"知道法律能明白是非，多学点法律不吃亏"；约 87.8％的村民认同"法律要求人们履行义务也保护人们的权利"这一基本原则。可见，法律已经进入到大多数普通农民的观念中，人们逐渐开始意识到国家法在生活中的作用。不过认识还比较浅层次，如有 40.2％的村民认为"只要不犯法，法律和我关系不大"，访谈中一位村民的话比较典型：

"电视上虽然有讲法律的节目，但是大家都忙着做工赚钱，谁工功夫专门去看？再说了，大家都懂法，现在谁不懂啊，只要不犯错事就行了，不杀人不放火不偷东西。不做坏事就犯不了法。”①

由此可见，很多村民沿袭传统文化的思路，将法律的主要功能视为惩罚，而对公民权益的确认和保障没有概念，将法律变成与己无关的事情，因此对法律持一种敬而远之的冷漠态度。

遗憾的是，如图 6-16 所示，72%的村民同意：“现在社会上执法犯法的事情太多了”，还有高达 79.3%的受访者认为：“国家法律是好的，但下面常常不按法律办事”，接近半数(45.1%)的村民同意“法律只是管老百姓的，有钱有权的人犯了法也没事”，访谈中甚至有一位退休的村干部因为自己的退休待遇迟迟无法解决，上访无门，他悲观地断言：“有钱的帮有权的，有权的帮有钱的，永远改不了。”可见执法部门、司法部门的不严格执法甚至徇私枉法已经成为影响农民法律信仰建立的重要障碍，正如培根所言：“一次不公正的审判，其恶果甚至超过十次犯罪。因为犯罪虽然是无视法律，好比污染了水流；而不公正的审判则毁坏法律，好比污染了水源。”②司法不公和司法腐败是危害法律权威、腐蚀社会对法律信仰的重要原因。这些负面信息是对农法律传播的“噪音”，极大程度上抵消了正向传播的作用，形成对法律讯息的干扰。

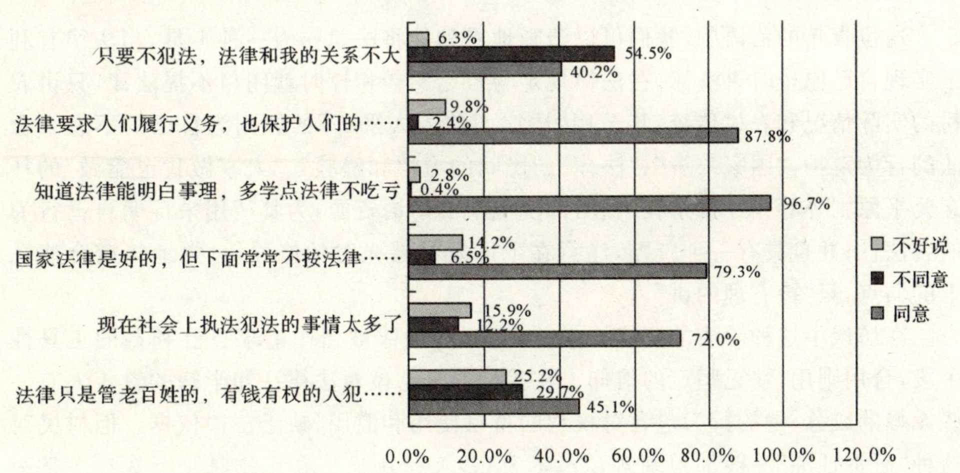

图 6-16　农民对法律的基本看法统计

以上反映出的是部分村民对法律公正持不信任态度或缺乏法律信仰。另外，也存在少数村民将懂法、用法作为一种工具维护自身权益的，哪怕是有争议的权益。如此次调查中一位 24 岁青年村民的法律意识特别耐人寻味。这位年轻人想

① 摘自于访谈资料，2010 年 1 月 16 日，J 市 D 镇 S 村，受访者为 45 岁村民，在附近的乡镇工厂做工。

② [英]培根：《培根论文集》，商务印书馆 1983 年版。

在当地规划拆迁区加盖新屋，目的是争取更多补偿款，因为镇政府不肯批复这种“赶拆迁潮”的宅基地申请大为恼火，去镇政府、J市、扬州、南京上访，给电视台打电话曝光，并试图上网发帖激起人肉搜索，他说：

“我没见过法律条文。有些事情根本不需要看法律，就打官司才需要法律。拆迁的事大家都知道，不需要查法律条文……他们现在跟我讲法律肯定讲不过我，你说我不合法，那你根据哪个法律哪一条往我身上靠？你拿出法律来给我看看！他们讲不出来有哪个国家政策，我这肯定符合国家政策，国家政策一般人都知道的！”

“我们村就有人砌房子了，也没人给扒了，压根没人管这事。我要翻建就不给我批，人家就给批，我就说法律面前人人平等，人家能砌我就能砌，要不我心里肯定不平衡。”

“要拆迁了，(这个时候盖房子)就是等拆迁。都是为了这个！我要是(上网)发帖我不会说起房子为了拆迁费，我肯定捡有理的讲：我不说拆迁，我说我现在没房住，性质不一样。”①

这位青年的话语中，我们可以清晰地看到他将法律作为一种工具，当法律有利于实现自己愿望时讲法律，在法律规定与自己愿望相悖时就闭口不提法律，只讲农村的实际情况和农村传统，甚至用“法律面前人人平等”的原则为自己的不怎么合法的行为辩护，“国家政策”、“法律”、“民间的习惯和经验”、“人家做我也能做”的朴素公平原则等等相互掺杂在一起，都变成他的话语资源，为其所用来证明自己行为的合法性；并且具有一种狡黠，注意在上网发帖曝光时的修辞，自觉地规避合法性上的弱点，只“捡有理的讲”。

在访谈中这种矛盾的法律心态并不少见，法律被当作追求自己利益的工具性手段，合用则用，缺乏坚定的信仰。在我们看来这位对法律一知半解的青年人有一些无赖的成分，他的行为包含对权利的盲目使用和滥用，缺乏法律依据。但村民对这种“赶拆迁潮”一般都很理解，“人不为己，天诛地灭！农民能赚几个钱？多得一点好一点”②。可见，被完全抛入市场经济浪潮中并且不提供救生设备的情况下，农民们对自己所有和能够占有使用的财产资源极为关心，这是生存安全感的需要。

从上面那位青年农民的实例和更多的访谈，我们认为目前农村居民的法律意识游离在“敬畏法律”和“利用法律”之间，一方面将法律视为与普通生活疏离的威严存在；另一方面，又从实用理性的立场，关心法律对于实现自己愿望的有效性。

---

① 摘自于访谈资料，2009年8月8日，J市D镇Y村，受访者为一位24岁青年村民。

② 摘自于访谈资料，2009年8月15日，J市D镇Q村，受访者为被拆迁村民。

其实法律传播不是在真空中进行的，农民在自己的生活逻辑和价值观念中复杂而变动地看待法律，具有明显的实用主义倾向。

不过，从总体上讲，我国 20 多年的普法宣传在农村的传播效果有所显现：法律已渐渐走入农民的日常生活，农民法律常识和法治观念都有所提高。但尚未树立起法的权威，农民法律意识现状仍以“淡漠”为总体特征，轻法畏法、无讼息讼意识及清官意识等依然广泛存在，农民们对法律的整体认知程度依然不高。现代法律意识所依赖的法治意识、民主意识、权利意识和契约意识发育尚不充分，农民法律意识离人们的期望与社会发展的要求还有比较大的距离。当然这是由一系列复杂的历史和社会原因所造成的，既有传统文化的因素也有心理层面的原因，还有现实的种种主客观的制约因素。

我们在此次调查还专门了解了农民对现有普法宣传的评价，大部分对普法工作评价不高，如图 6-17 所示，农村居民对现有普法宣传的主要意见集中在三个方面：其一，普法宣传没有真正下乡，老百姓接触不到(65.6%)；其二，只做表面文章，应付检查(62.2%)；其三，不能持久，搞运动式的宣传一阵子就结束了(57.7%)。这三个方面都反映法律传播的到达率问题，这是法律传播中的较大硬伤。如果农民连基本的法律传播信息接收环节都存在问题，那么我们需要对整个传播体系渠道的通畅性和有效性做深刻的检讨，这是需要首先解决的问题。在此基础上，还要解决传播内容层次上存在的问题，比如内容枯燥、不够浅显易懂、农民不感兴趣等。

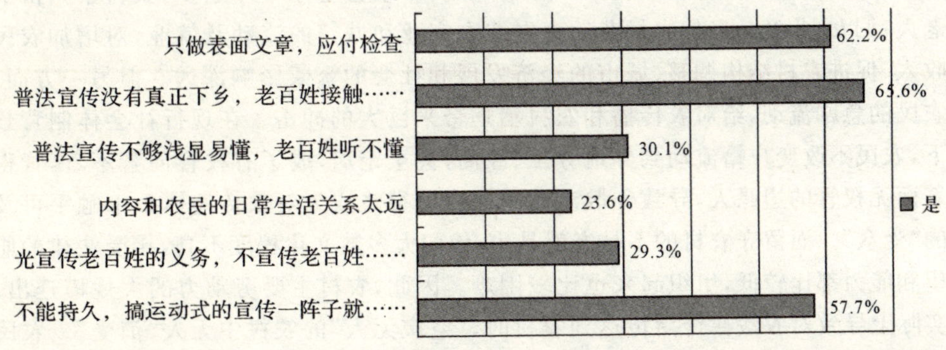

图 6-17　农民对现有普法宣传工作的评价

总之，之前的若干次普法传播活动虽然取得了一些成绩，但在农村社会环境下可能只是粗粗扫了扫法盲，其法律意识大多数是被灌输的。而且以往普法工作中常常局限于传播法律知识，其实想要法律在农村社会中发挥化解纠纷、维护秩序的作用，更需要培养的则是广大农民的权利意识和公民意识，让其建立对法律的信任。

五、农村法律传播障碍及其改革建议

农村法律意识现代化的程度是中国法治现代化的重要标志，在当前社会主义新农村建设的时代背景下，提高新型农民的法律素质势在必行。经过 20 多年的普法传播实践，已经构建了比较完整的法律传播体系。农村的信息环境也悄然地发生变化。在 J 市有线电视逐渐在农民家庭普及，数字电视也在规划中，网络接入也在慢慢增多。在硬件环境上，国家法律传播渠道本应是畅通无阻的。但从调查中我们发现农村地区法律意识虽然有所提高，但整体现状不能做过于乐观的估计，农民法律意识现状仍以“淡漠”为总体特征，对法律的整体认知程度依然不高，现代法律意识所依赖的法治意识、民主意识、权利意识和契约意识发育尚不充分。在此，我们需要思考的是，对农法律传播面临了怎样的传播困境？哪些因素成为了传播渠道中的结构性障碍？今后的对农法律传播如何规避障碍，建立更通畅更活跃的传播渠道？

1. 对农传播渠道的障碍

通过调查，我们发现影响农村法律传播的因素主要表现在以下几个方面：

其一，基层虚化的农村社会。

大规模的“民工潮”形成的农村人口结构变迁是对农传播和农村治理不得不面对的问题。大量的农民外出打工，年初即走，年末甚至几年才返乡，农村中只留下老人、妇女、儿童。虽然农村劳动力向非农产业和城镇的流动及就业，对增加农民收入、促进农村结构调整、城市的经济发展和社会的繁荣影响深远。但另一方面，农民的急剧流动，给对农传播和农村治理带来巨大的冲击。在现行社会体制背景下，农民不改变户籍流动到外地务工、经商，甚至定居，成了有权管而管不着，管得着而无权管的边缘人，导致分散流动中的农民很难成为对农传播体系中触手可及的“受众”。而留守农村的不是老就是小，他们大多数文化程度不高，接受法律的愿望和能力都比较低，组织起来也比较困难。因此，农村主要劳动力的大规模迁出，实际上导致对农法律传播传达到农村时，“空寂无人”的农村中无人“消受”。农民受众的“位移”，致使对农法律传播渠道的接受末梢悄然缺失了，对农传播几乎成为“无人收听的电波”。

同时，我们还必须看到，由于当前农村中青壮年、有一定知识水平人员基本都外出打工，农村精英人士的大量外流给社会带来深刻的社会影响，也给对农法律传播带来很大的障碍。流出的中青年劳动力很大一部分是在农村中具有一定影响力的人，是农村中的意见领袖，信息接受和再传播都比较主动而活跃，如果能够发挥他们在法律传播中的人际扩散和二级传播效应，这对农村法律意识的提升和扩散将具有很大的帮助作用。一般来说，在农村生活中信息很难在第一时间到达所有的受众，通常是消息灵、见多识广的人先了解和接受，再由他们人传给他们周围的最普遍的农民，农村意见领袖正是在农村日常生活中自发生长出的一部分人。但是由于他们长期外出打工，他们在农村事务中的“缺位”，造成农村中传播中介节点的缺乏。农村中缺乏具备一定传播素质和条件的人把法律信息转达给村民。农村中农民意见领袖的“缺位”给对农法律传播带来很大的困难，使得其他村民接受信息和解读信息存在着相当大的惰性和困难。“学法中心户”制度试图利用意见领袖扩大法律传播的渗透力，但是较高素质人口的流出是不争的事实，在缺乏真正“意见领袖”参与的情况下，学法中心户制度“虚名之下其实难副”。

其二，组织传播的路径依赖。

组织传播是我国历来公共政策的主要传播渠道，我国 20 多年的农村普法工作也以运动式普法为主，传播理念上基本沿袭了新中国成立以来的一套宣传方式，呈现出对组织传播深刻的路径依赖。改革开放前的中国社会是一个“总体性社会”，国家几乎垄断着全部重要资源。这种资源不仅包括物质财富，也包括人民生产和发展的机会及信息资源。以这种垄断为基础，国家对几乎全部的社会生活实行着严格而全面的控制。[①] 通过发文件和召开会议，信息和决议通过结构严密的组织网络一层层向下传达，最终几乎可以到达每一个“单位”中的个人。但面对劳动力外流的空心化农村，农民与村干部关系的冷淡疏离，组织传播渠道在基层出现明显的断裂。

从中央到地方有多个层次，虽然各级政府都是代表中央政府行事，但由于各级政府都有自己本级政府的实际情况和自己的利益，不可避免地会产生本位思想，因此科层制的组织传播过程中，由于信息纵向传播的链结点过多，自上而下“千线一针”，信息损耗的情况较为严重，信息横向传播又难以发挥其应有的功能；另一方面缺乏合理科学的考评体系，现有考评体系操作性和可考性很差，重数量，轻质量；重建设，轻管理；重渠道建设，轻传播效果；重上级考核，轻农民参与……可以说，在这种自上而下的压力形势和不科学的考评体系下，农村法律传播被简化为一系列数字，如建成“法制书屋”××个，拥有法律文化广场××个，赠送图书××册，举办广场法律咨询会××场，现场发放材料××份……最终难免存在人员和时间安排分散、内容难落实、存在普法死角盲区、针对性不强、缺少竞争激励机制，致使普法工作成为“说起来重要，干起来次要，忙起来不要”的一项软任务。

面对农村变化了的媒介环境和社会环境，过于依赖组织传播、传播手段的单一和狭窄是制约对农法律传播的结构性缺陷。惯用的传播渠道与农民倾向接触的媒介渠道之间错在“错轨”，实际上也是作为传播者的国家及其代理人与作为受众的农民的传授流向的断裂，信息流难以对接并到达预期的受众。

其三，负面信源的干扰因素。

---

① 孙立平等：《改革以来中国结构的变迁》，《中国社会科学》1992 年第 2 期。

社会法治环境中的不良因素是法律传播中的对立信源，不断抵消着法律传播者正向的信息流和观念流。一些执法部门的随意行为造成了农民对法律信仰的缺失，有的执法人员因为自身素质和法律水平的局限，不能依法正确有效地行使行政权力，以权谋私，以言代法，以权压法等现象常有发生，有的甚至违法乱纪、贪污受贿、司法腐败、伤害人民群众的利益等等，使广大农民产生权大于法的认识，认为学法无用。职能部门不依法办事、司法腐败、执法不公等情况是损害法律威严、危机社会对法律信任的重要社会问题，给农村法律传播带来深刻的消极影响，严重挫伤了农民学法的动力和信心。

农民对法律传播参与的冷漠，也是因为执法部门等不严格执法甚至徇私枉法造成的长久印象。访谈中很多村民虽然对法律略有所知，有些人因为常常关注新闻和法制节目所以法律意识相对较强，但普遍对法律的公正性和有效性缺乏信心。如一位村民在谈到拆迁问题时，说："法律管什么用，被媒体曝光了可能有用，非得按法律办事，只要曝光不出来，谁按法律办事啊？"在其心目中，法律的公正是舆论压力下才会出现的少数情况，做出如此悲观的判断可见其对法律的不信任。在现实生活中，特别是征地、拆迁和环境污染等问题上地方政府的某些粗暴做法给村民留下非常深刻的负面印象；政府在征地、拆迁等敏感事件中游走于法律边缘的做法，在乡土社会中可能大大抹杀了几十年农村普法宣传的成果，访谈中不止一位村民表达了这样的观点："法律没什么用，政府都不按法律办事，最后法律就是来管良民的。"

如果不能排除这些"负面信源"，违法行为难以制止，公民权益难以保护，那么农村公众就会由此失去对法律的信任。即使有完善的普法渠道，也难以建立法律权威，也不能内化为对法律的崇仰和信赖。而没有法律信仰的农村法律传播，将只是在做耗资不菲、不断重复的无用功。

其四，传受双方的主观因素。

对法律的淡漠情绪既是法律传播不到位的表现，也是影响法律传播继续进行的重大观念障碍，对传播者和受众而言都是如此。传播主体方面，有的干部将对农民的法律教育和法律信息传播仅仅视为一种"治理术"，让老百姓规规矩矩的。一旦农民法律意识觉醒维护自己权益，反而觉得农民"太匪气，学了法反而不好管"，自然普法内容偏向惩戒，普法的积极性不高。也有的干部在传统政绩观的影响下，只将视线放在经济建设和 GDP 上，而对无形的长期的法律传播工作等闲视之、消极应付。现有的农村法律传播完全是政府推进型的，如同有学者提出的，政府推进型法治最大的弊端在于容易缺乏持久的动力。[①] 现代性的国家法律对于乡村社会而言，根本上是就是由国家力量强制推行的，如果传播主体推进的决心和动力减

① 尤陈俊：《法治的困惑——从两个社会文本开始的解读》，《法学》2002 年第 5 期。

退，那么很容易导致整个普法规划的半途夭折。

受众方面，农民缺乏积极参与的热情。随着经济发展，越来越多的人外出务工，因而生活中心转向村庄之外，对农村开展的各种法律传播活动兴趣寥寥，而且农民越来越看重经济效益，并将此作为看问题、办事情的惯用标准，对那些费时费力而短期难以见到直接物质益处的法律传播活动，通常持回避、被动甚至冷漠的态度。另外，经过改革开放30多年的变迁，农民的法律需求已经大大超越了国家在农村开展的法律下乡所能提供的信息。农民获取法律信息、服务的渠道不再由村干部垄断或充当唯一的权威，国家在农村开展的法律传播活动也难以吸引农民的认同。

这其中，我们又必须重视电视对农村社会的深层影响。一方面，农民通过电视可以了解国家的政策和法律，扩大了国家法律传播对农民的接触度，增强了涵化效果；但另一方面，农民自己从电视等媒体上获得了抗衡某些村干部的信息隐瞒和决策专断的渠道，上级政府的政策、准确的法律规定以大众传播的模式直接向农民受众传递。村民与基层干部之间、村民与村民之间基于不同的利益角度对这些"直达"的信息做出的不同解释，可能使得意见分歧越来越大。这一方面削弱了基层组织的权威，增加了基层政权采取作为的难度；另一方面也对基层法律现实的失望也耗损了农民的法律信仰和法律情感。

另外，目前中国的成文法提供的法律知识更多地适应工商社会和都市生活的，是符合现代城市生活规则的，套用在农村生活上多多少少存在大而化之、适用不良的情况，农村生活受到农业生产和农村生活条件、社会组织形态的限制，其需要的法律知识与城市居民必然有很大不同。正如苏力所言："农民需要的法律救济往往格外具体，细致，往往具有地方性色彩，并且一定是要对方当事人有能力履行或是司法机关有能力执行的。"这一制度性适用不良也深刻抑制了农民对法律的需求和热情。

除了这些客观性障碍，当然还存在许多更加具体的问题。比如受传统宣传思路影响，常常出现不注意传播技巧造成的内容枯燥、形式单一、缺乏说服力；单向封闭的传播渠道，导致受众意见无法向上反馈，缺少双向交流互动空间；农民普遍较低的文化程度影响着对传播内容的接受和理解；等等。正如学者苏力所言："如果不是生活在这样的环境中，你无法感受到司法要进入农村乡土的社会的难处。这种难处不仅仅是一个知识、一种观念的问题，甚至不是钱的问题，它涉及到社会的全面的重新组织、结构和整合……关系到像门牌号码、街道区划这样的事，关系到诸如公路网络或电话或其他通讯方式的变革，法治的话语机制必须依赖的一系列非常具体的非话语的机制。"①殊不知针对农村的法律传播是在偏离理想状态的真

① 苏力：《乡土社会中法律人》，《法制与社会发展》2001年第2期。

实乡土背景下运行的。

2. 改善农村法律传播的建议

我们以哈罗德·拉斯韦尔(Harold Lasswell)的“5W”模式来衡量农村法律传播，可以看出：目前政府推进型的农村法律传播在传播者、传播渠道、传播内容和受众这四个环节上都存在或多或少的障碍，传播效果难以达到普法规划的期望。

但是农村社会的发展、国家的基层治理等具有时间紧迫性的社会需要，决定了我们不得不走上政府推进型的法治道路，放任自为、缓慢进化的社会演进模式代价沉重。一方面，国家力量需要“通过‘普法’、‘送法下乡’以及‘社会秩序的综合治理’这样的话语体系的‘动员’而使其获得自身行政上的合法性”①。一方面，复杂变化中的农村环境需要国家法律的参与来提供社会秩序的规范和约束。因此，在现阶段，有必要检视现有对农法律传播渠道的效果和效率，摆脱传统宣传模式的路径依赖，对有限的普法人力、资金、渠道等资源进行合理布局和调配，不断提高对农法律传播水平，优化传播效果，以满足农民群众的法律信息需求。我们对改善农村的法律传播服务尝试提出以下建议：

其一，合理布局传播渠道。

我们的调查显示，现有的农村传播体系基本是这样的格局：核心的传播渠道是组织传播，但以会议、发文、培训为主要方式的组织传播渠道在农村中出现传受双方的严重断裂，信息难以通达，反而是以电视为主的大众媒介起到了潜移默化的传播效果，网络、手机等新媒体在农村逐渐增多，是农村法律传播的新空间。以学法中心户、村聘法律顾问等深入农村肌理的二级传播渠道，存在知晓率低、有名无实等问题。法律诉讼、咨询、法律援助、人民调解等涉法活动中的人际传播，直面受众，虽然接触面微小但胜在传播效果。

同时，通过调查我们还发现农民的法律意识仍很模糊，对法律的信仰和信任并未建立。但我们认为目前运动式的各种普法尽管表面上看效果不大，却可能起到“润物细无声”式的作用，在乡间访谈期间确实能感受到法律正逐渐走向村民的日常生活。或许我们可以用这句话来解释：“取法其上得乎中，取法其中得乎下。”也许没有国家持续地向乡土社会灌输系统的、甚至是稍微过量的现代法治知识，乡土社会的法制现状将比现在更差。一切都在逐渐变化之中，不能过于乐观，但一味悲观也不足取。

毕竟国家和政府每年用于农村普法的资源是有限的，好钢用在刀刃上，法律传播者要根据受传者的这种主动性、自觉性调整传播手段与技术，以求达到最佳的传播效果。因此，我们有必要参照农民的法律需求和他们获取信息的途径偏好，对有

① 赵旭东：《习俗、权威与纠纷解决的场域：河北一村庄的法律人类学考察》，《社会学研究》2001年第2期。

限的普法人力、资金、渠道等资源进行合理布局和调配，检视现有传播渠道的效果和效率，摆脱传统宣传模式的路径依赖，因地制宜、因时制宜，为变化了的农村社会开辟适宜的传播渠道。

第一，适度收缩组织传播的范围。

将法律知识培训会、学法课堂、法律宣讲团等组织传播范围收缩，受众限制在组织内部，把易于组织并且在农村法治作用重大的村镇干部、村能人作为核心受众，定期定点开展法律培训活动，着重提高与农民密切接触的村干部、村能人的法律素质，而不是干部、农民"眉毛胡子一把抓"却什么也抓不住。

第二，克制片面重视基础设施建设的热情。

法治文化广场、法治文化一条街等普法基础设施，耗资巨大但往往有名无实，性价比较低。建议不必盲目追求基础设施的形式新颖和数量规模，将这部分资金和人力节省下来，投入到法治电视节目制作、手机普法项目开发等等传播效果更可期待的渠道上来。对于已经建成的法律书屋等设施，需要增加在村民中的宣传推广，改善管理服务，方便农村群众查找借阅图书，并逐步增加图书藏量。建议以农村学生为切入点，培养其在村级书屋借阅图书、看书学习的习惯等，并逐渐将法律书屋等变成一个简易朴素的文化中心，吸引更多村民加入。

第三，设置少而精的宣传园地。

普法宣传栏、宣传标语等等虽然能一定程度上营造学法氛围，但是在现有的媒介环境下，广播电视、网络、手机短信等传播手段信息量更大，接受更便捷，效果也更明显，特别是在J市这样经济相对发达的地区，农村留守人员相对较少，关注宣传栏、墙体标语口号的人也就相对较少，采用其他方式获取信息的人相对较多。因此在村庄一级可以适当减少在宣传栏、口号标语、法律戗牌上的投入，只需在人口密集的城镇、主干道两侧、群众聚集活动地点等附近配置一些即可，收缩分布范围的同时必须改进现有宣传栏、标牌的内容风格，尽量做到更新及时、内容新颖、语言通俗、"三贴近"(贴近群众、贴近生活、贴近实际)，发挥在人口密集区域少而精的传播效果。

第四，法律传播的服务化。

人际传播虽是一种古老的法律信息传播方式，但在广大农村却有相当的市场。引导公民接触庭审、调解、维权等法治运行的各个环节，强化和规范各种法律服务，把庭审、法律援助、法律咨询、纠纷调解的过程都作为普及法律知识、增强法律意识的过程，解决法律信息、法律信仰"入耳、入脑、入心"的问题。针对农村基层法律服务中存在的数量不足、素质不高、管理不规范的问题，建议科学地给农村基层法律服务机构进行业务规范，并以此为标准对从业人员进行素质培训，建立行业协会，加强行业管理，实现农村基层法律服务的规范化，充分发挥其在人际法律传播中的作用。提纯普法志愿者、学法中心户，不注重完成指标与量化考核，力争对其中真正的意见领袖进行一定的激励措施，提高其学法和传播法律的积极性，通过他们在私下聊天、日常沟通等为主的人际传播，使法治观念间接地辐射给其他村民。另外，注意对核心意见领袖的法律培训，提高他们的法律素质，以免在误读和遗忘等情况下降将“大道消息”变成了“小道消息”，把带有偏差的法律信息继续向下一个接收者传播下去。

第五，利用家庭传播促进文化反哺。

在急速的变迁时代所发生的年长一代向年轻一代进行文化吸收的过程被称为“文化反哺”，在现在农村中“文化反哺”现象非常明显。对于对农法律传播而言，青年一代思维开放灵活，传播障碍较小，因此政府可以将青年群体作为农村法律传播的突破口，将农村青年学生、年轻务工人员等对现代法律体系的排异性低的群体作为普法重点对象，发挥他们在法律知识、价值观念、生活方式等各个方面对年长者的影响，开辟家庭传播的渠道。特别是农村学校的学生人数多，有固定、集中的学习场所，有专业教师，充分利用好这一有利条件，通过对在校学生的法制教育辐射带动家长。这样既抓住了在校学生的法治教育，也发挥了在家庭、乡村中的辐射作用，可以提高法律传播的覆盖率和效果。

其二，净化农村法治环境。

法制宣传教育仅仅靠说教、灌输来培育农村公民的法律意识和法治精神是不够的，要让人们从法律实践活动中体验法治精神。依法行政、公正司法、规范执法是最好的法治教育，也是效果最好的法律传播方式之一。

提高行政、执法者、司法者的素质，完善监督机制，规范行政、执法、司法程序，杜绝徇私枉法、违法执法、贪污腐败等现象，通过政府的法治规范，引导农民树立法律权威是当务之急。特别是对那些直接与农民接触的一线工作者而言，只有用其行动向农民证明法律是公正的，可信赖的，是维护农民利益的，普通农民群众才会产生对法律的信任感，并最终树立自己的法律信仰。一次良好的公正的法律事件本身是最好的法律宣传教育，而且效果远远胜过百次空洞的说教。当然，农村法治氛围的养成仅仅靠法制宣传、人民调解、法律援助、法律服务等相关部门是不够，理想上来说，这需要整个行政系统和法律系统的完全参与。在组织形式上，要注意发动具体与农民打交道的司法、执法部门的力量，让其工作人员深刻认识到“办好一案，胜讲十堂法律课”的朴素道理，以公正的处理方式与结果赢得农民对法律的认同。政府部门也要做好依法治理的榜样，特别是在拆迁改造、土地征用、招商引资等涉及群众切身利益的敏感工作时，自身一定要依法办事，避免粗暴行政和随意行政。“法律权威的确立，最生动最有说服力的是公民自身受到法律的关怀。”[①]民众

① 赵旭东：《习俗、权威与纠纷解决的场域：河北一村庄的法律人类学考察》，《社会学研究》2001年第2期。

对法律的信仰,有赖于对法律社会效果的亲身感受,亲身感受到法律的力量和温暖后,才能对法律树立信仰。

其三,提高农民媒介素养。

我们不要为农村普法传播设定太高的目标,并且当该目标无法实现时,就归因于农民文化素质低。事实上,对农法律传播的目的并不是让每个人都有必要成为"法律人"。而且农民的法律需求是多种多样,详细而具体的,现有的法律传播体系当然不可能每部法律都面面俱到的均衡传播,受条件的限制,现在农民的法律信息需求还难以得到制度化的满足。因此有必要提供适当的培训来提高农民的媒介素养,变"授之以鱼"为"授之以渔"。

1992 年美国传媒素养研究中心将媒介素养定义为:人们面对传媒信息时的选择能力、理解能力、质疑能力、评估能力、创造和制作能力以及思辨性回应能力。随着时代的发展,媒介素养的内涵也随之延伸,它包括人们合理利用媒介传播信息为个人、社会发展所用的能力。较高的媒介素质要求人们能用独立的、批判的眼光看待媒介内容,能建设性地使用媒介的能力。对于农民来说,我们至少要保证农民掌握对媒介工具的操控能力,能够找到可接触的媒介,掌握媒介的使用方法来获取自己需要的各种信息。

具体到法律传播中,就是让农民掌握恰当的方法,知道去哪里能够获得自己需求的具体法律规定和进一步的法律服务。比如,给村民介绍法律书屋借还书籍方法;发放法律服务所、乡镇司法所、村聘法律顾问的联系卡;向农民推荐介绍常用法律法规书籍、报纸杂志和网站;对村民进行网络基本操作培训,帮助农民掌握网络搜索查询技巧、法治电视节目在线收看方法、网络发帖方法等等。只要农民对自身的权利和义务有所了解,并且当发生纠纷时,能够有意识地收集和保存证据,知道能够去哪里寻找自己需要的法律信息和法律服务,在必要的情况下不排斥通过法律途径来解决纠纷,就已经足够了。

其四,引入社会传播力量。

浩大的普法运动中,实际上存在着一个"国家悖论"。国家悖论指的是:一方面要求用法律来限制国家权力,同时又把实现法治的希望寄托在国家身上。梁漱溟在就曾指出:"中国的发展要靠乡村建设运动,培养乡村的力量,促进组织,形成自治,认为'新制度之运用实有资源与新习惯',倡导通过教育和训练,让人民养成政治新习惯。"[①]我国 20 世纪 80 年代农村经济改革中的许多创举,包括土地承包制度、多种经营的经济形式等,都是民间社会极富创造性的制度创新,足可以显示农民对于某种自我组织和自我管理的经验并不陌生。因此,农村法律传播中可以引入"社会"的维度。

① 善峰:《梁漱溟社会改造构想研究》,山东大学出版社 1996 年版,第 53 页。

在中国农业大学2008年开展的中国贫苦地区农村法律服务调查中曾经在A省M县Y村发现一种农民自发组成的普法协会，会长是一位退伍军人，协会定期开展内部学习交流，邀请专家做法律讲座，还曾经带领村民罢交镇上的乱收费，通过对法律和政策的了解规范村干部的行为。① 我们在J市的调查中没有发现类似的组织，但是不妨对农村乡土社会内生力量抱有开放的心态，鼓励其生发和成长。例如鼓励乡村法律志愿者、民间法律代理人、乡村法律精英、NGO团体、大学等第三方机构的活动，甚至给予资金、人力、物力和政策上的扶持。

毕竟“仅仅依靠国家（政府）的善意和努力，而缺少社会结构的改变，没有社会中农民阶层和组织的成长”②，现代法律意识的普及是很难实现的，也就是说，农民的法律意识培养不能单单依靠法律文本和政府对普法的重视，它还涉及整个农村社会结构和社会力量的变迁，例如农村主力劳动力涌入城市，嵌入都市工商生活中，相对而言与规范工商都市生活的现代法律体系的隔膜将相应减少，而且对城市经济生活的参与将锻炼其法律思维和法律能力，不自觉地将契约意识、公平意识等内化为自己的观念，返乡后其城市生活经验也可能会影响他及家人、朋友的观念。也就是说，整个农村社会结构和社会力量的变迁可能为农村法律传播局势带来新的变数。

六、结　语

从整体上看，目前包括J市在内的全国大部分地区的农村传播体系都以组织传播为主，是自上而下推动的上级压力型体系，重视对农基础设施建设，不定期举行各种形式的普法活动，方式比较传统单一。对农法律传播方式普遍存在知晓率低、参与率低，工作表面化、不够深入，低效甚至无效传播的情况。在农村培植法律传播意见领袖的尝试还没有取得预期效果，农民对官方指派的“二级传播中介”认同度低。依附组织系统建立的传播渠道在乡镇和村级出现传播断层，传受双方沟通受阻，运动式的农村普法无法跨越断层实现法律信息传播和法治观念传达。

以电视为主体的大众媒介在农民法律意识提高过程中产生了潜移默化的渗透效果。农民普遍承认电视是获得法律知识的最主要渠道，甚至出现了一种寻求“媒介抚慰”的法制节目收视心理。农民接触与广义的“政法系统”接触中发生的人际传播等、青年人反哺长辈的家庭传播等虽然规模微小，但是其传播效果正缓慢显现。

我们认为农民生活中是存在客观的法律需求。但农民对传播渠道的选择偏好和组织传播为主的普法渠道存在一定偏差。法律已渐渐走入农民的日常生活，但

---

① 李小云、左停等主编：《2008年中国农村情况报告》，社会科学文献出版社2009年版，第367页。

② 李杰：《新型农民法律意识培养的法哲学思考》，山西大学硕士论文，2008年，第30页。

是还没有树立起法的权威，农民法律意识现状仍以“淡漠”为总体特征，轻法畏法、无讼息讼意识、伦理意识及清官意识等依然广泛存在，对法律的态度徘徊在“敬畏法律”和“利用法律”之间。当遇到具体的矛盾时，法律诉讼途径通常是农民实在没办法后的最末选择，人伦、行政和法律在很长一段时间内都将在农民的成本—效果的权衡中被实用性地选择。

整体上的农村法律传播效果是潜在的、缓慢的，不是一年几次的普法活动后就能立竿见影的。空心化的农民人口结构、政府对组织传播和宣传手法的路径依赖、司法腐败执法不公等负面信源的干扰、传受双方对法律传播的淡漠情绪等都是影响传播效果的重要因素。

法律知识和法治观念的传播只有与社会的、历史的、现实的价值观念在冲突中重新整合，才可能产生效果。一定的法律素养甚至信仰是农民在为了追求自我权益而遵循或诉诸法律的过程中逐渐形成的，不可能一蹴而就。农村法律传播需要立法、司法、行政及民间组织和民间活动等多个环节的共同努力、改进和创新，并且这将是一个长期的、渐进的过程，而且也会出现各种各样的新情况、新问题，我们必须充分认识到农民法律传播服务的艰巨性和复杂性。

参考文献

[1]陈信勇.法律社会学.杭州:浙江大学出版社 2004 年版。

[2]陈崇山.受众本位论.社会科学文献出版社 2008 年版。

[3]董磊明.宋村的调解:剧变时代的权威与秩序.法律出版社 2008 年版。

[4]樊葵.媒介崇拜论:现代人与大众媒介的异态关系.中国传媒大学出版社 2008 年版。

[5]方晓红.大众传媒与农村.中华书局 2002 年版。

[6]费孝通.乡土中国　生育制度.北京大学出版社 1998 年版。

[7]郭庆光.传播学教程.中国人民大学出版社 1999 年版。

[8]黄恒学.公共经济学.北京大学出版社 2009 年版。

[9]贺雪峰.新乡土中国:转型期乡村社会调查笔记.广西师范大学出版社 2003 年版。

[10]李红艳.乡村传播学.北京大学出版社 2010 年版。

[11]李红艳.乡村传播与城乡一体化.社会科学文献出版社 2009 年版。

[12]李小云、左停等主编.2008 年中国农村情况报告.社会科学文献出版社 2009 年版。

[13]李振宇.法律传播学.中国检察出版社 2004 年版。

[14]梁漱溟.乡村建设理论.上海人民出版社 2006 年版。

[15]刘斌、李矗.法制新闻的理论与实践.中国政法大学出版社 2005 年版。

[16]刘建明、胡钰等.科技新闻传播理论.科学出版社 2001 年版。

[17]刘岳、宋棠.国家政策在农村实践过程的理解社会学.云南出版集团公司 2006 年版。

[18]聂闯、吴俊.农业推广的重要趋势国际研讨会论文汇编.中国农业出版社 1993 年版。

[19]农业部农业政策与法规司.中国农村 50 年.中原农民出版社 1999 年版。

[20]邵培仁.经济传播学.江苏人民出版社 1990 年版。

[21]孙宝寅.科技传播导论.清华大学出版社 1997 年版。

[22]孙立平.断裂:20 世纪 90 年代以来的中国社会.社会科学文献出版社 2003 年版。

[23]孙立平.失衡:断裂社会的运作逻辑.社会科学文献出版社2004年版。
[24]谭英.中国乡村传播实证研究.社会科学文献出版社2007年版。
[25]汤书昆、刘为民等.科技传播与当代社会.科学出版社2001年版。
[26]田胜立.网络传播学.科学出版社2001年版。
[27]童兵.理论新闻传播学导论.中国人民大学出版社2000年版。
[28]庹继光、李缨.法律传播导论.西南交通大学出版社2006年版。
[29]王海洲.合法性的争夺:政治记忆的多重刻写.江苏人民出版社2008年版。
[30]王铭铭、王斯福.乡土社会的秩序,公正与权威.中国政法大学出版社1997年版。
[31]吴新叶.转型农村的政治空间研究:1992年以来中国农村的政治发展.中央编译出版社2008年版。
[32]谢泳才、李红艳.中国乡村传播学.知识产权出版社2005年版。
[33]薛亚利.村庄里的闲话.上海世纪出版集团2009年版。
[34]薛毅.乡土中国与文化研究.上海书店2008年版。
[35]肖泽晟、宪法学.关于人权保障与权力控制的学说.科学出版社2003年版。
[36]杨善华编.城乡日常生活:一种社会学分析.社会科学文献出版社2008年版。
[37]应星."气"与抗争政治:当代中国乡村社会稳定问题研究.社会科学文献出版社2011年版。
[38]游洁、郑蔚.电视法制节目新论.中国广播电视出版社2007年版。
[39]翟杰全.让科技跨越时空:科技传播与科技传播学.北京理工大学出版社2002年版。
[40]曾国屏、刘立主编.科技传播普及与公民科学素质建设的理论实践.内蒙古人民出版社2008年版。
[41]张国良.新闻媒介与社会.上海人民出版社2001年版
[42]臧海群、张晨阳.受众学说:多维学科视野的关照与启迪.复旦大学出版社2007年版。
[43]张隆栋.大众传播学总论.中国人民大学出版社1993年版。
[44]张自力.健康传播与社会.北京医科大学出版社2008年版。
[45]郑永流.农民法律意识与农村法律发展.中国政法大学出版社1993年版。
[46]周鸿铎.经济传播学总论.中国纺织出版社2005年版。
[47]竺培芬、李乔、赖茂生.网络传播研究:第四届全国科技传播研究会年会论文集.上海科学普及出版社2002年版。
[48][英]安德鲁·古德温、加里·惠内尔编.电视的真相.中央编译出版社2001年版。
[49][美]本尼迪克森·安德森.想象的共同体:民族主义的起源与散布.吴叡人译,

上海人民出版社 2003 年版。
[50][英]戴维·莫利.电视、受众与文化研究.新华出版社 2005 年版。
[51][美]丹尼斯·K.姆贝.组织中的传播和权力：话语、意识形态和统治.中国社会科学出版社 2000 年版。
[52][美]英格尔斯.从传统人到现代人——六个发展中国家中的个人变化.中国人民大学出版社 1992 年版。
[53][美]尤伊克、西尔贝.法律的公共空间.陆益龙译，商务印书馆 2005 年版。
[54][美]詹姆斯·W.凯瑞.作为文化的传播："媒介与社会"论文集.华夏出版社 2005 年版。
[55][英]约翰·埃尔德里奇主编.获取信息：新闻、真相和权力.新华出版社 2004 年版。
[56][美]迈克尔·E.罗洛夫.人际传播：社会交换论.上海译文出版社 1991 年版。
[57][英]尼古拉斯·阿伯克龙比.电视与社会.南京大学出版社 2001 年版。
[58][英]雷蒙·威廉斯.文化与社会.吴松江、张文定译，北京大学出版社 1991 年版。
[59][英]罗杰·迪金森等编.受众研究读本.华夏出版社 2006 年版。
[60][英]罗杰·西尔弗斯通.电视与日常生活.江苏人民出版社 2004 年版。
[61][美]斯蒂芬·李特约翰.人类传播理论.史安斌译，清华大学出版社 2004 年版。
[62][美]沃纳·赛佛林、小詹姆斯·坦卡德.传播理论：起源、方法与应用.华夏出版社 2000 年版。
[63][美]威尔伯·施拉姆、威廉·波特.传播学概论(第 2 版).陈亮、李启、周立方译，北京大学出版社 1984 年版。

后记

一直感慨，国内传播学界涉足“三农”的研究总是凤毛麟角。很难想象，这是在一个农业人口依然占大多数且农村、农业、农民问题依然较为严峻的国家。尽管近年来，随着发展传播学、乡村传播学等交叉边缘学科的兴起，与以往相比，越来越多的传播学者将目光聚焦于“三农”问题及社会主义新农村建设，并开展了一系列的实证调查与学理探讨。但对于一个成长中且急需面临本土化的学科来说，显然传播学对于中国农村及农民的关注还远远不够。

新世纪以来，中共中央和国务院针对“三农”问题连续发布了6个中央一号文件，足见“三农”工作在国家事务中的战略地位。当前我国农村正在发生一场历史性的变革。农村社会系统的结构变迁、城乡二元对立造成的深层次矛盾突出、农村社会利益格局的深刻变化、农民群体构成及其价值观的多元化，使得农村社会的稳定与发展卷入前所未有的复杂局面。

解决“三农”问题，深化农村改革，传播是其中不可忽视的要素。国内外已有的研究表明，大众传媒能够推动“三农”的现代化，促进农村城市化的进程。同时对农传播的服务机制和运作形式，也深刻地影响了农村的社会发展、农业的科技革新以及农民的价值观念和生活方式。然而，现阶段，我国面向“三农”的传播服务仍然滞后于当前农村发展的战略目标，仍然无法满足广大农民日益增长的物质文化与精神文化需求；服务的内容、队伍、机制还没有得到系统、完善地建立；针对“三农”问题的对农传播服务还没有得到充分开发和利用。因此，在当前的新形势下，面对一系列复杂的新情况、新问题，开展如何改革和完善面向“三农”的传播服务这一课题的研究就显得格外重要。

近年来，我国涉农传播的研究总体上处于初步发展阶段。相关研究主要涉及以下几个方向：其一、农村的大众媒介生态研究，主要包括涉农大众媒体的现状与问题探析，农民的媒介接触、选择、认知状况的调查研究等；其二、农村信息传播与推广模式的研究，主要包括对农村信息传播系统、模式，信息服务机构、队伍以及服务网络的建设的研究等；其三、大众传媒与农村社会发展的研究，主要包括对大众媒介在农村社会发展中的地位与作用，大众媒介与农村社会变革、发展的互动关系的研究等；其四、农民阶层信息传播弱势的研究，主要包括对农民话语权、农民媒介形象塑造、农民的媒介素养的研究等。此外，也有学者对农村健康传播、宗教传播等较为特殊的现象给予了一定关注。

总的说来，当前在不同的研究视野下，不少学者已经对涉农传播的基本问题与相关现象进行了广泛的探索，从中发现和总结的观点和研究方法也具有重要的理论和实践意义。不过，值得注意的是，目前的研究在很大程度上仍偏重大众传媒的研究，而对广泛存在于“三农”传播服务中的人际传播、组织传播、群体传播以及新媒体传播等传播形式的特点、作用及优化模式的研究还较为薄弱，值得深入开掘的空间依然很大。更为关键的是，在该领域的研究中也还存在着较为严重的同质化现象，深度不够、创新性不强、理论价值不高的问题也较为突出。相关的对策性研究往往只给出宏观上的意见和建议，却没有对此进行更为深入和深入的科学论证，其应用推广的价值有待推敲，因此研究本身对解决实际问题的意义就没有得到充分地体现。而且不少研究缺乏重视以农民受众为主体的自下而上式的研究视角，使得一些对策建议的脱离实际和总结报告的隔靴搔痒也就不足为奇了。

本书是在本人主持的教育部人文社科青年基金项目“面向‘三农’的传播服务研究”课题成果的基础上完成的。改革和完善面向“三农”的传播服务，既是新形势下应对农村社会全方面发展需要的对策性研究，也是对乡村传播学作为传播学的一个分支学科在理论架构、研究范式、研究方法等方面的深化与拓展。本课题的研究希望在借鉴和吸收前人研究的基础之上，为优化“三农”传播服务作出探索性的尝试和建设性的努力。其研究意义在于：在实践层面，以发现和解决当前对农传播服务中存在的突出问题为导向，在与新的时代背景的动态关联中，从传播学的角度充分关切农村的政治、经济、文化和社会建设，使研究成果能对促进对农传播服务的改善起到实质性的作用；在学理层面，围绕面向“三农”的传播主体、途径及方式的考察，结合新时期一系列涉农传播现象的分析总结和实证研究，不断完善和充实我国乡村传播研究的本土研究成果，力争完善我国乡村传播学的理论体系与研究方法。

本课题的研究主题为基于农民受众为研究主体的对农传播实证调查与对策探讨。研究内容主要涉及对农政策传播、文化传播、经济信息传播、科技传播、健康传播和法律传播等乡村传播现状及其效果。研究方法采用了问卷调查与深度访谈相结合的实证调查方法。实证调查的地点选择了江苏省江都市的10个乡镇。从2009年7月开始，课题组成员分别在这些乡镇及其下辖的若干村庄开展了为期半年的田野调查。具体调查工作包括参与式观察、村民及村干部访谈、6份相关子课题的问卷调查等。期间还对江都市的市级、乡镇有关政府部门及相关人员进行了访谈，并查阅了大量相关档案资料与文件材料。各项调查工作直至2010年3月基本结束。其后还陆陆续续进行了多次回访。

在此需要感谢江都市政府特别是原江都市市长丁一先生及副市长袁中飞先生对于本课题的立项资助与现场调查的大力支持。同时也要感谢江都市广电局、文化局、农林局、农机局、农工办、发改委、劳保局、卫生局、疾病预防控制中心、世代服务中心、计生委、科技局、法宣办、信访局、司法局、统计局、档案局、民宗局、统战部、地方志办公室等，以及被调查的10个乡镇的镇宣传科、镇文化站、农机科、司法所、法律服务所、农业协会、社区卫生服务中心等部门领导与工作人员所接受的访谈及提供的资料。更要感谢的则是江都市农村1200多户接受入户调查的默默无闻的村干部与村民。没有他们的支持与配合，就很难完成本课题的资料收集与实地调查工作。

完成田野调查及现场一手资料收集工作后，自2010年4月起至2011年3月，近一年的时间，课题组的主要研究工作转入数据统计、资料分析与报告写作阶段。并最终撰写出《对农政策传播现状与发展报告》、《对农文化传播现状与发展报告》、《对农经济信息传播现状与发展报告》、《对农科技传播现状与发展报告》、《对农健康传播现状与发展报告》、《对农法律传播现状与发展报告》等6份调查报告。

在上述调查报告的基础上，课题组于2011年5月底完成了本书初稿的写作。具体分工如下：

导　论　郑欣

第一章　唐莉莉　陈楚洁　蒋旭峰

第二章　曹甜甜　袁梦倩　蒋旭峰

第三章　李　雯　郑　欣

第四章　孙　凤　郑　欣

第五章　张春琳　郑　欣

第六章　王　英　郑　欣

其中，郑欣承担了书稿的最后统稿及所有修订工作。

回顾两年来的课题研究与书稿撰写过程，这是一项异常艰辛又充满挑战的研究工作。多少次通宵达旦的课题讨论、否定再否定的研究设计；历经了春夏秋冬的田野调查、适应着水土不服的乡村生活；庞杂繁重的数据录入、一盘盘的录音资料整理……正是带着对农村这片土地的热爱，才有了课题组所有成员的努力与坚持。

在此，需要感谢的则是以下诸位课题组成员：蒋旭峰副教授、崔效辉副教授、费爱华博士、李艳明老师以及南京大学新闻传播学院的硕士研究生陈楚洁、袁梦倩、孙凤、姜元元、王英、李冬梅、李雯、曹甜甜、唐莉莉、张春琳等同学在课题研讨、研究设计、资料收集、报告撰写等过程中的认真参与。同时还要感谢南京大学新闻传播学院部分2009级本科生利用假期完成了6项子课题问卷的调查实施工作。

最后感谢教育部人文社科青年基金项目的立项支持和南京大学新闻传播学院融合应用传播实验室的出版资助。

谨以此书谢给2011年夏天已经毕业的部分课题组成员。祝贺他们在人生新的征途上，学业、事业一切顺利！

也将此书谢给即将出生的“好好”小朋友。你的到来，让枯燥的书稿写作与修订工作充满收获的希望与乐趣。

郑欣

2011年8月8日

于南京大学鼓楼校区费彝民楼

图书在版编目(CIP)数据

对农传播:基于受众的实证分析与对策探讨/郑欣等著.
—杭州:浙江大学出版社,2011.8
ISBN 978-7-308-09084-1

Ⅰ.①对… Ⅱ.①郑… Ⅲ.①农村－传播学－研究－中国 Ⅳ.①G206.3

中国版本图书馆 CIP 数据核字(2011)第 184710 号

对农传播

——基于受众的实证分析与对策探讨

郑 欣 等著

责任编辑 李苗苗(Limiaomiao@zju.edu.cn)
封面设计 十木米
出版发行 浙江大学出版社
(杭州市天目山路 148 号 邮政编码 310007)
(网址:http://www.zjupress.com)
排 版 杭州中大图文制作有限公司
印 刷 杭州丰源印刷有限公司
开 本 710mm×1000mm 1/16
印 张 16.25
字 数 319 千
版 印 次 2011 年 8 月第 1 版 2011 年 8 月第 1 次印刷
书 号 ISBN 978-7-308-09084-1
定 价 32.00 元

浙江大学出版社发行部邮购电话 (0571) 88925591